iCourse·教材

国家精品在线开放课程教材

工程经济学

张欣莉 编著

高等教育出版社·北京

内容提要

本书是国家精品在线开放课程教材,依据"工程经济学"教学大纲、《建设项目经济评价方法与参数》,结合工程投资决策方法的最新进展编写,内容包括工程经济学概述、现金流与资金时间价值、工程经济要素、工程经济评价指标、不确定性与风险分析、工程项目融资、工程项目财务评价、工程费用效益分析、工程费用效果效用分析、设备更新经济分析、价值工程、工程项目后评价等。全书系统介绍工程经济分析的理论、方法及应用算例、案例,同时展现了数据驱动的工程投资决策的思想。另外,可登录爱课程网(www.icourses.cn)学习与本书配套的 MOOC,该 MOOC 提供了视频学习资料、在线测试与答疑等。读者也可扫描书中的二维码观看视频学习资料,进行在线自测等。

本书可适应本科及硕士研究生层次的教学科研需求,能满足土木工程、水利工程、工程管理、工程造价、工业工程等专业理论及应用教学的需要,还可为工程领域相关工作人员提供参考。

图书在版编目(CIP)数据

工程经济学/张欣莉编著. --北京:高等教育出版社,2019.11(2023.2重印)

ISBN 978-7-04-052688-2

Ⅰ.①工… Ⅱ.①张… Ⅲ.①工程经济学-高等学校-教材 Ⅳ.①F062.4

中国版本图书馆 CIP 数据核字(2019)第 183910 号

Gongcheng Jingjixue

| 策划编辑 | 杨世杰 | 责任编辑 | 杨世杰 | 封面设计 | 张雨微 | 版式设计 | 于 婕 |
| 插图绘制 | 于 博 | 责任校对 | 吕红颖 | 责任印制 | 耿 轩 | | |

出版发行	高等教育出版社	网　　址	http://www.hep.edu.cn
社　　址	北京市西城区德外大街 4 号		http://www.hep.com.cn
邮政编码	100120	网上订购	http://www.hepmall.com.cn
印　　刷	固安县铭成印刷有限公司		http://www.hepmall.com
开　　本	787 mm×1092 mm　1/16		http://www.hepmall.cn
印　　张	24		
字　　数	410 千字	版　　次	2019 年 11 月第 1 版
购书热线	010-58581118	印　　次	2023 年 2 月第 4 次印刷
咨询电话	400-810-0598	定　　价	51.50 元

本书如有缺页、倒页、脱页等质量问题,请到所购图书销售部门联系调换

版权所有　侵权必究

物料号 52688-00

前言

工程经济学在工程建造与运营管理的决策中扮演着十分重要的角色。该学科从工程与经济学相互交叉的角度出发，整合工程全生命周期的工程、经济、管理、数据等工程系统要素，运用微观经济分析的理论与方法形成一套系统成熟的工程经济分析的理论与方法体系，为工程科学投资决策提供核心支撑，在工程与经济领域具有重要作用。

依据我国《关于建设项目经济评价工作的若干规定》，按照《建设项目经济评价方法与参数》的建议方法，并适应工程经济分析的基础理论与项目经济评价的应用发展要求，本书内容分为基础及实务两大模块，共计 12 章，涵盖工程经济学的经典知识与新知识。第一模块为工程经济学基础理论，共 5 章，包括工程经济学概述、现金流与资金时间价值、工程经济要素、工程经济评价指标、不确定性与风险分析。第二模块为工程经济学实务，分为 7 章，包括工程项目融资、工程项目财务评价、工程费用效益分析、工程费用效果效用分析、设备更新经济分析、价值工程、工程项目后评价。

本书意在提高对工程经济学的系统认知能力，构建科学的工程经济分析逻辑，培养科学规范的工程经济分析素养。全书理论结合实际，理论简明、案例丰富、内容新颖，知识点既碎片化又系统化，线上与线下多形态资源相结合，便于读者参与互动式学习。全书在详尽阐述传统工程经济学理论与方法的同时，根据学科发展及工程实践，适当增加或强调新理论方法及其在新领域中的应用。本书可作为工程类、管理类、经济类相关专业教材，也可作为工程领域相关认证的参考书。在新时代工程建造与运营中，读者可以根据具体情况开展个性化的工程经济学知识学习及应用。

感谢同行贡献知识与创新的力量。感谢高等教育出版社相关编辑的辛勤付出。感谢四川大学工程管理专业的同学们的大力支持，他们完成了编写章后练习与答案、绘制图形与图表、编写案例等工作。再次衷心感谢给予本书帮助的所有人！

张欣莉
2019 年 6 月

目录

001 第1章 工程经济学概述
- 001　1.1　工程经济分析
- 007　1.2　工程经济学原理
- 012　1.3　工程经济学基本作用
- 013　1.4　本书主要内容及依据

018 第2章 现金流与资金时间价值
- 018　2.1　现金流概念及其表示
- 023　2.2　资金时间价值
- 028　2.3　资金等值计算
- 034　2.4　特殊等值计算

047 第3章 工程经济要素
- 047　3.1　工程项目总投资
- 052　3.2　总投资估算
- 064　3.3　工程项目总成本费用
- 077　3.4　项目营业收入组成

085 第4章 工程经济评价指标
- 085　4.1　经济评价概述
- 089　4.2　盈利能力评价指标
- 098　4.3　清偿能力评价指标
- 104　4.4　多方案评价指标

116 第5章 不确定性与风险分析
- 117　5.1　盈亏平衡分析
- 123　5.2　敏感性分析
- 129　5.3　风险分析

第 6 章　工程项目融资 — 149

- 149　6.1　项目融资内涵
- 150　6.2　项目资金来源
- 153　6.3　项目融资渠道
- 158　6.4　项目融资模式
- 167　6.5　项目融资财务模型
- 174　6.6　PPP 项目融资案例

第 7 章　工程项目财务评价 — 184

- 184　7.1　财务评价与经济评价
- 186　7.2　财务评价活动
- 191　7.3　财务评价的费用与效益估算
- 194　7.4　财务评价指标与报表
- 196　7.5　财务评价基本报表
- 206　7.6　改扩建项目的经济评价

第 8 章　工程费用效益分析 — 221

- 221　8.1　费用效益分析概述
- 222　8.2　费用效益分析内涵
- 224　8.3　经济费用与经济效益
- 238　8.4　费用效益评价指标
- 240　8.5　费用效益分析报表
- 241　8.6　费用效益分析案例

第 9 章　工程费用效果效用分析 — 248

- 248　9.1　费用效果分析基本原理
- 249　9.2　费用及效果测量
- 249　9.3　费用效果分析方法
- 252　9.4　费用效用分析
- 255　9.5　工程多属性综合评价

第 10 章　设备更新经济分析　271

- 10.1　设备更新概述　271
- 10.2　设备经济寿命　275
- 10.3　设备更新决策　280
- 10.4　所得税后设备更新　286

第 11 章　价值工程　294

- 11.1　价值工程原理　294
- 11.2　价值工程程序与技术　299
- 11.3　价值工程对象的选择　302
- 11.4　功能分析与评价　306
- 11.5　价值计算与创造　311
- 11.6　价值工程应用案例　316

第 12 章　工程项目后评价　321

- 12.1　工程项目后评价概述　321
- 12.2　项目后评价类型与程序　328
- 12.3　项目后评价方法　332
- 12.4　项目后评价报告格式　338

附录

- 附录一　Excel 函数　346
- 附录二　复利系数　348
- 附录三　随机数表　367
- 附录四　标准正态分布表　369
- 附录五　正态分布随机偏差　371

参考文献　373

后记　374

第1章 工程经济学概述

工程经济学是工程学与经济学、管理学的交叉学科。该学科基于工程要素特征，运用经济分析、管理决策的基本原则与方法，从经济角度对工程项目、方案的设计及实施进行系统科学的决策研究。学习工程经济学的目的，一方面是掌握工程投资决策论证的正确方法，以确保工程项目建成后收到预期的经济效益与社会效果；另一方面，在各类工程投资中游刃有余地使用工程经济分析方法为工程建造及运维的各方面管理决策提供科学依据。本章主要内容包括工程与投资，工程经济分析活动，工程经济学基本原理、原则、实施流程以及作用。

1.1 工程经济分析

1.1.1 工程

1. 工程含义

伴随人类文明的进步，利用自然资源，运用多学科知识和技术手段，人类可以建造出比单一产品更大、更复杂的产品。这些产品结构复杂且功能多样，是应用了数学、物理、化学等基础科学的原理，结合在生产实践中所积累的技术经验而发展起来的"人造物"和人类活动，称为工程。其具有"物"与"活动"两种属性。在生产生活中，熟悉的工程有化学工程、冶金工程、机电工程、土木工程、水利工程、交通工程、纺织工程、食品工程等，而围绕工程开展的工程活动有生产工艺的设计与制定，生产设备的设计与制造，土木工程的勘测、设计与施工设计，土木工程的施工建设与检测，原材料的研究与选择等。

广义而言，工程是由人类组织为达到某种目的，在一定时间周期内进行协作的系列活动，如研发、建造、运营、生产、服务等；狭义而言，工程是具有某种价值的有形实体，能满足人类生产与生活的丰富需要，具有预期使用价值的人造系统，如铁路干线、海上石油平台、无人驾驶技术、建筑体、轮船码头、住宅、歌剧院、桥梁、写字楼、飞机制造厂等。

2. 工程特征

从经济及社会需求出发，即工程需求者的角度，工程具有以下特征：

（1）需求性。工程的产生具有技术与市场价值需求，是对技术与市场需求做出响应的一种有形形式。例如，拥有某项生产专有技术后，为完成生产设施的建造与生产，需要启动一项甚至一系列工程，满足市场对产品或服务的需求。

（2）适应性。人类活动的工程作为现代社会的重要组成部分，应与自然环境、生态环境、社会环境等协调。换句话说，人类活动在满足人类需求的同时，还应该适应自然可持续发展的法则。工程作为人类活动的一种形式，同样也应与环境协调发展。

（3）目的性。工程注重人类活动的过程与效益之间的关系，具有价值产出的基本要求，其产出的目标包括经济、社会、生态、技术等多方面。以上价值目标可在同一工程中同时实现，也可由不同的工程形式或其他活动共同实现。

从经济与社会的供给出发，即工程建造生产者角度，工程具有以下特征：

（1）过程性。工程通过建造而实现并完成生产，因此工程周期分为两个阶段：工程建造期和工程运营期。其中，工程建造期又分为投资前期、投资期和投资后期，而工程运营期又可以分为试生产运营期和正式运营期。对于大型工程项目，依据建设阶段划分的工程建设周期如图 1-1 所示。

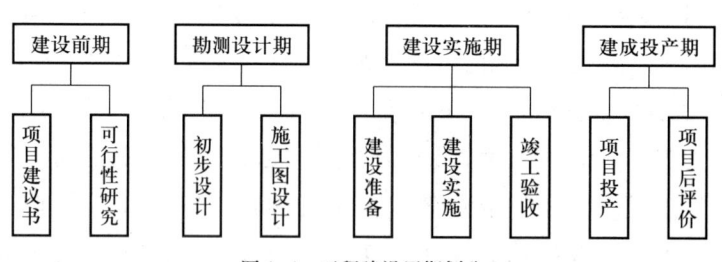

图 1-1　工程建设周期划分

（2）成本性。工程是人类对实体生产资料的投入再加工，在市场经济环境中，生产资料具有经济价值属性，因此工程建造及生产需要费用成本，并与工程实体的复杂性及规模呈现正相关关系，如房屋建造时购买钢筋水泥的费用与建造面积成正比例，工程规模越大，成本越高。

（3）产出性。工程活动的本质是满足人类可持续发展的目标要求，应该提供服务、生产及生活的功能需要。例如，宿舍应提供住宿服务，医院则提供医疗服务，而汽车制造厂要能生产高质量的汽车，等等。尽管不同的工程具有不同的产出目标，但每一个工程都具有明确的产出属性，换言之，工程活动有明确有形和无形的交付物。

根据工程需求与工程供给的两个角度分析，工程是在一个动态周期内，消耗资源以完成一个产品的交付，具有建造生产的周期长、费用高、交付物明确等特征，要求人类开展工程活动时，根据工程需求特征和建造生产供给的规律，从市场经济的角度审视工程投资与产出等多层面的平衡关系，特别是经济平衡关系。

1.1.2 工程投资

1. 工程投资要素

工程投资是工程的客观属性，是开展工程活动的前提。工程投资是指投资者为了获取未来的收益，将资金、土地、设备、材料、技术及劳动等生产要素投入工程再生产的经济活动和经济行为。工程投资行为对促进经济发展、社会进步起到推动作用。基于工程的需求及供给属性，工程投资行为包括工程投资主体、投资客体、投资目标及投资方式四项基本要素：

（1）工程投资主体。工程投资主体即投资者，指组织工程投资活动，筹集和提供投资资金，进行投资决策并实施投资行为的主体。企业或个人作为投资主体的基本条件有：具有相对独立的投资决策权；能自行筹集资金并自主运用资金；未来拥有对投资资产的所有权或经营权；承担投资风险并享有投资权益；有能力承担工程投资中资金运营、筹措及投资使用的责任并享有工程收益的权利。

（2）工程投资客体。工程投资客体指投资对象、目标和标的物，工程投资指以厂房、机械、设备、土地、房屋等有形实物资产为对象的固定资产投资，也包括商标、专利等与工程建设及生产有关的无形资产投资，与生产经营有关的流动资产投资。工程投资客体最终以资产的形式呈现，包括固定资产、无形资产和流动资产。

（3）工程投资目标。工程投资目标是指投资活动要达到的投资目的和满足投资者需求的投资动机。工程投资的目标是明确的，通过投资形成资产，并通过资产获得收益以便于下一次的投资。工程投资要实现经济和社会综合效益效果，因此工程投资目标具有综合性。通过工程投资实现资产增值盈利的经济效益，同时创造满足社会发展需要的社会效益。

（4）工程投资方式。工程投资方式包括直接投资与间接投资。直接投资是将资金直接用于工程的生产要素，用于购买土地、生产资料、设备等实物资产及开展商业经营活动的工程项目投资，是本课程讨论的重点；间接投资一般指购置与工程有关的有价证券，如股票、期货、债券等的金融投资。

2. 工程投资的特性

（1）资源消耗大。工程资源消耗包括自然资源、资金和劳动力资源。工程在建造过程中消耗地球原始性资源，如砂石、木材以及用于钢筋生产的矿石等。据统计，工程建造的资源消耗量在所有行业领域中排名前列；建设项目的投资常以万元或亿元为单位计算，工程投资需要大量的货币资金；目前，工程项目建设仍属于劳动密集型行业，需要大量的人力资源。整体上工程生产的资源消耗量巨大，且具有不动产性质，一旦建成不可迁移，因此在投资决策时必须充分进行资源配置使用的科学论证。

（2）投资周期长。工程投资形成固定资产的周期长，需要经过项目论证、项目设计、项目筹资、项目实施、项目管理、项目验收、项目运营、项目报废等项目活动，是一个复杂系统工程，每个活动节点均面临投资决策的问题，要求投资主体及项目参与各方对项目全寿命周期都给出投资决策的有效方法，保障项目系统的顺利推进。

（3）工程投资组成复杂。工程项目的组成内容不同，工程投资所要完成的历史使命不同，满足的生产生活的需要不同，使得工程投资的具体内容和表现形式具有显著的差异，因此对工程投资的测算应根据工程类型进行归类计算。如房地产开发项目与水电建设项目的投资组成就存在明显差异，需采用不同的投资测算方法。

（4）投资风险客观存在。工程投资周期长，工程投资过程活动范围广泛，投资利益相关者多，投资环境复杂，如市场环境、政治环境和地理环境等，投资目标具有多样化的特点。由于以上诸多的多样性存在，使得工程投资决策时充满选择的不确定性和随机性，实现工程投资的系统协调统一面临客观风险的约束。工程投资决策时，要依据项目环境条件，进行充分的项目投资论证，识别工程投资的风险，做出规避及应对风险的投资决策。

1.1.3 工程经济分析活动

1. 活动内涵

工程是一系列人类活动及其结果，工程的经济属性即投资与收益要求在正式建造生产工程这一有形实体前，必须进行工程经济性的分析鉴定活动。1887年，建筑工程师惠灵顿的《铁路布局的经济理论》出版，提出工程并不仅仅是建造活动，而是"一门少花钱多办事的艺术"，明确提出要进行工程经济分析。

工程经济分析来源于工程多属性的"艺术要求"，如自然属性、经济属性和社会属性，是在工程学、经济学及其他学科基础上交叉而成的，是对人类活动及其结果的分析。其中工程的经济属性十分重要，是工程投资良性发展的基础。工程经济属性要求针对工程问题所提出的解决方案的经济绩效进行评估，保障项目的经济可行。具体而言，一个经济的工程方案，必须保证具有长期收益高于长期成本的能力，同时能促进项目组织开展持续有效的经济与管理运作活动，实现富有创造性和革新性的技术与思想，并获得被市场和社会接受认可的经济、社会等方面的绩效。因此在任何工程被正式实施之前，需要根据工程方案的虚拟化建设与生产情境，进行工程经济分析基础上的投资决策。

为了使企业在高度竞争的市场上处于盈利地位，工程师必须做出涉及金钱方面的投资方案的决策，这些决策本质上是对设计或解决问题方案所产生的各类成本与其他建造生产性能（如反应时间、安全性、比重、可靠性等）之间的权衡。

【例1-1】 工程经济分析活动举例。

（1）某大桥工程建设投资的经济效果评价；

（2）某项目中材料加工设备是租赁还是购买的经济比较；

（3）两个生产线设计方案选择的经济比较；

（4）资金约束下多项目投资组合的方案研究；

（5）提升某电子产品附加值的成本改善活动；

（6）工程投资的融资方案分析；

（7）为工程中心提供经济合理的人员安排方案；

（8）为医疗设施的服务方案提供经济绩效测量；

（9）是否应该进一步扩大生产线；

（10）工程资产共享方案的经济决策。

工程经济学是在总结人类工程经济分析活动的实践与方法论基础上逐渐形成的，用于工程投资的各种情境下的经济决策的问题分析，在工程及相关领域有广泛的应用。

2. 活动要素

工程经济活动一般涉及四大要素：活动组织、活动目标、实施活动的环境以及活动的效果。

活动组织是指垫付活动资本、承担活动风险、享受活动成果的个人或组织，也是工程项目的利益相关者。工程建造及生产过程长，涉及多个利益相关组织，可大致分为三大类：企业、政府及包括文、教、卫、体、科研等组织在内的事业单位或社会团体。各利益组织在工程经济活动中扮演着不同的角色，如负责建设的承包商、负责原材料的供应商、负责资金的金融机构、负责设计的设计师事务所、负责运营的企业等，他们在为工程提供服务的同时，有着各自的利益诉求，工程经济分析方法要有利于表达各组织的利益诉求，解释各组织的经济活动规律，创造共同的价值分析办法。

一切工程经济活动都有明确的活动目标，都是为了直接或间接地满足人类自身及环境适应的需要。而且不同活动主体目标的性质和数量等存在明显的差异。如政府追求工程系统的多目标性，包括社会经济的可持续发展、就业水平的提高、社会安定、环境保护、经济结构的改善、收入分配公平等。企业的目标以利润为主，包括利润最大化、市场占有率、应变能力和品牌效应等。

实施工程经济活动常常面临彼此相关且至关重要的双重环境：一个是自然环境，另一个是经济环境。自然环境提供工程经济活动的客观物质基础，经济环境显示工程经济活动成果的价值。工程经济固然要遵循自然环境中的各种规律并保护生态环境，只有这样才能赋予物品或服务使用价值。但是，在市场经济条件下，物品或服务的价值取决于其带给人们的边际效用。无论技术系统的设计多么精良，如果生产出的物品或提供的服务没有市场需求或不能使消费者满意，这样的工程经济活动就失去了价值。

工程经济活动的效果是指活动实施后对活动主体目标产生的影响。由于目标的多样性，通常一项工程经济活动会同时表现出多方面的效果，甚至各效果之间还是冲突和对立的。例如，对一个经济欠发达地区进行开发和建设，如果只进行低水平的资源消耗类生产，就有可能在提高当地人民收入水平的同时，造成严重的环境污染和生态平衡的破坏。

人类社会的一个基本任务，就是根据对客观世界运动规律的认识，对自身活动进行有效的规划、组织、协调和控制，最大限度地提高工程经济活动的价值，降低或消除负面影响，为工程实施提供服务，而这正是由工程经济分析活动最终形成工程经济学的核心价值。

1.2 工程经济学原理

1.2.1 工程经济学内涵

工程经济学是在工程经济分析的基础上形成的，是对工程技术问题进行经济分析的系统理论与方法，是在工程复杂性决策基础上的系统科学总结。就学科性质而言，工程经济学是一门技术学与经济学交叉的学科，是应用经济学的分支。就应用实践而言，工程经济学是在资源有限条件下，运用工程经济学分析方法，对工程技术（项目）各种可行方案进行分析比较，选择并确定最佳方案的科学。工程经济学具有服务对象明确、学科体系完整、实施主体责任清晰、现实作用显著的特点，具体介绍如下：

1. 服务对象明确

工程经济学主要服务于工程方案的投资决策，也就是说任何工程方案的投资决策都需要应用工程经济学的理论与方法，开展方案的经济分析，并将结果作为决策的重要依据。

2. 学科体系完整

工程经济学的理论、方法、手段、工具构成了连续而协调的分析系统，是多学科知识的交叉应用，特别涉及工程学、管理学、经济学和数据科学等学科领域的知识；既利用主观世界的知识经验，也体现数据驱动的投资决策的思想。

3. 实施主体责任清晰

工程师可按照工程经济学的内容要求完成工程经济分析活动，完成工程经济分析的基本内容，并提供分析结论，形成投资方案的决策依据，为各方利益相关者提供决策支持。

4. 现实作用显著

微观上，工程经济学所提供的工程经济分析结果是工程投资决策的基本依据，为工程建造、运营、资金回收提供科学依据；宏观上，工程经济学的标准化分析有助于测算国家经济发展能力，为国家宏观经济投资决策、资源分配等提供基础性数据。

1.2.2 工程经济学原则

与工程活动特征相适应，工程经济学应遵循以下原则：

1. 动态分析原则

根据经济分析原则，工程的建设周期长，必须考虑资金时间价值。在工程的投资收益测算、绩效衡量等方面也应遵循因时而优的动态分析原则。

2. 方案比较原则

发展的相对性是工程经济中经济要素测量及其结果分析应秉持的基本原则。方案的相对最优、工程建设前后、有无方案对经济要素的影响具有相对效果，因此要求工程经济学始终贯彻方案比较原则。在比较的结果上做出经济可行的结论，如前后比较、多方案比较、有无比较等。

3. 定性与定量相结合原则

以定量分析为主的工程经济学也需要定性分析，有效的工程经济分析需要定量与定性分析的有组织协同，并在精确的定量计算之余通过定性判断工程方案的经济可行性并加以说明。其中，特别是在分析结果的价值判断及风险可能性判断方面，定性原则往往能提供逻辑识别与认知识别的重要参考，这也是一般科学应遵循的原则。

4. 系统分析原则

工程经济学讲究理论、方法、技术与工具的统一，具有数据输入与输出的系统响应特性。同时工程本身就是一个复杂系统，工程内部与外部系统也要求解决工程的相关问题，即使是经济问题也必须从系统分析的角度进行整体性研究。

5. 风险分析原则

工程经济分析实施的过程是在项目投资决策前进行的，其所采用的数据资料与项目实际执行往往有一定的偏差，因而分析结果是基于数据资料的一种假设与期望，与现实之间必然存在客观的不一致性。因此，工程经济分析过程及结果在实际工程应用时，会面临着不确定性及风险。风险分析原则可以为工程经济学结果的实际应用提供保险性提示，从而要求在工程经济分析过程中考虑数据偏差带来的风险影响。

1.2.3 工程经济学方法

1. 定性与定量预测方法

工程经济分析是在项目建设之前的一个虚拟现实的场景中开展的，定性预测方法如专家访谈法、焦点访谈、德尔菲法等可用于预估项目场景的基本条件资料，定量预测方法可用于此场景下工程经济要素的数量估算等，如线性回归预测等。

2. 经济评价指标方法

工程经济性的绩效测量方法采用经济评价指标方法。该指标需要通过科学的数据模型计算完成，同时反映工程方案的不同经济属性或社会属性的需要。工程经济评价指标有投资收益率等。

3. 数据驱动的决策方法

工程建造及运营活动涉及诸多复杂因素，需要综合考虑环境、市场、资金、时间等约束。尽管工程经济学原理相同，但由于没有完全相同的工程，用于工程投资决策分析的数据具有独特性，需要采用数据驱动的决策方法，如决策树、效用函数等，建立工程各自的经济决策分析过程。

4. 虚拟仿真模拟方法

工程经济学反映一个虚拟方案场景的经济分析，因此可以利用计算机辅助的仿真模拟系统来完成，依据工程经济的系统分析流程，通过工程与经济数据的输入、模型、输出三个模块来仿真工程项目在不同建造及运营场景的条件，得出计算机仿真的工程经济分析结论，可极大提高工程决策的现实性，同时规避风险。工程经济虚拟仿真模拟方法有蒙特卡洛模拟、决策树、人工神经网络等。

5. 多属性综合评价方法

工程方案评价总体而言是采用指标相对评价方法，是对多个方案、多个指标的相对比较后作出决策，如对方案盈利水平、还款水平的指标测定，从管理科学角度具有多属性决策的特点。经济与社会发展要求的提高，要求工程方案达成多个目标，因此需要采用多属性综合评价方法，评估项目方案对多个目标的综合达成度，然后给出投资决策依据。

1.2.4 工程经济分析过程

工程经济分析是工程经济学的核心内容，主要工作包括对各种技术方案、工程项目进行综合分析、计算、比较和评价，全面估算经济效益，预测面临的风险，做出最佳选择，为项目决策提供科学依据。其一般程序如下。

1. 确定决策目标和标准

首先识别方案的决策目标，然后根据该目标分解设计方案评价的标准。任何一项技术方案都有一个经济目标，这个目标有的是实现技术目标的最小成本，有的是工程项目的投资收益，也有的是项目的投资回收期、项目的风险最小，还有的是追求环境保护、社会效益明显等。工程经济分析的目的在于追求各方案之间优劣比较后的最优方案，其中方案比较是以项目经济目标为导向的评判。目标确定以后，评价指标也能够明确、具体化，为随后开展的具体方案比较提供了比较评价的标准。

2. 寻找方案形成的关键要素

关键要素也就是目标实现的制约因素，确定关键要素是工程经济分析的重要一环，也是构思实现目标方案的前提。没有足够的技术和经济的关键要素，也就无法思考出更多的实施方案。

寻找关键要素，实际上是一个系统分析的过程，需要树立系统思想方法，综合地运用各种相关学科的知识和技能。比如，对于一个设备更新的技术方案，首先必须收集现有新设备的关键要素，包括设备的性能、设备的价格、设备的质量、设备的使用费用、设备的寿命周期、设备的配套性与维修性、设备的先进性、设备订购的可能性等，只有收集、了解和明确了这些关键要素后，工程师和管理人员才能设想各种可行的方案。实践证明，关键要素收集的数量、质量、全面性、及时性在很大程度上决定了备选方案的数量和质量。

3. 拟订备选方案

工程经济分析的重要内容是方案比较。方案比较的前提是有足够的比较对象——备选方案。通过调查研究收集关键要素后，要对这些关键要素进行归类整理、鉴别筛选、研究分析，在对能够实现既定目标的各种途径进行充分挖掘的基础上，工程师和管理人员就可以着手构思许多不同的备选方案。例如，降低人工费可采用新设备，也可采用简化操作的办法；降低产品废品率，可通过更新设备实现，也可通过质量控制方法实现。

通常，一个技术项目和工程项目，最好拟订 5～7 个方案，供人们比较和选择。如果遇到资料信息十分有限的情况，也应该拟订 2 个以上方案以供比较选择。

4. 比较评价备选方案

比较评价主要包括技术评价和经济评价。从工程技术提出的方案往往是技术上可行的，但在效果一定时，只有费用和损失最低的方案才能成为最佳方案，这就需要对备选方案进行经济效果评价。

技术方案的经济评价有两项内容：一是考查各个方案是否满足项目经济目标的评价标准，如内部收益率、投资回收期、净现值等的要求，这是一个合格性检验，所有备选方案必须达到的参与比较的基础条件；二是满足这些要求的方案中，比较选择最优方案，即指标优的方案。

由于各方案的指标和参数不同，有时往往难于直接比较。因此，需要对一些不能直接比较的指标进行处理，使方案在使用价值上等同化，将不同的数量和质量指标尽可能地转化为统一的具有可比性的指标。这一工作是方案比较的基础工作，常见的等同处理有时间的等同化、效用的等同化、价格的等同化。

5. 方案决策

决策是在若干方案中确定最优的实施方案的过程。它对工程项目建设的效果有决定性的影响。在决策时，工程技术人员、经济分析人员和决策人员应特别注重信息交流和沟通，减少由于信息不对称产生的分歧，使各方人员充分了解各方案的工程经济特点和各方面的效果，提高决策的科学性和有效性。同时采用科学的决策方法帮助实现定量决策。

6. 方案实施

最后将选定的方案与预定的所有目标进行比较，符合要求的方案就予以采纳，按照工程计划内容付诸实施，以达到方案预期效果。

7. 方案后评价

在方案实施的过程中，要对方案实施效果进行动态跟踪分析，对比项目实际效果与预期效果之间的差异，并给出下一步方案实施的方向。

工程经济分析的一般程序如图1-2所示。

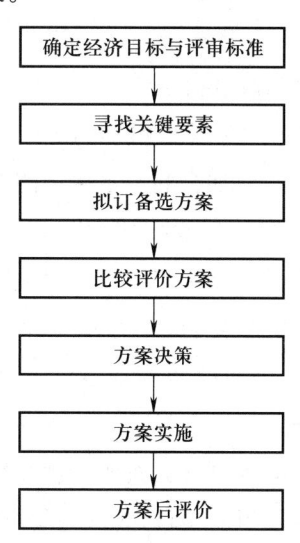

图1-2 工程经济分析的一般程序

当然，在现实工程投资决策中，工程的经济分析过程可根据项目具体特点进行适当调整。

【例 1-2】 某汽车租赁公司运输车辆的购买决策过程。

(1) 识别一个决策问题：购买哪种运输车辆，新能源还是传统动力？
(2) 提出备选方案：某品牌电动车与某品牌燃油车。
(3) 计算方案效果：分别收集技术及经济数据资料等，计算方案经济效果指标。
(4) 定义决策目标：安全性高、成本低。
(5) 确定最佳购买方案：新能源电动车。
(6) 方案实施跟踪：采购前后与有无的对比分析。

1.3 工程经济学基本作用

工程经济学的作用是为企业、事业单位和政府等部门工作中的各类工程项目（技术方案）的行动路线提供一种行之有效的决策指导。其具体作用主要体现在以下方面。

1. 提高企业生产经营决策的科学性

投资是企业经济发展的基本动力之一，企业在完成项目方案的基础上，采用科学的分析方法，对拟建项目的财务可行性、可接受性和经济合理性进行科学的分析论证，做出全面、正确的经济评价结论，为企业投资者及其他利益相关者提供科学的决策依据。

2. 增加公共项目决策的合理性

工程项目活动是整个社会经济活动的一个组成部分，而且要与整个社会的经济活动相融，符合行业和地区发展规划要求，因此，经济评价一般都要对项目行业发展规划进行阐述。国家明确规定，对属于核准制和备案制的企业投资项目，都要求在行业规划的范围内进行评审，这是国家宏观调控的重要措施之一。

3. 实现社会资源最优配置

项目前期研究阶段要做技术的、经济的、环境的、社会的、生态影响的分析论证，每一类分析方面都是全社会资源消耗的不同形式，都可能影响投资决策。工程经济分析可以把上述资源消耗要素统一为现金流的形式进行测算，同时考虑多种影响因素和多个目标的选择，并把这些影响和目标相互协调起来，作为投资决策的依据，实现资源在各工程实体中的分配决策。

4. 促进工程决策的数据能力

工程经济学采用定量分析方法，分析过程使用了工程数据、市场经济数据、管理组织的数据等，数据量丰富，同时也使用定性及定量的数据分析方法，实现了从数据到模型再到决策，完成了工程数据收集、数据分析及数据运用的全过程，形成了工程经济分析系统及工程经济指标。在此基础上，随着工程经济数据的积累及云计算的发展，工程经济学所提供的数据价值也将在与其他领域的共享中得到更充分的挖掘。

1.4 本书主要内容及依据

1.4.1 主要内容

依据我国《建设项目经济评价方法与参数》，总结现有工程经济学的应用实践，给出本版《工程经济学》的基本内容如下：

第一部分，基本原理。

（1）工程经济学概述。

（2）现金流与资金时间价值。

（3）工程经济要素。

（4）工程经济评价指标。

（5）不确定性与风险分析。

第二部分，实务应用。

（6）工程项目融资。

（7）工程项目财务评价。

（8）工程费用效益分析。

（9）工程费用效果效用分析。

（10）设备更新经济分析。

（11）价值工程方法。

（12）工程项目后评价。

本书前 5 章为工程经济学的基本理论，后 7 章是工程经济学的若干实务应用，其针对具体现实问题，具有理论应用的差异性。每章均包括丰富的理论内容，并配置计算实例或综合分析案例，理论联系实际，便于读者掌握学习，实现提高认识，构建思维，善于实践的目标。

1.4.2 主要依据

关于建设项目经济评价工作的若干规定

第一条　为适应社会主义市场经济的发展，加强建设项目经济评价工作，根据《国务院关于投资体制改革的决定》精神，制定本规定。

第二条　各类建设项目的经济评价工作，适用本规定。

第三条　建设项目经济评价是项目前期工作的重要内容，对于加强固定资产投资宏观调控，提高投资决策的科学化水平，引导和促进各类资源合理配置，优化投资结构，减少和规避投资风险，充分发挥投资效益，具有重要作用。

第四条　建设项目经济评价应根据国民经济与社会发展以及行业、地区发展规划的要求，在项目初步方案的基础上，采用科学的分析方法，对拟建项目的财务可行性和经济合理性进行分析论证，为项目的科学决策提供经济方面的依据。

第五条　建设项目经济评价包括财务评价（也称财务分析）和国民经济评价（也称经济分析）。

财务评价是在国家现行财税制度和价格体系的前提下，从项目的角度出发，计算项目范围内的财务效益和费用，分析项目的盈利能力和清偿能力，评价项目在财务上的可行性。

国民经济评价是在合理配置社会资源的前提下，从国家经济整体利益的角度出发，计算项目对国民经济的贡献，分析项目的经济效率、效果和对社会的影响，评价项目在宏观经济上的合理性。

第六条　建设项目经济评价内容的选择，应根据项目性质、项目目标、项目投资者、项目财务主体以及项目对经济与社会的影响程度等具体情况确定。对于费用效益计算比较简单，建设期和运营期比较短，不涉及进出口平衡等一般项目，如果财务评价的结论能够满足投资决策需要，可不进行国民经济评价；对于关系公共利益、国家安全和市场不能有效配置资源的经济和社会发展的项目，除应进行财务评价外，还应进行国民经济评价；对于特别重大的建设项目尚应辅以区域经济与宏观经济影响分析方法进行国民经济评价。

第七条　建设项目经济评价必须保证评价的客观性、科学性、公正性，坚持定量分析与定性分析相结合、以定量分析为主以及动态分析与静态分析相结合、以动态分析为主的原则。

第八条 建设项目经济评价的深度，应根据项目决策工作不同阶段的要求确定。建设项目可行性研究阶段的经济评价，应系统分析、计算项目的效益和费用，通过多方案经济比选推荐最佳方案，对项目建设的必要性、财务可行性、经济合理性、投资风险等进行全面的评价。项目规划、机会研究、项目建议书阶段的经济评价可适当简化。

第九条 《建设项目经济评价方法》与《建设项目经济评价参数》是建设项目经济评价的重要依据。

对于实行审批制的政府投资项目，应根据政府投资主管部门的要求，按照《建设项目经济评价方法》与《建设项目经济评价参数》执行；对于实行核准制和备案制的企业投资项目，可根据核准机关或备案机关以及投资者的要求，选用建设项目经济评价的方法和相应的参数。

第十条 建设项目的经济评价，对于财务评价结论和国民经济评价结论都可行的建设项目，可予以通过；反之应予否定。对于国民经济评价结论不可行的项目，一般应予否定；对于关系公共利益、国家安全和市场不能有效配置资源的经济和社会发展的项目，如果国民经济评价结论可行，但财务评价结论不可行，应重新考虑方案，必要时可提出经济优惠措施的建议，使项目具有财务生存能力。

第十一条 建设项目经济评价参数的测定，应遵循同期性、有效性、谨慎性和准确性的原则，并应结合项目所在地区、归属行业以及项目自身特点，进行定期测算、动态调整、适时发布。

国民经济评价中采用的社会折现率、影子汇率换算系数和政府投资项目财务评价中使用的财务基准收益率，由国家发展和改革委员会与建设部组织测定、发布并定期调整。

有关部门（行业）可根据需要自行测算、补充经济评价所需的其他行业参数，并报国家发展和改革委员会与建设部备案。

第十二条 项目评价人员应认真做好市场预测并根据项目的具体情况选用参数，对项目经济评价中选用的价格要有充分的依据并做出论证。建设项目经济评价中使用的其他基础数据，应务求准确，避免造成评价结果失真。

第十三条 健全建设项目经济评价、评估工作制度。政府投资项目的经济评价工作应由符合资质要求的咨询中介机构承担，并由政府有关决策部门委托符合资质要求的咨询中介机构进行评估。承担政府投资项目可行性研究和经济评价的单位不得参加同一项目的评估。

政府投资项目的决策，应将经科学评估的经济评价结论作为项目或方案取舍的重要依据。

第十四条　建设项目的经济评价工作，应充分利用信息技术，开发和完善评价软件和项目信息数据库，以加强项目评价工作的科学管理，提高工作效率和经济评价的质量。

第十五条　建设项目经济评价工作的基本理论和原则，有关部门应采取多种形式，积极开展宣传和推广工作。

第十六条　《建设项目经济评价方法》与《建设项目经济评价参数》，由国家发展和改革委员会与建设部共同组织制定，并根据国家经济发展与财务会计制度的改革等适时修订发布，进行管理。

有关部门（行业）应根据国家发布的《建设项目经济评价方法》与《建设项目经济评价参数》，结合行业特点制定实施细则，并报国家发展和改革委员会与建设部审批。

《建设项目经济评价方法》与《建设项目经济评价参数》的具体解释工作，由建设部标准定额研究所负责。

第十七条　各级政府投资行政主管部门与建设行政主管部门应加强对《建设项目经济评价方法》与《建设项目经济评价参数》实施的管理与监督。财政、金融、税务、外贸、物价、海关、外汇、统计等有关部门应通力合作，密切配合，并提供信息资料方面的支持。

第十八条　本规定发布前国家对于建设项目经济评价有关规定与本规定不一致的，以本规定为准。法律或者行政法规对建设项目经济评价另有规定的，从其规定。

第十九条　本规定由国家发展和改革委员会与建设部负责解释。

第二十条　本规定自发布之日起施行。

本章小结

工程经济学作为一门交叉学科，在工程项目及方案的投资决策中扮演着重要的角色，其内容可以满足各类工程方案投资决策的需要。针对各类型工程活动规律，在工程投资实践的基础上，经过长期的理论及实践发展，工程经济学已形成体系科学、方法完备、目标明确的课程内容，主要包括工程经济要素分析、工程经济评价与比选的指标体系、工程融资、工程财务评价、费用效益/效果/效用分析、设备更新、价值工程、项目后评价等方面的理论方法及实际应用，以上内容对提高工程方案决策的科学性提供了有力支撑。

同时，工程经济学本身是工程领域中数据应用科学的良好典范，提供数据收集及应用的思维及方法。伴随着数据科学的发展，工程经济学将展现新的应用方式及价值。

思考题

1. 思考工程经济分析中定量分析范式。
2. 如何理解工程投入与产出的经济平衡关系？
3. 工程经济学的基本原则、方法及过程之间的相互关系如何？
4. 举例说明一个工程经济分析活动的过程。
5. 观看视频节目《大国重器》（央视 2018 年），给出某一案例工程的特点分析。
6. 工程经济分析在工程建造与运维中的作用是否存在差异？

第 2 章　现金流与资金时间价值

工程经济学是工程学与经济学的交叉学科。本章主要介绍工程经济学中使用的经济学知识之一：现金流与资金时间价值。本章是工程经济学其他方法实施应用的重要基础，主要内容包括现金流的概念及表示方法、资金时间价值的内涵、资金等值计算、特殊等值计算。其中资金等值计算是测算工程经济效果的关键工具，应通过对概念的深入理解和动手训练，为千变万化的工程经济分析打下扎实基础。

2.1　现金流概念及其表示

2.1.1　现金流概念

项目在投资建设与生产运营中，一方面需要项目建设与运行维护的资金投入，用于支付工资以及购买项目建设需要的机械与设备、材料和运营使用的生产原材料等生产要素；另一方面项目建成后通过生产产品或提供服务，项目取得营业收入从而获得资金回报。这些产生于项目中的资金投入或资金回报称为项目现金流。

项目现金流是在工程项目生命周期内所发生的现金流动，有且只有两种属性，即现金流入和现金流出。以项目为边界，现金流出是指流出项目的资金，以"-"表示，如项目购买原材料的资金消耗等；现金流入是指流入项目的资金，以"+"表示，如项目销售产品所获得的资金收入；净现金流是现金流入与现金流出的差值；累计现金流是项目现金流的逐年累计，其中累计净现金流指项目净现金流的逐年累计。

项目现金流中的现金为广义现金，包括库存现金、银行存款和其他货币资金三个部分。对不同项目而言，每个项目会有各自独特的现金流，可以说没有两个一样的项目现金流。对一个特定项目而言，每个项目建设与生产服务中，项目现金会随着时间而流动变化，形成不同时间节点上的多个现金流。

【例 2-1】　一个投资项目的现金流描述如下：假设某项目，第 1 年初投入 100 万元，第 1 年末收入 200 万元，第 3 年初再投入 100 万元，第 3 年至第 6 年每年年末分别收入 200 万元，第 7 年年末收入 300 万元。

从以上项目的资金描述中可以看出项目现金流具有以下特点：① 多次发生，现金流发生的时间节点不同，如本例中给出了 7 年共 8 个现金流值；② 流入或流出的性质不同，且现金流的大小不等，如第 1 年流入 200 万元、第 7 年流入 300 万元等。可以看出项目现金流的组成具有一定的复杂性。为了适应工程经济分析的需要，需要一个有效的方法来清晰定量表示项目现金流。

现金流表示方法分为两类：现金流图和现金流表。

2.1.2 现金流图

现金流图是以规定图形形式来表示项目中现金流入与流出的一种方法。

如例 2-1 的现金流可以用现金流图表示为图 2-1。

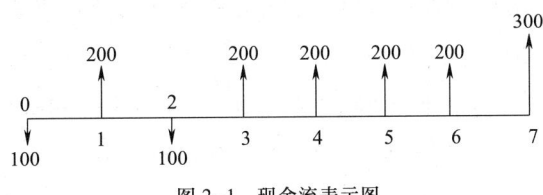

图 2-1 现金流表示图

1. 现金流图的表示原则

（1）现金流图三要素。绘制图形应依从三要素：现金流时点、现金流方向、现金流大小。其中，横坐标为现金流时点，反映项目现金流发生的时间节点，纵坐标箭头方向体现现金流入或流出的性质，箭头线段大小表示现金流的数量。

① 现金流时点。以横轴表示现金流入或流出的时间节点，时间单位以年、月、旬、周、日等时间间隔标记，现金流图的时间间隔应真实反映项目实际情况。

② 现金流方向。在横轴的时间节点上，分别以向上箭头线段标记现金流入，以向下箭头线段标记现金流出。新建项目的现金流方向的规律通常是：前面的时点主要表现为箭头向下的现金流出，即投资；而后面的时点多为箭头向上的现金流入，即收益。

③ 现金流大小。箭头线段与横轴垂直，其长短与现金流量的大小对应成比例，现金流大则箭线长，现金流小则箭线短，同一时点的现金流可以相加减。

（2）现金流绘制的角度。现金流绘图主体包括项目角度、投资人角度、干系人角度等。同样的项目，由于角度不同，就会产生不同的现金流量。依据上述规定，进行现金流量识别后绘制现金流图，满足不同的经济分析需要。

【案例】 现金流表示的案例：房屋购置项目

甲花费 100 000 元购买一套住宅，其中 10 000 元是自己筹措，余下的 90 000 元向银行抵押贷款后支付，计划每年向银行还款额为 10 500 元。每年维持该住宅的使用费为 10 000 元。这套住宅共包括四个单元，每个单元的租金是每月 360 元。请分别从以下角度绘制现金流图：A. 甲的现金流图。B. 项目角度的现金流图。C. 银行角度的现金流图。

【解】 A. 以甲为经济分析角度来识别和绘制现金流图。

（1）识别现金流出。对甲而言，其现金流出为房产购置的第 1 年初，大小为 10 000 元；以后使用期内每年现金流出 10 000 元支付物业使用费，同时还需要现金流出 10 500 元偿还银行借款，因此运营使用期的年现金流出 = 10 000 + 10 500 = 20 500 元。

（2）识别现金流入。甲的年现金流入为房屋租赁收入 = 4×360×12 = 17 280 元。

（3）绘制现金流图。假设该住宅项目的使用期为 45 年，根据以上数值绘制甲的现金流图，如图 2-2 所示。

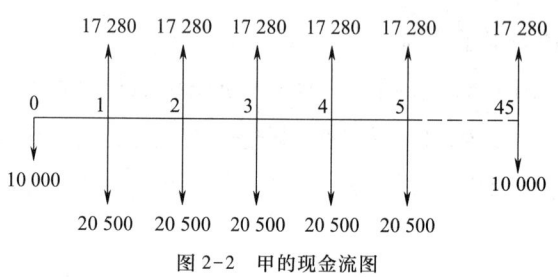

图 2-2　甲的现金流图

B. 从项目角度识别的现金流要素为：

（1）现金流出。对项目而言，其现金流出为房产投资的第 1 年初，大小为 100 000 元；以后使用期内每年现金流出 10 000 元支付物业使用费，现金流出分别发生在投资期与使用期两个阶段。

（2）现金流入。项目的年现金流入依然为房屋租赁收入 = 4×360×12 = 17 280 元。

（3）绘制现金流图。假设该住宅项目的使用期为 45 年，根据以上数值绘制项目的现金流图，如图 2-3 所示。

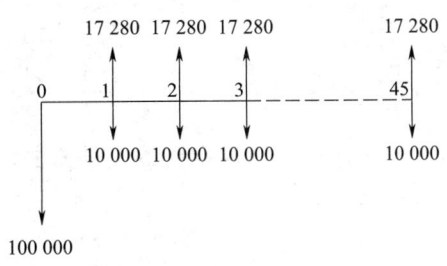

图 2-3　项目角度的现金流图

C. 从银行角度的现金流识别为：

（1）现金流出。对银行而言，其现金流出——为甲提供购置房产的贷款在第 1 年初，值为 90 000 元。

（2）现金流入。银行获得的现金流入为甲的借款偿还，为每年 10 500 元。

（3）绘制现金流图。假设该住宅借款期为 n 年，根据以上数值绘制银行的现金流图，如图 2-4 所示。

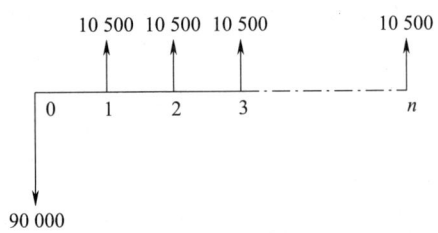

图 2-4　银行角度的现金流图

2. 累计现金流图

分析具体工程项目的全寿命期现金流变化规律，还需绘制该工程项目从开始建设至寿命终结时的累计现金流图。首先根据项目将要发生的现金流进行逐年累计，再将累计值在"时间—现金"坐标图上用点画线表示出来，有利于计算者对项目在整个计算周期上的现金流进行系统分析。对于"常规"投资项目来说，累计现金流的初期现金流常为负值。随着生产经营期的延长，项目后期累计现金流逐渐转为正值，如图 2-5 所示。

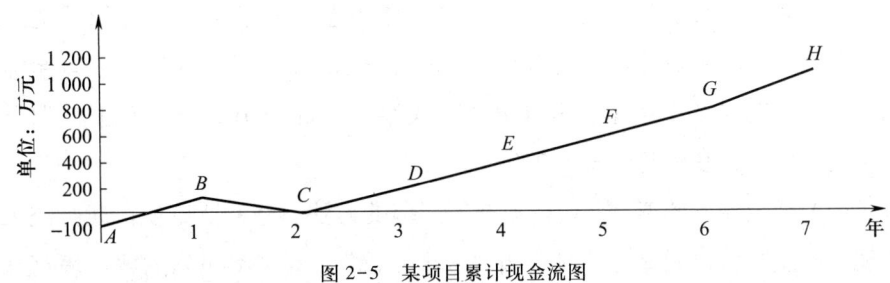

图 2-5　某项目累计现金流图

2.1.3 现金流表

现金流表是以规定表格形式表示现金流的一种方法。与现金流图对应，例 2-1 的简易现金流表如表 2-1 所示。

表 2-1 现金流表（单位：万元）

项目	计算期				
	0	1	2	3~6	7
现金流入		200		200	300
现金流出	−100		−100		
净现金流量	−100	200	−100	200	300
累计净现金流	−100	100	0	800	1 100

根据表 2-1 的累计净现金流可以绘制累计净现金流图，见图 2-6。

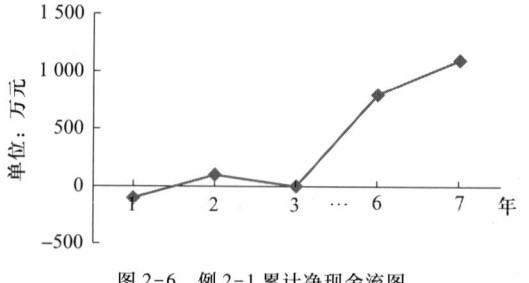

图 2-6 例 2-1 累计净现金流图

1. 现金流表的表示原则

（1）基本表头。包括 5 个关键部分：计算期、现金流入、现金流出、净现金流、累计净现金流。其中项目计算期包括项目建设期、项目生产运营期两个阶段。累计净现金流是净现金流的累计，逐年计算。

$$当年累计净现金流 = 上一年累计净现金流 + 当年净现金流 \qquad (2-1)$$

（2）基本假设。为统一口径，通常假定现金流出发生在计算周期的期初，现金流入发生在计算周期的期末，正值表示现金流入，负值表示现金流出。如表中的时点"0"表示第 1 年初，发生现金流出 100 元，而时点"1"表示第 1 年末，发生现金流入 200 元。

（3）现金流表的填写。应依据有关规范的方法，分析计算项目现金流入与现金流出的科目后填写，并强调"两个正确"，即"将正确的数字填写在正确的位置中"。本书将在"工程项目财务评价"章节中以案例形式介绍标准项目现金流表的计算与填写。

2. 图与表的比较

（1）直观性。与表格形式比较，图形形式更加直观，可视化程度高，可以全面反映项目现金流的变化规律，便于人眼识别。

（2）信息精度。与图形形式比较，随着现金流表表头内容的增加，现金流表对项目现金流表示的精细化程度更高，信息记录与表达能力更强，也便于实现计算机辅助的计算。

（3）适用性。总体而言，现金流表与现金流图表示的现金流在时间轴上具有一一对应的关系，在运用时可根据项目现金流的复杂性以及分析的需要进行选择。一般来说，复杂的项目现金流需要精确分析时可以用现金流表来表示，而简单的现金流可用现金流图表示。

2.2 资金时间价值

2.2.1 资金时间价值的含义

1. 资金时间价值的概念

资金时间价值指随着时间的推移，资金在生产经营活动中所增加或减少的价值。如由于利息的存在，存入银行的 100 元将会在 1 年或几年后超过 100 元，也就是说随着时间的增加，资金价值会增加。另一方面，由于通货膨胀的存在，现在 100 元可以购买 5 斤水果，而在 1 年后也许只能购买 4 斤水果，表现为随着时间的推移，资金的购买能力降低。其根本原因在于同样数量的资金在不同时点上的价值是不相等的，发生了变化，而这种变化就称为资金的时间价值。

在工程经济分析中，资金参与经济活动的循环。资金首先转化为原材料、产成品等实物后，通过生产产品及销售活动后再重新转化为资金，从开始的资金到结束的资金这个"资金循环"中，其价值发生了变动，这种变动就是资金具有的时间价值。

可见，资金的价值随时间变化而变化，是时间的函数，随时间的推移而增值或贬值。在工程经济分析时，不仅要着眼于项目方案资金量的大小，资金收入和支出的多少，也要考虑资金发生的时点以及资金时间价值。资金时间价值增加是工程投资所追求的重要经济目标。

2. 衡量资金时间价值的尺度

衡量资金时间价值的尺度有：利率和利息，通货膨胀率，居民消费价格指数（CPI），工业生产出厂价格指数（PPI）等。其中利息与利率是经常被用于衡量资金时间价值的尺度。

（1）利息。利息通常作为衡量资金时间价值的绝对尺度。在借贷过程中，债务人支付给债权人的超过原借贷金额的部分就是利息。假设向银行存入的本金为 P，经过 n 年后从银行获得资金本利和 F，那么"$F-P$"的差值为 n 年内产生的利息 I，即：

$$I = F - P \tag{2-2}$$

其中，现值 P 指贷款、存款或投资在计算利息之前的原始金额，称为本金。终值 F 指现在某一时点上的一定量现金折合到未来的价值，俗称本利和。

在工程经济分析中，利息又可被看作资金的一种机会成本。放弃资金的使用权力，相当于失去了收益机会，也就相当于付出了一定的代价，也就是说不用于投资的资金将失去获得更多资金的机会，这个失去的机会就成为不投资的"成本"。从这个意义上讲，占用资金进行投资就必须付出代价或是放弃近期消费而将钱存于银行就应获得补偿，这个代价或补偿就是利息。

（2）利率。现实问题中，利率通常是衡量资金时间价值的相对尺度，是在单位时间内所得利息额 I 与原借贷本金额 P 之比，通常用百分数表示，如式 2-3 所示，则年利率＝年利息/本金。

$$i = \frac{I}{P} \times 100\% \tag{2-3}$$

【例 2-2】 某企业年初借入流动资金 500 万元，1 年后付息 45 万元，求这笔流动资金借款的年利率。

【解】 据题意，$I = 45$，$P = 500$，根据式 2-3，计算这笔流动资金借款的年利率为：

$$I = (45/500) \times 100\% = 9\%$$

利率作为一种经济杠杆，在经济生活中起着十分重要的作用。在市场经济条件下，利率的高低由以下几种因素决定：

① 利率取决于社会平均利润率的高低，并随之呈正向变动，并且遵循"平均利润和不为零"的原则。所谓"平均利润和不为零"，是指借方平均收益与贷方所获得的平均利润之代数和不为零，即借方借用货币资金所获得

的利润不可能将其全部以利息的形式交给贷款者，而贷方因放弃了货币资本能够增值的使用价值即资金时间价值而必须获得报酬，利息就不能为零，更不能为负数。一般来说，利息是平均利润（社会纯收入）的一部分，因而利率的变化要受平均利润的影响。

② 借出资本要承担一定的风险，风险越大，利率也就越高。

③ 借出资本的期限长短。贷款期限越长，风险就越大，利率也就越高。

④ 在平均利润率不变的情况下，利率高低取决于金融市场上借贷资本的供求情况，当借贷资金供大于求时，利率会相应下调；反之，则升高。

⑤ 利率的波动与通货膨胀有直接关系。

2.2.2 资金时间价值计算

资金时间价值计算根据是否考虑"利息计算利息"分为两种计算方法，分别是：单利法和复利法。以下是一次支付的资金时间价值计算。所谓一次支付指项目在整个计算期内，只有一次现金流入和一次现金流出。

1. 单利法计算

单利法的资金时间价值计算中，只计算本金发生的利息而不再计算利息产生的利息，具体计算如图 2-7 所示，其中 I_1 为第 1 年的利息，以此类推。

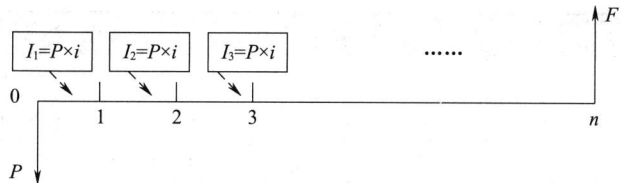

图 2-7 单利法计算现金流图

其中：

$$年利息 = P \times i \tag{2-4}$$

$$n\text{ 年利息 } I = \underbrace{P \times i + \cdots + P \times i}_{n} = P \times i \times n \tag{2-5}$$

$$n\text{ 年本利和 } F = P + I = P + P \times i \times n = P(1 + i \times n) \tag{2-6}$$

要注意，式中 n 和 i 反映的周期要一致。若 i 为年利率，则 n 应为计息的年数；若 i 为月利率，则 n 应为计息的月数。

【例 2-3】 某人年初借款本金 1 000 元，1 年后支付利息 50 元，求本期借款年利率和本利和。若以此利率借款 3 年，单利计算，试求期末本利和。

【解】 根据利率定义,有本期借款年利率 $i=50/1\,000\times100\%=5\%$;1 年期的本利和 $F=1\,000+50=1\,050$ 元。

借款 3 年,则依据式 2-6,$n=3$,$i=5\%$,$P=1\,000$ 元,则 3 年末的本利和 F_3 计算如下:$F_3=1\,000(1+3\times5\%)=1\,150$ 元。

由例 2-3 可知,单利的年利息额都仅由本金产生,其新生利息,不再加入本金产生利息,此即"利不生利"。单利不符合客观的经济发展规律,没有真实反映资金可能随时都在"增值"的概念,即没有完全反映资金时间价值。因此,在工程经济分析中单利使用较少,单利通常只用于短期投资及不超过一年的短期贷款的简便计算。

2. 复利法计算(一次支付)

复利法是指除计算借贷本金的利息外,还需计算利息产生利息的资金时间价值计算。一次支付的现金流如图 2-8 所示,计算过程如表 2-2 所示。

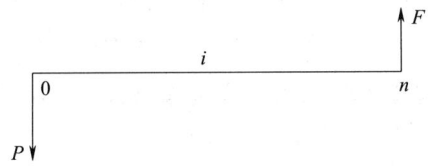

图 2-8 一次支付的现金流图

表 2-2 本利和(终值)计算过程表

计算期	期初金额(1)	本期利息额(2)	期末本利和(3)=(1)+(2)
1	P	$P\times i$	$F_1=P+P\times i=P(1+i)$
2	$P(1+i)$	$P(1+i)\times i$	$F_2=P(1+i)+P(1+i)\times i=P(1+i)^2$
3	$P(1+i)^2$	$P(1+i)^2\times i$	$F_3=P(1+i)^2+P(1+i)^2\times i=P(1+i)^3$
…	…	…	…
n	$P(1+i)^{n-1}$	$P(1+i)^{n-1}\times i$	$F_n=P(1+i)^{n-1}+P(1+i)^{n-1}\times i=P(1+i)^n$

n 年期的本利和计算公式为:

$$F_n=P(1+i)^n \tag{2-7}$$

根据以上公式可以看出,资金时间价值的大小取决于三个变量:借贷本金 P、借贷利率 i 和借贷时间 n。三者成正比例。在保持其他变量不变的情况下,本金越大,借贷时间越长,借贷利率越高,则资金时间价值水平越高。正是资金时间价值中三个影响因素的相互作用关系,才构成了市场经济中形形色色的资金交易。

3. 单利与复利的计算比较

【例 2-4】 根据例 2-3 的数据,如果采用复利计算,那么 3 年末的本利和为多少?

【解】 $F = 1\,000 \times (1+5\%)^3 = 1\,157.625$

单利与复利的计算对比表如 2-3 所示,对比图如图 2-9 所示。

表 2-3 单利与复利计算对比表(单位:万元)

计算期	单利			复利		
	期初欠款(1)	本期利息(2)	年末本利和(3)=(1)+(2)	期初欠款(1)	本期利息(2)=(1)×10%	年末本利和(3)=(1)+(2)
1	10 000	1 000	11 000	10 000	1 000	11 000
2	11 000	1 000	12 000	11 000	1 100	12 100
3	12 000	1 000	13 000	12 100	1 210	13 310

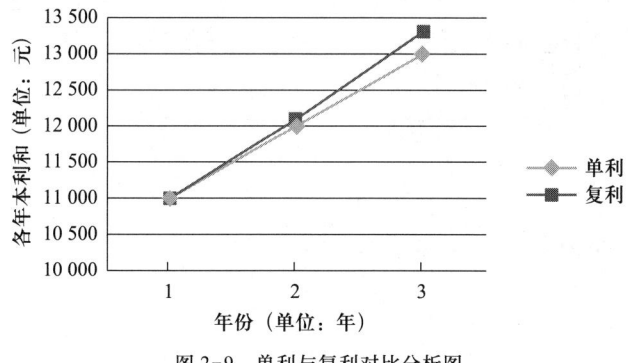

图 2-9 单利与复利对比分析图

从以上计算结果可以看出,除第 1 年外,资金时间价值受计算方式的影响,复利法大于单利法,并随着计算期的增加,增幅加大。另外,本金数额越大,利率越高,两者差异就越明显。产生差异的根源在于"利息是否计算利息",单利虽然考虑了本金的时间价值,但没有考虑到利息的时间价值,所在日常应用中复利比单利广泛得多。在本书以后的章节中如无特殊说明,也都将采用复利计算方式。

2.2.3 资金时间价值的影响因素

根据一次支付的资金时间价值计算,可以分析影响资金时间价值的主要因素有:

（1）资金占用时长。在单位时间的资金增值率一定的条件下，资金使用时间越长，则资金时间价值就越大；反之，其资金时间价值就越小。如图 2-9 所示，3 年期资金时间价值大于 2 年期，2 年期大于 1 年期。

（2）资金数量大小。在其他条件不变的情况下，资金数量越大，资金时间价值越大；反之，资金时间价值则越小，且本利和随着本金变化的比例而变化。

（3）资金周转速度。资金周转越快，在一定时间内资金回收就越快，原资金时间价值就越大；反之，资金时间价值越小。

（4）利息计算方式。当计算期大于 1 年时，其他计算条件相同时，采用复利法计算的资金时间价值大于单利法计算的结果。

（5）利率的大小。其他条件相同时，利率越大的则资金时间价值也越大。

总之，资金时间价值是客观存在的，研究资金时间价值就是用动态的观点去分析资金的使用和占用，追求资金运用的经济效果。从投资角度来看，就要求人们加快资金周转，早日回收本金及利息的资金时间价值，使原有资金最大限度地获得高额回报。

2.3 资金等值计算

2.3.1 等值计算内涵

"等值"是指在时间因素的作用下，在不同的时间点上绝对值不等的资金却具有相同的价值。简言之，资金数量不等而价值等效，如在市场借贷中，某年初存款 1 000 元，假设存款利率 5%，则当年末本利和为 1 050 元。年初 1 000 元与年末 1 050 元在资金时间价值上相等，也就是说发生在不同时间的资金尽管数量不等但却具有相同的经济价值，可以进行等值换算，即 1 050=1 000+50，其中 50 元即为本金 1 000 元的资金时间价值。

资金等值效果依赖以下一些因素：利率、本金、收入或支出发生的时间、利息或利润支付方式、原始资本回收方式等。对现金流进行等值计算时，应遵循以下 4 个原则：

原则 1：只有同一时间节点的现金流才可以直接进行加减运算。

资金等值计算

原则 2：当要把某现金流量向前推进一个时间单位时，应乘以 $(1+i)$，其中 i 为反映货币时间价值的利率。

原则 3：同理，当要把某现金流量向后退一个时间单位时，应除以 $(1+i)$。

原则 4：不同时间点的现金流加减时应按照原则 1、原则 2、原则 3 进行等值换算。

本节等值计算包括一次支付的等值计算和多次等额支付的等值计算。所谓多次等额支付是指计算期内有多次现金流入或流出，其中每次现金流入或现金流出的值为期末的等额值 A，称为本金。多次等额支付的等值计算包括：

（1）年金终值：连续在每个计息期的期末收入或支出一笔等额的资金 A，求终值 F。

（2）偿债基金公式：为了未来资金 F，求每个计息期期末应收入或支出的等额值 A。

（3）年金现值：连续在每个计息期的期末收入或支出一笔等额的资金 A，求现值 P。

（4）资金回收：为了回收计算期初投入的资金 P，求每个计息期期末应回收的等额值 A。

2.3.2 现值与终值

现值与终值的等值计算可分为一次支付和多次支付，一次支付等值计算公式可以概括为：

已知现值，求终值：

$$F=P(1+i)^n=P(F/P,\ i,\ n) \tag{2-8}$$

已知终值，求现值：

$$P=F(1+i)^{-n}=F(P/F,\ i,\ n) \tag{2-9}$$

其中，$(F/P,\ i,\ n)$ 为终值系数，$(P/F,\ i,\ n)$ 为现值系数。

【例 2-5】 将 1 万元存入银行，假设银行年利率为 12%，求 5 年后这笔资金的实际价值。

【解】 这是一次支付并已知现值求终值的问题。5 年的现金流图如图 2-10 所示。

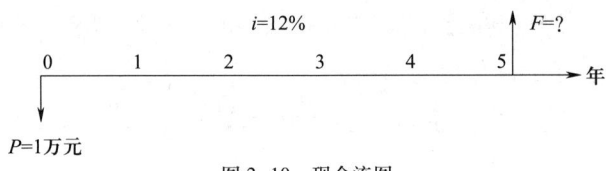

图 2-10 现金流图

① 用公式进行计算。$i=12\%$，$n=5$，由式 2-8 可得：
$$F = P(1+i)^n = 1 \times (1+12\%)^5 = 1.7623 \text{（万元）}$$

② 利用复利系数表计算。由附录复利系数表可查得：
$$(F/P, 12\%, 5) = 1.7623$$

则：$F = P(F/P, 12\%, 5) = 1 \times 1.7623 = 1.7623$（万元）

【例 2-6】 某人计划 5 年后从银行提取 1 万元，如果银行利率为 12%，问现在应存入多少钱？

【解】 这是一次支付并已知终值求现值问题。某人 5 年的现金流图如图 2-11 所示。

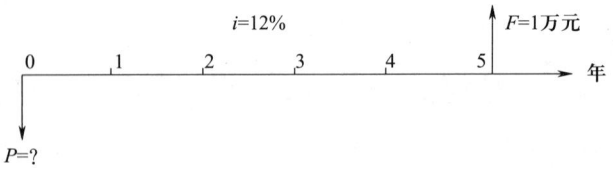

图 2-11 现金流图

① 利用公式进行计算。由式 2-9 可得：
$$P = F(1+i)^{-n} = 1 \times (1+12\%)^{-5} = 0.5674 \text{（万元）}$$

② 利用复利系数表计算。由复利系数表可查得：
$$(P/F, 12\%, 5) = 0.5674$$

所以有：$P = F(P/F, 12\%, 5) = 1 \times 0.5674 = 0.5674$（万元）

可以确定，现值系数与终值系数互为倒数，即 $0.5674 = 1/1.7623$。

【例 2-7】 某企业拟购价值 500 万元的某大型设备，可进行两种支付方案的选择。方案一：期初一次性付款，支付优惠 12%。方案二：3 年分期付款，支付要求包括，首次支付 40%，第 1 年年末付 30%，第 2 年年末付 20%，第 3 年年末付 10%。若资金折现率为 10%，应选择哪种付款方式？ 如果资金折现率为 15%，则应选择哪种付款方式？

【解】

方案一：无借款一次性支付，则实际支出 $P_{初} = 500 \times 88\% = 440$ 万元。

方案二：分期付款的现金流图如图 2-12 所示，为方便比较，将方案二的各期现金流折现到付款期初，然后求和计算全部现金流的现值。

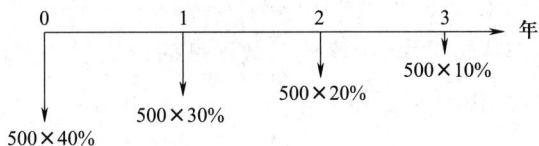

图 2-12 分期付款现金流图

① 借款利率为 10%，全部现金流的现值为：

$P_{分} = 500 \times 40\% + 500 \times 30\% \times (P/F，10\%，1) + 500 \times 20\% \times (P/F，10\%，2) + 500 \times 10\% \times (P/F，10\%，3) = 200 + 150 \times 0.9091 + 100 \times 0.8264 + 50 \times 0.7513 = 456.57$（万元）

② 借款利率为 15%，全部现金流的现值为：

$P_{分} = 500 \times 40\% + 500 \times 30\% \times (P/F，15\%，1) + 500 \times 20\% \times (P/F，15\%，2) + 500 \times 10\% \times (P/F，15\%，3) = 200 + 150 \times 0.8696 + 100 \times 0.7561 + 50 \times 0.6575 = 438.93$（万元）

结论：根据计算结果可以判断，当借款利率为 10% 时，$P_{初} < P_{分}$ 应选择期初一次性的优惠付款方式，说明期初一次性付款购买的优惠幅度优于资金晚付的时间价值；当借款利率为 15% 时，$P_{分} < P_{初}$，应选择分期借款支付的方式，说明分期晚付的资金时间价值优于期初一次付款购买的优惠幅度。

2.3.3 年金与终值

1. 已知年金计算终值

年金与终值的现金流如图 2-13 所示。

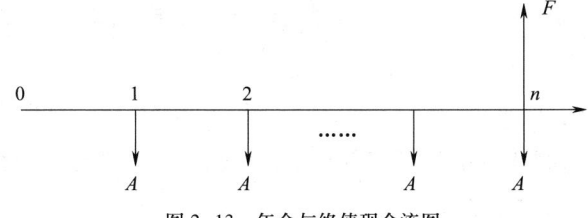

图 2-13 年金与终值现金流图

年金终值计算公式为：

$$F = A(1+i)^{n-1} + A(1+i)^{n-2} + A(1+i)^{n-3} + \cdots + A(1+i) + A = \frac{A \times [(1+i)^n - 1]}{i}$$

又可以写作：

$$F = A(F/A, i, n) \tag{2-10}$$

其中 $(F/A, i, n)$ 为年金终值系数，是指一定时期内，期末单位等额收入或支出的本利和，可以表示为：

$$(F/A, i, n) = \frac{[(1+i)^n - 1]}{i} \tag{2-11}$$

【例 2-8】 某大型工程项目总投资 10 亿元，5 年建成，每年年末投资 2 亿元，年利率为 5%，求第 5 年年末的实际累计总投资额。

【解】 这是一个已知年金求终值的问题。根据式 2-10，查复利系数表，则有：

$$F = A(F/A, 5\%, 5) = 2 \times 5.525\ 6 = 11.05 \text{（亿元）}$$

2. 已知终值计算年金

此类问题又称偿债基金问题，是指在已知年金的终值 F 即未来将偿还的资金及利率和期数的情况下，求年金 A 的问题。

计算公式为：

$$A = F \times \frac{i}{(1+i)^n - 1}$$

又可写为：

$$A = F(A/F, i, n) \tag{2-12}$$

其中，偿债基金系数为 $(A/F, i, n)$。

【例 2-9】 企业 5 年后需要一笔 50 万元的资金用于固定资产的更新改造，如果年利率为 5%，问从现在开始该企业每年应存入银行多少钱？

【解】 这是一个已知终值求年金的问题。根据式 2-12，查复利系数表的偿债资金系数，则有：

$$A = F(A/F, i, n) = 50 \times (A/F, 5\%, 5) = 50 \times 0.181 = 9.05 \text{（万元）}$$

从例 2-8 与例 2-9 的计算可以看出，偿债基金系数与年金终值系数互为倒数，即 $0.181 = 1/5.525\ 6$。

2.3.4 年金与现值

年金与现值的现金流如图 2-14 所示。

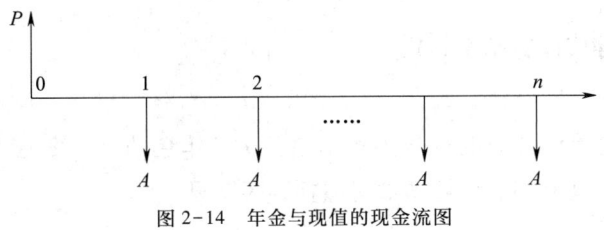

图 2-14　年金与现值的现金流图

1. 已知年金计算现值

在 n 年内每年期末等额流入或流出资金等值 A，则在利率为 i 的情况下，求此等额年金 A 下的现值总额 P。即已知 A，i，n，求 P，则有：

$$P = A \times [(1+i)^n - 1]/i(1+i)^n = A(P/A, i, n) \quad (2-13)$$

其中，年金现值系数为 $(P/A, i, n)$。

【例 2-10】　设立一项助学基金，计划在从现在开始的 10 年内，每年末从基金中提取 50 万元用于助学，若已知年利率为 10%，求现在应存入的基金金额。

【解】　这是一个已知年金 A 求现值 P 的问题，根据式 2-13，查复利系数表有：$P = A(P/A, i, n) = A(P/A, 10\%, 10) = 50 \times 6.1446 = 307.23$ 万元。说明现在以利率 10% 存入 307.23 万元，则在未来 10 年里每年就可有 50 万元用于助学。

2. 已知现值计算年金

此类问题又称资金回收。资金回收是指期初一次性投资 P，当利率为 i 时，求在 n 年内以等额方式收回全部投资的年等额值 A。即已知 P，i，n，求 A。

计算公式为：

$$A = P \times i(1+i)^n / [(1+i)^n - 1] = P(A/P, i, n) \quad (2-14)$$

其中，资金回收系数为 $(A/P, i, n)$。

【例 2-11】　某项目投资 100 万元，计划在 10 年内全部收回投资，若已知年利率为 10%，问该项目每年平均净收益至少应达到多少？

【解】　这是一个已知现值求年金的问题，根据式 2-14，查复利系数表则有：$A = P(A/P, 10\%, 10) = 100 \times 0.1627 = 16.27$ 万元。结论为：每年的平均净收益至少应达到 16.27 万元，才可以保证在 10 年内收回全部投资。

从例 2-10 与例 2-11 的计算可以看出，资金回收系数与年金现值系数互为倒数，即 $0.1627 = 1/6.1446$。

2.3.5 等值计算基本约定

假设资金等值计算的符号为：本金值 P、年金值 A、终值 F；实际利率 i；计算期 n。以上等值计算系数可概括为表 2-4。

表 2-4 等值计算系数总结表

计算	已知 P	已知 F	已知 A
P	—	$(P/F,i,n)$	$(P/A,i,n)$
F	$(F/P,i,n)$	—	$(F/A,i,n)$
A	$(A/P,i,n)$	$(A/F,i,n)$	—

使用以上公式进行等值计算时应满足以下约定：

(1) 只有严格遵守现金流图，才能使用上述复利系数进行等值计算。

(2) 假定方案的初始投资 P 发生在方案的计算期期初 0 点。

(3) 假定方案实施过程中的经常性支出 A，发生在支付期期末。

(4) 终值 F 发生在第 n 年末。

(5) 年金 A 从计算期开始每年末发生，连续 n 年。第一个年金值 A 发生在现值 P 的年末，最后一个年金值 A 与终值 F 同时发生。

(6) 利率周期、计息周期、支付周期三者一致。如给定年利率，按年计息，按年支付。

2.4 特殊等值计算

在资金时间价值的等值计算中，可能存在利率周期、计息周期以及支付周期此三个周期时间不一致的情形。利率周期如年名义利率，计息周期如按月计息，支付周期如每季度支付一次，这时就会产生资金时间价值计算的特殊情境。概括为三种特殊情况：计息周期=支付周期；计息周期<支付周期；计息周期>支付周期。本章学习三种关系下的等值计算，以拓宽等值计算在经济分析中的应用价值，应对现实方案的资金时间价值计算需要。

2.4.1 名义利率与实际利率

以上章节讲述了计息周期为年周期的年利率等值计算，但在现实的很多情况下,计息周期会小于一年。例如,计算期内年利率为 12%,一年内复利 2 次,也就是半年计息一次,此时 12% 称为名义利率,一般用 r 表示,而实际利率 i 为半年期利率,为 6%,此时由于复利的存在,所以实际年利率并不是 12%,而是会比 12% 更大一些。当利率周期与计息周期不一致时,就出现了名义利率与实际利率。

1. 名义利率

名义利率是指按年计息的利率,也称年名义利率,即计息周期为 1 年的利率。它以 1 年为计息基础,等于计息周期对应的利率 i 与年计息期次数 m 的乘积,即:

$$r = i \times m \tag{2-15}$$

若计息周期为月,月利率为 1%,利率周期为年,则每年计息 12 次,年名义利率为 12%。很显然,计算名义利率时忽略了前面各期利息所产生的利息,是单利计算。

【例 2-12】 假设每月存款月利率为 3‰,此为计息周期利率,则年名义利率为:3‰×12(计息次数)= 3.6%(名义利率)。换言之,名义利率 3.6% 是以单利计算的年资金时间价值。

2. 实际利率

若用计息周期利率来计算利率周期的利率,并将利率周期内的利息再生因素考虑进去,这时所得的利率周期内的利率称为实际利率。

已知名义利率 r,年利率周期内计息 m 次,则计息周期利率为 $i = r/m$。假设利率周期初有现值 P,根据一次支付终值公式,即"利息计算利息的方法",可得到该利率周期的终值 F:

$$F = P\left(1 + \frac{r}{m}\right)^m \tag{2-16}$$

根据利息的定义,可得到该利率周期的利息 I:

$$I = F - P = P\left(1 + \frac{r}{m}\right)^m - P = P\left[\left(1 + \frac{r}{m}\right)^m - 1\right] \tag{2-17}$$

再根据利率的定义,即利息除以本金,可得该利率周期的年实际利率 i 为:

$$i = \frac{I}{P} = \left(1 + \frac{r}{m}\right)^m - 1 \tag{2-18}$$

其中,m 为年计息次数。

【例 2-13】 每月存款的月利率为 3‰,按月计息,则年实际利率为多少?

【解】 年名义利率:3‰×12=3.6%

年实际利率:(1+3.6%/12)^{12}-1=3.66%

分析本例得出,计算周期,即计算利息的实际周期是月;计息次数,即利率周期年内计算利息的次数为12次,年实际利率的周期为年,利息计算以实际利率计算。实际利率与名义利率的实际计算比较如表2-5所示。

表2-5 不同计息次数下的实际利率与名义利率比较

年名义利率 r	计息周期	年计息次数 m	计息期利率 ($i=r/m$)	年实际利率 $i_\text{年} = (1+r/m)^m - 1$
10%	年	1	10%	(1+10%) - 1 = 10%
	半年	2	5%	(1+5%)^2 - 1 = 10.25%
	季	4	2.50%	(1+2.5%)^4 - 1 = 10.38%
	月	12	0.833%	(1+0.833%)^{12} - 1 = 10.47%
	日	365	0.027 4%	(1+0.027 4%)^{365} - 1 = 10.52%

从表2-5可以看出,随着计息周期的缩短,年计息次数 m 的值越大,则年实际利率 i 相对于年名义利率 r 的增幅越大。在工程经济分析中,如果各方案的计息期不同,就不能简单地使用名义利率来评价,都必须统一换算成实际利率再进行经济比较,否则就会得出不正确的结论。名义利率与实际利率的差异,体现了资金时间价值的多样性,反映经济投资活动的丰富性与差异性,体现投资的魅力。

【例2-14】 某建筑企业向银行贷款300万元,名义利率为12%,要求每月计息1次,每月月末等额还款,2年还清,请问每月偿还多少?

【解】 现金流图如图2-15所示。

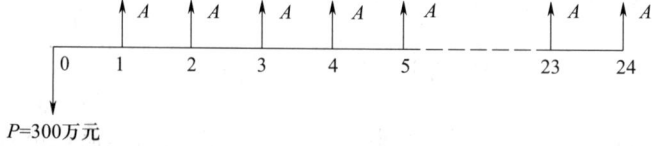

图2-15 现金流图

计息周期月的实际利率为12%/12=1%;计算期2年内的支付次数 n = 24,根据式2-12可得 $A=P(A/P, 1\%, 24)$,计算得:

$$A = P\frac{i(1+i)^n}{(1+i)^n-1}$$

$$= 300 \times \frac{1\% \times (1+1\%)^{24}}{(1+i)^{24}-1}$$

$$= 300 \times 0.047\ 1 = 14.13\ (万元)$$

即两年内每月等额偿还 14.13 万元。

3. 连续复利

当计息周期趋于无限小，则 1 年内计息次数趋于无限大，即 $m \to \infty$，此时视为没有时间间隔的计息方式，称为连续复利，则年实际利率为：

$$i = \lim_{m \to +\infty}\left[\left(1+\frac{r}{m}\right)^m - 1\right] = e^r - 1 \quad (2-19)$$

e 是自然对数的底，其值为 2.718 28。

将连续复利引入普通的利息公式得：

一次支付：连续复利现值公式为：

$$P = F \times e^{-rn} \quad (2-20)$$

连续复利终值公式为

$$F = P \times e^{rn} \quad (2-21)$$

等额支付：连续复利现值公式为：

$$P = A\left[\frac{1-e^{-rn}}{e^r-1}\right] \quad (2-22)$$

连续复利终值公式为：

$$F = A\left[\frac{e^{rn}-1}{e^r-1}\right] \quad (2-23)$$

连续复利偿债基金公式为：

$$A = F\left[\frac{e^r-1}{e^{rn}-1}\right] \quad (2-24)$$

连续复利资金回收公式为：

$$A = P\left[\frac{e^r-1}{1-e^{-rn}}\right] \quad (2-25)$$

【例 2-15】 假设你从银行贷款 10 000 元进行投资，贷款期限 2 年，以 5% 的年利率连续复利，计算第 2 年年末的本利偿还额。

【解】 根据连续复利的一次支付终值公式（式 2-21），有：

$$F = 10\ 000(F/P, 5\%, 2) = 10\ 000 \times e^{5\% \times 2} = 11\ 052\ (元)$$

3 种利率的特点对比：名义利率反映单利计算资金的年增值效果；实际

利率反映复利计算资金的年增值效果；对于连续复利，由于计息周期缩短，利息高于普通利率的计算结果，此方式的资金成本较高。

2.4.2 特殊等值计算举例

1. 计息周期=支付周期的等值计算

【例 2-16】 年利率为 12%，每半年计息 1 次，从现在起，连续 3 年，每半年作 100 万元的等额支付，问与其等值的现值为多少？

【解】 计息周期半年的利率 $i=12\%/2=6\%$，对应的计息次数 $m=3\times2=6$，则 $P=A(P/A, i, n) = 100\times(P/A, 6\%, 6) = 100\times4.9173 = 491.73$（万元）。特别强调，应将实际利率 i 与计息次数 n 保持在同一周期上。

2. 计息周期<支付周期的等值计算

【例 2-17】 年利率为 10%，每半年计息 1 次，从现在起连续 3 年的等额年末支付为 500 万元，与其等值的第 0 年的现值是多少？

本例的现金流如图 2-16 所示。

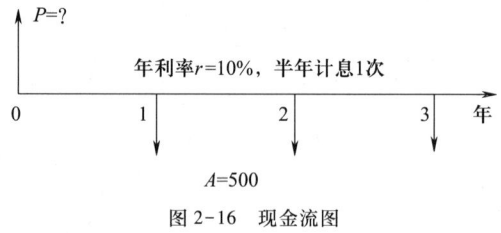

图 2-16 现金流图

【解】 可以采用三种方式进行等值计算：

(1) 以终值现值进行等值计算。

首先，计算半年期实际利率。其值为 $10\%/2=5\%$。

然后，逐年计算各现金流的现值，此计算相当于将原有现金流离散为 3 个一次支付的现值计算。则：

$P=500\times(P/F, 5\%, 2)+500\times(P/F, 5\%, 4)+500\times(P/F, 5\%, 6)=500\times(0.9070+0.8227+0.7462) = 1238$（万元）

(2) 按照支付周期等值计算。按照年等值计算的方式，以支付周期为标准计算实际利率及其对应的实际支付次数。

首先，计算半年计息一次的年实际利率。其值为：

$$i=(1+r/m)^m-1=(1+10\%/2)^2-1=10.25\%$$

等值计算的特别应用

然后，计算年等值的现值，则：
$$P = A(P/A, 10.25\%, 3) = 500 \times 2.4759 = 1238 （万元）$$

（3）按照计息周期等值计算。将支付周期上的支付换算为计息周期上的等值，再采用计息周期的等值支付方式进行计算。

首先，计算支付终值的半年期年等值。半年期利率为 5%，计息次数为 2，则：
$$A = F(A/F, i, n) = 500(A/F, 5\%, 2) = 500 \times 0.4878 = 244 （万元）$$

然后，计算此等值的现值。其中计息次数为 6，半年期计息，则：
$$P = A(P/A, i, n) = 244(P/A, 5\%, 6) = 244 \times 5.0757 = 1238 （万元）$$

计算总结：无论采用何种计算方式，该现金流的等值计算结果相同；在使用等值计算公式时，务必确保公式中三个变量的时间周期统一后再取值，如上列 A 为半年的值 244，利率也为半年利率 5%，因此全部现金流的计息次数也为半年 1 次，则 $n = 6$。

【例 2-18】 某人每半年存款 1 000 元，年利率 10%，每季计息一次，复利计息，问第 3 年末本利和为多少？

【解】 现金流如图 2-17 所示。

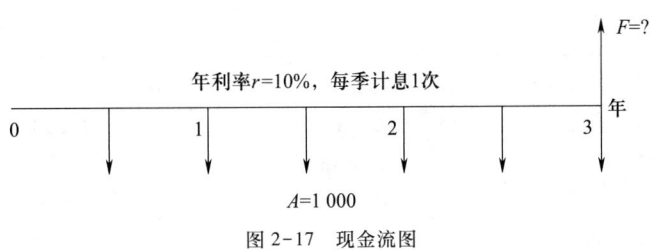

图 2-17 现金流图

季度计息周期利率 $i = 10\%/4 = 2.5\%$

半年期实际利率 $i_{半} = (1 + 2.5\%)^2 - 1 = 5.06\%$

则：
$$F = A(F/A, 5.06\%, 6) = 1000 \times 6.8122 = 6812.2 （元）$$

总结：首先计算计息周期对应的实际利率 i，然后换算为支付周期半年的实际利率 $i_{半}$，并计算对应的支付次数，最后代入公式进行等值计算。

3. 计息周期 > 支付周期的等值计算

（1）单利计息。在计息周期内收付按照单利计息。

【例 2-19】 某工程 12 个月的支付现金流如图 2-18 所示，年利率 8%，半年计息一次，复利计算，但要求计息期内的收付款利息按照单利计算，求年末金额。

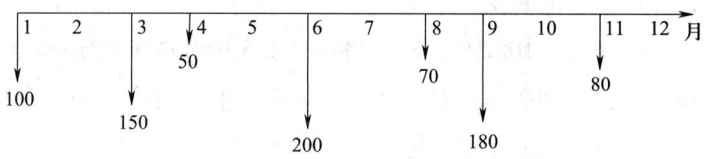

图 2-18 支付现金流（单位：元）

【解】 首先，计算半年期实际利率 $i=8\%/2=4\%$，计息期内的利息按单利计算，第 1 个半年 0—6 月的月末值为：

$A_1 = 100(1+5/6 \times 4\%) + 150(1+3/6 \times 4\%) + 50(1+2/6 \times 4\%) + 200 = 507$（元）

依次，第 2 个半年，即 7—12 月的月末值为：

$A_2 = 70(1+4/6 \times 4\%) + 180(1+3/6 \times 4\%) + 80(1+1/6 \times 4\%) = 336$（元）

复利计算年终值：

$$F = 507(F/P, 4\%, 1) + 336 = 863.28 \text{（元）}$$

（2）复利计息。在计息周期内收付按照复利计息。

【例 2-20】 某人每月存款 100 元，年利率 12%，半年计息一次，复利计息。计息周期内资金利息按照复利计算。1 年后他的本利和是多少？

【解】 根据题意绘制现金流图，如图 2-19 所示。

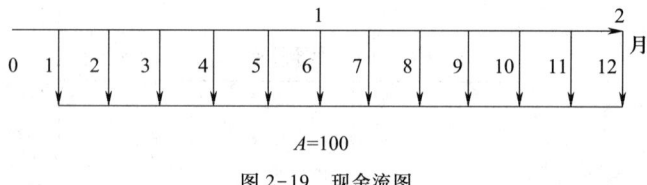

图 2-19 现金流图

名义利率为 12%，半年计息一次，计息期内收付利息按复利计算，则计息期利率，即半年实际利率为：

$$i_{半年} = 12\%/2 = 6\%$$

按照月计息，半年期计息次数为 6 次，则半年期的名义利率与实际利率的换算公式如下，其中：

$$i_{半年} = (1+r_{半年}/6)^6 - 1 = 6\%$$

则得半年期名义利率：

$$r_{半年} = 5.855\ 3\%$$

因此支付期每月利率 $r_月 = 5.855\ 3\%/6 = 0.975\ 9\%$。1 年内支付次数 12 次，按照普通复利公式即可求出年末终值：

$$F = 100(F/A, 0.975\ 9\%, 12) = 100 \times 12.665\ 2 = 1\ 266.52 \text{（元）}$$

注意：在计息周期内的收付按复利计算时，收付周期利率不能直接使用每月实际利率，而应采用月名义利率，因为复利计息是半年一次，并不是每月一次。

2.4.3 等值计算中的插值计算

等值计算中的插值计算是等值计算的一种特殊情况。在等值计算公式中，变量利率 i 和计算期 n 对资金时间价值的影响是非线性的，因此变量值无法通过函数直接计算，需要采用数值计算中插值计算的方法取得近似数值解。以下分别介绍利率的插值计算和计算期的插值计算。

1. 利率的插值计算

用线性插值法计算利率的步骤如下：

首先，根据计算条件计算一个资金等值系数值 C_0，如年金终值、年金现值、资金回收、偿债基金、现值系数或终值系数。

其次，通过复利系数表在 C_0 附近查找两个最接近的系数值 $C_大$、$C_小$，其中 $C_大 > C_0 > C_小$，同时确定 $i_大$、$i_小$。

最后，根据下式插值计算利率 i（计算时可根据具体情况调整）。

$$i = i_大 - (C_大 - C_0)/(C_大 - C_小) \times (i_大 - i_小) \qquad (2-26)$$

【例 2-21】 某公司于第 1 年初借款 20 000 元，每年末还本付息额均为 4 000 元，连续 9 年还清。求借款利率为多少？

【解】 根据题意，这是一个现值与年金值的问题。已知 $P = 20\,000$，$n = 9$，根据年金现值公式，有：

$$20\,000 = 4\,000\,(P/A, i, 9)$$

计算普通年金现值系数为：

$$20\,000/4\,000 = 5 = (P/A, i, 9) = 5$$

通过复利系数表不能查到 $n = 9$ 时对应系数为 5 的利率，但可以查到和 5 正负相邻的两个系数分别为：5.328，其对应利率为 12%；4.946，其对应的利率为 14%。设年金现值系数 5 对应的利率为 i，可以判断 i 应在 12% 与 14% 之间。假设在一个小的幅度内，年金现值系数与利率 i 呈线性关系，如图 2-20 所示。

则有线性内插公式：

$$i = 12\% + [(5.328 - 5)/(5.328 - 4.946)] \times (14\% - 12\%) = 13.7\%$$

根据公式可计算该借款率的近似数值为 13.7%。

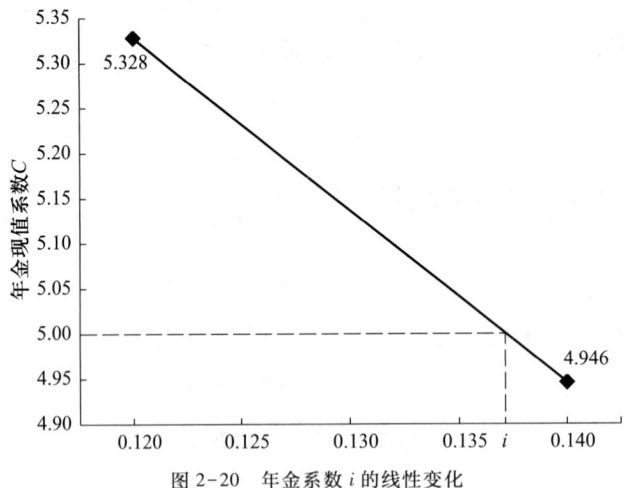

图 2-20 年金系数 i 的线性变化

【例 2-22】 小贾从银行贷款 420 万元用于购买房屋,每 3 个月偿还一次,分 50 次偿还,每次偿还贷款额的 7%。小贾计算借款资金的年利率应该是:$0.07 \times 420 \times 4 / 420 = 28\%$。请问:(1)小贾的计算是否准确?(2)小贾实际支付的年利率是多少?(3)如果偿还次数改变,实际利率会变化吗?

【解】 (1)由于小贾的计算没有考虑资金时间价值,所以计算不准确。

(2)由于贷款偿还方式为等额偿还,因此小贾实际支付的利率应根据本利和的等额计算公式来确定。

$$420 \times (A/P, i_{年}/4, 50) = 0.07 \times 420$$

$$(A/P, i_{名义}/4, 50) = 0.07$$

依据线性插值,分别计算利率为 6%、7% 的偿债基金系数值后三角形内插:

$(A/P, 6\%, 50) = 0.063\,4$;$(A/P, 7\%, 50) = 0.072\,5$

$7\% - i_{季}/7\% - 6\% = 0.072\,5 - 0.07/0.072\,5 - 0.063\,4$

$i_{季} = 6.73\%$

则年实际利率为:

$$i_{实际} = (1 + i_{季})^4 - 1 = (1 + 6.73\%)^4 - 1 = 30\%$$

(3)假设偿还次数为 20 次时,同样可计算年实际利率,其值为 14.5%,70 次时则为 31%。偿还次数与利率的对应关系如图 2-21 所示。当保持偿还额不变时,随着偿还次数的增加实际利率增加。

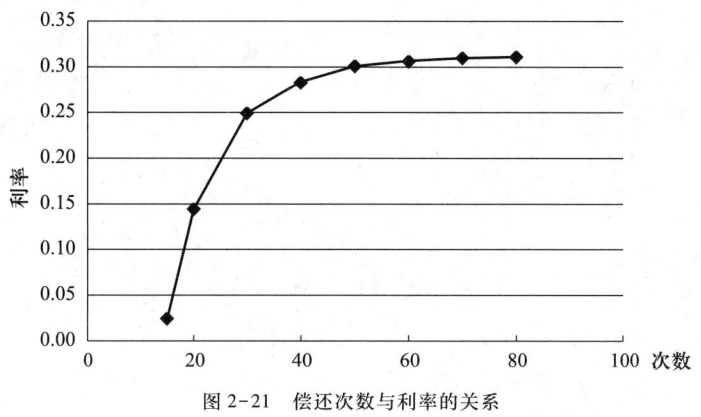

图 2-21 偿还次数与利率的关系

2. 计息期的插值计算

用线性插值法求解计息期的步骤如下：

首先，根据计算条件计算一个资金等值系数值 C_0，如年金终值、年金现值、资金回收、偿债基金、现值系数或终值系数。

其次，通过复利系数表在 C_0 附近查找两个最接近的系数值 $C_大$、$C_小$，其中 $C_大 > C_0 > C_小$，同时确定 $n_大$，$n_小$。

最后，根据式 2-27 插值计息年份 n（具体计算时可进行调整）。

$$n = n_小 + (C_0 - C_小)/(C_大 - C_小) \times (n_大 - n_小) \quad (2-27)$$

内插法的计算公式可概括为：求利率时，利率差之比等于系数差之比；求年限时，年限差之比等于系数差之比。

【例 2-23】 某投资项目每年有 10 万元的投资收益，在年投资收益率在 10% 的条件下，企业希望某计息期结束时合计收回年末等值 100 万元，则该项目投资年限不得少于多少年？

【解】 由题意可知，年金 $A = 10$ 万元，年利率 $i = 10\%$，终值 $F = 100$ 万元，根据年金终值公式：

$$100 = 10(F/A, 10\%, n)$$

则有：

$$(F/A, 10\%, n) = 100/10 = 10$$

以 10 为基准，查复利系数表有：

$$(F/A, 10\%, 7) = 9.487\ 2,\ (F/A, 10\%, 8) = 11.435\ 9$$

同样假设在一个小的范围内，复利系数与计息期呈线性关系，如图 2-22 所示。

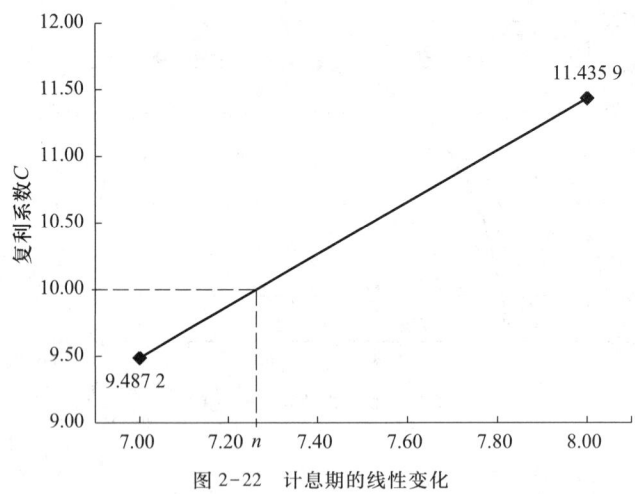

图 2-22 计息期的线性变化

则有：

$$(n-7)/(10-9.4872) = (8-7)/(11.4359-9.4872)$$

$$n = 7.26(年)$$

则该投资项目投资年限不得少于 7.26 年，才能在计息期结束时收回等值 100 万元。

本章小结

企业组织用货币形式的资本来雇用人力并购买机器、原材料、能源和一些其他资源来完成工程建设。这些资本由两部分构成：一部分是权益资本，指项目或商业机会中投入资金或财物的个人所有的资本；另一部分是债务资本，通常也称借入资本，即从贷款人那里获得投资的部分资本，作为借贷回报，贷款人从借款人那里获得利息补偿。这些都是资金时间价值的体现。

本章重点内容为现金流及其表示方法、资金时间价值的含义、资金时间价值的计算，以及资金等值计算；难点在于资金等值计算。以上内容是工程经济定量分析的基础工具，要求准确掌握。

本章还应重点掌握以下概念：利息、利率；名义利率、实际利率；现值、终值、年金；计算期、计息次数、计息周期、支付周期；现值系数、终值系数、年金现值系数、年金终值系数、偿债基金系数、资金回收系数。部分概念总结如下：

利息（I）：指借款人（债务人）因使用借入货币或资本而支付给贷款人（债权人）的报酬。

利率（i）：指一定时期内利息额与借贷资金额即本金的比率。

本金（P）：指贷款、存款或投资在计算利息之前的原始金额。

终值（F）：指现在某一时点上的一定量现金折合到未来的价值，俗称本利和。

年金（A）：指等额、定期的系列收支，发生在年初。

计息期（n）：指投资项目从投资建设开始到最终清理结束整个过程的全部时间。

名义利率（r）：是央行或其他提供资金借贷的机构所公布的未调整通货膨胀因素的利率，即利息报酬的货币额与本金的货币额的比率。

实际利率（i）：指在复利支付利息条件下的一种复合利率。

资金时间价值的影响因素变化多样，变量组合后产生的结果丰富多彩。以本章内容为基础，我们可以在工程经济实践中进一步灵活运用与总结资金时间价值。

用 Excel 计算资金等值的函数：

终值计算：FV（利率，计息期，年值，【现值】）

现值计算：PV（利率，计息期，年值，【终值】）

年值计算：PMT（利率，计息期，现值，【终值】）

思考题

1. 什么是资金时间价值？影响资金时间价值的因素有哪些？
2. 什么是现金流量及现金流图？绘制现金流图的注意事项有哪些？
3. 单利和复利的区别是什么？试举例说明。
4. 简述名义利率、实际利率、连续利率之间的区别与联系。
5. 什么是资金等值？影响资金等值的因素有哪些？
6. 什么是终值、现值、等值？
7. 一次支付、等额支付的现金流量有哪些区别？

即测即评

请扫描二维码,测试本章学习效果。

第 3 章　工程经济要素

在工程经济学这一交叉学科中，工程经济要素是工程学与经济学之间的桥梁，是工程经济领域的特有名词。工程经济要素是将工程项目中投入的生产要素及产出要素货币化后的统称，是从工程要素到经济分析的纽带，是实现方案比较选择、项目经济评价、工程决策管理的源头基础。

工程经济要素主要包括：工程项目的总投资、成本与费用、收入和利润。工程经济要素分为费用成本型的工程经济要素和收益型的工程经济要素。费用成本型的工程经济要素存在于项目两个阶段的两种类型：首先是工程建造阶段的工程项目总投资；其次是工程运营阶段的工程项目成本与费用。工程项目总投资包括建设投资、建设期利息以及流动资金三个部分。工程项目成本与费用包括经营成本和非经营成本两个部分。收益型的工程经济要素主要是指发生在工程运营阶段的工程项目收入和利润。

在掌握工程建造及生产运维规律的基础上，针对工程经济分析的需要，一方面需要掌握工程经济要素的主要组成内容，如建设投资的组成、经营成本的组成、工程项目收入的组成等；另一方面需要明确这些工程经济要素，即工程要素、生产要素、产品要素等被货币化的路径，掌握工程经济要素计算的方法，包括费用估算方法、收入估算方法等。工程经济要素的组成及其计算方法是工程经济分析的重要基础，决定工程经济定量分析中数据源的规范性以及经济分析结果的准确性，工程经济要素的组成及其估算是工程经济学的重要内容之一。

本章将按照工程建造与运营两个阶段，费用与收益两个角度，从项目建设投入、运营维护成本、运营收益三个方面详细阐述工程经济要素的组成及其估算方法。

3.1　工程项目总投资

3.1.1　总投资的含义

工程项目总投资是指某项工程从筹建开始到全部竣工投产为止所需要的

全部资金投入。总投资属于项目建设期的费用，由建设投资、建设期借款利息、流动资金估算三部分构成，具体组成如表3-1所示。

表3-1 工程项目总投资构成

工程项目总投资	建设投资	工程费用
		工程建设其他费用
		预备费
	建设期利息	
	流动资金	

$$总投资 = 建设投资 + 建设期利息 + 流动资金 \quad (3-1)$$

其中，建设投资是项目建设所需要的投资费用，又分为工程费用、工程建设其他费用及预备费用三个部分。按照费用归集方式，建设投资构成方法包括概算法的建设投资以及形成资产法的建设投资两种形式。

3.1.2 概算法的建设投资构成

概算法下的建设投资由工程费用、工程建设其他费用、预备费三部分构成。

$$建设投资 = 工程费用 + 工程建设其他费用 + 预备费 \quad (3-2)$$

1. 工程费用

工程费用由工程项目的各单项工程，如厂房、库房、电力等的建筑工程、安装工程费用和设备购置费的合计构成。工程项目通常由若干个单项工程组成，每个单项工程的建筑工程费用累计就是工程项目的建筑工程费用，同理可以累计安装工程费及设备费。

建筑工程费用是针对建筑工程的全部花费。建筑工程指通过对各类房屋建筑及其附属设施的建造，以及与建筑工程配套的线路、管道、设备的安装活动所形成的工程实体。

安装工程费用是针对安装工程的全部花费。安装工程指各种设备、装置的安装。包括电气、通风、给排水以及设备安装等工作内容，工业设备及其管道、电缆、照明线路等也属于安装工程的范围。

设备购置费包括设备购置费、工器具购置费及生产家具购置费。为使工程项目发挥独立使用的生产或生活功能，应购置设备、工器具和生产家具。

设备购置费是指设备到达项目所在地的全部费用，而不是单指设备出厂的价格，还应包括设备出厂到项目所在地的运杂费，一般计算式为：

$$设备购置费 = 设备原值 + 设备运杂费 \qquad (3-3)$$

工器具及生产家具购置费是指新建项目或扩建项目初步设计规定所必须购置的不够固定资产标准的设备、仪器、工卡模具、器具、生产家具和备品备件的费用，其一般计算公式为式3-4，在设备购置的基础上计取。

$$工器具及生产家具购置费 = 设备购置费 \times 定额费率 \qquad (3-4)$$

2. 工程建设其他费用

工程建设其他费用是保证建设项目正常建造和发挥作用的各项费用，如征用土地及拆迁补偿费、建设单位管理费、勘察设计费、科学研究试验费、样品样机购置费、引进技术和进口设备其他费、出国经费、场区绿化费、联合试运转费、生产职工培训费、办公及生活用具购置费等。此外，建设过程中的临时设施费、施工机构迁移费、远征工程增加费、劳保支出、技术装备费等也包括在工程建设其他费用中。

工程建设其他费用，按其内容可分为三部分：土地费用；与项目建设相关的费用，如建设管理费、勘察设计费等；与未来生产有关的费用，如市政公用设施建设及绿化费等。

3. 预备费

在项目建设期间，由于受内部、外部不确定因素的影响，建设投资会发生一些变化。为保障项目在正式投资时的资金能力，缓解不确定性产生的投资问题，在工程建设投资中，需在工程费用、工程建设其他费之外计算一笔额外的费用，称为预备费。根据预备费产生的方式，预备费分为基本预备费和涨价预备费两个部分。

基本预备费，又称工程建设不可预见费，是项目实施过程中可能发生的难以预料的支出。由工程自身的建设情况决定，如设计变更、建设条件改变等。基本预备费采用费率系数法估算，公式如下：

$$基本预备费 = (工程费用 + 工程建设其他费用) \times 基本预备费费率 \qquad (3-5)$$

其中，基本预备费费率根据历史数据及经验确定，也可以根据行业变化调整确定。在建筑信息化时代，多项目的数据积累也为费率估算方法提供了多种可能。

涨价预备费，又称价格变动不可预见费，是指针对建设工期较长的项目，为建设期内可能发生的材料、人工、利率等调整而事先预留的费用。该费用由工程外部环境决定，如建筑供应链中的相关条件、经济政策变化等。

涨价预备费是在建筑工程费、安装工程费和设备和工器具费用的基础上，根据价格变动指数分年度计算，具体详细过程见后节3.2.2。

根据以上建设投资的组成内容，可以依据某工业建设项目的建设投资估算表（见表3-2）进行建设投资估算。表中一级科目费用由次一级费用进行累计计算，如 1 = 1.1+1.2+1.3+1.4+1.5+1.6+1.7+1.8。

表3-2 建设投资估算表　　　　　　　　　　　　　　　　　　　　单位：万元

序号	工程或费用名称	估算价值						占固定资产投资的比例（%）
		建筑工程	设备安装	安装工程	其他费用	合计	其中外币	
1	工程费用							
1.1	主要生产项目							
	其中：外汇							
1.2	辅助生产车间							
1.3	公用工程							
1.4	环境保护工程							
1.5	总图运输工程							
1.6	厂区服务性工程							
1.7	生活福利工程							
1.8	厂外工程							
2	其他费用							
	其中：土地							
3	预备费用							
3.1	基本预备费							
3.2	涨价预备费							
	合计（1+2+3）							100%

注：工程或费用名称，可根据本部门的要求分项列出。

3.1.3 形成资产法的建设投资构成

按照资产的形式，建设投资由四部分组成：

建设投资 = 固定资产费用 + 无形资产费用 + 其他资产费用 + 预备费　　（3-6）

1. 固定资产费用

固定资产费用指项目投产时直接形成固定资产的建设投资。固定资产包括具有下列特征的有形资产：为生产商品、提供劳务、出租或经营管理而持有的；使用寿命超过一个会计年度。构成固定资产原值的费用包括：工程费用中的有形部分，如建筑工程费用、安装工程费用和设备购置费；工程建设其他费用中的有形部分如土地费用；预备费，含基本预备费和涨价预备费；建设期利息。

2. 无形资产费用

无形资产费用指项目投产时直接形成无形资产的建设投资。无形资产是指企业拥有或者使用的非实物形态表示的非货币性资产。构成无形资产原值的费用主要包括技术转让费或技术使用费（含专利权和非专利技术）、商标权和商誉等费用。

3. 其他资产费用

其他资产费用指在建设投资中除形成固定资产和无形资产以外的部分。其他资产，又称递延资产，是指除流动资产、长期投资、固定资产、无形资产以外的其他资产，如长期待摊费用、生产准备及开办费等。按照有关规定，除购置和建造固定资产以外，所有项目筹建期间发生的费用，先计入长期待摊费用中，待企业开始生产经营后计入当期的损益。构成其他资产原值的费用主要包括生产准备费、开办费、来华人员费、图纸资料翻译复制费、样品样机购置费等。

4. 预备费

预备费在以上资产费用的基础上计取。也可采用概算法形式进行计算，但在费率选择上有所不同，需根据计取的依据进行调整。

形成资产法建设投资估算表如表3-3所示。表中一级科目费用由次一级费用进行累计计算，如 1 = 1.1 + 1.2 + 1.3 + 1.4，1.1 = 1.1.1 + 1.1.2 + 1.1.3 等依次计算。

表3-3 建设投资估算表（形成资产法） 单位：万元

序号	工程或费用名称	建筑工程费用	设备购置费	安装工程费用	合计	其中外币	比例（%）
1	固定资产费用						
1.1	工程费用						
1.1.1	建筑工程费用						
1.1.2	设备购置费						
1.1.3	安装工程费用						
	……						
1.2	工程建设其他费用						

续表

序号	工程或费用名称	建筑工程费用	设备购置费	安装工程费用	合计	其中外币	比例（%）
1.3	预备费						
1.4	建设期利息						
2	无形资产费用						
2.1	技术转让费						
	……						
3	其他资产费用						
3.1	长期待摊费用						
	……						
4	预备费用						
4.1	基本预备费						
4.2	涨价预备费						
5	建设投资合计（1+2+3+4）						
	比例（%）						100%

注:"比例"分别指各主要科目的横向累计费用占建设投资的比例。

3.2 总投资估算

依据是否考虑资金时间价值，将总投资估算又分为静态投资估算与动态投资估算。其中，静态投资指建设投资中的工程费、工程建设其他费用以及基本预备费，动态投资指总投资中的涨价预备费、建设期利息以及流动资金。

静态投资估算可采用指数、系数、比例等方式进行综合估算，而动态投资应在考虑资金时间价值的基础上逐一计算，以下分别介绍。

3.2.1 静态投资估算

静态投资估算

它是指在项目规划决策阶段，对拟建项目从筹划至竣工验收交付使用时相应的投资预测、估算。建设投资估算就是在项目投资期初，在对项目的建设规模、产品方案、工艺技术及设备、项目进度安排等基础数据的基础上进行的估算，具体方法包括生产能力指数法、比例系数法等。

静态投资估算是建设项目投资估算的基础，不同阶段的投资估算有不同的估算方法和允许误差。在项目规划和项目建议书阶段，投资估算精度低，常用的方法有单位生产能力估算法、生产能力指数法、比例估算法、系数估算法等；在可行性研究阶段，投资估算精度要求高，需采用相对详细的投资估算方法，即指标估算法。

1. 单位生产能力估算法

单位生产能力估算法是根据已建成的、性质类似的建设项目的单位生产能力投资乘以建设规模来得到拟建项目的静态投资额的方法。按照公式 3-7 计算，其中 C_1 为已建成类似项目的静态投资额，C_2 为拟建项目静态投资额；Q_1 为已建成类似项目的生产能力；Q_2 为拟建项目的生产能力；f 为同时期、不同地点的定额、单价、费用变更等的综合调整系数。

$$C_2 = C_1 \left(\frac{Q_2}{Q_1} \right) f \qquad (3-7)$$

这种方法把建设投资与生产能力视为简单的线性关系，估算较为简便；适用于与已建项目在时间和规模上类似的拟建项目，一般两者的生产能力比值为 0.2~2，单位生产能力估算法估算的误差较大，可达 ±30%。

2. 生产能力指数法

工业项目的投资额与生产能力之间有一定的比例关系，因此可以根据已建成的类似项目的投资额和生产能力及拟建项目的生产能力估算拟建项目的投资额。按照下列公式计算，其中 n 为生产规模指数，$0 \leq n \leq 1$，其他符号同前。

$$C_2 = C_1 \left(\frac{Q_2}{Q_1} \right)^n f \qquad (3-8)$$

n 的取值为：

① 若已建类似项目的生产规模与拟建项目的生产规模相差不大，生产规模的比值在 0.5~2，则指数 n 的取值近似为 1。

② 若已建类似项目的生产规模与拟建项目的生产规模相差不大于 50 倍，且拟建项目规模的扩大仅靠增大设备规格来达到时，则指数 n 的取值在 0.6~0.7；若项目规模的扩大是靠增加相同规模规格的数量达到的，则指数 n 的取值在 0.8~0.9。

这种方法计算简单、快捷；精度高于单位生产能力估算法，适用于与已建类似工程条件基本相同、规模不同的工程建设项目。一般拟建项目与已建类似项目生产能力比值应该小于 50，比值在 10 倍内效果较好，否则误差就会增大。

【例 3-1】 已知建设年产 300 千吨氢氰酸装置的投资额为 100 000 万元。试估算建设年产 600 千吨氢氰酸装置的投资额（生产规模指数为 $n=0.8$，$f=1.2$）。

【解】 $C_2 = C_1 \left(\dfrac{Q_2}{Q_1}\right)^n f = 100\,000 \times \left(\dfrac{60}{30}\right)^{0.8} \times 1.2 = 208\,932.14$（万元）

【例 3-2】 已知建设日产 40t 的某化工生产系统的投资额为 8 000 万元，若将该化工生产系统的生产能力在原有的基础上增加两倍，根据生产能力指数法估算其投资额大约增加多少。（$n=0.6$，$f=1$）

【解】 $C_2 = C_1 \left(\dfrac{Q_2}{Q_1}\right)^n f = 8\,000 \times \left(\dfrac{3}{1}\right)^{0.6} = 15\,465.46$（万元）

增加的投资额为：

$$C_2 - C_1 = 7\,465.46\text{（万元）}$$

【例 3-3】 若将设计中化工生产系统的生产能力在原有基础上增加一倍，投资额大约增加多少？

【解】 对于一般未确指的化工生产系统，可按 $n=0.6$ 估计投资额。因此有：

$$\dfrac{C_2}{C_1} = \left(\dfrac{Q_2}{Q_1}\right)^n = \left(\dfrac{2}{1}\right)^{0.6} = 1.5$$

计算结果表明，生产能力增加一倍，投资额大约增加 50%。

生产能力指数法中不仅应考虑建设期内定额、单价和费用变更（价差）的调整系数，同时还应考虑建设期内价差的年增长指数，则可按下列公式计算。其中，F_1 为同类型企业总投资修正系数（把采用的同类型企业总投资指标调整到编制年度的价格水平），F_2 为建设期价差调整系数，f_1 为指标编制年度到使用年度间的价差年平均增长指数，f_2 为建设期价差年增长指数，m 为指标编制年度至本工程投资编制年度差（年），N 为工程建设工期（年），其余符号同上。

$$C_2 = C_1 \left(\dfrac{Q_2}{Q_1}\right)^n \times F_1 \times F_2 \tag{3-9}$$

$$F_1 = (1+f_1)^m \tag{3-10}$$

$$F_2 = (1+f_2)^{\frac{N}{2}} \tag{3-11}$$

【例 3-4】 已知 2010 年已建成年产 20 万吨的某钢厂，其投资额为 6 000 万元，2014 年拟建年产 50 万吨的钢厂，建设期为 3 年。自 2010 年至 2015 年每

年平均造价指数递增4%，估算拟建钢厂的静态投资额为多少。（$n=0.6$）

【解】 $C_2 = C_1 \left(\dfrac{Q_2}{Q_1}\right)^n f = 6\,000 \times \left(\dfrac{50}{20}\right)^{0.6} \times (1+4\%)^4 = 12\,163.22$（万元）

【例3-5】 某地2016年拟建一年产50万吨化工产品的项目，工程建设工期三年。根据调查，该地区2013年建设的年产10万吨相同产品的已建项目的投资额为5 000万元。生产能力指数0.6，根据公布的2013—2016年基建设备和材料价格年平均增长指数为4%，预测建设期三年的设备和材料价格年平均增长指数为5%，估算该项目的建设投资。

【解】 按照上述公式可估算出拟建项目投资额为：

$$C_2 = C_1 \left(\dfrac{Q_2}{Q_1}\right)^n \times (1+f_1)^m \times (1+f_2)^{\frac{N}{2}}$$

$$= 5\,000 \times \left(\dfrac{50}{10}\right)^{0.6} \times (1+4\%)^3 \times (1+5\%)^{\frac{3}{2}}$$

$$= 15\,894.10 \text{（万元）}$$

3. 比例估算法

根据已知的类似建设项目主要生产工艺设备投资占整个建设项目的投资比例，先逐项估算出拟建项目主要生产工艺设备投资，再按比例估算拟建项目的静态投资。按照以下公式进行计算，其中I为拟建项目的投资估算值，K为已建项目主要设备投资占拟建项目投资的比例，n为设备种类数，Q_i为第i种设备的数量，P_i为第i种设备的单价。

$$I = \dfrac{1}{K} \sum_{i=1}^{n} Q_i P_i \qquad (3-12)$$

4. 系数估算法

系数估算法也称因子估算法，它是以拟建项目的主体工程费或主要设备购置费为基数，以其他工程费与主体工程费或主要设备购置费的百分比为系数，以此估算项目的静态投资的方法。我国常用的方法有设备系数法和主体专业系数法，世界银行项目投资估算常用的方法是朗格系数法。

（1）设备系数法。以拟建项目的设备购置费为基数，根据已建成的同类项目的建筑安装费和其他工程费占设备价值的百分比，求出拟建项目的建筑安装费及其他工程费，进而求出项目的静态投资。按照下列公式计算，其中C为拟建项目的静态投资额，E为拟建项目根据当时当地价格计算的设备购置费，P_1、P_2、P_3为拟建项目中建筑安装工程费及其他工程费用占设备购置费的百分比，f_1、f_2、f_3为由时间地点因素引起的定额、价格、费用标准等变化的综合调整系数，I 为拟建项目的其他费用。

$$C = E(1+f_1P_1+f_2P_2+f_3P_3)+I \tag{3-13}$$

（2）主体专业系数法。以拟建项目中投资比重较大并与生产能力直接相关的工艺设备的投资为基数，根据类似已建项目的有关统计资料，计算出拟建项目的各专业工程（总图、土建、暖通、给排水、管道、电气、自控及其他工程费用等）占工艺设备投资的百分比，据以求出拟建项目各专业的投资，然后求和得到拟建项目的总投资费用。按照下列公式进行计算，其中 C 为拟建项目的静态投资额，E' 为拟建项目根据当时当地价格计算的设备购置费，P'_1、P'_2、P'_3 为拟建项目中各专业工程费用占工艺设备投资的百分比，I 为拟建项目的其他费用。

$$C = E'(1+f_1P'_1+f_2P'_2+f_3P'_3+\cdots)+I \tag{3-14}$$

（3）朗格系数法。以设备费为基数，乘以适当系数来推算项目的静态投资，这种方法在国内不常见，是世界银行常用的投资估算方法。按照下列公式进行计算，其中 D 为拟建项目的静态投资额，C 为拟建项目根据当时当地价格计算的设备购置费，K_i 为管线、仪表、建筑物等项费用的估算系数，K_c 为管理费、合同费、应急费等间接费的总估算系数。

$$D = C(1+\sum K_i)K_c \tag{3-15}$$

静态投资与设备购置费之比为朗格系数是 K_L。即：

$$K_L = (1+\sum K_i)K_c \tag{3-16}$$

5. 指标估算法

对于房屋建筑项目可根据有关部门及市场条件统计编制的投资估算指标，进行单位工程或单项工程的投资估算。这种方法简便易行，适用于可行性研究阶段的投资估算。指标估算法的计算公式为：

$$项目建设投资额 = 房屋建筑面积 \times 单位面积造价 \tag{3-17}$$

其中房屋建筑面积按实际估算项目面积计算；单位面积造价需根据类似项目的历史数据进行估计或预测，通常需要在类似项目单位价格的基础上根据物价指数和结构指数进行适当调整，计算公式为：

$$拟建项目单位面积造价 = 类似项目单位面积造价 \times 价格浮动指数 \pm 结构差异调整 \tag{3-18}$$

【例 3-6】 根据地区市场调研，按照单位面积和单房造价将酒店分为顶配、高配、中配和低配四个层级，已知它们的价格分布如表 3-4 所示。假设新建某高端酒店项目，根据设计方案确定的建筑面积、结构、建设标准，并结合地区的物价水平、消费能力，在不考虑土地费用的假设下，可按照 2 万元/m² 计算项目总投资，如表 3-5 所示。

表 3-4 代表性五星级酒店开发成本比较表

酒店指标	房间套数（套）	总建筑面积（m²）	总开发成本（万元）	单房造价（万元/套）	单房造价（万元/m²）
A	240	41 600	71 884	300	1.73
B	130	29 757	76 000	585	2.55
C	205	70 000	15 4000	751	2.2
D	159	42 000	50 000	314	1.2
E	229	38 871	38 000	166	0.98
F	247	42 849	50 199	203	1.17

表 3-5 高配单房造价的高端酒店总投资造价估算

名称	总价（万元）	单房造价（万元/m²）	单房造价（万元/套）
项目成本	84 000	2	466.7
土地费用	0		0
开发前期费用（11%）	9 240	0.22	51.3
建造成本（80%）	67 200	1.6	373.3
开发间接费用			
管理费用（4.5%）	3 780	0.09	21
财务费用（0.5%）	420	0.01	2.3
不可预见费用（4.5%）	3 780	0.09	21

3.2.2 设备购置费估算

设备购置费是指建设项目购置或自制的达到固定资产标准的各种国产或进口设备、工具、器具的购置费用。设备构成费组成计算表达式为：

$$设备购置费 = 设备原价 + 设备国内运杂费 \qquad (3-19)$$

1. 设备原价

（1）国产设备原价。国产设备原价一般指的是设备制造厂的交货价，或订货合同价，分为国产标准设备原价和国产非标准设备原价。

（2）进口设备原价。进口设备原价是指进口设备的抵岸价，即设备抵达买方边境港口或边境车站,并交完关税等税费后的价格。

进口设备抵岸价=货价+国外运费+国外运输保险费+关税+消费税+增值税+银行财务费+外贸手续费+海关监督手续费+进口车辆购置附加费 （3-20）

① 货价：一般指装运港船上的交货价（FOB）。进口设备货价按有关生产厂商询价、报价、订货合同价计算。

② 国外运费：指从装运港（站）到达我国抵达港（站）的运费。常用计算公式为：

$$国际运费(海、陆、空)=原币货价(FOB)\times 运费率 \quad (3\text{-}21)$$

$$国际运费(海、陆、空)=运量\times 单位运价 \quad (3\text{-}22)$$

③ 国外运输保险费：由保险人（保险公司）与被保险人（出口人或进口人）签订保险契约并在被保险人交付议定的保险费之后，保险人根据契约的规定对货物在运输过程中发生的承担责任范围内的损失给予经济上的补偿，是一种财产保险。

$$运输保险费=\frac{原币货价(FOB)+国外运费}{1-保险费率}\times 保险费率 \quad (3\text{-}23)$$

其中，保险费率按照有关保险公司规定的进口货物保险费率进行计算。

④ 关税：由海关对进出国境或关境的货物和物品征收的税费，关税是以进出口的应税货物为纳税对象的税种。建设项目即引进设备、技术和进口原材料时，应根据关税法和相关税收优惠政策，正确估算进口关税。

进口货物关税以从价计征、从量计征或者国家规定的其他方式征收。从价计征时，关税计算公式为：

$$\begin{aligned}应纳进口关税&=到岸价\times 关税税率\\&=(离岸价+国外运费+国外运输保险费)\times 关税税率\end{aligned}$$

$$(3\text{-}24)$$

从量计征时，关税计算公式为：

$$应纳进口关税=进口货物数量\times 单位税额 \quad (3\text{-}25)$$

⑤ 消费税：对部分进口设备（如轿车、摩托车等）征收的税费。

$$消费税=\frac{到岸价格(CIF)+关税}{1-消费税税率}\times 消费税税率 \quad (3\text{-}26)$$

其中，消费税税率应根据有关规定的税率进行计算。

⑥ 增值税：是对从事进口贸易的单位和个人，在进口商品报关进口后征收的税费。

$$进口环节增值税=(关税完税价格+关税+消费税)\times 增值税税率$$

$$(3\text{-}27)$$

⑦ 银行财务费:指中国银行手续费。

$$银行财务费 = 人民币货价(FOB) \times 银行财务费率 \qquad (3-28)$$

⑧ 外贸手续费:指对外经济贸易部规定的外贸手续费率计取的费用,其中外贸手续费率一般取 1.5%。

$$外贸手续费 = (货价 + 国外运费 + 运输保险费) \times 外贸手续费率 \qquad (3-29)$$

⑨ 海关监督手续费:指海关对进口减税、免税、保税货物实施监督管理、提供服务的手续费。对于全额征收进口关税的货物不计本项费用。其中海关监督手续费率一般为 0.3%。

$$海关监督手续费 = 到岸价 \times 海关监督手续费率 \qquad (3-30)$$

⑩ 进口车辆购置附加费:进口车辆需缴纳进口车辆购置附加费。

$$进口车辆购置附加费 = (到岸价 + 关税 + 消费税 + 增值税) \times 进口车辆购置附加费率 \qquad (3-31)$$

【例 3-7】 拟由某公司引进全套工艺设备和技术,在我国某港口城市内建设的项目,建设期 2 年,总投资 11 800 万元,总投资中引进部分的合同总价 682 万美元,辅助生产装置、公用工程等均由国内设计配套,引进合同价款的细项如下:① 硬件费 620 万美元。② 软件费 62 万美元,其中计算关税项目的有:设计费,非专利技术及技术秘密费用 48 万美元;不计关税的有:技术服务及资料费 14 万美元,人民币兑换美元的比价为:1 美元 = 6.7 元。③ 中国远洋公司的现行海运费率 6%,保险费 3.5‰,外贸手续费、中国银行财务手续费、增值税和关税税率分别为 1.5%、5‰、17%、17%,国内供销手续费 0.4%,运输包装费 0.1%,保管费 1%。试计算本项目引进部分购置投资的估算价格。

【解】 货价 = (620+62) × 6.7 = 4 569.4(万元)

国外运输费 = 620 × 6.7 × 6% = 4 154 × 6% = 249.24(万元)

国外运输保险费 = (4 154+249.24) × 3.5‰ = 15.41(万元)

关税 = (4 154+249.24+15.41+48 × 6.7) × 17% = 4 740 × 17% = 805.84(万元)

增值税 = (4 740.25+805.84) × 17% = 942.84(万元)

银行财务费 = 4 569.4 × 5‰ = 22.85(万元)

外贸手续费 = 4 740.25 × 1.5% = 71.10(万元)

引进设备价格 = 4 569.4+249.24+15.41+805.84+942.84+22.85+71.10 = 6 676.68(万元)

2. 设备国内运杂费

(1) 设备国内运杂费的构成。

① 运输费和装卸费。指由设备制造厂交货地点或进口国到岸港口或边境车站起至工地仓库（或施工组织设计指定的需要安装设备的堆放地点）止所发生的运费和装卸费。

② 包装费。包装费是指在原价设备中没有包含的、为设备运输和保护设备进行包装支出的一切费用，包括水陆运输所需的包装、绑扎、支撑等费用。

③ 采购及保管费。指采购、验收、保管和收发设备所发生的各种费用，包括设备采购人员、保管人员、管理人员的工资、办公费、差旅交通费，设备供应部门办公和仓库所占固定资产使用费、工具用具使用费、劳动保护费、检验试验费等。这些费用可按照主管部门规定的采购与保管费率计算。

④ 设备供销部门的手续费。按有关部门规定的统一费率计算。

（2）设备国内运杂费的计算。

$$设备国内运杂费=设备原价×设备国内运杂费率 \qquad (3-32)$$

3.2.3 涨价预备费估算

涨价预备费属于动态投资的一部分，需考虑资金时间价值后进行计算。设项目在第 n 年的建设投资额为 I_n，平均物价上涨指数为 P，假设年末支付，则第 n 年的涨价预备费 PI 为：

$$PI_n = I_n × [(1+P)^n - 1] \qquad (3-33)$$

假设建设期年中支用，设投资估算时点与项目建设时点的年差为 m，则建设期第 n 年的涨价预备费如式 3-34 所示，公式中"-1/2"表示最后 1 年计半息。

$$PI_n = I_n × [(1+P)^{m+n-1/2} - 1] \qquad (3-34)$$

【例 3-8】 某建设项目在建设期的建安工程和设备购置费为 450 万元。项目建设 3 年，投资年度比例为 25%、55%、20%；年末支用，平均价格上涨水平 5%，工程其他费 40 万元，基本预备费率 10%，求预备费。

【解】 根据预备费的计算内容，首先计算：

基本预备费 = (450+40) × 10% = 49（万元）

其次，根据物价指数逐年计算涨价预备费：

第 1 年：450 × 25% × [(1+5%)¹ - 1] = 5.63（万元）

第 2 年：450 × 55% × [(1+5%)² - 1] = 25.37（万元）

第 3 年：450 × 20% × [(1+5%)³ - 1] = 14.19（万元）

动态投资估算

涨价预备费现金流图如图 3-1 所示。

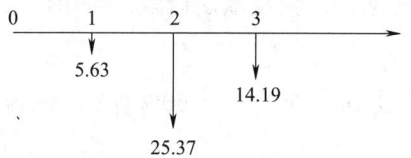

图 3-1　涨价预备费计算现金流图

根据以上计算可以总结涨价预备费的特点如下：

（1）涨价预备费反映在资金购买能力降低时对资金时间价值的估算。在项目投资中，投资费用的估算时间与项目实际投资时间之间有一个时间差，而在这个时间差内，由于原材料价格上涨等因素，原估算的投资在实际投资使用时出现了缺口。如本例中，第 1 年的初始投资估算 112.5 万元，到 1 年后实际建设时，因为材料价格上涨需准备 1 年的涨价预备费 5.63 万元，而第二年的建设资金则需要准备 2 年的预备费，因为第 2 年的原投资在两年后使用，需要经历 2 年的涨价。

（2）根据投资计划分年度估算。在项目正式投资建设前进行投资估算期初增加预备费用，以应对正式建设时的原材料等生产要素价格的上涨，并需要根据项目投入资金的使用计划逐年进行估算，以保障项目资金的充分性。

（3）计算涨价预备费时通常以工程费用为基数计取。

3.2.4　建设期利息及其计算

建设期利息是项目在建设期内发生的，因使用债务资金而产生的利息及其融资费用，计入固定资产原值。

建设期利息计算时如果假定年利率固定，年中支用，利息照付，其间不偿还本金，则利息计算公式为：

每年应计建设期利息＝（年初借款利息累计额＋本年借款额/2）×年利率

(3-35)

【例 3-9】　某项目的建设投资估算为 19 143 万元，用于建设投资的自有资金为 6 313 万元，不足部分由银行借款，年利率为 6%。若投资使用计划为第一年 60%，第二年 40%，项目流动资金为 3 111 万元，计算：

（1）项目建设期利息；

（2）项目总投资。

【解】 假设建设投资与自有资金均为分年度使用,则分年度计算建设期利息时应首先估算建设期初借款及本期借款,然后代入建设期利息公式分年度计算。

第1年利息:$[(19\ 143-6\ 313)\times 60\%]/2\times 6\% = 3\ 849\times 6\% = 230.94$(万元)

第2年利息:$[7\ 698+230.94]\times 6\%+[(19\ 143-6313)\times 40\%]/2\times 6\% = 7\ 928.94\times 6\%+2\ 566\times 6\% = 629.70$(万元)

项目总投资=建设投资+建设期利息+流动资金=$19\ 143+230.94+629.70+3\ 111=23\ 114.64$(万元)

同时可以给出建设期利息估算表,如表3-6所示。

表3-6 建设期利息估算表

序号	项目	合计	建设期				
			1	2	3	4	…
1	借款						
1.1	建设期利息						
1.1.1	期初借款余额						
1.1.2	当期借款						
1.1.3	当期应计利息						
1.1.4	期末借款余额						
1.2	其他融资费用						
1.3	小计(1.1+1.2)						
2	债券						
2.1	建设期利息						
2.1.1	期初债务余额						
2.1.2	当期债务金额						
2.1.3	当期应计利息						
2.1.4	期末债务余额						
2.2	其他融资费用						
2.3	小计(2.1+2.2)						
3	合计(1.3+2.3)						
3.1	建设期利息合计(1.1+2.1)						
3.2	其他融资费用合计(1.2+2.2)						

3.2.5 流动资金估算

流动资金指生产经营性项目投产后,为进行正常生产运营,用于购买原材料、燃料,支付工资及其他经营费用等所需的周转资金。流动资金的估算办法包括扩大指标估算法、分项详细估算法。

1. 扩大指标估算法

参照同类型企业流动资金占营业收入或经营成本等的比例估算流动资金,是在项目建议书阶段采用的估算方法。以不同估算基础表示的流动资金计算公式如下:

按销售收入:流动资金 = 销售收入 × 销售收入资金率 (3-36)

按经营成本:流动资金 = 经营成本 × 经营成本资金率 (3-37)

按固定资产价值:流动资金 = 固定资产原值 × 固定资产价值资金率 (3-38)

其中,资金率也就是流动资金占相应工程经济要素的比率,可以根据历史同类型工程数据进行估计后调整。

2. 分项详细估算法

依据会计准则,对项目在生产经营期间发生的年流动资金进行详细估算,并作为项目总投资的一部分,如表 3-7 所示。

表 3-7 流动资金估算表

序号	项目	计算方法
1	流动资产	1.1+1.2+1.3+1.4
1.1	应收账款	年经营成本/应收账款周转次数
1.2	存货	(原材料+燃料+在产品+产成品+年其他材料)/存货周转次数
1.3	现金	(年工资及福利费+年其他费)/周转次数
1.4	预付账款	外购商品或服务年费用金额/预付账款周转次数
2	流动负债	2.1+2.2
2.1	应付账款	外购原材料、燃料、动力费及其他材料年费用/应付账款周转次数
2.2	预收账款	预收的营业收入年金额/预收账款周转次数
3	流动资金	1−2

可以利用流动资金估算表逐年估算项目流动资金及其增加额,如表 3-8 所示,其中流动资金当期增加额等于当年流动资金减上一年流动资金。由于

流动资金是周转金，因此项目每年只需投入当年流动资金较上一年的增加额。

表 3-8 流动资金估算表

序号	项目	最低周转天数	周转次数	计算期				
				1	2	3	4	…
1	流动资产							
1.1	应收账款							
1.2	存货							
1.2.1	原材料							
1.2.2	燃料							
1.2.3	在产品							
1.2.4	产成品							
1.2.5	其他							
1.3	现金							
1.4	预付账款							
2	流动负债							
2.1	应付账款							
2.2	预收账款							
3	流动资金（1-2）							
4	流动资金当期增加额							

3.3 工程项目总成本费用

工程项目总成本费用是项目投入使用之后，进入生产运营期，在生产运营期内项目为生产产品或提供服务所发生的全部费用。其估算方法主要有生产成本加期间费用估算法和生产要素估算法两种。

3.3.1 生产成本加期间费用估算法的费用构成

在生产成本加期间费用估算法中，工程项目成本费用等于生产成本（又称直接费用）与期间费用之和。其中，生产成本指企业在生产经营过程中消耗的直接材料费、直接工资、其他直接支出和制造费用；期间费用指在一定会计期间发生的与生产经营没有直接关系和关系不密切的企业管理费用、财务费用和营业费用，期间费用不计入产品的生产成本，直接体现为当期损益。各成本费用的详细构成如下。

1. 生产成本

（1）直接材料费。直接材料费包括项目投产运行期间，企业生产经营过程中实际消耗的直接材料、设备零配件、外购半成品、燃料、动力、包装物、低值易耗品以及其他直接材料费。

（2）直接工资。直接工资包括企业直接从事产品生产人员的工资、奖金、津贴和补贴等。

（3）其他直接支出。其他直接支出包括直接从事产品生产人员的职工福利费等。

（4）制造费用。制造费用是指企业各个生产单位（分厂、车间）围绕生产组织与管理所产生的各项费用，包括生产单位（分厂、车间）管理人员工资、职工福利费、设备折旧费、设备修理费、生产物料消耗、低值易耗品摊销、劳动保护费、水电费、办公费、企业差旅费、运输保险费、租赁费（不含融资租赁费）、生产设计制图费、试验检验费、环境保护费以及其他制造费用。

2. 期间费用

（1）管理费用。管理费用是指企业行政等职能部门而非生产部门，为维持企业管理和组织经营活动所发生的各项费用，包括公司经费（工厂总部管理人员工资、职工福利费、差旅费、办公费、折旧费、修理费、物料消耗、低值易耗品摊销以及公司其他经费）、工会经费、职工教育经费、劳动保险费、董事会费、咨询费、顾问费、交际应酬费、税金（企业按规定支付的房地产税、车船使用税）、土地使用费（或海域使用费）、技术转让费、无形资产摊销、开办费摊销、研究发展费以及其他管理费用。

（2）财务费用。财务费用是指企业为筹集所需要的资金而发生的各项费用，包括生产经营期间的利息净支出、汇兑净损失、调剂外汇手续费、金融机构手续费以及在筹资过程中发生的其他财务费用等。

（3）营业费用。营业费用是指企业在销售产品、自制半成品和提供劳务等过程中发生的各项费用以及专设销售机构的各项经费，包括应由企业负担的运输费、装卸费、包装费、保险费、委托代销费、广告费、展览费、租赁费（不包括融资租赁费）和服务费用、销售部门人员工资、职工福利费、差旅费、办公费、折旧费、修理费、物料消耗、低值易耗品摊销以及其他经费等。

3.3.2 生产要素估算法的费用构成

生产要素估算法是采用生产经营中使用的生产要素所对应的经济性质来估算工程项目生产总成本的方法。采用生产要素估算法的总成本费用的费用组成内容如表 3-9 所示。

表 3-9 总成本费用组成及计算

编号	项目	计算
1	外购原材料费	外购原材料费＝年产量×单位产品原料成本
2	外购燃料及动力费	外购燃料及动力费＝年产量×单位产品燃料和动力费
3	工资及福利	年工资费＝企业职工定员数×人均年工资额
4	修理费	可按照折旧费的一定百分比计算
5	其他费用	可分项估算
6	经营成本	1+2+3+4+5
7	折旧费	固定资产的回收
8	摊销费	无形和递延资产的回收
9	财务费用	生产运营期的利息支出、汇兑损失等
10	总成本费用	6+7+8+9
10.1	其中:固定成本	如折旧等
10.2	可变成本	如原材料等

其中一些费用的内涵解释如下：

（1）外购原材料费是企业生产产品购置的原材料及辅助材料的费用，可以包括多个材料类型，采用相应的价格及消耗量分别计算。

（2）外购燃料及动力费是为企业生产提供动力及生产消耗的费用，如水、电、气、油等的费用。根据消耗量及对应的单价计算。

（3）工资及福利是包含在生产、管理及营业中的人工费用，可依据人力消耗的类型分别计算。

（4）修理费是对企业生产的设备进行保养、大修时发生的全部费用，一般按照固定资产的百分数计取。

（5）其他费用包括其他制造费用、其他管理费用和其他营业费用这三项费用等，系指在制造费用、管理费用和营业费用中扣除工资及福利费、折旧费、修理费、摊销费后的其余费用。一般而言，其他费用采用比例系数法进行估算后汇总。可以表示为：

$$其他费用 = 其他制造费用 + 其他管理费用 + 其他营业费用 + 其他 \qquad (3-39)$$

① 其他制造费用是指制造费用中扣除生产单位管理人员工资及福利费、折旧费、修理费后的其余部分。常用的估算方法有：按固定资产原值扣除所含的建设期利息的百分数估算；按人员定额估算。具体估算方法可依从行业规定。

② 其他管理费用。其他管理费用是指由管理费用中扣除工资及福利费、折旧费、摊销费、修理费后的其余部分。简化的估算方法是按人员定额或取工资及福利费总额的比率估算。管理费用中的技术转让费、研究与开发费和土地使用税等数额较大，应单独核算后并入其他管理费用，或单独列项。

③ 其他营业费用。其他营业费用是指由营业费用中扣除工资及福利费、折旧费、修理费后的其余部分。营业费用是指企业在销售商品过程中发生的各项费用以及专设销售机构的各项经费，包括应由企业负担的运输费、装卸费、包装费、业务费等经营费用。项目评价中常见的估算方法是按营业收入的百分数估算。

④ 其他费用中还包括不能抵扣的进项税额。对于产品出口项目和产品国内销售的增值税减免项目，应将不能抵扣的进项税额计入总成本费用的其他费用或单独列项。

（6）经营成本指年经营成本，是项目运营期与生产经营相关的年费用。只当项目生产经营时才会发生，换句话说，项目不生产经营，就无须购置原材料、燃料及动力，无须消耗劳动资源，无须维修设备等，因此经营成本取决于企业是否生产经营，无生产经营就无经营成本。

计算公式为：

$$年经营成本 = 外购原材料费 + 外购燃料及动力费 + \\ 工资及福利费 + 修理费 + 其他费用 \qquad (3-40)$$

【例 3-10】 某化工项目生产植物润滑油，该项目在生产经营期的正常年份，年外购原材料及辅料费用合计为 4 840 万元，年外购燃料及动力费合计为 240 万元，年工资及福利费合计为 120 万元，修理费为 10 万元，年其他费用合计 808 万元。计算该项目的经营成本。

【解】 根据经营成本的计算公式可以计算该项目的经营成本：

$$4\,840 + 240 + 120 + 10 + 808 = 6\,018（万元）$$

本例中，占据经营成本首位的是原材料及辅料费用，排在第二位的是其他费用，这也反映了生产型项目经营成本的一般特征。

（7）总成本费用。

总成本费用＝外购原材料费+外购燃料及动力费+工资及福利费+修理费+其他费用+折旧费+摊销费+财务费用＝经营成本+折旧费+摊销费+财务费用

(3-41)

考虑总成费用变化对项目收入的盈亏平衡关系，总成本费用计算公式还可以为：

$$总成本费用＝固定成本+可变成本 \qquad (3-42)$$

其中，固定成本指产品生产中不随产量变化而变化的成本，如折旧、摊销费等。可变成本指随着产量变化而变化的产品生产经营成本，如外购原材料费、计件制的工资等。

3.3.3 折旧费估算

折旧费指固定资产随着资产损耗而逐渐转移到产品成本费用中的部分价值。折旧费是针对固定资产而言的。固定资产在使用过程中会受到磨损，将折旧费计入成本费用是企业回收固定资产投资的一种手段，其价值损失通常采用独立提取折旧的方式在生产经营期进行经济补偿。

根据我国财务会计制度的有关规定，计提折旧的固定资产范围包括：房屋、建筑物；在用的机器设备、仪器仪表、运输车辆、工具器具；季节性停用和在修理停用的设备；以经营租赁方式租出的固定资产；以融资租赁方式租入的固定资产。在进行工程项目的经济分析时，可根据项目所形成的固定资产类型分类计算折旧，也可综合计算折旧，要视项目的具体情况而定。

我国现行的固定资产折旧方法，是在固定资产原值的基础上进行计提的计算方式，一般采用平均年限法、双倍余额递减法、工作量法和年数总和法等计提方式。

首先，计算折旧费，需要先计算固定资产原值。固定资产原值是项目投产时，达到预定可使用状态，按规定由投资所形成的固定资产部分。

其次，折旧费是分年计取，受到固定资产折旧年限、预计净残值率、计提方式等因素的影响。折旧年限是会计规定的固定资产的可运营年限，净产值是固定资产在折旧年限末的全部剩余价值，因此有：

$$净残值率＝固定资产净残值/固定资产原值 \qquad (3-43)$$

计算折旧费时，折旧年限、净残值率可在税法允许的范围内由企业自行确定或按行业规定取值。

1. 平均年限法

它是一般采用的折旧方法，按照固定资产折旧年限平均计算年折旧费，项目每年折旧费相同。折旧费计算中不考虑资金时间价值。

$$年折旧费 = 固定资产原值 \times 年折旧率 \quad (3-44)$$

$$年折旧率 = (1-净残值率) \div 折旧年限 \times 100\% \quad (3-45)$$

$$或年折旧额 = (固定资产原值-净残值)/折旧年限 \quad (3-46)$$

【例 3-11】 某企业有一设备，原值为 500 000 元，预计可使用 15 年，预计净残值 7 000 元，清理费用 2 000 元。按平均年限法计算月折旧额。

【解】 年折旧额 $= \dfrac{500\,000-(7\,000-2\,000)}{15} = 33\,000$ （元）

月折旧额 $= 33\,000 \div 12 = 2\,750$ （元）

2. 双倍余额递减法

双倍余额递减折旧要求年折旧率在平均年限的基础上双倍计取，并在固定资产折旧年限的最后两年，将固定资产净值扣除预计净残值后平均摊销。

$$年折旧费 = 年初固定资产账面原值 \times 年折旧率 \quad (3-47)$$

$$年折旧率 = 2 \div 折旧年限 \times 100\% \quad (3-48)$$

【例 3-12】 项目的固定资产原值为 500 万元，按直线法计算，净残值率取 5%，平均折旧年限按 5 年计取，计算双倍余额递减法的年折旧费。

【解】 年折旧率 $= 2/5 \times 100\% = 40\%$

净残值 $= 500 \times 5\% = 25$ （万元）

具体计算如表 3-10 所示。

表 3-10 双倍余额递减法折旧费计算表

年份	1	2	3	4	5
年初净值	500	300	180	108	66.5
年折旧额	200	120	72	41.5	41.5

首先，当年的年初净值 = 上一年年初净值 - 上一年折旧费，第二年资产净值 = 500 - 200 = 300（万元），第二年折旧额 = 300 × 40% = 120 万元，以此类推直到最后两年。

其次，最后两年年折旧额=(108-25)/2=41.5（万元）。

最后，固定资产原值=总折旧费+净残值=475+25=500（万元）。

3. 工作量法

固定资产形式为交通运输工具的，按照行驶里程计算折旧费：

$$年折旧额 = 单位里程折旧额 \times 年工作里程 \qquad (3-49)$$

固定资产形式为大型设备的，按照工作小时数计算折旧费：

$$年折旧额 = 每工作小时折旧额 \times 年工作小时 \qquad (3-50)$$

【例 3-13】 某设备原值为 120 000 元，预计净残值为 8 000 元，根据该设备的技术性能预计可使用 4 000 台班。某年 5 月份该设备实际工作了 30 台班。计算 5 月份该设备的折旧额。

【解】 每台班折旧额 $= \dfrac{120\ 000 - 8\ 000}{4\ 000} = 28$（元）

5 月份该设备折旧额 $= 28 \times 30 = 840$（元）

4. 年数总和法

在固定资产原值中扣除净残值后按年折旧率计算年折旧费。其中，年折旧率每年不同，随着使用年份增加而逐年减小，也就是，先期折旧率大而后期折旧率小。

$$年折旧费 = (固定资产原值 - 预计净残值) \times 年折旧率 \qquad (3-51)$$

$$年折旧率 = (折旧年限 - 已使用年限) / [折旧年限 \times (1 + 折旧年限) \div 2] \qquad (3-52)$$

【例 3-14】 某台机器的原值为 32 000 元，预计净残值为 2 000 元，预计使用年限为 5 年，按年数总和法计算该机器各年折旧额。

【解】 首先计算折旧年限 $\times$（1+折旧年限）$\div 2 = 5 \times 6/2 = 15$；然后计算机器各年折旧额如表 3-11 所示。

表 3-11 年数总和法折旧计算表

年份	原值-净残值/元	年折旧率	年折旧额/元	累计折旧/元
1	30 000	5/15	10 000	10 000
2	30 000	4/15	8 000	18 000
3	30 000	3/15	6 000	24 000
4	30 000	2/15	4 000	28 000
5	30 000	1/15	2 000	30 000

可以看出年折旧率逐年减少，年折旧额逐年减少，年减少额 = 30 000/15 =

2 000 元。

3.3.4 摊销费估算

摊销费指无形资产和其他资产（递延资产）在一定期限内分期摊销的费用。

无形资产指企业拥有或控制的没有实物形态的可辨认的非货币性资产。无形资产包括专利权、非专利技术、商标权、著作权、土地使用权、特许权等。企业的商誉、品牌与自身无法分离，其成本无法明确区分，不应当确认为无形资产。

其他资产（递延资产）指除流动资产、长期投资、固定资产、无形资产以外的其他资产，如长期待摊费用。按照有关规定，除购置和建造固定资产以外，所有筹建期间发生的费用，先在长期待摊费用中归集，待企业开始生产经营起计入当期的损益。它通常指应在生产经营期内的前几年逐年摊销的各项费用（通常不少于 5 年），包括开办费和以经营租赁方式租入的固定资产支出等。在工程项目的经济分析中，将工程建设其他费用中的生产职工培训费、样品样机购置费等计入其他资产价值。开办费指企业在筹建期间所发生的各种费用，主要包括在注册登记和筹建期间起草文件、谈判、考察等发生的各项支出，销售网的建立和广告费用以及筹建期间人员工资、办公费、培训费、差旅费、印刷费、律师费、注册登记费以及不计入固定资产和无形资产购建成本的汇兑损益和利息等项支出。

无形资产和其他（递延）资产的原始价值要在规定的年限内，按年度或产量转移到产品的成本之中，这一部分被转移的无形资产和其他资产的原始价值，称为摊销。企业通过计提摊销费，回收无形资产及其他资产的资本支出。

计算摊销费采用直线法，且不留残值。常用计算公式如下：

$$年摊销额 = \frac{无形资产或其他资产费}{摊销年限} \tag{3-53}$$

计算无形资产摊销费要确定摊销年限。无形资产应按照规定期限分期摊销。法律、合同或协议规定有法定有效期和受益年限的，按照法定有效期或合同、协议规定的受益年限最短的原则确定；没有规定期限的，按不少于 10 年的期限分期摊销。

若各无形资产摊销年限相同，可根据全部无形资产的原值和摊销年限计算出各年的摊销费；若各项无形资产摊销年限不同，则要计算各项无形资产的摊销费，然后将其相加，即可得到生产经营期各年的无形资产摊销费。

常用公式为：

$$年摊销额 = \frac{摊销资产总额}{摊销年限} \quad (3-54)$$

【例 3-15】 项目的固定资产原值为 5 071 万元，按直线法计算，残值率取 5%，平均折旧年限按 15 年计取；项目的无形资产投资为 307 万元（其中包括土地使用权费 140 万元和技术转让费等 167 万元），按 10 年摊销；流动资金投资额为 400 万元，递延资产摊销费按递延资产总额 30 万元计（其中包括建设单位管理费 15 万元，项目前期工作费 5 万元和职工培训费 10 万元），按 5 年摊销，请计算年折旧费、无形资产年摊销费以及递延资产年摊销费。

【解】 按照平均年限法计算年折旧费与摊销费。

年折旧费 = 5 071×(1−5%)/15 = 321（万元）

无形资产年摊销费 = 307/10 = 30.7（万元）

递延资产年摊销费 = 30/5 = 6（万元）

不同于固定资产的折旧费，无形资产的摊销费将不涵盖项目的整个计算期。

折旧费与摊销费的逐年计算可按表 3-12 进行。

表 3-12 折旧费与摊销费估算表

序号	项目	合计	折旧率	计算期						
				3	4	5	6	7	8	9	...
1	固定资产原值										
1.1	折旧费										
	净值										
2	摊销费										
2.1	无形资产										
	摊销										
	净值										
2.2	递延资产										
	摊销										
	净值										

3.3.5 财务费用

财务费用主要指生产经营期利息支出及汇兑损失。按照会计规定，企业为筹集所需资金而发生的费用称为借款费用，又称财务费用，包括利息支出（减利息收入）、汇兑损失（减汇兑收益）以及相关的手续费等。在大多数项目的财务分析中，通常只考虑利息支出。

运营期借款利息支出包括长期借款利息、流动资金借款利息和短期借款利息三部分。利息计算取决于借款本金及其利率，但需要逐年计算，因此利息计算的根本原则是需要确定年初借款才能计算利息支出。

1. 长期借款利息

长期借款是建设期借款余额并含未支付的建设期利息在生产经营期应支付的利息。长期借款年利息计算基本公式为：

$$每年应付利息 = 年初借款余额 \times 年实际利率 \quad (3-55)$$

其中，年实际利率根据借款协议确定，而年初借款余额取决于借款的还本付息方式。以下是等额本金法和等额本息法的长期借款利息计算。

（1）等额本金法是以等额偿还本金、利息照付的还款方式进行的利息计算方法。

【例 3-16】 假设某项目的运营期初的贷款额为 420 万元，年利率为 10%，5 年等额本金偿还，计算偿还期各年利息。

【解】 第 1 年的等额本金法的利息计算流程如下：

第一步，计算年本金偿还额。年本金偿还额 = 420/5 = 84 万元。

第二步，计算年末借款余额。年末借款余额 = 年初借款余额 − 当期还本额 = 420 − 84 = 336 万元，第 1 年的年末余额即为第 2 年的年初借款余额。

第三步，计算年长期借款利息。年长期借款利息 = 年初借款余额 × 年实际利率 = 420 × 10% = 42 万元。

由于等额本金，因此后面的年份只需依次计算年末借款余额、年长期借款利息即可。

最后，累计支付利息 = 42.00 + 33.60 + 25.20 + 16.80 + 8.40 = 126 万元（见表 3-13）。

表 3-13 等额本金法的利息计算　　　　　　　　　　　　　　　　　　　　　单位：万元

序号	项目	公式	计算期 1	2	3	4	5
(1)	期初借款余额	=上一年期末	420.00	336.00	252.00	168.00	84.00
(2)	当期还本付息	=还本+付息	126.00	117.60	109.20	100.80	92.40
	其中:还本	=420/5	84.00	84.00	84.00	84.00	84.00
	付息	=(1)×10%	42.00	33.60	25.20	16.80	8.40
(3)	期末借款余额	=期初余额−当期还本	336.00	252.00	168.00	84.00	0

从表 3-13 可以看出，等额本金法具有以下特点：

① 每年的本金偿还相同。

平均值=运营期初借款余额/还款年限

② 利息支付为逐年减小的等差数列，等差额为年偿还本金的利息，即：

$42-33.6=33.6-25.2=25.2-16.80=16.80-8.40=8.4=84×10\%$

③ 还款期结束的最后 1 年的期末借款余额为零，这也是检查计算是否正确的关键指标。

④ 等额本金法的现金流图如图 3-2 所示，年现金流呈等差减小。

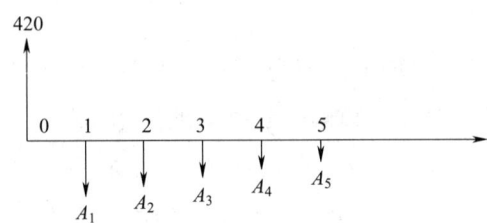

图 3-2 等额本金法的现金流图

(2) 等额本息法是以连本带利等额偿还的还款方式进行的利息计算方法。

【例 3-17】 如果上题项目数据以等额本息偿还，各年期利息为多少？

【解】 第 1 年的等额本金法的利息计算流程如下：

第一步，计算当期还本付息额。当期还本付息额 = $420×(A/P, 10\%, 5)$ = 110.79。

第二步，计算年长期借款利息。年长期借款利息 = 年初借款余额×年实际利率 = $420×10\%$ = 42 万元。

第三步，计算年末借款余额。年末借款余额 = 年初借款余额 − 当期还本

额 = 110.79 − 42 = 68.79 万元,第 1 年的年末余额即为第 2 年的年初借款余额。

由于等额本息,年还本付息总额相同,因此后面的年份还需依次计算年末借款余额、年长期借款利息、年借款本金。

最后,累计支付利息 = 42.00+35.12+27.55+19.23+10.07 = 133.97 万元,高于等额本金法的利息支付。具体计算如表 3-14 所示。

表 3-14 等额本息法的利息计算

序号	项目	公式	计算期				
			1	2	3	4	5
(1)	期初借款余额	=上一年期末	420.00	351.21	275.53	192.29	100.72
(2)	当期还本付息	=420×(A/P,10%,5)	110.79	110.79	110.79	110.79	110.79
	其中:还本	=(2)−付息	68.79	75.67	83.24	91.56	100.72
	付息	=(1)×10%	42.00	35.12	27.55	19.23	10.07
(3)	期末借款余额	=期初余额−当期还本	351.21	275.53	192.29	100.72	0

从表 3-14 可以看出,等额本息法具有以下特点:

① 当期还本付息额相等,是年初借款本金在某一折现率下的等额摊还,用现值偿还系数计算年还本付息额。

② 随着还款年份增加,本金支付增加而利息支付减小,最后一年的期末借款余额为零。

③ 等额本息法的利息支付高于等额本金法的利息支付。

④ 等额本息法的现金流图如图 3-3 所示,年现金流相同。

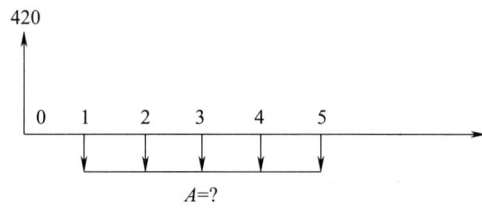

图 3-3 等额本息法的现金流图

2. 流动资金借款利息

流动资金借款以短期结款方式进行计算,采用期初借、期末偿还的借款方式,利息按一年期利率计息。对流动资金的借款本金在项目计算期的最后一年偿还,流动资金借款利息可以按下式计算:

年流动资金借款利息＝年初流动资金借款余额×流动资金借款年利率

(3-56)

3. 短期借款利息

短期借款是指运营期间由于资金的临时需要而发生的借款。短期借款的数额应在财务计划现金流量表中计算，利息计入总成本费用表的利息支出中。短期借款利息的计算同流动资金借款利息。与流动资金的偿还不同，短期借款偿还遵循随借随还的原则，即当年借款尽可能于下年本利偿还。

采用分项详细估算的总成本费用表如表 3-15 所示。计算期的前 2 年为项目建设期，成本费用的发生年为项目生产经营期。

表 3-15　分项估算成本费用表

序号	项目	合计	计算期						
			3	4	5	6	7	8	9	…
1	外购原材料费									
2	外购燃料及动力费									
3	工资及福利费									
4	修理费									
5	其他费用									
6	经营成本（1+2+3+4+5）									
7	折旧费									
8	摊销费									
9	利息支出									
10	总成本费用（6+7+8+9）									
	其中：固定成本									
	可变成本									

其中，根据成本费用与产量的关系可以将总成本费用分解为可变成本、固定成本。固定成本是指不随项目产出量变化的各项成本费用，主要指表中的折旧费、摊销费、利息支出。可变成本是指随产出量增减而成正比例变化的各项费用，主要指经营成本。长期借款利息应视为固定成本，流动资金借款和短期借款利息可能部分与产品产量相关，其利息可视为可变成本，如不能进行产量的关联分析，也可作为固定成本。

3.4 项目营业收入组成

3.4.1 营业收入

项目的营业收入是指项目建设完成后投入使用期间所生产产品或提供服务等的货币收益。一般来讲，销售产品的收入称为销售收入；提供服务的收入称为营业收入。计算公式为：

$$年营业收入 = 产品销售单价 \times 产品年销售量 \tag{3-57}$$

由上式可知，营业收入的估算既需要正确估计各年产品销售量（或服务量），也需要合理确定产品（或服务）的销售价格。

1. 销售价格估算

估算营业收入，产品价格是一个重要因素。而市场价格取决于产品的销售去向和市场需求，故应考虑国内外产品价格变化趋势。产品销售单价一般采用出厂价格，即：

$$产品出厂价格 = 目标市场价格 - 运杂费 \tag{3-58}$$

对国内市场销售的产品可在现行市场价格的基础上换算产品的出厂价格，也可以根据预计成本、利润和税金来确定出厂价格。对于出口价格，应先按国际目标市场价格扣除海外运杂费并考虑汇率等影响因素，确定离岸价格，再将项目所在地至出口口岸的运杂费计入成本，然后估算出厂价格。此外，经济评价中所用的出厂价格是含增值税的价格还是不含增值税的价格，应予以说明。

2. 销售量估算

为估算简便，假定年生产量即为年销售量，不考虑库存，即当年产品当年全部售出，但是应注意按投产期和达产期分别估算年产量。

建设项目建成后一般刚开始投产时年产量较低，以后逐年提高，产量提高的幅度应依据技术的成熟度、市场的开发程度、产品的寿命期、市场需求量的增减变化等因素，并结合行业和技术方案特点，通过制定运营计划合理确定。

3.4.2 营业收入税金及附加

1. 增值税

增值税是我国境内销售货物、进口货物及提供加工、服务的单位和个人，依据其取得的销售额、进口货物额、应税服务收入额等计算税款，并可以税款抵扣的一种流转税。增值税属于价外税，按照增值税税率计取，其中增值税税率依从国家规定。

$$增值税应纳税额 = 销项税额 - 进项税额 \quad (3-59)$$

$$销项税额 = 营业收入(不含税) \times 增值税税率 \quad (3-60)$$

$$进项税额 = 外购原材料、燃料及动力费(含) / (1+增值税税率) \times 增值税税率 \quad (3-61)$$

2. 消费税

消费税是对工业企业生产、委托加工和进口部分应税消费品按差别税率和税额征收的一种税。按照系数计提的流转税，依从国家规定。

$$从价定率：应纳税额 = 应税消费品的销售额 \times 适用税率 \quad (3-62)$$

$$从量定率：应纳税额 = 应税消费品的销售量 \times 单位税额 \quad (3-63)$$

3. 资源税

资源税是针对矿产品开发及制盐单位征收的税。

$$应纳税额 = 课税数量 \times 单位税额 \quad (3-64)$$

其中，课税数量指纳税人开采或者生产应税产品用于销售的，以销售数量为依据。

4. 税金附加费

项目在交付增值税、消费税的基础上，提取税金附加费，包括城市建设维护税、教育费附加、地方教育费附加。

（1）城市建设维护税。城市建设维护税以实际缴纳的流转税额为计税依据。按纳税人所在地区实行差别税率，如表 3-16 所示。

$$应纳税额 = (增值税+消费税)的实纳税额 \times 适用税率 \quad (3-65)$$

表 3-16　城市建设维护税税率表

项目所在地	适用税率
市区	7%
县、镇	5%
乡村	1%

(2) 教育费附加。

$$应纳教育费附加额 = (增值税+消费税)的实纳税额 \times 3\% \quad (3-66)$$

(3) 地方教育费附加

$$地方教育费附加 = (增值税+消费税)的实纳税额 \times 2\% \quad (3-67)$$

营业收入及税金附加费的逐年计算表如表 3-17 所示。

表 3-17 产品营业收入和税金及附加估算表

序号	产品名称	合计	计算期				
			3	4	5	6	…
1	产品营业收入						
1.1	产品 A						
	单价						
	数量						
	销项税额						
1.2	产品 B						
	单价						
	数量						
	销项税额						
2	营业税金附加						
2.1	消费税						
2.2	城市建设维护税						
2.3	教育费附加						
3	增值税						
	销项税额						
	进项税额						

5. 企业所得税

企业所得税是指对中华人民共和国境内的企业（居民企业及非居民企业）和其他取得收入的组织以其生产经营所得为课税对象所征收的一种所得税，但个人独资企业及合伙企业除外。企业所得税的征税对象是纳税人取得的所得，包括销售货物所得、提供劳务所得、转让财产所得、股息红利所得、租金所得、特许权使用费所得、接受捐赠所得和其他所得。企业所得税的计算公式为：

$$应纳所得税 = 当期应纳税所得额 \times 适用税率 \quad (3-68)$$

其中：

$$应纳税所得额 = 收入总额 - 准予扣除项目金额 \quad (3-69)$$

式中的适用税率为：一般企业 25%；国家需要重点扶持的高性能技术企业 15%；符合条件的小型微利企业 20%；非居民企业 20%。具体根据国家及地区政策确定。

6. 土地增值税

土地增值税是指转让国有土地使用权、地上的建筑物及其附着物并取得收入的单位和个人，以转让所取得的收入包括货币收入、实物收入和其他收入减去法定扣除项目金额后的增值额为计税依据向国家缴纳的一种税赋，不包括以继承、赠与方式无偿转让房地产的行为。我国土地增值税实行四级超率累进税率，对土地增值税率高的多征，增值率低的少征，无增值的不征。

3.4.3 利润分配

利润总额是企业在生产经营期间获得的最终财务成果。计算公式为：

$$利润总额 = 销售收入 - 销售税金附加 - 总成本费用$$

项目取得利润后应向国家缴纳所得税。企业所得税是针对企业应纳税所得额征收的税种。其中，应纳税所得额应按税法要求，在利润总额的基础上扣除项目所得税前的财务科目后正确计算，并采用适宜的税率计算企业所得税，对于享受所得税优惠政策的项目，应加以说明。

$$所得税应纳税额 = 应纳税所得额（或利润总额）\times 所得税税率 \quad (3-70)$$

净利润是应纳税所得额基础上扣减所得税后的收益。

$$净利润 = 应纳税所得额 - 所得税 \quad (3-71)$$

净利润的分配包括五个部分：① 提取盈余公积金。② 法定盈余公积金是在金额累计达到注册资本的 50% 以前，按照可供分配净利润的 10% 提取；达到注册资本的 50% 的，可以不再提取。③ 法定公益金按照可供分配的净利润的 5% 提取。④ 向投资者分配利润。⑤ 未分配利润。

3.4.4 生产经营期各要素间的关系

根据 3.2 与 3.3 的内容，生产经营期的收益与成本费用的组成关系如表 3-18 所示。本表中销售收入不含增值税。本表是分析项目各种收益效果的重要依据。要素之间的关系十分重要，在经济分析时必须严格遵循。从组织视角来看，项目取得营业收入后，应首先向国家分配，其次是银行、计提投资完成人的折旧额，然后补偿项目运营的相关利益各方的成本，如原材料、燃料及劳务供应商等，最后才是所得税后的投资人利润分配。

表 3-18 营业收入及其分配表

营业收入	总成本费用	营业税金附加	
		折旧及摊销费	
		财务费用	经营成本
		外购原料、燃料、动力费	
		工资及福利费	
		修理费	
		其他费用	
	利润总额	所得税	
		税后利润（净利润）	

【案例】 某润滑油项目工程经济要素计算

建设投资：某项目的建设投资估算为 19 143 万元，用于建设投资的自有资金为 6 313 万元，不足部分由银行借款，年利率为 6%。若投资使用计划为第一年 60%，第二年 40%，项目流动资金为 3 111 万元，回答以下问题：

（1）计算项目建设期利息。

（2）计算项目建设总投资。

经营成本：某化工项目年产 5 000 t 植物润滑油，该项目在生产经营期的正常年份，年外购原材料及辅料费用合计为 4 840 万元，年外购燃料及动力费合计为 240 万元，年工资及福利费合计 120 万元，修理费 10 万元，年其他费用合计 808 万元。

（3）计算该项目的经营成本。

折旧与摊销：本项目的固定资产原值为 5 071 万元，按直线法计算，残值率取 5%,平均折旧年限按 15 年计取;项目的无形资产投资为 307 万元(其中包括土地使用权费 140 万元和技术转让费等 167 万元),按 10 年摊销;流动资金投资额为 400 万元,递延资产摊销费按递延资产总额 30 万元计(其中包括建设单位管理费 15 万元,项目前期工作费 5 万元和职工培训费 10 万元),按 5 年摊销。

(4)计算年折旧费与摊销费。

利息支出:该项目有两类贷款:一种是生产经营期初的优惠借款额 2 899 万元,年贷款利率为 8%;另一种一般贷款的额度为 2 142 万元,年利率 12%,决定采用 10 年等额本息法的方式偿还借款资金,即年偿还本金,利息照付。

(5)计算该项目的利息支出。

销售收入:项目生产润滑油 5 000 t,保健食用油 555 t,饲料 2 700 t。预测到生产初期的市场价格,初步确定润滑油每吨出厂价为 16 500 元,保健食用油每吨出厂价为 7 000 元,饲料每吨出厂价为 150 元。

(6)确定项目的销售收入。

增值税:根据国家规定,假设该项目的增值税税率为 15%。

(7)计算该项目的增值税和附加。

【解】 (1)项目建设期利息。

银行贷款部分为:19 143-6 313=12 830 万元。

第一年需贷款 12 830× 60%=7 698 万元。

第二年需贷款 12 830× 40%=5 132 万元。

则第一年的建设期利息为 7 698× 1/2× 6%=230.94 万元。

第二年的建设期利息为(7 698+230.94+5 132× 1/2)× 6%=629.696 4 万元。

所以建设期利息为 230.94+629.696 4=860.636 4 万元。

(2)项目建设总投资。

工程项目总投资=建设投资+建设期利息+流动资金=19 143+860.636 4+3 111=23 114.636 4 万元。

(3)该项目的经营成本。

年成本费用=外购原材料费+外购燃料及动力费+工资福利费+修理费+其他费用=4 840+240+120+10+808=6 018 万元。

(4)年折旧费与摊销费。

年折旧费=固定资产原值(1-预计净残值率)/折旧年限=5 071×(1-5%)/15=321.163 万元。

无形资产摊销费＝无形资产投资/摊销年限＝307/10＝30.7万元。

递延资产摊销费＝递延资产总额/摊销年限＝30/6＝5万元。

所以1~5年的摊销费用为30.7+5＝35.7万元,6~10年的摊销费用为5万元。

（5）该项目的利息支出。

① 利率8%的借款,每年需要偿还本息和为:$P(A/P,8\%,10)=2899×0.1490=431.951$万元。

则10年共偿还本息和431.951×10＝4319.51万元,则利息支出为4319.51－2899＝1420.51万元。

② 利率为12%的借款,每年需要偿还本息和为:$P(A/P,12\%,10)=2142×0.1770=379.134$万元。

则10年共偿还本息和为379.134×10＝3791.34万元,则利息支出为3791.34－2142＝1649.34万元。

（6）项目的销售收入。

销售收入＝5000×16500+555×7000+2700×150＝8250万元+388.5万元+40.5万元＝8679万元。

（7）该项目的增值税及附加。

销项税＝8679×15%＝1301.85万元。

进项税＝(4840+240)/(1+15%)×15%＝662.61万元。

增值税＝1301.85－662.61＝639.24万元。

附加费＝639.24×10%＝63.924万元。

本章小结

工程经济要素是保证工程经济分析准确性的重要基础,是工程经济定量分析的数据源。本章依从国家有关规定和标准,重点讲述了工程经济要素的组成及估算方法,同时给出工程经济要素在计算期内的动态估算表,为后续工程经济的静态评价与动态评价提供基础。

另外,结合工程经济要素的学习需要进一步深入思考的内容有:

（1）工程经济要素是工程经济要素分析的基础,因此工程经济要素数据的标准化定量对保障经济分析结果的准确性十分重要,必须按照工程经济要素的内涵进行严格计算。

（2）多项目的工程经济要素数据积累对项目未来运行管理效率的横向比较有重要价值，要善于积累不同项目的工程经济要素数据及计算依据，形成动态数据库，创造数据新价值。

（3）在工程经济要素的估算中所获得的一系列工程经济的数据，在微观层面不仅可以用于工程经济分析中，也可用于工程管理的其他方面，如商务谈判、工程管理模式设计等，有丰富的工程商业分析价值；在宏观层面，对动态的数据积累与分析能揭示产业发展规律等。

总之，应将工程经济的有关基础数据的积累与价值提炼置于企业战略层面进行管理，而非仅限于工程层面。

思考题

1. 简述我国工程项目总投资的构成。
2. 什么是固定资产、无形资产？
3. 我国现行建筑安装工程费是如何构成的？
4. 简述建设项目静态投资额常用的估算方法。
5. 固定资产如何估算？ 流动资产如何估算？
6. 简述工程建设其他费用的构成。
7. 固定资产折旧的计算方法有哪些？ 各自的适用范围是什么？
8. 双倍余额递减法计算的折旧额是否会超过固定资产总额？

即测即评

请扫描二维码，测试本章学习效果。

第4章 工程经济评价指标

在工程经济要素的基础上，计算工程经济指标来进行工程的经济性分析是工程经济学的重要核心内容。使用工程经济评价指标法判断工程是否具有经济效果的评价活动称为工程经济评价。工程经济评价指标的标准和质量决定工程的经济可行性。工程经济评价指标体系包括盈利能力评价指标、清偿能力评价指标及生存能力评价指标。本章重点叙述工程经济评价指标体系的组成，各评价指标的内涵、计算方法及其经济评价应用。

4.1 经济评价概述

工程项目经济评价是工程前期研究工作的重要内容，对于加强固定资产投资宏观调控，提高投资决策的科学化水平，引导和促进各类资源合理配置，优化投资结构，减少和规避投资风险，充分发挥投资收益，具有重要作用。工程项目经济评价应根据国民经济与社会发展以及行业、地区发展规划的要求，在项目初步方案的基础上，采用科学、规范的分析方法，对拟建项目的财务可行性和经济合理性进行分析论证，为项目的科学决策提供经济方面的依据。

4.1.1 基本思路

1. 经济评价指标法

经济评价指标是工程经济决策的基本依据。以工程经济要素为基础数据，依据经济评价指标法，计算经济评价指标值，并与经济评价标准即投资目标期望进行对比，当项目的完成经济效果超过投资期望时，做出投资的决策。可以看出完成工程经济评价活动，需要明确经济评价指标、指标计算方法、项目工程经济要素依据以及评价标准四大要素，并处理好它们之间的系统性协作关系。

经济评价指标法可用于评价单一方案的工程经济效果，同样也可用于多个工程方案或项目的经济比选。

2. 评价指标设定原则

工程是一种有目标的人类活动，为经济服务是其重要目标之一。工程的经济服务效果或能力是投资决策的重要方面，表现在以下三方面：盈利能力、清偿能力和生存能力。在工程经济学中，依靠工程经济评价指标来进行工程经济能力测算与分析，并形成系统的工程经济评价指标系统，包括评价指标的基本组成、指标的量化方法及应用分析等内容。尽管各评价指标反映了项目不同的经济能力，用于投资决策时要求所有的评价指标均达到经济评价标准。这种要求是在充分考虑项目的经济利益相关者的需求基础上做出的，如政府、融资机构、投资人、建设公司、运营管理公司、供应商以及消费者等。

工程项目的经济评价必须保持评价的客观性、科学性、公正性，通过"有无对比"坚持定量分析与定性分析相结合，以定量分析为主；动态分析与静态分析相结合，以动态分析为主的原则。

4.1.2 经济评价分类

1. 按计算假设分类

经济评价的基本方法包括确定性评价方法和不确定性评价方法两类。这两类评价方法是在假设工程经济要素估算值与其实际发生值之间是否存在偏差的不同情境下做出的。确定性评价是假设评价时采用的工程经济要素的值在项目实际建设时真实发生，没有偏差，是现实的真实估计，而不确定性评价则假设工程经济要素估算值与现实值之间存在偏差，应该予以调整。对于一个拟建项目，必须同时进行确定性评价和不确定性评价。

2. 按经济评价的性质分类

按评价方法的性质不同，经济评价分为定性分析和定量分析。定性分析是指对无法精确度量的重要因素实行的估量分析方法，通常给出语义量化的结果，如大小多少等，可以不可以等；定量分析是指对可度量因素的分析方法，可度量因素包括建设项目的投资、收入、成本等可以用货币计量的费用和收益。工程经济评价以定量分析为主，定性分析为辅。

3. 按经济评价是否考虑时间因素分类

定量经济评价，按是否考虑时间因素分为静态分析和动态分析。静态分析是不考虑资金时间价值，对拟建项目计算期内不同时间的现金流量进行直接汇总来计算评价指标的方法；动态分析是考虑资金时间价值，对拟建项目计算期内不同时间的现金流量进行折现来计算评价指标的方法。工程经济评价应首先完成静态分析后开展动态分析。

4. 按经济评价是否考虑融资分类

按是否考虑融资，经济评价分为融资前分析和融资后分析。一般宜先进行融资前分析，在融资前分析结论满足要求的情况下，初步设定融资方案，再进行融资后分析。

在项目建议书阶段，可只进行融资前分析。融资前分析排除了融资方案变化的影响，从拟建项目投资总获利能力的角度，考察项目方案设计的合理性。

融资后分析应以融资前分析和初步融资方案为基础，考察拟建项目在设定融资方案下的盈利能力、偿债能力和财务生产能力，判断项目方案在融资条件下的可行性。融资后分析用于备选融资方案，帮助投资者做出融资决策。

5. 按经济评价中评价主体分类

项目评价主体包括项目投资人、国家、社会，每个评价主体所需求的项目经济表现内容不同，就提出了不同的建设项目经济评价形式。从项目投资人的收益角度出发，采用建设项目财务评价；从国家整体利益角度出发，使用费用效益评价；而从项目的社会效益和效果出发，则采用费用效果分析方法；如果考虑项目所有相关利益主体即项目共同体诉求，则需要采用多准则决策的综合评价方法。

4.1.3 经济评价指标分类

1. 盈利能力评价指标

盈利能力评价是从项目资金是否盈利的角度来进行项目财务效果的测量。评价指标包括投资收益率、静态投资回收期、动态投资回收期、净现值、净年值、内部收益率等。盈利能力是项目投资人的客观需求，体现在投资人回收投资的时间及资金回收的数据和质量方面，采用不同经济指标来衡量。

2. 清偿能力评价指标

清偿能力评价是从项目是否具有资金偿还能力的角度来评价项目的经济效果。评价指标包括利息备付率、偿债备付率、资产负债、借款偿还期。工程项目投资大，因此会发生融资活动，金融机构对借贷资金偿还有客观要求,体现在偿还资金的时间及可偿还资金数量、偿还资金的形式等方面,成为指标设计的依据。

3. 生存能力评价指标

生存能力评价是看项目经济活动的现金流入与流出的平衡关系。生存能力评价指标指累计盈余资金。在项目(企业)运营期间,确保从各项经济活动中得到足够的净现金流量是项目能够持续生存的条件。

4. 增量投资评价指标

增量投资评价用于测量增加投资的增量经济效果,是多方案比较决策的依据。增量投资评价指标包括增量投资收益率、增量内部收益率、增量投资回收期等。

4.1.4 经济评价参数

工程经济评价是在某一特定环境下,对某一具体项目进行的工程经济分析,因此评价方法是在某些经济评价参数的约束下使用,主要经济评价参数有项目计算期和基准折现率。

1. 项目计算期

项目计算期是指经济评价中为进行动态分析所设定的期限,是现金流计算的长度,包括建设期和运营期。建设期是指项目资金正式投入开始到项目建成投产为止所需要的时间,按合理工期或预计的建设进度确定。运营期分为投产期和达产期两个阶段。投产期是指项目投入生产,但生产能力尚未完全达到设计能力的过渡阶段。达产期是指生产运营达到预期设计水平后的时间。运营期一般以项目主要设备的经济寿命期确定,行业有规定时,应遵从规定。

根据项目特征客观确定计算期,计算期较长的项目多以"年"为时间单位,对于计算期较短的项目,可根据项目的具体情况选择其他合适的时间单位,如房地产开发项目可采用月等。

2. 基准折现率

动态经济评价指标计算时,需要确定资金时间价值的水平,即资金折现率。在工程经济评价中,资金折现率又称基准折现率。在政府投资项目以及按政府要求进行经济评价的建设项目中采用行业建议的基准收益率,在中国境外投资项目中基准折现率的确定,应首先考虑风险因素。企业投资项目应根据投资人的实际资金回报诉求,采用具有最大吸引力的折现率。

项目计算期和基准折现率是重要的经济评价参数,也是影响资金时间价值计算的重要因素,是项目投资风险产生的原因,应进行参数取值变化的风险分析,即变动参数值后,重新审视项目的经济指标。

4.2 盈利能力评价指标

4.2.1 总投资收益率

总投资收益率(ROI)指项目达到设计生产能力后,在一个正常生产年份的年息税前利润或运营期内年平均息税前利润与项目总投资的比率,以百分数表示。

$$总投资收益率 = \frac{年平均息税前利润}{项目总投资} \quad (4-1)$$

其中,项目总投资包括建设投资、建设期利息和流动资金。息税前利润(Earnings Before Interest and Tax, EBIT),是指不支付利息和所得税之前的利润。通俗地说,就是不扣除利息也不扣除所得税的利润,也可以称为息前税前利润。在营业收入组成及分配中也涉及息税前利润。营业收入组成及分配如表4-1所示。

表4-1 营业收入组成及分配

税金附加	教育费附加、城市建设维护税、地方教育费附加等	
总成本费用	折旧及摊销费	
	利息支出*	
	外购原料、燃料、动力费	经营成本
	工资及福利费	
	修理费	
	其他费用	
利润总额	所得税	
	税后利润(净利润)	

在营业收入组成及分配表中,带*号的部分为息税前利润,所以有:

$$息税前利润(EBIT) = 利润总额 + 利息支出 \quad (4-2)$$

盈利能力评价

或　　　＝销售收入-税金附加-经营成本-折旧及摊销费　　　　（4-3）

或　　　＝销售收入-税金附加-年总成本费用+利息支出　　　　（4-4）

指标含义：总投资收益率指项目资产每年重复投入生产后，资产的年平均获利水平。

指标特点：① 是静态经济评价指标，不考虑折现率；② 直接反映单位总投资的收益能力，值越大资产的盈利能力越强；③ 应大于行业或企业平均投资收益水平。

判别准则：若项目的总投资收益率（ROI）高于同行业参考值，表明用总投资收益率表示的盈利能力满足需求。

适用范围：总投资收益率（ROI）的经济意义明确、直观，计算简便，但没有考虑投资收益的时间因素。因此，该指标主要用于计算期较短，不具备综合分析所需详细资料的项目盈利能力分析，尤其适用于工程项目方案制定的早期阶段，或工艺简单而生产变化不大的建设项目的投资经济效果评价。

【例 4-1】 某项目在正常生产年份的工程经济要素数据如表 4-2 所示，计算总投资收益率。

表 4-2　工程 A 经济要素　　　　　　　　　　　　　　　　　　单位：万元

要素	计算值
总投资	1 000
销售收入	700
税金附加	42
折旧与摊销	75
利息支出	42
经营成本	300

【解】　根据已知数据情况，用公式"息税前利润＝销售收入-税金附加-经营成本-折旧及摊销费"计算息税前利润，然后计算总投资收益率。

息税前利润＝700-42-300-75＝283（万元）

总投资收益率＝283/1 000×100%＝28.3%

4.2.2　资本金净利润率

资本金净利润率（ROE）表示项目资本金的盈利水平，指项目达到设计能力后正常生产年份的年利润或运营期内年平均净利润与项目资本金的比率，以百分数表示。

$$\text{资本金净利润率} = \frac{\text{年净利润}}{\text{项目资本金}} \quad (4-5)$$

在利用现金流表进行简化计算时，有：

$$\text{年净利润} = \text{年净现金流量} - \text{年折旧} \quad (4-6)$$

对比总投资收益率，资本金净利润率具有以下特点：

（1）一般而言，资本金净利润率大于总投资收益率。

（2）反映单位资本金的收益水平，也就是自有资金的盈利水平。

（3）反映项目纳税能力，由于净利润是在扣除所得税等税费的基础上计算的，因此资本金净利润率越高，项目的纳税能力越强。

判别准则：若项目的资本金净利润率（ROE）高于同行业参考值，表明用项目资本金净利润率表示的盈利能力满足要求。

适用范围：项目资本金净利润率（ROE）高于同期银行贷款利率，则项目适度举债是有利的；反之，过高的负债比率将损害项目法人和投资者的利益。可见，资本金净利润率（ROE）不仅可以用来衡量拟建项目的获利能力，还可以作为建设项目筹资决策参考的依据。

【例 4-2】 数据资料如例 4-1 所示，假设资本金为 480 万元，计算资本金净利润率。

【解】 资本金净利润率(ROE) = (700-75-42-300-42)/480 × 100% = 50%。

4.2.3 静态投资回收期

静态投资回收期（P_t）是在不考虑资金时间价值，用项目净收益收回全部投资的时间。满足式 4-7，其中 P_t 为回收期，CI 为现金流入，CO 为现金流出，t 为计算时长。

$$\sum_{t=0}^{P_t}(CI-CO)_t = 0 \quad (4-7)$$

静态投资回收期存在数值解，因此根据其定义，当累计净现金流为 0 时，即到达静态回收期。可有数值计算公式为：

$$P_t = \text{累计净现金流出现正值的年份} - 1 + \frac{\text{上年累计净现金流绝对值}}{\text{当年净现金流}} \quad (4-8)$$

【例 4-3】 已知某项目的现金流如表 4-3 所示。

表 4-3 静态投资回收期计算表

项目	计算期				
	1	2	3	4	5
现金流入	0	8	8	8	8
现金流出	12	4	4	4	4
净现金流	-12	4	4	4	4
累计净现金流	-12	-8	-4	0	4

以累计净现金流为零判断项目投资回收期为 4 年。静态投资回收期计算是在现金流的基础上进行的,步骤如下:

(1) 计算现金流入、现金流出、净现金流。

(2) 逐年累计计算净现金流,直到累计净现金流为 0 或大于 0 时。

(3) 根据式 4-8 计算静态投资回收期。

指标含义:静态投资回收期反映项目边经营边收回建设期投资的能力。

指标特点:① 工程经济评价中,静态投资回收期必须小于行业基准投资回收期,也必须小于项目的生命期,项目才具有可行性;② 静态投资回收期为静态经济评价指标,不考虑资金时间价值。

判别准则:静态投资回收期(P_t)越短,表明项目投资回收越快,抗风险能力越强。通常将项目的静态投资回收期(P_t)与所确定的基准投资回收期 P_c 进行比较,若 $P_t \leq P_c$,表明建设项目能在规定时间内收回总投资,项目可行;若 $P_t > P_c$,则项目不可行。

适用范围:静态投资回收期(P_t)的经济意义明确直观,在一定程度上反映了投入资金的周转速度。因此,在工程项目经济评价中一般都要求计算静态投资回收期(P_t),以反映拟建项目总投资的补偿速度和风险性。尤其是技术更新迅速或资金相对短缺的工程项目,或未来的情况很难预测而投资者又特别关心资金补偿的工程项目,采用静态投资回收期(P_t)来评价特别有实用意义。但是,一般认为静态投资回收期只能作为一种辅助指标,不能单独使用。其原因是:第一,没有考虑资金时间价值;第二,仅以投资的回收快慢作为决策的依据,没有考虑投资回收以后项目的收益情况,无法全面地反映项目在整个计算期内的盈利水平。

4.2.4 动态投资回收期

动态投资回收期是考虑资金时间价值,用项目净收益收回全部投资的时

间,是动态经济评价指标。设 i_c 为基准折现率,其他符号同前,计算公式为:

$$\sum_{t=0}^{P_t}(CI-CO)_t(1+i_c)^{-t}=0 \qquad (4-9)$$

同样采用数值计算的方法计算动态投资回收期的数值解,与静态投资回收期的差别在于,累计净现金流量是在净现金流量折现后进行逐年累计计算。

$$P_t = 累计净现金流出现正值的年份 - 1 + \frac{上年累计净现金流绝对值}{当年净现金流}$$

$$(4-10)$$

【例 4-4】 假设某项目的现金流如表 4-4 所示。

表 4-4 动态投资回收期计算表(基准折现率=5%)

项目	计算期				
	1	2	3	4	5
现金流入		8	8	8	8
现金流出	12	4	4	4	4
净现金流	-12	4	4	4	4
净现金流现值	-11.42	3.628	3.455	3.290	3.13
净现金流现值累计	-11.42	-7.80	-4.34	-1.05	2.08

根据表 4-4 中数据可以计算该项目的动态投资回收期 = 5-1+1.05/3.13 = 4.34 年。

动态投资回收期也是在现金流的基础上进行计算的。计算步骤如下:

(1) 计算现金流入、现金流出、净现金流。

(2) 确定资金折现率,依据公式 $P=F(P/F,i,n)$,逐年计算净现金流的折现值。

(3) 逐年累计计算净现金流的折现值,直到累计值为 0 或大于 0 时。

(4) 依据动态回收期公式(式 4-10)计算。

对比动态投资回收期与静态投资回收期计算,可以发现以下规律:

(1) 计算方法上,两者计算原理相同,但静态投资回收期直接采用净现金流计算,而动态投资回收期采用净现金流的折现值进行计算。

(2) 计算结果中,一般而言,对同一个项目,动态投资回收期大于静态投资回收期。

(3) 同于静态投资回收期,动态投资回收期对现金流计算到累计净现金流为零时就停止计算，因此不能测量项目全部现金流的经济效果，而只能衡量项目的部分经济效果。

（4）动态投资回收期应小于行业基准投资回收期，项目才具有盈利能力。

（5）动态投资回收期不仅要收回全部投资费用、经营成本，还要收回投资费用与成本所产生的资金时间价值。

4.2.5 净现值

净现值是在给定基准折现率 i_c 时，项目方案计算期内全部净现金流量的现值之和，是动态经济评价指标。计算公式如式 4-11 所示。其中，NPV（Net Present Value）代表净现值；n 为项目计算期，其他符号同前。净现值计算公式如下：

$$NPV = \sum_{t=0}^{n} (CI - CO)_t (1 + i)^{-t} \tag{4-11}$$

计算方法：借助现金流量图（表），用公式计算。

评价标准：净现值≥0。

【例 4-5】 某项目的净现值计算如表 4-5 所示。

表 4-5 净现值计算表（基准折现率=5%）

项目	计算期				
	1	2	3	4	5
现金流入		8	8	8	8
现金流出	12	4	4	4	4
净现金流	-12	4	4	4	4
净现金流现值	-11.42	3.628	3.455	3.290	3.13
净现金流现值累计	-11.42	-7.80	-4.34	-1.05	2.08

可以看出，表中的最后一个值 2.08 即为该项目净现值指标值，就是计算期内全部净现金流现值的累计。计算步骤如下：

（1）计算现金流入、现金流出、净现金流。

（2）确定资金折现率，依据终值对现值的计算公式，$P = F(P/F, i, n)$，逐年计算净现金流的折现值。

（3）逐年累加计算净现金流的折现值，特别强调是折现后累计，而不是累计后折现。

作为盈利能力评价的关键指标,净现值具有以下特点:

(1)考虑资金时间价值,净现值是动态经济评价指标。

(2)净现值反映项目全寿命周期的盈利能力。

(3)净现值受项目的基准折现率影响。一般情况下,对某一特定项目,如果折现率越大,则项目净现值越小。

判别准则:确定基准折现 i_c,若项目的净现值 $NPV>0$,说明项目除了满足基准收益率要求的盈利之外,还有超额收益,故项目可行;若项目的净现值 $NPV=0$,说明项目盈利水平恰好达到了要求的基准收益率,项目依然可行;$NPV<0$,说明项目的盈利低于要求的盈利水平,故项目不可行。

适用范围:净现值(NPV)是工程项目经济评价中广泛应用的指标。

优点:不仅考虑了资金时间价值,还全面考虑了项目在整个计算期内的费用和收益情况,以绝对金额表示项目的盈利能力,经济含义明确直观。

不足之处:计算净现值时,需要先设定一个符合经济现实的基准收益率,计算结果受基准收益率取值的影响,而基准收益率的确定往往比较困难。净现值不能直接反映拟建项目单位投资的使用效率,也不能反映项目投资的回收速度,不能充分体现项目投资的相对效果。

【例 4-6】 调整例 4-5 的基准折现率为 15%,重新计算净现值如表 4-6 所示。

表 4-6 净现值计算表(基准折现率 = 15%)

项目	计算期				
	1	2	3	4	5
现金流入		8	8	8	8
现金流出	12	4	4	4	4
净现金流	-12	4	4	4	4
净现金流现值	-10.43	3.02	2.63	2.29	1.99
净现金流现值累计	-10.43	-7.41	-4.78	-2.49	-0.50

因为计算结果 $NPV=-0.50<0$,所以该项目不可行。可见折现率会影响净现值的计算结果,从而影响项目经济可行性的结果。

4.2.6 净将来值与净年值

根据资金等值计算的原理,可以用净现值分别计算净将来值和净年值。

净将来值与净年值是动态经济评价指标。

1. 净将来值

净将来值（NFV）是净现值的终值计算，计算公式为：

$$NFV = NPV(F/P, i, n)$$

2. 净年值

净年值（NAV）是净现值的年值计算，计算公式为：

$$NAV = NPV(A/P, i, n)$$

净将来值与净年值指标的特点如下：

（1）均是净现值的等值计算，只是计算的时点不同，净将来值在计算期期末而净年值在每一期期末，因此与净现值反映的经济评价结果相同。

（2）两者评价标准与净现值相同，因为净现值≥0，必然要求等值换算的净将来值≥0，净年值≥0时，项目可行。

（3）以上三个指标可根据项目评价的目标要求选择使用。特别是在方案比较时可采用年值法进行方案的优选。

【例 4-7】 计算例 4-5 的净年值、净将来值。

$NFV = 2.08(F/P, 5\%, 5) = 2.08 \times 1.2763 = 2.65$

$NAV = 2.08(A/P, 5\%, 5) = 2.08 \times 0.2310 = 0.48$

4.2.7 内部收益率

内部收益率是项目方案计算期内净现值为零时的折现率，是动态评价指标。

设 IRR 为内部收益率，则计算公式为：

$$NPV(IRR) = 0 \qquad (4-12)$$

计算方法：由式 4-12 可知净现值是关于折现率的函数（称为净现值函数），因此可采用数值计算中的差值法计算，也可运用软件工具的函数功能进行计算。

净现值函数图如图 4-1 所示，假设在很小的折现率区间内，以净现值函数为直线，根据差值法计算原理，内部收益率的计算步骤如下：

（1）根据经验选择一个折现率 i_1，计算 NPV_1，使得 $NPV_1 > 0$。

（2）给出第 2 个折现率 i_2，计算 NPV_2，使得 $NPV_2 < 0$。

（3）利用差值计算公式，计算内部收益率。

$$IRR = i' = i_1 + \frac{NPV_1}{NPV_1 + |NPV_2|} \times (i_2 - i_1) \qquad (4-13)$$

（4）在计算内部收益率时，为减少由于非线性假设为线性所带来的计算误差，要求 i_1 与 i_2 之间的差值尽可能小。

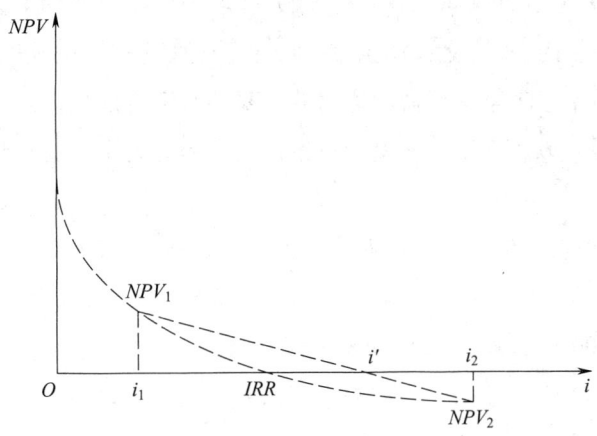

图 4-1　净现值函数图

【**例 4-8**】　上例中，其内部收益率计算如表 4-7 所示。

表 4-7　内部收益率计算表

项目	计算期				
	1	2	3	4	5
净现金流量	-12	4	4	4	4
净现金流量折现（$i_1=10\%$）	-10.91	3.31	3.01	2.73	2.48
净现金流量折现（$i_1=15\%$）	-10.43	3.02	2.63	2.29	1.99

可得，$NPV(10\%) = 0.62$

$NPV(15\%) = -0.50$

$IRR = 10\% + 0.62/[0.62 + abs(-0.50)](15\% - 10\%) = 12.91\%$

内部收益率指标的特点如下：

（1）表明方案占用资金的恢复能力或可承受的最大投资贷款利率。

（2）对某一方案而言，当折现率取为内部收益率时，该方案在计算期末恰好收回全部投资，此时净现值为零，动态投资回收期正好等于该方案的计算期。

判别准则：内部收益率（IRR）指标用于一个建设项目经济评价时，若项目的 $IRR \geqslant i_c$，则项目可行；若项目的 $IRR < i_c$，则项目不可行。项目的内部收益率（IRR）指标越高，则该项目的投资效率越高。

适用范围：内部收益率（IRR）被普遍认为是项目投资的盈利率，反映了投资的使用效率，它由项目现金流决定，由项目内生的资金规律所决定。但是，内部收益率反映的是项目生命期内没有回收的投资的盈利率，而不是初始投资在整个生命期内的盈利率。因为在项目的整个生命期内始终存在未被回收的投资，而在项目生命期结束时，投资恰好被全部收回。

内部收益率是考察项目盈利能力的主要动态评价指标。

【例 4-9】 以第 2 章的案例为背景，用盈利能力指标分析该项目的经济可行性。

【解】 此房屋购置项目为盈利型项目，现金流入来源于项目的出租收入，合计 $4 \times 360 \times 12 = 17\,280$ 元。从项目全部投资的角度，项目投资包括购置费用 100 000 元，作为项目期初的现金流出，每年维持该住宅的使用费 10 000 元，作为项目期中的现金流出。假设该项目的计算期为 50 年，资金折现率为 10%，则该项目的净现值为全部净现金流的折现累计额：

$$NPV = -100\,000 + (17\,280 - 10\,000)(P/A, 10\%, 50)$$
$$= -100\,000 + 7\,280 \times 9.914\,8 = -27\,820.256 \text{（元）}$$

结论：项目在假设计算期 50 年内的净现值 <0，该项目不具有盈利能力。

4.3 清偿能力评价指标

清偿能力分析主要考察计算期内各年的财务状况及清偿能力。在工程项目投资中，必须对项目资金在时间上进行筹措安排，以满足项目对资金的需要。为了使项目顺利得以实施，资金筹措方案应保证资金的平衡，并保证有足够的资金偿还债务。在盈利能力分析的同时，应进行项目清偿能力分析。清偿能力分析采用的主要评价指标体系如图 4-2 所示。

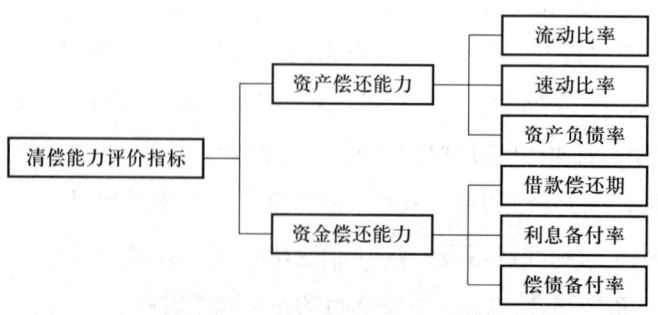

图 4-2 清偿能力评价指标

4.3.1 资产偿还能力

它分为短期负债与长期负债的偿还能力。短期偿债能力是指企业流动资产对流动负债的足额偿还保障程度，可以有效衡量经营企业当期的财务能力以及流动资产的变现能力。短期偿债能力指标包括流动比率、速动比率。

1. 流动比率

流动比率（Current Ratio）是反映项目偿还流动负债能力的指标。它表明单位流动负债中流动资产可偿还的比例，即项目的流动资产在短期债务到期之前可以变现的用于偿还流动负债的能力。计算公式为：

$$流动比率 = 流动资产总额 / 流动负债总额 \times 100\% \quad (4-14)$$

流动比率的特点如下：

（1）通常流动比率越高，债权人的安全率越高。特殊情况下，流动比率高并不能保证企业有足够的现金或存款用于偿债，也可能是存货积压、应收账款增多或待摊费用增加所致，应进一步考察现金流量。

（2）流动比率在区间内取值。流动比率太低，企业缺乏短期偿债能力；流动比率太高，短期偿债能力过强，负债利用不足，流动资产会闲置。一般流动比率的下限为1，取值在 1.2~2.0 比较合适，具体情况视行业的特点、项目流动资产的构成、流动负债的性质而定。

（3）债权人希望流动比率高，但从企业经营角度看，闲置资金过多会增加企业的机会成本，降低资金获利能力。流动比率应维持在不使资金闲置的偿债安全范围内，用于评价流动比率是否合理。不同企业或同一企业在不同时期的资金安全能力也不同。

2. 速动比率

速动比率（Quick Ratio）是企业各个时期用可以立即变现的货币资金偿付流动负债能力的指标。该指标反映了项目各年偿付流动负债的能力。计算公式为：

$$速动比率 = 速动资产总额 / 流动负债总额 \times 100\% \quad (4-15)$$

其中，速动资产指流动资产中变现最快的部分，如现金、有价证券、应收账款等，是流动资产去除变现能力较差且不稳定的存货、预付账款、一年内到期的非流动资产和其他流动资产后的余额。

由于速动比率扣除了变现能力较差因素的影响，如存货，因此相比于流动比率更能准确地反映企业的短期偿债能力。速动比率越高，偿还短期负债的能力越强。速动比率不应小于 1.0~1.2。当流动比率和速动比率过小时，应采用减少流动负债，或减少利润分配、库存等方法增加盈余资金，也可增加长期借款负债等缓解资金风险。

3. 资产负债率

资产负债率是各期末负债总额同期末资产总额的比率。它表示企业总资产中通过负债筹集的比例。该指标是评价经营企业负债水平的综合指标，同时也是一项衡量项目利用债权人资金进行经营活动能力的指标，反映债权人为特定项目发放贷款的安全程度。计算公式为：

$$资产负债率 = 期末负债总额 / 期末资产总额 \times 100\% \qquad (4-16)$$

资产负债率具有以下特点：

（1）逐年衡量资产负债的能力，适度的负债率表明企业经营安全的筹资能力。项目权益所有者从盈利角度出发，希望保持较高的资产负债率，表明可以利用较少的资本来经营整个项目。

（2）资产负债率应小于一个规定的值。资产负债率越高，项目风险越大，在一定程度上也会损害债权人的利益。因此在分析资产负债率时，应结合具体对象，分析资产负债水平。一般资产负债率为 40%~60%。

【例 4-10】 某生产项目在某一年份的资产负债表显示其总资产为 8 000 万元，短期借款为 600 万元，长期借款为 2 500 万元，应收账款为 1 000 万元，存货为 800 万元，现金为 200 万元，累计盈余资金 300 万元，应付账款 700 万元，所有者权益为 4 500 万元。计算该项目的偿债能力指标。

【解】 流动比率 = 流动资产总额/流动负债总额 × 100%
= （应收账款+存货+现金+累计盈余资金）/（短期借款+应付账款）× 100%
= （1 000+800+200+300）/（600+700）× 100%
= 176.9%

速动比率 = 速动资产总额/流动负债总额 × 100%
= （应收账款+现金+累计盈余资金）/（短期借款+应付账款）× 100%
= （1 000+200+300）/（600+700）× 100%
= 115.4%

资产负债率 = 负债总额/资产总额 × 100%
= （短期借款+长期借款+应付账款）/资产总额 × 100%
= （600+2 500+700）/8 000 × 100%
= 47.5%

4.3.2 利息备付率

利息备付率是借款偿还期内的息税前利润与应付利息的比值,是衡量项目收入资金偿还利息的能力的指标。

$$利息备付率 = \frac{息税前利润}{总成本费用中应付利息} \quad (4-17)$$

利息备付率指标具有以下特点:
(1) 逐年考察偿还利息的资金的充裕性。
(2) 项目收入中可用于利息偿还的资金是利息支出。
(3) 评价标准为利息备付率≥2。

【例 4-11】 以某工程 A 数据为参考,息税前利润 = 283 万元,利息支出 = 42 万元,则利息备付率 = 283/42 = 6.7,项目具有利息偿还的能力。

4.3.3 偿债备付率

偿债备付率是借款偿还期内用于计算还本付息的资金与应还本付息金额的比值,是衡量项目收入资金偿还本金及利息的能力指标。

$$偿债备付率 = \frac{税息前利润+折旧+摊销-所得税}{应还本付息金额} \quad (4-18)$$

偿债备付率指标具有以下特点:
(1) 逐年衡量还本付息的资金保障能力。
(2) 项目销售收入中可用于本金偿还的资金有折旧、摊销和净利润。
(3) 评价标准为偿债备付率≥1.3。

【例 4-12】 工程 A 的年数据资料如下:项目销售收入为 700 万元,经营成本为 300 万元,折旧为 75 万元,税金附加为 42 万元,利息支出为 42 万元,假设项目年还本额为 84 万元,所得税税率为 25%,求该项目的偿债备付率。

【解】 项目的所得税 = (700-75-42-300-42) × 25% = 60.25(万元)

项目息税前利润 = 700-75-42-300 = 283(万元)

偿债备付率 = (283+75-60.25)/(84+42) = 2.36

该项目偿债备付率大于 1.3,因此具备偿还本金利息的能力。

4.3.4 借款偿还期

1. 定义

借款偿还期是指在国内财政规定和项目具体财务条件下,以项目投产后获得的可用于还本付息的资金还清借款本息所需的时间。在某些项目的资金筹措方案中,并没有规定具体偿还贷款的时间和方式,贷款机构通过计算投资借款的偿还期来判断贷款资金回收的速度。借款偿还期的计算公式为:

$$P_d = T - t + \frac{R_t^*}{R_t} \tag{4-19}$$

式中:P_d 表示借款偿还期;

T 表示借款偿还后开始出现盈余的年份;

t 表示开始借款年份;

R_t^* 表示第 t 年偿还的借款额;

R_t 表示第 t 年可用于还贷的资金额。

2. 计算方法

借款偿还期由"借款偿还计划表"推算,不足整年的部分可用内插法计算。从开始借款的年份算起。如表 4-8 所示。

表 4-8 借款还本付息计算表

序号	项目	合计	计算期		
1	借款 1				
1.1	期初借款余额				
1.2	当期还本付息				
	其中:还本				
	付息				
1.3	期末借款余额				
2	借款 2				
2.1	期初借款余额				
2.2	当期还本付息				
	其中:还本				
	付息				
2.3	期末借款余额				
3	债券				

续表

序号	项目	合计	计算期	
3.1	期初债务余额			
3.2	当期还本付息			
	其中:还本			
	付息			
3.3	期末债务余额			
4	借款与债务合计			
4.1	期初余额			
4.2	当期还本付息			
	其中:还本			
	付息			
4.3	期末余额			
5	还款来源			
5.1	净利润			
5.2	折旧费			
5.3	摊销费			
5.4	偿还本金合计			
5.4.1	偿还外汇			
5.4.2	偿还人民币			
5.4.3	余额			
计算指标	利息备付率（%）			
	偿债备付率（%）			

【例 4-13】 某项目第 10 年有了盈余资金，第 10 年的未分配利润为 7 000 万元，可作为归还借款的折旧和摊销为 1 940 万元，还款期间的企业留利为 98 万元。当年归还的借款本金为 2 000 万元，归还的借款利息为 34 万元。项目开始借款年份为第 2 年，求借款偿还期。

【解】 借款偿还期 = 10−2+2 000/(7 000+1 940−98) = 8.23 年，即 8 年零 3 个月。

3. 特点

借款偿还期指标旨在计算最大偿还能力，适用于尽快还款的项目，不适用已经约定借款偿还期的项目。

根据该指标计算出的借款偿还期若小于贷款机构规定的期限，表明企业有足够的偿还能力；若大于规定的期限，表明企业还款能力不足。出现还款能力不足时，要进行原因分析，并在财务和技术方案、投资计划上进行优化，直到偿还期达到项目资金偿还的限定期。

企业对于贷款的使用,应该在保证自身建设进度的前提下,先使用成本较低的资金,在还款时先还成本较高的资金。进行债务偿还的过程中,需要对还贷能力进行估算并根据项目的盈利能力确认还款方式。

(1) 还贷能力。国家现行政策规定,在企业还清贷款后的第 2 年开始计算所得税。在还贷期间,折旧可以用于还贷。还贷能力也可认为是企业扣除留存后的利润和可用于还贷的折旧金额。其计算公式为:

$$年还贷能力=净利润+折旧+摊销 \quad (4-20)$$

$$年净利润总额=年销售收入-总成本费用-营业税金附加-所得税$$
$$(4-21)$$

(2) 还款方式。根据项目盈利能力的预测,可采取不同的还款方式,主要包括等额利息法、等额本金法、等额本息法。

① 等额利息法。等额利息法即还款时,期末归还本金并支付当期利息,每年的利息支付额相同。等额利息法的特点是每年支付的利息较少,适用盈利能力不强的项目还款。

② 等额本金法。等额本金法即还款时,每年偿还相等的本金,贷款利息按年初剩余贷款本金计算,并逐年结清。等额本金法的特点是贷款本金逐年减少,利息也随之减少,贷款期满时本金、利息全部还清,适用于盈利能力较强的项目还款。

③ 等额本息法。等额本息法即借款人将贷款本利和利息在偿还期内平均分摊,每年等额偿还。等额本息法的特点是每年的还款额相等,适用前期盈利能力不强但收入稳定的项目还款。

4.4 多方案评价指标

4.4.1 多方案类型

1. 互斥型

在若干个备选方案中,方案彼此可相互代替,方案间具有排他性,选择其中一个方案,其他方案将被排斥,这些备选方案构成互斥型方案。比如,同一建筑的结构类型选择就是互斥型方案,是用砖混结构、框架结构还是钢结构,只能选一个;工厂的选址一般也是互斥型方案选择问题;新修公路的选线，是修盘山公路还是开凿隧道，这也是互斥型方案选择问题。

2. 独立型

方案间互不干扰，经济上相互独立，选择或者放弃一个方案并不影响其他方案的选择，这些方案构成互补型方案，又称独立型方案。比如企业投资，可以购买股票，也可以购买债券，还可以投资实业等，可以选择其中一个方案，也可选择其中两个或三个方案，方案之间的效果与选择不受影响，互相独立。单一方案是独立型方案的特例。

3. 混合型

在备选方案中，方案之间有些具有互斥关系，有些具有独立关系。混合型方案在结构上又可组织成两种基本形式。

（1）第一种基本形式是在一组独立型方案中，每个独立型方案下又有若干个互斥型方案的形式。比如建筑企业投标，有A、B、C三个工程可以参与投标，如果没有资源和其他条件的限制，则A、B、C三个方案是独立型方案。若企业针对这三个工程分别制作了不同报价的标书，则每个方案的标书之间就是互斥关系。

（2）第二种基本形式是在一组互斥型方案中，每个互斥型方案下又有若干个独立型方案的形式。比如某房地产开发商获得一块地的开发权，按照当地城市规划的规定，不能建设商居混合物业或工业，这块地只能作为住宅小区（A方案）或商业物业（B方案）之用，A、B两个方案之间是互斥关系。具体来说，如果开发商建居民小区，可有多个户型方案，这些方案之间是独立关系；如果开发商建商业物业，也可以在商场、写字楼、餐饮酒楼、娱乐休闲服务等方案间选一个或多个组合来实施，这些方案之间也是独立关系（见表4-9）。

表4-9 方案之间的关系

项目	互斥型方案	独立型方案
地产开发项目	开发小区A	户型1
		户型2
		户型3
	商业物业B	商场
		写字楼
		餐饮酒楼
		娱乐休闲

4.4.2 互斥型方案比选

方案比选依然采用经济评价指标的方式进行,根据项目是否以收益或费用为主的特点,将互斥型方案比选的指标分为两类:效益型比选指标和费用型比选指标。以下重点关注这些指标的计算方法及应用范围,另外拓展学习在一些特殊类型项目中比选指标的应用。

1. 效益型比选指标

当以资金收益水平比选项目方案时,采用效益型比选指标。效益型比选指标包括净现值、净年值、差额内部收益率等。

(1) 净现值比选法。

第一步,以净现值为比选指标,分别计算各方案的净现值 NPV;

第二步,剔除净现值小于零的方案;

第三步,在剩余方案中,选出净现值最大的方案为最优可行方案。

【例 4-14】 若你所在的部门正在讨论一个有潜力的改进工程,有三个设计方案,这些方案的预计净现金流量如表 4-10 所示,年基准收益率为 15%,根据净现值进行方案决策。

表 4-10 互斥型方案净现金流　　　　　　　　　　　　　　　　　　单位:万元

第 i 年	A	B	C
0	-2 000	-2 300	-2 125
1	900	1 080	-150
2	900	1 080	1 225
3	900	1 080	1 225
4	900	1 080	1 225
5	900	1 080	1 225
6	900	1 080	1 225

【解】 分别计算 A、B、C 方案的净现值:

$NPV_A = -2\,000 + 900(P/A, 15\%, 6) = 1\,406.03(万元)$

$NPV_B = -2\,300 + 1\,080(P/A, 15\%, 6) = 1\,787.24(万元)$

$NPV_C = -2\,125 - 150(P/F, 15\%, 1) + 1\,225(P/A, 15\%, 5)(P/F, 15\%, 1) = 1\,315.34(万元)$

不存在净现值小于零的方案,选择净现值最大的方案 B 投资。

(2) 净年值比选法。

第一步，以净年值为比选指标，分别计算各方案的净现值 NAV；

第二步，剔除净现值 NAV＜0 的方案；

第三步，在剩余方案中，选出净年值最大的方案为最优可行方案。

【例 4-15】 数据资料如上题，根据净年值进行方案决策。

【解】 分别计算 A、B、C 方案的净年值：

$NAV_A = -2\,000(A/P,\ 15\%,\ 6) + 900 = 371.53$（万元）

$NAV_B = -2\,300(A/P,\ 15\%,\ 6) + 1\,080 = 472.26$（万元）

$NAV_C = [-2\,125 - 150(P/F,\ 15\%,\ 1) + 1\,225(P/A,\ 15\%,\ 5)](A/P,\ 15\%,\ 6) = 347.56$（万元）

不存在净年值小于零的方案，因此选择净年值最大的方案 B 投资。

注：净现值与净年值的比选结果相同。

（3）差额内部收益率比选法。差额内部收益率是两个方案的净现值差额为零时的内部收益率。

假设：$P_A > P_B$。图 4-3、图 4-4 分别是项目 A、B 的现金流图，可以用于方案的内部收益率计算。图 4-5 是两个比较方案的差额现金流图，可用于差额内部收益率的计算。

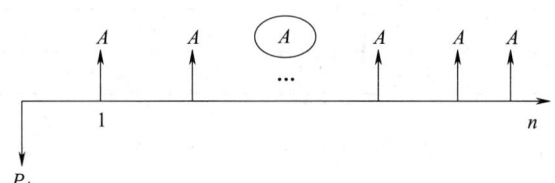

图 4-3 项目 A 现金流图

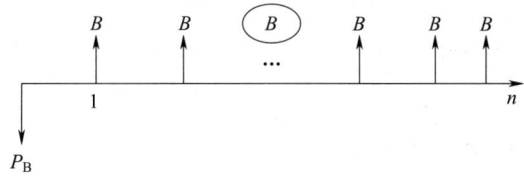

图 4-4 项目 B 现金流图

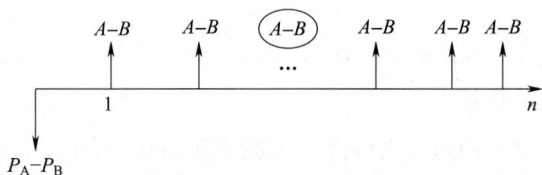

图 4-5 比较方案差额现金流图

差额内部收益率比选方法的实施流程如下：

第一步，计算所有待比选方案的内部收益率，剔除内部收益率小于基准收益率的方案。

第二步，将其余方案按投资额由小到大排列，逐一用投资额大的方案的净现金流减投资额小的方案净现金流，构成两方案的差额净现金流，如图4-5所示。

第三步，计算差额净现金流的差额内部收益率。

第四步，如果差额内部收益率≥基准收益率，保留投资大的方案；否则保留投资小的方案，重复第二步，如此比较全部方案。

【例4-16】 数据资料如上题，根据差额内部收益率进行方案决策。

【解】 第一步，根据上述资料已知A、B、C方案均可行，按投资额大小的方案排序为A 2 000万元，C 2 275万元，B 2 300万元。

第二步，C与A比较，对应年份的C-A的增量投资现金流如表4-11所示。

表4-11 C-A增量净现金流

年份	0	1	2	3	4	5	6
净现流C-A	-125	-1 050	325	325	325	325	325

第三步，根据表中数据，计算增量投资的增量内部收益率为11%，该内部收益率小于15%，因此保留投资小的方案A。

第四步，将剩余方案B与A进行比较，形成对应年份的B-A的增量投资现金流如表4-12所示。根据表中数据，计算增量投资的增量内部收益率为56%，该内部收益率大于15%，因此保留投资大的方案B。

表4-12 B-A增量净现金流

年份	0	1	2	3	4	5	6
净现金流B-A	-300	180	180	180	180	180	180

第五步，结论：根据增量内部收益法，选择投资方案B。

2. 费用型比选指标

某些方案以费用的衡量为依据，因此采用费用型的指标比较法，包括费用现值比选法、费用年值比选法、最低价格法等。

(1) 费用现值比选法。依据每个方案的年费用现值进行比选。
$$PC = AC(P/A, i, n) \quad (4-22)$$
方案选择依据是费用现值最小者为最优方案。

(2) 费用年值比选法。依据每个方案的费用年等值进行比选，其效果与费用现值的比较结果相同，费用年值小者为优。

(3) 最低价格法。某些类型的项目，如污水处理项目、自来水供应项目方案在比选时，依据方案所能提供的最低单方价格，如"元/吨"指标作为方案比选的依据。

3. 特殊类型方案比较

当待比选的项目方案的寿命期不同时，可采用最小年费用比选法。

【例 4-17】 在某河道上修建大桥，经考虑有 A、B 两处可选：

① 在 A 地建桥建设投资为 1 200 万元，年维护费 2 万元，水泥桥面每 10 年翻修一次需要 5 万元；

② 在 B 地建桥建设投资为 1 100 万元，年维护费 8 万元，水泥桥面每 10 年翻修一次需要 4 万元，每 3 年粉刷一次花费 3 万元。

若基准折现率为 10%，如何选择建设方案？

【解】 费用年值比选法必须首先确定计算期后再进行资金时间价值的计算。本例中，A、B 方案的计算期均设定为 10 年，现金流分别如图 4-6 和图 4-7 所示。

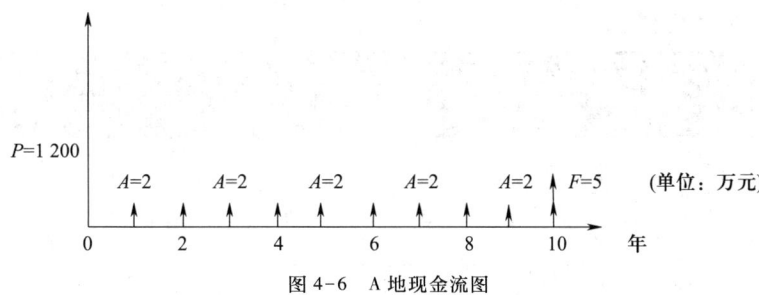

图 4-6 A 地现金流图

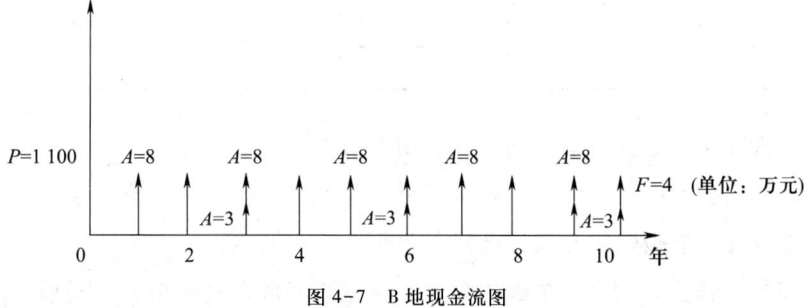

图 4-7 B 地现金流图

费用年值的资金时间价值计算如下:

$AC_A = 1\,200(A/P, 10\%, 10) + 2 + 5(A/F, 10\%, 10) = 197.61$(万元)

$AC_B = 1\,100(A/P, 10\%, 10) + 8 + 4(A/F, 10\%, 10) + 3(A/F, 10\%, 3) = 188.18$(万元)

可以看出,B 方案的年费用最小,因此投资 B 方案。

4.4.3 独立型方案比选

对于独立型方案比选,可以将互斥型方案的比选方法进行改造后应用,称为组合互斥法,也可采用新的评价指标如净现值率等进行方案的比选。

1. 组合互斥法

对于有资金限制的独立型方案选择,首先将方案有序组合后转化成若干互斥型方案,再采用互斥型方案比选指标,如净现值、增量投资内部收益指标进行互斥型方案比选。

【例 4-18】 假设某项目有 A、B、C 三个独立方案,经过方案组合后的互斥型方案的净现值如表 4-13 所示,组合方案的个数 = $C(m, n)$,可以看出组合方案中净现值均大于零,均是可行投资方案,但最大的方案为 BC 组合方案,因此投资为 B 和 C 两个方案为最佳投资。

表 4-13 独立方案比选

假设有 A、B、C 三个独立方案		
组合方案	净现值 NPV	净现值法选择
A	100	
B	200	
C	300	
AB	250	
AC	350	
BC	550	√
ABC	500	

组合互斥法进行方案比选的特点如下:

(1) 组合互斥法可以充分利用已有互斥型方案比选的指标,通过组合可以涵盖全部可能投资的方案,具有全面性。

(2) 随着独立型方案个数的增加,相应的组合方案个数就呈现指数级增加,因此全面性比选背后的计算工作量大。目前借助计算仿真技术,可以提高相应的计算效率。

2. 净现值率排序法

净现值率是指项目净现值与项目全部投资现值之比。计算公式如下:

$$净现值率 = \frac{净现值}{全部投资现值} \quad (4-23)$$

【例4-19】 某新建工程B的净现金流量如表4-14所示,基准折现率10%,求计算期净现值率。

表4-14 工程B的净现金流量

年份	1	2	3	4	5	6	7	8	9
净现金流	-380	-400	50	358	358	358	358	358	833

【解】 首先,计算方案的净现值,$NPV(10\%)=735$ 万元。

其次,计算投资的现值,其值为 $380(P/F,10\%,1)+400(P/F,10\%,2)=676$ 万元。

最后,计算方案的净现值率,其值为 $735/676=1.09$。

净现值率排序法用于比选具有盈利能力的项目。其实施流程如下:

第一步,根据净现金流量,计算方案的净现值、投资现值。

第二步,计算所有方案的净现值率。

第三步,按照净现值率的值将方案由大到小排序。

第四步,根据投资额约束给出最终的投资组合方案。

【例4-20】 假设有资金约束,8个独立投资方案的净现值率、投资额如表4-15所示,根据资金约束选择投资方案组合。

表4-15 净现值率排序表

方案	投资额	净现值率	累计投资额
1A	4 000	0.6	4 000
2B	2 400	0.45	6 400
3C	3 000	0.38	9 400
4D	1 800	0.25	11 200
5E	2 600	0.22	13 800

续表

方案	投资额	净现值率	累计投资额
6F	1 900	0.18	15 700
7G	2 000	0.14	17 700
8H	2 100	0.13	19 800

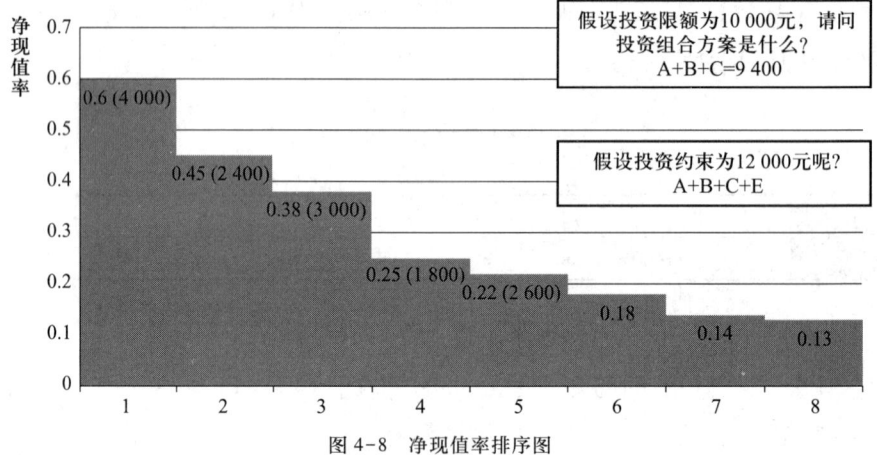

图 4-8 净现值率排序图

【解】 根据图 4-8，资金约束 10 000 元的，不重复投资，那么投资方案有 A+B+C；如果资金约束 12 000 元，则投资方案有 A+B+C+E。

净现值率指标比选方案的特点如下：

（1）是动态经济比选指标，需要确定项目的基准折现率。

（2）计算工作量小，比选效率高。

（3）有可能错失一些组合方案。

【例 4-21】 若有资金 300 万元，投资方案包括房产、基金、生态农业三个领域，它们的初始投资分别为 150 万元、100 万元、100 万元，可以重复投资，三种投资的净现值率如表 4-16 所示。求取最合理的投资选择，并说明理由。

表 4-16 方案净现值率

方案	房产	基金	生态农业
净现值率期望值	1.5	1.0	1.2

【解】 1. 在资金约束下,有 4 种可行的投资组合方案:
(1) 将资金全部投入净现值率最高的行业房产中的 2 个项目;
(2) 不要将鸡蛋放入一个篮子,根据净现值率排序,投资 1 个房产,1 个生态农业;
(3) 投资 3 个基金;
(4) 投资 3 个生态农业。

2. 根据互斥型方案比选法,计算各投资方案的净现值(见表 4-17),推荐一个最优投资。

表 4-17 互斥型方案的净现值

方案	(1)	(2)	(3)	(4)
净现值	2×1.5×150=450 万元	1.5×150+1.2×100=345 万元	3×1.0×100=300 万元	3×1.2×100=360 万元

从表中的计算可以看出,仅考虑净现值最大,选择第一种投资方式。当然实际投资时仍需考虑风险。

本章小结

本章主要叙述了单方案与多方案的经济评价指标体系的内容、指标名称、计算方法和算例。其中单方案评价的指标体系从盈利能力、生存能力、清偿能力三个维度进行了 10 余个指标的设计与分析;多方案的经济比选指标则依据方案之间的关系进行选择确定,也是单方案基础上的再创造,如互斥型方案的差额内部收益率指标,独立型方案的组合互斥法等。

方案评价的基本思维过程如下:

(1) 判断项目的类型。单方案则采用单方案评价方法;多方案则需判定方案之间的相互关系后选择恰当的评价方法。

(2) 对于单方案项目评价则进行盈利能力、清偿能力、生存能力的全面评价,计算项目评价指标的值并与各指标的评价标准进行比较,从而分析项目的经济可行性。

（3）对于多方案，首先应判断方案类型，然后选择恰当的评价方法。

项目方案评价的思维导图如图 4-9 所示。

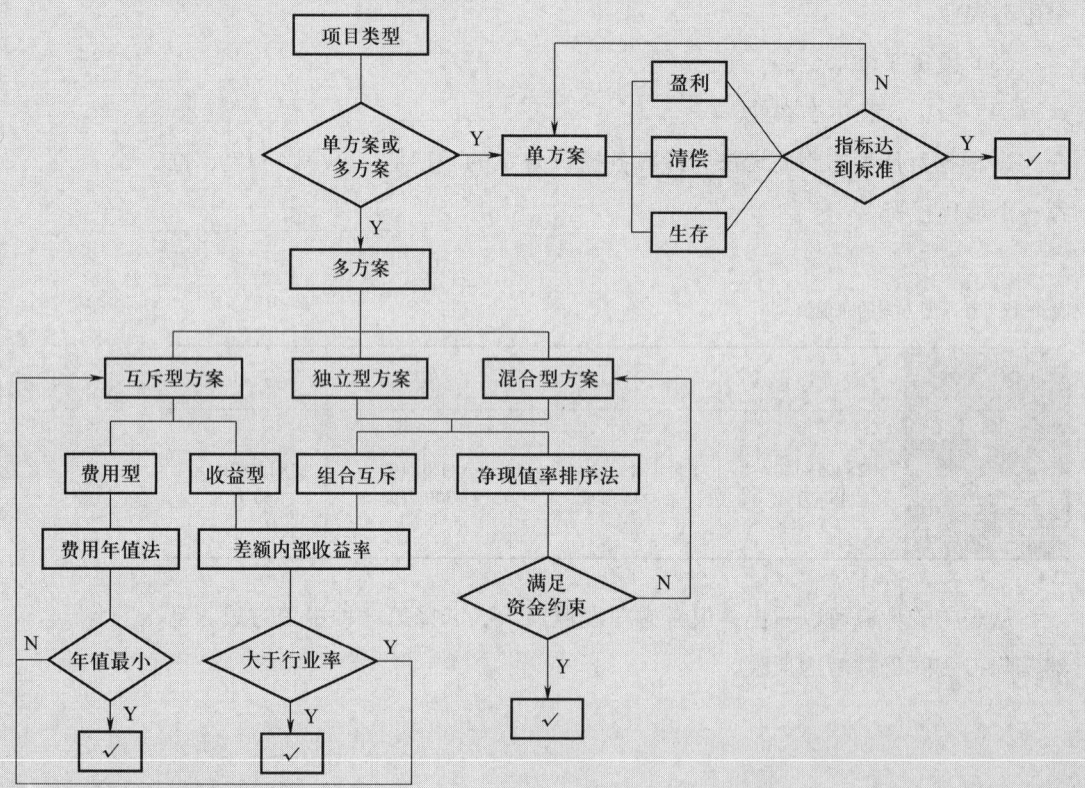

图 4-9　方案评价思维导图

思考题

1. 进行多方案分类的依据是什么？多方案的类型包括哪三种？
2. 单方案评价应考察项目几方面的经济能力？它们的关键评价指标分别是什么？
3. 什么是净现值函数？净现值函数的特点是什么？
4. 给出互斥型方案比选中差额内部收益比选法的流程。
5. 举一个混合型多方案的例子，并给出其净现值率排序法的基本步骤。

即测即评

请扫描二维码，测试本章学习效果。

第5章 不确定性与风险分析

在工程经济分析中所使用的原始数据大部分来自预测和估算,与项目实际建造运行的数据具有一定程度的偏差,这种偏差产生源于工程经济分析结果受因素变化影响的不确定性,因此需要在偏差分析的基础上对工程经济结果进行不确定性及风险分析,提出风险预报和预警,为减少投资决策风险提供依据,给出更加可靠的评价结论。

工程经济分析结果的不确定性来源于以下几个方面:

(1) 对测算经济效果的原始数据预测的不确定性。也就是说,由于预测方法的有限性,对用于工程经济分析的初始数据预测不准确,带来分析的主观偏差,如产品销售单价预测过高,建筑材料单价预测过低等,影响项目现金流的偏差,从而影响工程评价的结果,甚至评价结论。

(2) 通货膨胀和物价的现实变动。即便在项目评价时已进行了准确的预测,但通货膨胀和物价的现实变动,会影响项目评价时所选用的价格,从而导致销售收入、经营成本等数据与实际情况有出入。

(3) 技术进步和生产工艺的变革影响。项目实施过程中由于技术进步和生产工艺变革,使得原有技术条件和生产水平所估算的年销售收入等指标与实际值发生偏差,新产品的快速升级换代会对老产品造成威胁,降低老产品的市场竞争力,影响项目的销售收入。

(4) 市场情况的变化。产品市场的供求状况发生变化,影响项目现金流,也会对评价指标产生影响。

(5) 国家宏观经济政策、法规的变化。随着国家经济形势的发展变化,不同时期会产生不同的经济政策及法规,未来的经济政策、法规等因素的变化是评估人员无法预测和控制的,比如环境保护的标准的提升使得项目运行中要加大环保的投入,这也会给项目带来很大的不确定性。

(6) 国际贸易环境的变化。国际市场的供求关系改变,汇率的波动,外国政府的反倾销措施等都会导致技术引进与设备、原材料进口的价格变化,从而制约项目产品进口,造成项目投资、生产成本和收益等的变化。

不确定性与风险分析的目的是分析不确定性影响,测算评估项目承受风险的能力,避免项目建成投产后不能获得预期的利润或效益。不确定性分析内容有：盈亏平衡分析，是从投入与产出核算的角度分析经济评价结果的不确定性；敏感性分析，是从工程经济效果的影响要素出发，识别影响经济评价结果的敏感性要素；风险分析，其内容有风险测量、风险模拟、风险评价，为工程财务风险管理提供依据。

5.1 盈亏平衡分析

5.1.1 盈亏平衡基本原理

盈亏平衡分析系指通过计算项目达产年的盈亏平衡点（BEP），分析项目成本费用与收入的盈亏平衡关系，从而判断项目对产出品数量变化的适应能力和抗风险能力。盈亏平衡分析只用于工程财务评价。

在一定的市场及生产能力条件下，工程项目的营业收入与成本费用之间具有平衡分配的关系，在销售收入分配时使得利润总额为零时的投入与产出关系称为盈亏平衡关系。按照第 3 章营业收入分配表，年利润总额为零时，可以有盈亏平衡关系式。

年营业收入−年税金附加＝年总成本＝年固定成本+年可变成本

单方案的盈亏平衡分析又称量本利分析，考虑一个方案的盈亏平衡关系，确定方案自身的盈亏平衡点。在量本利相互关系的研究中，以成本和产品数量的关系为基础，它们通常被称为成本性态研究。成本性态是指成本总额对产量的依存关系。在这里，产量是企业生产经营活动水平的标志量。当产量变化以后，各项成本有不同的性态，大体上可分为三种：固定成本、变动成本和混合成本。固定成本是不受产量影响的成本，如企业的固定资产折旧等。变动成本是随产量增长而呈正比例增长的成本，如材料消耗等。混合成本是随产量增长而增长，但不呈正比例变化的成本。混合成本介于固定成本和变动成本之间，可以根据具体情况将其分解成固定成本和变动成本，这样，全部成本都可以分成固定成本和变动成本两部分。

多方案的盈亏平衡分析又称优劣平衡分析，是考虑多个方案之间的盈亏平衡关系，通过确定各方案的优劣平衡点，选择判断最优方案。

盈亏平衡分析

5.1.2 单方案线性盈亏平衡

设 P 为产品或服务销售单价，Q 为年销售量，Q_d 为设计年产量，C_f 为年固定成本，C_v 为单位可变成本，Q^* 为盈亏平衡点产量，T 为单位产品税金附加，则线性盈亏平衡关系如下：

$$P \cdot Q^* = C_f + C_v \cdot Q^* + T \cdot Q^* \tag{5-1}$$

则盈亏平衡产量为：

$$Q^* = \frac{C_f}{P - C_v - T} \tag{5-2}$$

盈亏平衡点产量越小，项目保本能力越强，盈利的可能性越大。用于表示盈亏平衡时生产能力水平的指标是生产利用率系数，它等于盈亏平衡点产量与设计产量的比，表示项目保本点的开工率，也就是当项目开工生产达到盈亏平衡点产量时项目就可保本。其计算公式为：

$$生产利用率系数 = \frac{Q^*}{Q_d} \times 100\% \tag{5-3}$$

生产利用率系数越低，项目生产的保本能力越强，项目盈利的可能性越大。

以产量 Q 为横坐标，收益 B 和总成本费用 C 为纵坐标的盈亏平衡如图 5-1 所示，由于是线性盈亏平衡分析，两条直线交点即为产量盈亏平衡点。

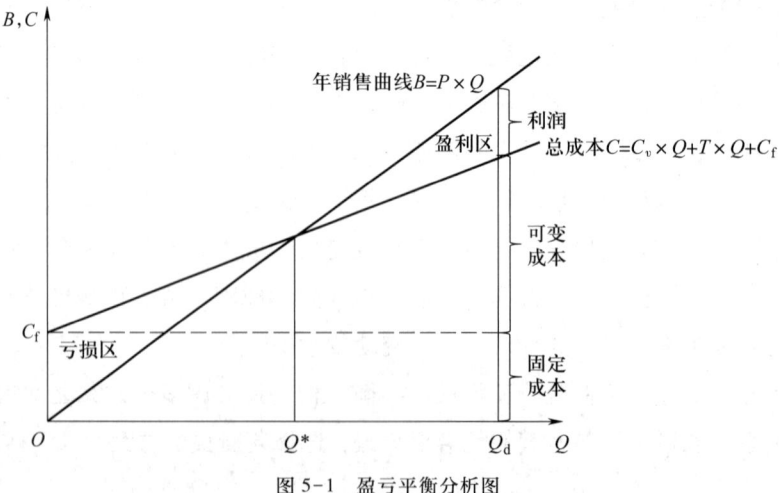

图 5-1 盈亏平衡分析图

根据线性盈亏平衡关系式,除了盈亏平衡产量外,还可以有盈亏平衡产品单价、单位可变成本,符号同前,计算公式如下:

$$P^* = C_v + \frac{C_f}{Q_d} + T \tag{5-4}$$

$$C_v^* = P - \frac{C_f}{Q_d} - T \tag{5-5}$$

【例 5-1】 某设计方案年产量为 12 万吨,已知每吨产量的销售价格为 675 元,每吨产品交付的销售税金为 165 元,单位可变成本为 250 元,年总固定成本费用为 1 500 万元,试求用产量表示的盈亏平衡点、盈亏平衡点的生产能力利用率和盈亏平衡点的售价、盈亏平衡点可变成本。

【解】 根据销售收入 = 总成本费用 + 营业税金附加 + 利润,有:

$R = P \times Q = 675 \times 12 = 8\ 100$(万元)

$C = C_f + (C_v + T_v) \times Q = 1\ 500 + (250 + 165) \times 12 = 6\ 480$(万元)

$BEP(Q) = \dfrac{C_f}{P - C_v - T} = \dfrac{1\ 500}{675 - 250 - 165} = 5.77$(万吨)

$BEP(R) = \dfrac{BEP(Q)}{Q_d} = \dfrac{5.77}{12} \times 100\% = 48.08\%$

$BEP(P) = C_v + \dfrac{C_f}{Q_d} + T = 250 + \dfrac{1\ 500}{12} + 165 = 540$(元/吨)

$BEP(C_v) = 675 - \dfrac{1\ 500}{12} - 165 = 385$(元)

结论:可以看出,该项目的盈亏平衡点产量、产品单价低于设计水平,而盈亏平衡点单位可变成本高于设计水平,且生产利用率系数 BEP 小于 50%,所以项目风险小。

5.1.3 非线性盈亏平衡

线性盈亏平衡方法简单明了,有助于尽快全面把握决策目的。但这种方法在应用中有一定的局限性,主要表现在实际的生产经营过程中,收益和支出与产品产量之间的关系往往呈现出非线性的关系。

(1)销售收入的非线性。例如,当项目的产量在市场中占有较大的份额时,其产量的高低可能明显影响市场的供求关系,从而使得市场价格发生变化。即当产量达到一定的数额时,市场趋于饱和,产品可能滞销或降价,这时产品价格呈非线性变化。

（2）变动成本的非线性。根据报酬递减规律，变动成本随着生产规模的不同而与产量呈非线性的关系；在生产中还有一些辅助性的生产费用（通常称为半变动成本）随着产量的变化而呈梯形分布，即当产量增加到超出已有的正常生产能力时，可能增加设备，要加班时还需要加班费和照明费，此时可变费用呈上弯趋势，产生两个平衡点 BEP_1 和 BEP_2，如图 5-2 所示。这时就需要用到非线性盈亏平衡分析方法。

根据上述非线性关系，假设产量的非线性收益为 $S(Q)$，产量的可变成本为 $C_v(Q)$，重新绘制图 5-2，Q_{OPi} 表示最优投产量，即企业按此产量组织生产会取得最佳效益 E_{max}，在 Q_{OPi} 两边存在一个非线性盈利区。确定非线性盈亏平衡点的基本原理与线性盈亏平衡点相同，即运用销售收入等于总成本的方程求解，只是盈亏平衡点的解可能有多个，需分别判断各区间的盈亏情况。

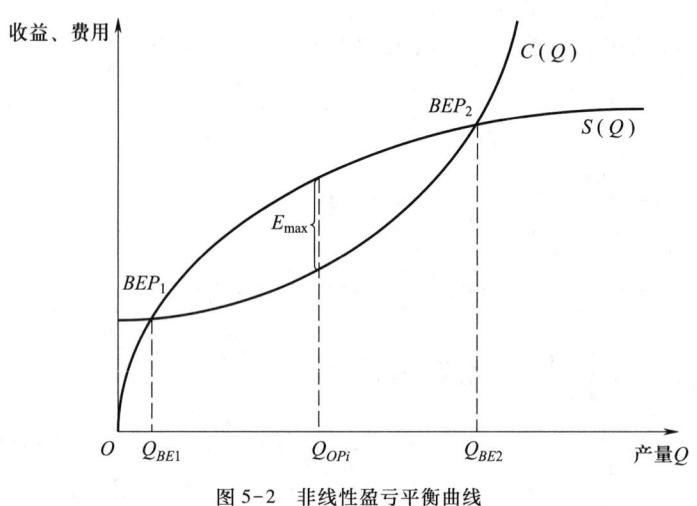

图 5-2 非线性盈亏平衡曲线

【例 5-2】 某企业年固定成本 10 万元，单位变动成本 1 000 元，产品与销售收入在扣除销售税金附加后的非线性关系为 $21\,000Q^{1/2}$，Q 为产销量，试确定该产品的经济规模区和收入最大时产量。

【解】 首先列出盈亏平衡关系式：

总成本函数 $C(Q) = 100\,000 + 1\,000Q$

销售收入函数 $S(Q) = 21\,000Q^{1/2}$

利润 $E = S(Q) - C(Q) = 21\,000Q^{1/2} - (100\,000 + 1\,000Q)$

当利润 $E = 21\,000Q^{1/2} - (100\,000 + 1\,000Q) = 0$ 时，得：

$$Q^2 - 241Q + 10\,000 = 0$$

（1）求得：$Q_{BE1} = 53$ 件；$Q_{BE2} = 188$ 件。

产品的经济盈利规模区为 $Q \in [53, 188]$。

(2) 收入最大时产量是求利润函数的一阶导数为零时，取得极值。

令 $dE(Q)/dQ = 0$，得：

$$10\,500/\sqrt{Q} - 1\,000 = 0, \quad Q = 110。$$

故该产品收入最大时产量为 110 件。

线性盈亏平衡分析与非线性盈亏平衡分析的计算原理相同，均是列式计算，以年为固定时间单位，不考虑资金时间价值。

5.1.4 两方案盈亏平衡

使用盈亏平衡分析的原理对互斥型方案的优劣进行比较时，是根据互斥型方案的优劣平衡点（无差异点）进行的，这种方案比选方法称为方案优劣平衡法。所谓方案的优劣平衡点，是指使两个对比方案具有同等经济效果时，某一共同因变量的定值。

设两个方案的成本函数分别为 C_1 和 C_2，而且受到同一共同变量 x 的影响，每一方案的成本都可以表示为该共同变量的函数：

$C_1 = f_1(X)$ 和 $C_2 = f_2(X)$。当 $C_1 = C_2$ 时，则有：

$$f_1(X) = f_2(X)$$

由上式解出 x 的值，就是两个对比方案的优劣平衡点，等成本的平衡点。在优劣平衡点的计算过程中，是否考虑资金时间价值，由需要而定。

在两方案的动态比较选择中，方案的经济效果受寿命期、利率等不确定因素的影响，因此通过两方案盈亏平衡分析可以确定最佳的投资方案，以规避方案选择的风险。

【例 5-3】 某产品有两种方案：方案 A 初始投资为 70 万元，年净收益 15 万元；方案 B 初始投资 170 万元，年净收益 35 万元。该项目产品的市场寿命具有较大的不确定性，使得项目寿命期存在不确定性。如果给定基准收益率为 15%，不考虑期末资产残值，用项目寿命期分析两方案的投资临界点。

【解】 以 n 为项目的寿命期，则 A、B 方案净现值相同时盈亏平衡表达式为：

$$-70 + 15(P/A, 15\%, n) = -170 + 35(P/A, 15\%, n)$$

解得： $n = 10$

结论：以计算期为横坐标，净现值为纵坐标绘制现金流分析图如图 5-3

所示。

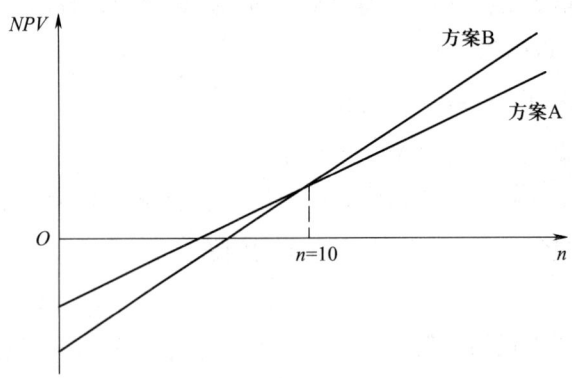

图 5-3 方案 A、B 的优劣平衡分析图

从图 5-3 中可以看出，在 NPV 大于等于零区域中，投资期小于 10 年时，方案 A 的净现值大于方案 B，因此选择 A 方案；当投资期大于 10 年时，方案 B 的净现值大于方案 A，因此选择 B 方案。当投资期为 10 年时，方案 A、B 均可。

【例 5-4】 某产品有两种方案，方案 A 初始投资为 70 万元，年净收益 15 万元；方案 B 初始投资 170 万元，年收益 35 万元。该项目产品的市场收益具有较大的不确定性，如果项目寿命期取 10 年，不考虑期末残值，用资金折现率分析两方案的投资临界点。

【解】 以 i 为项目资金折现率，则 A、B 方案净现值相同时盈亏平衡表达式为：

$$-70+15(P/A, i, 10) = -170+35(P/A, i, 10)$$
$$(P/A, i, n) = 100/20 = 5$$

解得： $i = 15\%$

结论：以 i 为横坐标，净现值为纵坐标，绘制优劣平衡图如图 5-4 所示。

可以看出，当 $i = 15\%$ 时，A、B 两个方案具有相同的盈利效果；当 $i < 15\%$，B 方案收益大于 A 方案；当 $i > 15\%$，A 方案收益大于 B 方案。因此项目投资应在净现值大于等于零的区间内，根据期望资金收益率来进行选择。

5.1.5 盈亏平衡分析的特点

盈亏平衡分析的假设是工程经济要素测不准，因此采用利润为零的保险

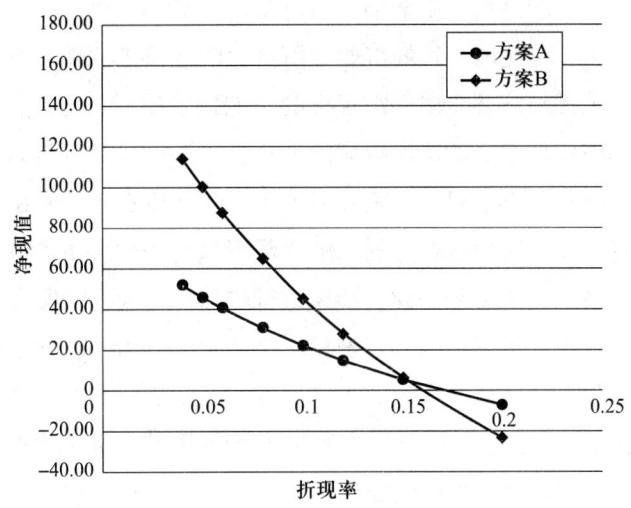

图 5-4 方案 A、B 的折现率优劣平衡图

策略，进行工程经济要素的反算，如产量、成本和产品价格等。该方法具有以下特点：

（1）工程经济风险识别中，盈亏平衡点越低，生产利用率系数越小，项目风险越小，说明项目一定程度的开工生产就可保本。

（2）降低盈亏平衡点就可以降低项目的风险，提高项目的安全性，可采取降低可变成本、降低固定成本、提高产品单价、降低盈亏平衡点产量的方法来实现。

（3）盈亏平衡分析主要针对项目运营期的盈利，适用财务评价的不确定分析。

（4）盈亏平衡分析的局限性在于对因素联合作用下的盈利不确定性的分析尚需进一步探讨。

5.2 敏感性分析

5.2.1 敏感性分析原理

项目进入实际建设与运行阶段，建设项目的主要工程经济要素发生变化，在方案技术计划阶段的项目经济效果相应产生变化，如仅投资增大，其

敏感性分析

他要素不变,项目现金流出则增加,项目净现值减小,这些要素称为经济效果的不确定因素,变化的工程经济要素所产生的经济效果的变化不同。敏感性分析是判断工程经济要素对经济目标的影响程度的一种方法,通过计算不确定因素对经济评价指标的影响幅度的大小,来识别项目经济效果的敏感性要素。根据敏感性分析结果,决策者不仅可以帮助投资者识别影响评价指标的不确定因素,而且可为投资者的现场管理提供经济效果改善的途径。在项目经济评价中必须对项目经济评价结果进行敏感性分析,以规避投资风险。

影响经济效果的不确定因素有产量、销售量、售价、材料价格、可变成本、建设期、利率、汇率、税率、生产期等。生产要素与经济效果的部分影响传递关系见图5-5。敏感性分析中衡量经济效果的指标主要有净现值、内部收益率、投资回收期、投资收益率等。

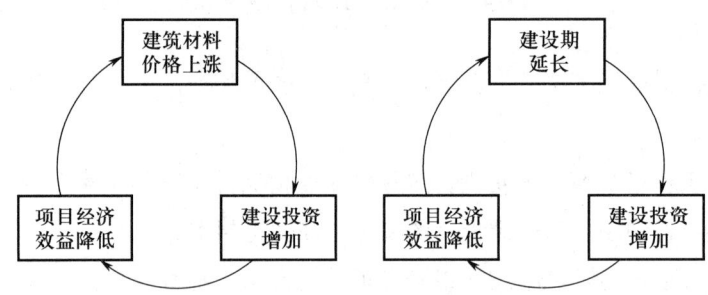

图5-5 生产要素与经济效果传递关系图

测量工程经济要素对工程经济效果的敏感性指标是敏感度系数,根据因素变化率带来的指标变化率计算,敏感度系数越大,项目承担的经济风险越高。

$$敏感度系数 = \beta = \frac{评价指标变化的幅度(\%)}{不确定因素变化的幅度(\%)} \quad (5-6)$$

敏感性分析分为单因素敏感性分析和多因素敏感性分析。

单因素敏感性分析是对单一不确定因素变化的影响进行分析,即假设各不确定因素之间相互独立,每次只考察一个因素,其他因素保持不变,以分析这个可变因素对经济评价指标的影响程度和敏感程度。单因素敏感性分析是敏感性分析的基本方法,通常只要求对经济评价结果进行单因素敏感性分析。

多因素敏感性分析是对两个或两个以上互相独立的不确定因素同时变化时,分析这些变化的因素对经济评价指标的共同影响程度和敏感程度。

5.2.2 敏感性分析程序

敏感性分析以计算敏感度系数为目标,寻找识别影响经济效果的敏感性因素,针对的是现金流量表。计算过程如下:

(1)收集原始方案的经济评价数据资料,并用现金流表的形式表达。

(2)确定工程经济效果的经济目标即评价指标,如净现值、投资回收期、内部收益率等。

(3)选择不确定因素,设定因素变化幅度 ±5%,如材料价格、销售价格、建设期、销售量等增加或减小 5%。通常根据历史经验和统计数据,确定项目环境中易于变动且影响大的工程经济要素或生产资料要素,并给出这些因素未来可能的变动范围。

(4)利用现金流表,计算要素值增加或减小对指标的影响程度,即不确定因素对经济指标的变动影响幅度。一般选取对指标不利的方向进行影响计算,如销售收入减少,建设投资增加等。

(5)根据因素的变动幅度产生指标变动幅度的边际效果,识别敏感性因素。可以根据敏感性分析表、敏感性分析图或敏感度系数识别,三种方法的识别结果相同。

5.2.3 单因素敏感性分析

单因素敏感性分析是一次只考虑一个影响要素的变动,其他要素不变时,比较各因素的独立变动对指标的影响,从而比较、识别敏感性因素。

【例 5-5】 某项目的投资运行如表 5-1 所示,请识别该项目的敏感性因素。

表 5-1 某项目投资情况

要素	单位	预测值
投资额	元	170 000
年收益	元	35 000
年支出	元	3 000
残值	元	20 000
寿命期	年	10

【解】 （1）折现率为12%，确定经济效果指标为净现值，则：

$$NPV_0 = -170\,000 + (35\,000 - 3\,000)(P/A, 12\%, 10)$$
$$+ 20\,000(P/F, 12\%, 10) = 17\,240\,(元)$$

（2）假设工程经济要素的变动幅度为 $-30\% \sim 30\%$，根据净现值计算公式分别计算因素变化后的净现值，得到敏感性分析表（见表5-2）。

表5-2　敏感性分析表　　　　　　　　　　　　　　　　　　　　　　　　单位：万元

工程经济要素	净现值变动幅度（%）						
	-30%	-20%	-10%	0	10%	20%	30%
投资额	68 240	51 240	34 240	17 240	240	-16 760	-33 760
年收益	-42 085	-22 310	-2 535	17 240	37 015	56 790	76 565
年支出	22 325	20 630	18 935	17 240	15 545	13 850	12 155
残值	15 308	15 952	16 596	17 240	17 884	18 528	19 172
寿命期	-14 906	-2 946	7 708	17 240	25 766	33 342	40 152

（3）以横坐标为因素变动幅度，纵坐标为净现值，根据表中数据绘制敏感性分析图（见图5-6）。

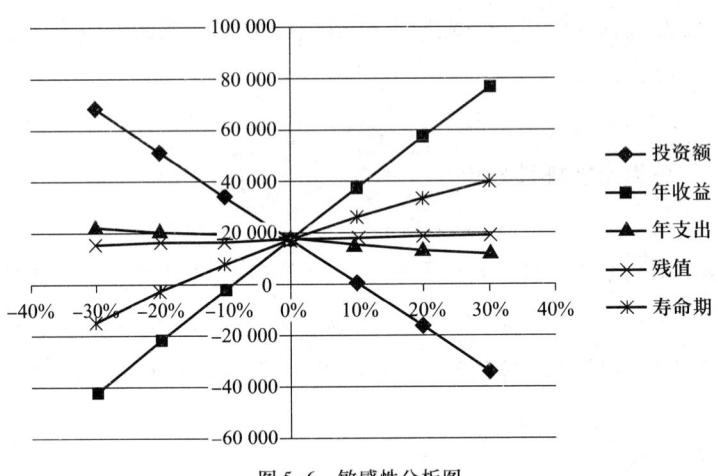

图5-6　敏感性分析图

根据图5-6，工程经济要素与工程经济评价指标之间存在一些基本关系：

① 对于费用型要素，如投资额、建设期长度、年支出、税率与盈利能力评价指标存在负相关关系，随要素值的增大指标值减小。

② 收益型要素，如年收益、残值、项目寿命期与盈利能力评价指标之间存在正相关，随要素值的增大指标值也增大。

在工程经济管理时，要充分利用这些基本规律，使工程建造运行努力朝正向效应方向发展。

（4）计算敏感度系数。以因素变动10%为例，根据敏感度系数公式，分别计算年收益、寿命期、年支出、投资、残值的敏感度系数（abs指绝对值运算）。

$\beta_{年收益} = \text{abs}(37\ 015 - 17\ 240)/17\ 240/10\% = 11.47$

$\beta_{投资额} = \text{abs}(240 - 17\ 240)/17\ 240/10\% = 9.86$

$\beta_{年支出} = \text{abs}(15\ 545 - 17\ 240)/17\ 240/10\% = 0.98$

$\beta_{残值} = \text{abs}(17\ 884 - 17\ 240)/17\ 240/10\% = 0.37$

$\beta_{寿命期} = \text{abs}(25\ 766 - 17\ 240)/17\ 240/10\% = 4.95$

可以看出，年收益的敏感度系数最高，残值的最小。

（5）判断敏感性因素。使得评价指标变动幅度最大的因素即为敏感性因素，即敏感度系数最大的因素是年收益。由图5-6也可以看出，年收益的斜率最大，一个较小的变动则引起了净现值最大的变动。

5.2.4 双因素敏感性分析

单因素敏感性分析是假定一个因素变动的同时其他因素保持不变，这种假定虽然简单但是忽视了项目受多个因素影响的现实性。实际上，一个因素的变动往往引起其他相关因素的同时变动，也会出现几个不确定因素同时变动的情况。考虑到这种相关性，可进行经济评价的多因素敏感性分析，以更全面地揭示项目整体环境因素的变化对项目经济评价指标的影响。本章仅给出双因素敏感性分析，假定其他因素不变，仅考虑两个因素同时变化时，项目经济效果受到的影响程度。

【例5-6】 某投资方案用于确定性分析的现金流表如表5-3所示，预计投资额和年收益的最大变化范围为-30% ~ +30%，基准折现率为12%，试对投资额与年收益的变动进行多因素敏感性分析。

表5-3 某投资方案的工程经济要素值

因素	预测值/元	因素	预测值/元
投资额（K）	170 000	残值（L）	20 000
年收益（AR）	35 000	寿命期（n）	10
年支出（AC）	3 000		

【解】 设 a 为投资变动的百分比，b 为年收益变动的百分比，则：

$$NPV = -K(1+a) + [AR(1+b) - AC](P/A, 12\%, 10) + L(P/F, 12\%, 10)$$

将表中数据代入上式整理后有：

$$NPV = 17\ 240 - 170\ 000a + 197\ 750b$$

取 NPV 的临界值，即令 $NPV = 0$，则有：

$$17\ 240 - 170\ 000a + 197\ 750b = 0$$

即：

$$b = 0.859\ 7a - 0.087\ 2$$

这是一个直线方程。将其绘制在坐标轴上，如图 5-7 所示，即为一条 $NPV=0$ 的临界线。在临界线上，$NPV=0$；在临界线左上方的区域，$NPV>0$；在临界线右下方的区域，$NPV<0$，也就是说，如果投资额与年收益同时变动，只要变动范围不越过临界线进入右下方区域（包括临界线上的点），方案都是可以接受的。

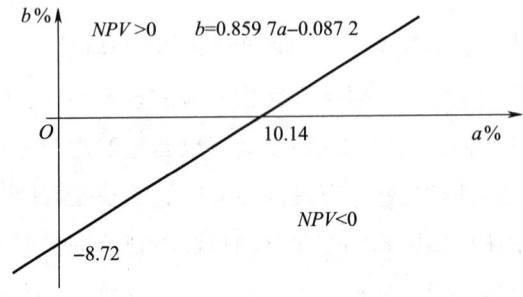

图 5-7 双因素敏感性分析

双因素敏感性分析更贴近项目建设运营环境的实际情况，并给出具有方向性的经济能力判断。除双因素敏感性分析以外，在实际问题中可能出现三因素敏感性分析的情形。此时考察三个因素同时变化，其他因素固定不变对项目经济效果的影响，通常采用解析法和系统仿真法进行分析。

根据以上内容可以看出敏感性分析的最大特点是离散性，对工程经济要素的变化取值是离散间隔化的，并按正向与负向进行设计取值。一般假设因素独立变化，变化的幅度也是离散而非连续变化，因为连续变化将大大增加计算量，在进行单因素分析时一般不采用。

5.3 风险分析

盈亏平衡分析和敏感性分析均是在对项目经济要素的实际变动的不同假设下做出的分析，盈亏平衡是基于"测不准"假设，敏感性分析基于"变化是永恒的"假设。另外，两者主要针对有限因素的分析，而不针对随机因素的随机影响，不能系统反映项目受各因素影响的整体变化，因此需采用更系统的分析方法研究项目经济风险细节。

5.3.1 风险及风险管理

风险是指由随机因素引起的项目总体实际价值对预期价值的偏离，产生原因是项目现实与假设的偏差。项目风险管理主要包括四方面内容，并依次实施。

（1）风险识别。识别单个项目风险，以及整体项目风险的来源，并记录风险特征的过程。风险识别应采用系统论的观点对项目全面考察、综合分析，找出潜在的各种风险因素，并对各种风险进行比较、分类，确定各因素间的相关性与独立性，判断其发生的可能性及对项目的影响程度，按其重要性进行排序。其中，敏感性分析是初步识别风险因素的重要方法。

（2）风险估计。估计单个项目风险发生的概率、影响以及其他特征。风险估计应采用主观概率和客观概率的统计方法，确定风险因素的概率分布，运用数理统计分析方法，计算相应经济评价指标的概率分布或累计概率、期望值和标准差。

（3）风险评价。风险评价是对已识别的单个项目风险和不确定性的其他来源对整体项目目标的影响进行定量分析，依据风险判别标准对风险定级的过程。项目风险大小的评价标准应根据风险因素发生的可能性及其造成的损失来综合确定，一般采用评价指标的概率分布或累计概率、期望值、标准差作为判别标准，也可采用综合风险等级作为判别标准。风险评价应根据风险识别和风险估计的结果，根据项目风险判别标准的影响程度，寻找影响项目成败的关键风险因素。

（4）风险监控与应对。这是为管理控制整体项目风险，以及应对单个项目风险，制定可选方案、选择应对策略并商定应对行动的过程，如风险规避、减轻、转移等策略的比较选择等，依据风险评价的结果做出风险应对的决策。

5.3.2 风险因素识别

风险因素识别可采用经验法、专家访谈法等定性识别方法，也可采用历史资料分析等定量识别方法。根据工程项目建设和运维的经验，工程经济风险主要包括项目收益风险、项目建设风险、融资风险、运营成本费用风险和政策风险等。

（1）项目收益风险来源于项目产出品的数量或提供的服务量与预测的市场价格的不确定性。

（2）项目建设风险来源于建设工期、建筑安装工程量、设备选型与数量、土地征用和拆迁安置费、人工费、材料价格、机械使用费及取费标准等与建设投资有关的方面。

（3）融资风险来源于资金来源、货币供应量、供应时间与融资成本率等。

（4）运营成本费用风险来源于投入的各种原料、材料、燃料、动力的需求量与预测价格，劳动力工资，各种管理费收费标准等。

（5）政策风险来源于税率、利率、汇率及通货膨胀率等。

总体而言，工程经济风险主要来源于工程经济要素风险以及影响这些要素的工程要素、生产要素等，对工程经济效果具有改变、传递性的风险因素。

下面给出一个PPP项目风险分析的例子。

【案例】 PPP项目风险分析

（1）PPP项目风险。PPP模式的核心之一是实现政府和社会资本之间风险的合理分配。在定量评价之前，首先对于项目采用传统与PPP模式下可能存在的风险进行识别，有助于协助政府意识到可能被忽略的隐性成本给项目带来的影响。按照风险分配优化、风险回报对等和风险可控等原则，综合考虑政府风险管理能力、项目回报机制和市场风险管理能力等要素，在政府和社会资本之间合理分配项目风险。原则上，项目设计、建造、财务和运营维护等商业风险由社会资本承担，法律、政策等风险由政府承担，不可抗力等风险由政府和社会资本合理共担。

（2）PPP项目风险类型。通过风险会议的方式可识别出PPP项目存在以下风险：

① 金融风险。PPP项目投资来源于政府资金与社会资本，不涉及融资，因而在金融风险中对于常见的项目融资所涉及的利率、汇率、资金可获得性等金融风险不予以考虑，只针对通货膨胀引起的建设期间材料设备、人工费用的上涨以及运营期间成本的增加进行考虑。PPP模式下，此类风险属于不可控因素，通货膨胀风险由PPP项目公司承担。

② 建设期利率风险：主要表现为因银行调整贷款利率而造成建设总投资变化，转化为项目公司的投资回报的影响。根据项目回报设计，此部分风险主要由政府承担。

③ 运营期利率风险：主要表现为运营期利率升降，造成项目公司融资成本的变化。在合同约定的利率波动范围内由项目公司自行承担，当超过约定范围时，则应对回报机制进行适当调整，此时表现为项目公司和政府共担。

④ 设计风险：主要是设计变更引起的风险，设计变更引起的原因可能是政府方或社会资本方要求变更设计或地质原因、自然灾害等不可抗力。若是由于自然原因引起的变更属于自然环境引起的不可抗力风险，将在不可抗力风险中讨论计算，因此此处仅考虑人为提出的变更。按照谁提出谁承担的原则进行分配，但由项目公司为优化项目提出且经政府审批同意的变更由政府承担。综上，本风险指政府提出或项目公司提出但经政府同意的变更，由政府承担。

⑤ 建设风险。A. 工艺/技术水平低下造成的成本超支或项目延期风险，损失主要由社会资本方承担。B. 工期超期，主要是指建设过程中由于施工技术、本身施工方案不当等造成的延误，不包含由于审批和自然条件等不可抗力造成的开工延误，该工期延误带来的损失主要由社会资本方承担。C. 管理水平低下，建设过程中的众多风险都可能造成建设成本超支。在建设过程中，施工方自身管理水平低下，造成建设成本超支。该风险考虑的主要来源是社会资本的管理水平，因而由社会资本方承担。D. 工程质量，社会资本涉及后期运营维护，需要在施工过程中加强对施工方的监管，防止出现施工方为赶工期或节约成本而偷工减料或粗糙施工，避免增加运营费用，这部分的风险由社会资本承担。E. 施工安全，社会资本在施工过程中需强化施工场地安全管理和施工人员的安全意识，若出现意外安全事故由社会资本承担，但社会资本可通过购买保险适当转移此类风险。F. 环境/文物破坏，项目建设对周围环境造成严重破坏，由社会资本方承担。G. 劳资/设备获取不及时等，不能及时获取项目支持性工具而导致项目延期或成本超支，该风险由社会资本承担。

⑥ 运营风险:A. 运营成本超支,由于项目公司运营效率低下造成项目运营成本超支,应由项目公司承担。B. 运营质量,在运营过程中由于技术不足导致的质量问题主要由项目公司承担,社会资本在运营过程中也需要不断提高自身服务水平,以防止此类风险可能带来的运营成本增加。C. 运营期间设施设备操作安全等运营安全责任,应由项目公司承担。D. 设备设施破损以及缺乏维护,在运营过程中,可能出现因运营维护团队专业水平不够或缺乏定期运营维护而造成各项设备设施不能正常服务,甚至存在重大安全隐患,应由项目公司承担。E. 运营不达标,运营期间由于项目运营绩效考核不达标造成项目收益减少,应由项目公司承担。

⑦ 法律和政策风险。项目的法律政策风险主要涉及PPP模式,这方面的宏观政策发生重大改变的可能性较小,悲观层面,一旦发生将对项目产生致命打击。乐观层面,则因政策鼓励带来相关补贴或降息,节省项目成本支出。一般由政府和社会资本共同承担此风险。

⑧ 政治风险。目前国内政局稳定,政治方面的风险主要来源于审批延误,不少审批部门或单位效率低下或审批程序过于冗长,导致项目审批延误,政府应配合社会资本项目公司完成程序,避免该风险。

⑨ 不可抗力风险。考虑项目的地理位置,项目的地质灾害和自然灾害发生可能较小,但一旦发生,会严重影响项目设计、施工建设和运营等,造成项目建设和运营成本的增加。此类风险主要由政府和社会资本共同承担。

⑩ 剩余风险。对于政府方与社会资本方未考虑到的风险,由政府与社会资本方共同承担。

根据以上风险构造项目风险清单表(见表5-4),用于项目风险管理中的风险估计与评价。

表5-4 物有所值风险表[①]

风险类别	主要风险	风险要义	发生阶段	风险分配(√)		
				政府	社会资本	共担
金融风险	资金可获得性	因融资问题,资金不能按时到位导致建设成本增加	项目准备和采购阶段		√	
	金融机构信用风险	金融机构违约带来的成本增加	项目准备和采购阶段		√	

---

① 财政部政府和社会资本合作中心项目管理库信息。

续表

风险类别	主要风险	风险要义	发生阶段	风险分配（√）		
				政府	社会资本	共担
金融风险	通货膨胀风险	因通货膨胀率预测误差较大造成实际运营成本远大于预测值	运营阶段			√
设计风险	设计变更	由于设计方案不足导致必须进行变更而产生的额外成本	建设阶段		√	
	设计缺陷	由于设计存在缺陷，导致施工或运营过程中出现问题产生的修复成本	建设和运营阶段		√	
建设风险	工艺/技术水平低	工艺/技术水平低下造成的成本超支或项目延期风险	建设阶段		√	
	劳资/设备获取不及时	不能及时获取项目支持性工具而导致项目延期或成本超支	建设阶段		√	
	工期超期	因非政府方因素导致的工期超期而带来项目效益下降及成本增加的可能性风险	建设阶段		√	
	管理水平低下	社会资本或施工方管理能力不足，造成建设成本超支	建设阶段		√	
	工程质量	施工质量不达标而导致返工等情况的可能性	建设阶段		√	
	施工安全	施工人员的人身安全和施工现场的财产安全等	建设阶段		√	
	环境/文物破坏	施工造成周围环境破坏	建设阶段		√	
运营风险	运营质量	由于项目公司管理不善致使出现运营质量问题	运营阶段		√	
	运营成本超支	由于项目公司运营效率低下造成项目运营成本超支	运营阶段		√	
	设备设施破损以及缺乏维护	由于项目公司疏于管理维护造成设备设施破损以及缺乏维护	运营阶段		√	

续表

风险类别	主要风险	风险要义	发生阶段	风险分配（√）		
				政府	社会资本	共担
运营风险	运营不达标	由于项目运营绩效考核不达标造成项目收益减少	运营阶段		√	
	运营安全	保障运营环境安全是项目运营期间的重点	运营阶段		√	
法律和政策风险	全国性法律/政策变更	由于法律法规及其他政府宏观经济政策的变化而引起项目成本增加、收益降低等后果	项目全生命周期	√		
	税务风险	中央或者地方政府的税收政策变更使得总成本费用增加或减少	运营阶段	√		
		因社会资本方自身原因造成的税费增加	运营阶段		√	
政治风险	审批延误	政府审批流程过多或审批效率低下造成延误	建设阶段	√		
不可抗力风险	自然环境风险	地震、洪水、暴雨等自然灾害及战乱等	项目全生命周期			√
剩余风险	双方未考虑到的未知风险	双方未考虑到的未知风险	项目全生命周期			√

5.3.3 离散型风险分析

风险分析也称概率分析，是假设影响项目经济效果指标的因素为随机变量，可采用统计分析的方法进行的项目经济效果的风险分析。随机变量是一类特殊变量：通常能够知道变量所有可能的取值范围，也知道其取各种值的可能性，但却不能肯定其最后的确切取值。例如，有一个变量 X，其取值范围是 0、1、2，也知道 X 取值 0、1、2 的可能性分别是 0.3、0.5 和 0.2，但是 X 最终取值未确定时，那么 X 就称为随机变量。从随机变量的概念上来理解，可以说在投资项目经济评价中所遇到的大多数变量因素，如投资额、成本、销售量、产品价格、项目周期等，都是随机变量。通常可以预测其未来可能的取值范围，估计各种取值或值域发生的概率，但不可能肯定地预知它们取什么值。投资方案的现金流序列是由这些因素的取值所决定的，所以方案的现金流序列实际上也是随机序列，有多个可能性，而以此计算出来的经济评价指标也是随机变量，由此可见项目净现值、内部收益率等指标也是随机变量。随机变量的最后取值根据样本的期望值来确定，期望值是用来描述随机变量的一个主要参数。

概率分析的方法有很多，这些方法大多是以项目经济评价指标，例如 NPV 和 IRR 的期望值的计算过程和计算结果为基础进行项目风险分析。这里仅介绍项目净现值的期望值、决策树法、累计概率法、蒙特卡洛模拟法，均是通过计算项目净现值的期望值及净现值大于或大于零时的概率或累计概率，来判断项目承担风险能力。

根据随机变量属于离散型还是连续型的特征，经济指标的概率分布分为离散型概率分布和连续型概率分布。

在离散型概率分布中，假设 P_j 为第 j 个因素的风险概率，那么 m 个风险因素发生的各种随机变化对方案经济效果 NPV 产生影响后，均值与方差分别如下所示。

$$E(NPV) = \sum_{j=1}^{m} NPV_j \cdot P_j \tag{5-7}$$

$$D(NPV) = \sum_{j=1}^{m} (NPV^j - E(NPV))^2 \cdot P_j \tag{5-8}$$

【例 5-7】 某电影投资项目的三种投资建议的内部收益率的离散型概率分布及其概率如表 5-5 所示。根据离散型概率分布的定义，分别计算各方案均值和方差，并选择投资方案。

表 5-5 投资建议的内部收益率期望和方差

项目建议	30%	50%	20%	期望	方差
1.《海蒂》	2%	20%	30%	16.6%	0.010
2.《回声年代》	12%	14%	18%	14.2%	0.000 4
3.《里约亚的逃亡》	15%	20%	24%	19.3%	0.001

【解】 以第 1 部电影为例，可依次计算第 2 部与第 3 部电影的收益。

$E(IRR) = 2\% \times 30\% + 20\% \times 50\% + 30\% \times 20\% = 16.6\%$

$D(IRR) = (2\% - 16.6\%)^2 \times 30\% + (20\% - 16.6\%)^2 \times 50\% + (30\% - 16.6\%)^2 \times 20\% = 0.011$

从表 5-5 比较来看，投资第 3 部电影方案的内部收益率最大，风险居中。

离散型变量风险分析的步骤如下:
(1) 估算各种不确定影响因素的随机变化概率及其对应的指标值;
(2) 计算各方案的指标期望值及方差;
(3) 综合比较期望值与方差给出投资方案。

5.3.4 连续型风险分析

在工程经济分析中,可以将各种不确定因素及经济效果指标都当作连续型随机变量,其概率密度分布为连续函数。在经济分析与决策中使用最普遍的是正态分布、均匀分布和三角分布,其次为梯形分布、β 分布。

1. 正态分布

投资项目的各项经济指标受许多不确定因素的影响,可以看作多个独立的随机变量作用之和,在许多情况下近似地服从正态分布。正态分布是一种最常用的概率分布,概率密度图如图 5-8 所示。设变量为 x,其正态分布的概率密度函数为 $p(x)$,x 的期望值 $\bar{x}$ 和方差 D 计算公式如下:

$$\bar{x} = \int_{-\infty}^{+\infty} x p(x) \mathrm{d}x \tag{5-9}$$

$$D = \int_{-\infty}^{+\infty} (x - \bar{x})^2 p(x) \mathrm{d}x \tag{5-10}$$

当 $\bar{x} = 0$、$\sqrt{D} = 1$ 时,称这种分布为标准正态分布,用 $N(0, 1)$ 表示。

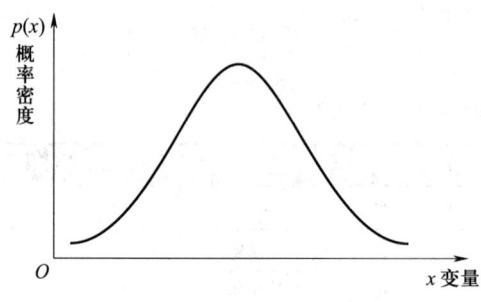

图 5-8 正态分布概率密度图

【例 5-8】 某化工厂考虑修建一个设备,假设在其寿命期内净现值服从均值为 22.56 万元、均方差为 12.85 万元的正态分布,试求:
(1) 方案净现值大于等于零的概率;
(2) 方案净现值大于 16 万元的概率。

【解】 (1) 查正态分布表,有:

$$P(NPV \geq 0) = 1 - P(NPV < 0)$$
$$= 1 - \phi\left(\frac{0 - 22.56}{12.85}\right) = 1 - (1 - \phi(1.76))$$
$$= \phi(1.76) = 0.960\ 8$$

(2) 同 (1), 有:
$$P(NPV \geq 16.0)$$
$$= 1 - \phi\left(\frac{16.0 - 22.56}{12.85}\right) = 1 - (1 - \phi(0.51))$$
$$= \phi(0.51) = 0.695\ 0$$

2. 三角分布

三角分布的密度函数是由乐观值、悲观值和最可能值构成对称或不对称的三角。它适用于描述工期、投资等不对称分布的输入变量,也可用于描述产量、成本等对称分布的输入变量,如图 5-9 所示。

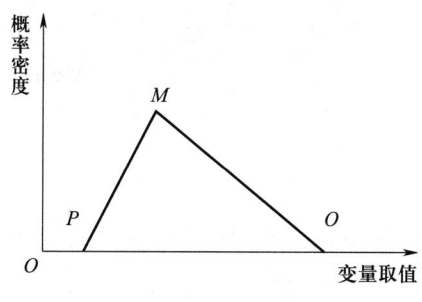

图 5-9　三角分布概率密度图

3. 梯形分布

梯形分布是三角分布的特例。在确定变量的乐观值和悲观值之后,有时难以确定最可能值,因此只能确定一个最可能值的范围,此时可采用梯形分布,如图 5-10 所示。

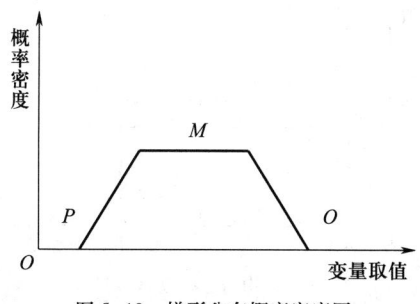

图 5-10　梯形分布概率密度图

4. β 分布

如果某变量服从 β 分布,则其概率密度函数在均值两边呈不对称分布,如图 5-11 所示。β 分布适用于描述工期等不对称分布的变量。通常可以对变量作出三种估计值,即悲观值 P,乐观值 O、最可能值 M。其期望值及方差近似等于:

$$\bar{x} = \frac{P+4M+O}{6} \tag{5-11}$$

$$D = \left(\frac{O-P}{6}\right)^2 \tag{5-12}$$

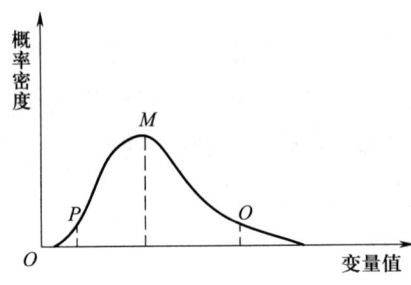

图 5-11 β 分布概率密度图

5. 均匀分布

如果变量服从均匀分布,其期望值和方差如下,其中 a、b 为变量的最大值和最小值。

$$\bar{x} = \left(\frac{a+b}{2}\right) \tag{5-13}$$

$$D = \frac{(b-a)^2}{12} \tag{5-14}$$

均匀分布的概率密度如图 5-12 所示。

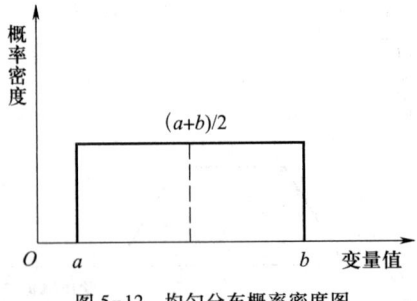

图 5-12 均匀分布概率密度图

5.3.5 决策树法

决策树又称概率树，已知影响项目经济指标的各因素的状态及概率，利用决策网络来描述风险决策问题。该方法更多适用于离散型随机变量的决策问题。本章只学习单级决策，即存在有一个决策点的决策网络。

【例 5-9】 根据经验推断，投资额及年收益的实际值在原始估计值的基础上可能发生的变化及其概率见表 5-6。试确定该项目净现值大于零、大于或等于 3 000 万元的概率，假设基准收益率为 10%。

表 5-6 投资额和年收益值

某项目投资情况			因素变化概率		
要素	单位	预测值	-20%	0	+20%
投资额	元	170 000	0.2	0.6	0.2
年收益	元	35 000	0.1	0.3	0.6
年支出	元	3 000			
残值	元	20 000			
寿命期	年	10			

【解】 （1）构造决策树。假设销售收入、开发成本为独立变量，构造该项目的单级决策树图，如图 5-13 所示。

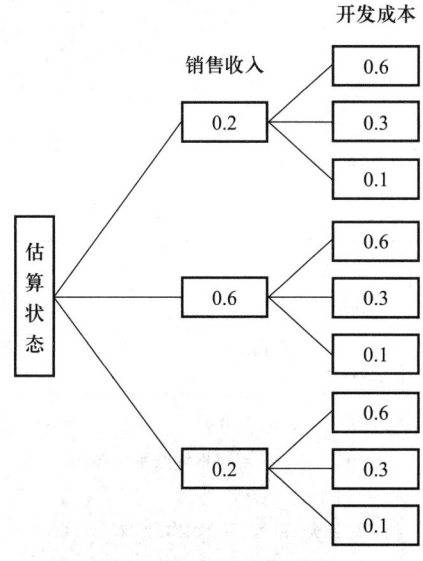

图 5-13 项目决策树图

（2）计算评价指标的离散值。对第 1 种状态，独立变量的联合概率 = 0.2×0.6 = 0.12。此时项目对应的状态为销售收入增加 20%，开发成本增加 20%，则净现值 $NPV = 22\ 790$ 元。

所有状态下的净现值离散值计算如表 5-7 所示。

表 5-7 净现值的离散值计算

状态	概率 P （1）	NPV_i （2）	$P \times NPV_i$ （1）×（2）
1	0.12	22 790	2 734.8
2	0.06	−16 760	−1 005.6
3	0.02	−56 300	−1 126
4	0.36	56 790	20 444.4
5	0.18	17 240	3 103.2
6	0.06	−22 310	−1 338.6
7	0.12	90 790	10 894.8
8	0.06	51 240	3 074.4
9	0.02	11 690	233.8
合计	1.00		37 015.2

（3）根据概率及其净现值，可得净现值期望值 = 37 015.2 元，大于零；绘制净现值累计概率分布图，见图 5-14。

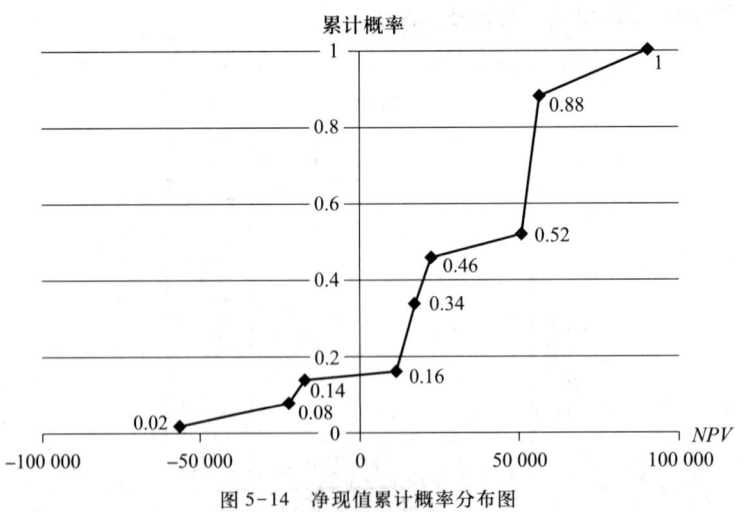

图 5-14 净现值累计概率分布图

由图 5-14 可知，净现值大于等于零的概率为：

$$P(NPV \geq 0) = 1 - 0.14 = 0.86$$

净现值大于等于 30 000 元的概率为：
$$P(NPV > 30\ 000) = 1 - 0.46 = 0.54$$

（4）结论：该方案净现值期望值大于零，是可行的；净现值大于零的概率 0.86，大于 30 000 元的概率 0.54，说明项目抗风险能力较强。

与单因素敏感性分析比较，决策树更像是多因素敏感性分析，同时变动几个因素，这样可以扩大多个不确定组合的范围，反映项目投资建设的多个可能变化，更贴近项目实际环境。

5.3.6　蒙特卡洛模拟法

蒙特卡洛（Monte-Carlo）模拟法是以概率统计原理为基础，以系统性思维模拟事物的形成过程，以达到认识事物特征及其变化规律的方法。这种方法的前提是假设不确定因素可以用概率分布来描述。蒙特卡洛模拟法可灵活使用，是用于风险模拟的有效方法。

蒙特卡洛模拟法实施步骤如下：

（1）构建确定性目标模型。在一个正常理想状态下，以项目经济评价指标为应变量，构建确定性目标模型，通常以函数形式表示，以工程经济要素为随机自变量。

（2）确定自变量与目标之间的关系。识别最底层的影响因素变量，对模型中的活动建立变量点，检查核对变量、模型、目标之间的逻辑关系的准确性。

（3）确定模型敏感性自变量及其概率分布。可通过敏感性分析，确定随机变量，构造随机变量的概率分布模型。

（4）抽取变量随机数转化为随机变量值。通过随机数表或计算机求出随机数，将抽得的随机数转化为各输入随机变量的抽样值，将抽样值组成一组项目评价基础数据，作为输入变量值。

（5）模拟计算各种随机条件下的评价指标值。选取经济评价指标，如净现值、内部收益率等，根据输入变量的基础数据计算评价指标值，作为模型的输出值。

（6）整理模拟结果所得评价指标的期望值、方差、标准差和它的概率分布及累计概率，绘制累计概率分布图，计算项目可行或不可行的概率。

该方法应用的系统图如图 5-15 所示。

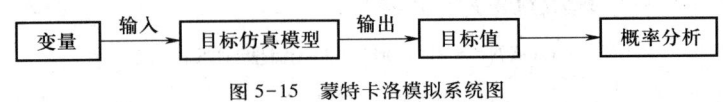

图 5-15 蒙特卡洛模拟系统图

【例 5-10】 蒙特卡洛模拟

某建设项目总占地面积 432 亩，该房地产项目的投资估算表见表 5-8。请分析该项目净利润的风险。假设项目净利润计算公式如下，其中所得税率取 25%。

$$\begin{aligned}
\text{净利润} = &(1-\text{所得税率}) \times (\text{销售收入} - \text{土地成本} - \text{前期费用} \\
&-\text{城建费用} - \text{建安总造价} - \text{室外工程费} - \text{管理费} - \text{预备费} \\
&-\text{建设期利息})
\end{aligned} \quad (5-15)$$

表 5-8 某地产项目投资估算表 单位：万元

名称	费用
土地成本	3 534.00
前期费用	2 263.92
城建费用	1 881.95
建安总造价	17 450.23
室外工程费	3 396.39
管理费	924.40
预备费	2 591.64
建设期利息	1 185.00
销售收入	46 081.00

【解】 由于该项目经济评价中随机不确定的因素较多，因此采用蒙特卡洛模拟法对其进行风险概率分析。

（1）通过敏感性分析对各个阶段可能对利润造成影响的因素，包括土地成本、前期费用、城建费用、建安总造价、室外工程费、管理费、预备费、建设期利息、销售收入进行分析，确定项目主要的风险因素为销售收入、建安总造价和预备费风险。

（2）建立三个随机变量的概率分布模型。

① 销售收入的概率模型。通过相关资料、统计分析结果和专家的估计，销售收入变化的概率服从正态分布，期望值 46 081.00 万元，标准差 2 880.06 万元。

② 建安总造价的概率模型。通过相关资料、统计分果和专家的估计，建

安成本费用变化的概率服从正态分布，期望值 17 450.23 万元，标准差 2 769.00 万元。

③ 预备费的概率模型。通过相关资料、统计分析结果和专家的估计，预备费的概率模型服从三角分布，乐观值 2 159.70 万元，悲观值 2 969.58 万元，最大可能值 2 591.64 万元。

（3）生成随机数及随机变量取值。根据上述的概率分布，分别对销售收入、建安总造价、预备费进行假设定义。利用计算机函数生成变量的随机数，再根据因素的连续分布确定此随机数下的取值，见表 5-9，列出 20 次随机试验。

表 5-9 20 次随机试验结果表　　　　　　　　　　　　　　　单位：万元

试验次数	净利润	建安总造价	预备费	销售收入
1	9 124.63	19 676.94	2 382.24	47 411.01
2	6 913.62	17 944.91	2 598.70	42 947.43
3	11 404.19	20 245.64	2 568.81	51 205.70
4	6 171.92	18 771.46	2 262.24	42 448.59
5	11 538.55	13 447.20	2 700.89	44 718.48
6	10 870.91	19 490.03	2 600.22	49 770.45
7	8 311.91	22 096.04	2 693.94	49 058.18
8	8 203.94	19 749.97	2 813.59	46 687.80
9	13 561.87	11 712.76	2 625.66	45 606.56
10	6 580.06	20 387.38	2 412.03	44 758.49
11	7 850.99	17 549.23	2 325.98	43 528.85
12	9 246.88	19 387.60	2 727.52	47 629.95
13	9 047.84	18 943.56	2 563.61	46 756.62
14	10 331.13	15 899.94	2 588.74	45 449.18
15	12 003.55	13 718.90	2 658.97	45 568.26
16	13 650.99	17 206.40	2 615.35	51 208.73
17	13 144.72	13 214.74	2 360.34	46 287.03
18	9 834.38	20 263.32	2 607.36	49 168.86
19	8 005.84	20 365.30	2 389.76	46 615.18
20	9 519.24	13 443.76	2 255.06	41 576.8

（4）模拟计算。进行 5 000 次模拟计算并计算净利润。计算结果见表 5-10。

表 5-10 5 000 次模拟计算净利润结果

指标	结果
试验次数	5 000 次
中位数	425 098 万元
平均数	425 168 万元
标准差	21 272
方差	452 488 786
最大值	341 731 万元
最小值	509 672 万元

（5）结论。项目净利润平均数为 425 168 万元，标准差为 21 272；净利润大于 387 500 万元有 95% 的可能性。该项目投资回报率较高，能有效地回收资金，因此该项目可行。

资料来源：王珺，李梦.基于蒙特卡洛模拟的房地产风险分析[J].城市建设理论研究，2012（25）.

【例 5-11】 某服务中心的经理发现服务台经常有长长的等待队伍，考虑增加一个服务台。服务中心每天营业 12 小时，柜台工作成本 60 元/小时，每小时乐观收益 50 元。试决定服务中心增加一个服务台的风险投资决策。

【解】 分析项目决策情景，如果直接增加一个服务台，则需要付出 12 小时的服务台的工作成本合计 720 元；如果不增加服务台，则会出现由于等待时间过长而顾客流失的现象，用顾客等待时长内减少的收益表示，每小时 50 元，因此需要确定 12 小时内，顾客等待总时长。计算步骤如下：

第一步，确定客户到达率和服务率，如表 5-11 所示。

表 5-11 客户到达率和服务率

客户到达时间间隔（分）	频数	服务时长（分）	频数
0	5	10	5
5	7	12	10
8	1	14	15
10	9	16	20
12	12	18	20
15	20	20	15
16	18	22	15
18	10		

续表

客户到达时间间隔（分）	频数	服务时长（分）	频数
20	9		
25	5		
30	4		
合计	100		100

表 5-11 中，有 7 位顾客的进入时间与上一位客户间隔 5 分钟，他们可能同时进来也可能不同时；有 18 位顾客进入时间与上一位客户间隔 16 分钟；有 15 位顾客服务时长为 14 分钟；有 20 位顾客需要 18 分钟；等等。

第二步，将到达和服务的数据记入累积概率分布表，计算确定累积概率分布，分别如图 5-16 和图 5-17 所示。

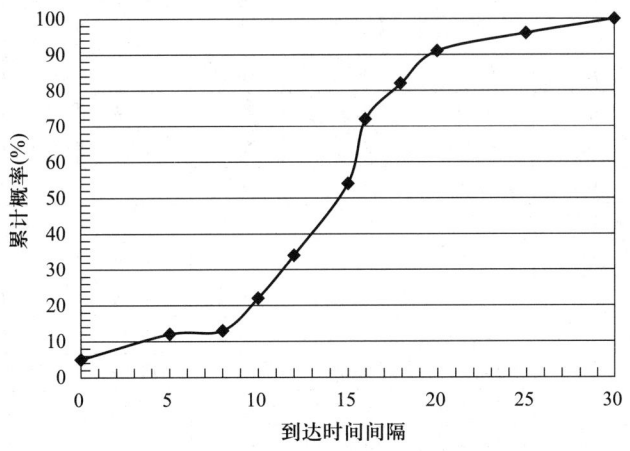

图 5-16　顾客到达时间间隔累积概率分布

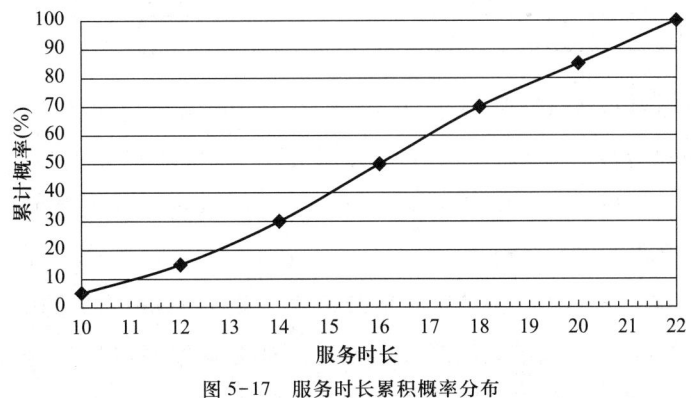

图 5-17　服务时长累积概率分布

第三步，分别产生到达时间间隔与服务时长的一组随机数，根据上两图的累积概率图，确定到达时间间隔与服务时长的取值，组成一对样本系列，取样本个数 16，自上午 8 点开始，以单队列形式分别计算以下各值。

顾客到达时间＝上一位顾客到达时间+到达时间间隔

服务开始时间＝上一位顾客服务结束时间

服务结束时间＝服务开始时间+服务时长

等待时长＝服务开始时间-顾客到达时间

根据以上联系紧密的传递关系，各值计算结果如表 5-12 所示。

表 5-12　单排队蒙特卡洛模拟模型

随机数字（到达）	到达时间间隔（分）	到达时间	随机数字（服务）	服务时长（分）	服务开始	服务结束	等待时长（分）
1	0.0	8:00	8	12	8:00	8:12	0
32	12	8:12	1	10	8:12	8:22	0
4	0	8:12	15	12	8:22	8:34	10
53	15	8:27	80	20	8:34	8:54	7
68	16	8:43	82	20	8:54	9:14	11
87	20	9:03	83	20	9:14	9:34	11
17	10	9:13	47	16	9:34	9:50	21
32	12	9:25	64	18	9:50	10:08	25
99	30	9:55	10	12	10:08	10:20	13
72	16	10:11	39	16	10:20	10:36	9
82	18	10:29	41	16	10:36	10:52	7
7	5	10:34	65	18	10:52	11:10	18
30	12	10:46	92	22	11:10	11:32	24
77	18	11:04	32	16	11:32	11:48	28
96	25	11:29	82	20	11:48	12:08	19
30	12	11:41	41	16	12:08	12:24	27
总等待时间							230

第四步，由表 5-12 可以看出 16 位客户 4 个小时的服务系统行为，总体等待时长为 230 分钟，按 2 小时均匀分布，推断一天中客户等待时间为 $230 \times 3 = 690$ 分钟，一天损失为 $690/60 \times 50 = 575$ 元，增加服务台成本为 $12 \times 60 = 720$ 元。因此，不予增加服务台。

结论：蒙特卡洛模拟法能针对复杂事件，采用计算机模拟的形式在项目执行之前进行项目运营结果的虚拟化仿真，为项目决策提供现实场景，是大数据时代、信息化时代投资决策的重要工具方法。

资料来源：Harold kerzner. 项目管理：计划、进度和控制的系统方法 [M].12 版.杨爱华，杨敏，王丽珍，译.北京：电子工业出版社，2018 年.

5.3.7 风险评价

对项目进行不确定性与风险分析后，根据分析结果，可以判断项目风险：
(1) 根据盈亏平衡点，平衡点越低，项目风险越小；
(2) 根据敏感度系数，敏感度系数越小，项目风险越小；
(3) 根据期望值与方差，经济目标的方差越大，项目风险越大。

也可以采用风险概率影响矩阵判断项目风险的大小，表 5-13 中右上角深色区域为项目风险较大区域，需要采用积极的风险应对策略。

表 5-13 风险概率影响矩阵

对一项具体的风险					
概率 P	风险评分 = $P \times I$				
0.9	0.045	0.09	0.18	0.36	0.72
0.7	0.035	0.07	0.14	0.28	0.56
0.5	0.025	0.05	0.10	0.20	0.40
0.3	0.015	0.03	0.06	0.12	0.24
0.1	0.005	0.01	0.02	0.04	0.08
	0.05	0.10	0.20	0.40	0.80
对目标的影响程度 I					

【例 5-12】 某海外化肥厂建设项目一般收益 9%，15 年运营期，2~3 年建成，基于市场因素、资源禀赋、资金来源、技术条件、组织、风险等建设管理。项目风险规避的策略如表 5-14 所示。

表 5-14 某化工项目的风险规避策略

原料成本	收入保障	建设成本	资金来源
天然气协议	产品销售协议	feed-study EPC 投资	投资董事会（项目发起人）

结论：未雨绸缪，利用经济手段的风险规避。

本章小结

不确定性分析中，盈亏平衡分析通过计算项目盈亏平衡点，分析项目抗风险能力。此方法一般仅适用于财务评价。

敏感性分析，通过计算不确定因素的敏感度，找出对项目影响大的因素加以重点监控，保证项目正常实施。

概率分析又称风险分析，通过研究不确定因素发生变动的概率分布，计算项目经济效果评价指标，确定项目风险大小。

敏感性分析和概率分析既适用于财务评价，又适用于费用效益分析。另外，本章所提供的不确定性分析及风险分析的方法也适用于其他研究对象，如进度、采购等，只需根据研究对象的特征进行相应的调整。

在风险模拟中，可利用 Excel 的函数取得随机变量的函数值。正态分布函数为 norminv（随机数，均值，方差，true）；生成随机数函数为 rand（）等，使用函数工具可提高模拟的效率及精度。

思考题

1. 分析两种不确定性分析方法的针对性。
2. 简述单因素盈亏平衡分析的流程。
3. 盈亏平衡分析、敏感性分析和风险分析三种方法中，你更愿意掌握哪一个方法？为什么？
4. 在信息化时代、虚拟化时代，风险仿真分析的意义如何？实现的路径如何？
5. 根据排队仿真案例思考：此决策问题的风险描述、风险事件、风险影响、风险描述模型、风险决策。

即测即评

请扫描二维码，测试本章学习效果。

第 6 章 工程项目融资

工程项目成功与否的关键因素之一便是工程实施所需资金是否充足并是否能在需要的时候充分投入。项目融资是工程资金获取的重要方法,其内容与实施具有科学依据,需要用工程经济分析的手段与工具进行融资方案的理性分析。本章将介绍工程项目融资的内涵,并从项目资金的来源、项目融资渠道、融资模式、财务模型等多方面对工程项目融资进行深度解析。

6.1 项目融资内涵

项目融资是以项目资产和收益作为偿还贷款的资金来源和安全保障的融资方式。由于项目建设资金需求大,而在项目建设初期并无大量权益资金的积累,因此项目融资成为项目筹措建设资金的主要方式。基于项目特点,项目融资的基本特点包括:

(1)贷款人对项目现金流享有偿债请求权,可通过一定分享机制从项目现金流的收益中收回贷款。项目未来现金流成为项目融资用于保证贷款偿还的依据。

(2)对项目发起人无追索权或有限追索权,项目融资只针对特定项目,因此对项目发起人所在企业组织无债务追索权或有限约定的追索。

(3)项目融资成本高。项目融资无实物抵押,是对未来项目收益的权益追索,因此项目融资过程复杂,需要设计一系列融资风险规避措施,融资成本高。

(4)有一定的适用范围。针对特定项目而非企业组织的融资。

项目融资重点工作涉及两个方面:

(1)融资目标在于确定项目融资主体、项目资本金(项目权益资金)、项目债务资金的来源渠道和方式。

融资主体需根据项目的融资渠道及融资模式的要求来确定;作为建设项目总投资中的非债务性资金,项目资本金的组成也包括若干种形式,依据国家规定及项目特点、融资主体共同确定;项目债务资金来源广泛,需根据财务模型的比对结果具体确定渠道和方式。

(2)项目融资模式及方案比选。从资金来源的可靠性、资金结构、融资成本及融资风险等各个方面对初步融资方案进行分析，然后结合融资后财务分析，比选、确定拟建项目的最终融资方案。

融资方案与投资估算、财务分析密切相关。一方面，融资方案必须满足投资估算确定的投资额及其使用计划对投资数额、时间和币种的要求；另一方面，不同方案的融资后财务分析结论是比选、确定融资方案的依据，而融资方案确定的项目资本金和项目债务资金的数额及相关融资条件又为进行资本金盈利能力分析、项目偿债能力分析、项目财务生存能力分析等财务分析提供了必需的基础数据。

6.2 项目资金来源

6.2.1 项目资金组成

项目资金来源包括项目资本金和项目债务资金。

项目资本金（外商投资项目为注册资本），是指建设项目总投资（外商投资项目为投资总额）中由投资者认缴的出资额，对建设项目来说是非债务性资金，项目法人不承担这部分资金的任何利息和债务；投资者可按其出资的比例依法享有所有者权益，也可转让其出资，但一般不得以任何方式抽回。资本金是确定项目产权关系的依据，也是项目获得债务资金的信用基础。资本金没有固定的按期还本付息压力。股利是否支付和支付多少，视项目投产运营后的实际经营效果而定，因此，项目法人的财务负担较小。

项目债务资金是指项目投资中除去项目资本金外，以负债方式取得的资金。项目债务资金是项目投资中以负债方式从金融机构、证券市场等资本市场取得的资金。

6.2.2 项目资金结构

资金结构是指融资方案中各种资金的比例关系。融资方案分析中，资金结构分析是一项重要内容。项目资金结构包括项目资本金与项目债务资金的比例、项目资本金内部结构比例和项目债务资金结构比例。

1. 项目资本金与项目债务资金的比例

项目资本金与项目债务资金的比例是项目资金结构中最重要的比例关系。呈现以下规律：

（1）项目投资者希望投入较少的资本金，获得较多的债务资金，尽可能降低债权人对股东的追索。而提供债务资金的债权人则希望项目能够有较高的资金比例，以降低债权的风险。

（2）当资本金比例降到银行不能接受的水平时，银行将会拒绝贷款。资本金与债务资金的合理比例需要由各个参与方的利益平衡决定。资本金所占比例越高，企业的财务风险和债权人的风险越小，可能获得低利率的债务资金。

（3）由于债务资金的利息是在所得税前列支的，可以起到合理减税的效果。

（4）在项目的收益不变、项目投资财务内部收益率高于负债利率的条件下，由于财务杠杆的作用，资本金所占比例越低，资本金财务内部收益率就越高，同时企业的财务风险和债权人的风险也越大。财务杠杆原理解释如下：

负债比例指项目所使用的借贷资金与资本金的数量比率。财务杠杆指负债比例对资本金收益率的放大作用。

设全部资金为 K，资本金为 K_0，贷款为 K_L，则全部投资组成为：

$$全部投资 K = 自有资金 K_0 + 贷款 K_L \quad (6-1)$$

设全部投资的资金收益率 R，自有资金的资金收益率 R_0，贷款资金的资金收益率 R_L，则资金收益率关系有：

$$全部收益 K \times R = 自有资金收益 K_0 \times R_0 + 贷款资金收益 K_L \times R_L \quad (6-2)$$

计算项目资本金利润率有：

$$R_0 = \frac{K \times R - K_L \times R_L}{K_0}$$

$$= \frac{(K_0 + K_L) \times R + K_L \times R_L}{K_0}$$

$$= R + \frac{K_L}{K_0} \times (R - R_L) \quad (6-3)$$

根据公式，可以计算不同债务比例下的自有资金收益率，如表 6-1 所示。可以看出，当其他变量一定时，项目全部资金收益率大于借贷资金收益率时，自有资金收益率随着借贷比的增加而增加，借钱越多，自有资金盈利越大；当其他变量一定时，项目全部资金收益率等于借贷资金收益率时，自有资金的收益率等于全部资金收益率，与债务比无关；当其他变量一定时，项目全部资金收益率小于借贷资金收益率时，自有资金收益率随着借贷比的增加而减小，借钱越多，自有资金收益率越低。债务比是控制资金风险的重要指标。

表 6-1　不同债务比例下自有资金收益率

方案	债务比 K_L/K_0		
	0	0.5	0.8
	$R_L = 10\%$	$R_L = 10\%$	$R_L = 10\%$
$R = 6\%$	6%	4%	2.8%
$R = 10\%$	10%	10%	10%
$R = 15\%$	15%	17.5%	19%

（5）一般认为，在符合国家有关资本金（注册资本）比例规定、符合金融机构信贷法规及债权人有关资产负债比例的要求的前提下，既能满足权益投资者获得期望投资回报的要求又能较好地防范财务风险的比例是较理想的资本金与债务资金的比例。

2. 项目资本金内部结构比例

项目资本金内部结构比例是指项目投资各方的出资比例。不同的出资比例决定各投资方对项目建设和经营的决策权和承担责任，以及项目收益的分配，在基本报表的利润表中体现。

3. 项目债务资金结构比例

项目债务资金结构比例反映债权各方为项目提供债务资金的数额比例、债务期限比例、内债和外债的比例，以及外债中各币种债务的比例等。在确定项目债务资金结构比例时，可借鉴下列经验：

（1）根据债权人提供债务资金的条件，如利率、宽限期、偿还期及担保方式等因素合理确定各类借款和债券的比例，可以降低融资成本和融资风险。

（2）合理搭配短期、中长期债务比例。适当安排一些短期负债可以降低总的融资成本，但过多采用短期负债会产生财务风险。大型基础设施项目的负债融资应以长期债务为主。

（3）合理安排债务资金的偿还顺序。尽可能先偿还利率较高的债务，后偿还利率低的债务。对于有外债的项目，由于有汇率风险，通常应先偿还硬货币（货币汇率比较稳定且有上浮趋势的货币小的债务），后偿还软货币（汇率稳定且有下浮趋势的货币的债务）。应使债务本息的偿还不致影响企业正常生产所需的现金量。

（4）合理确定内债和外债的比例。内债和外债的比例主要取决于项目用汇量。出于项目本身的资金平衡考虑，产品内销的项目尽量不要借用外债，可以采用投资方注入外汇或者以人民币购汇方式。

（5）合理选择外汇币种。由于受外汇牌价的影响，涉外项目融资时的币种的选择也是债务资金组成中需重点考虑的方面。

（6）合理确定利率结构。当资本市场利率水平相对较低，且有上升趋势时，尽量采用固定利率贷款；当资本市场利率水平相对较高，且有下降趋势时，尽量采用浮动利率贷款。

6.3 项目融资渠道

6.3.1 项目资本金

1. 项目资本金的出资方式

投资者可以用货币出资，也可以用实物、工业产权、非专利技术、土地使用权、资源开采权等作价出资。作价出资的实物、工业产权、非专利技术、土地使用权和资源开采权，必须经过有资格的资产评估机构评估作价。其中，以工业产权和非专利技术作价出资的比例一般不得超过项目资本金总额一定的比例。

2. 项目资本金的来源渠道和筹措方式

（1）股东直接投资。股东直接投资包括政府授权投资机构入股资金、国内外企业入股资金、社会团体和个人入股的资金以及基金投资公司入股的资金，分别构成国家资本金、法人资本金、个人资本金和外商资本金。既有法人融资项目，股东直接投资表现为扩充既有企业的资本金，包括原有股东增资扩股和吸收新股东投资。新设法人融资项目，股东直接投资表现为项目投资者为项目提供资本金。合资经营公司的资本金由企业的股东按股权比例认缴，合作经营公司的资本金由合作投资方按预先约定的金额投入。

（2）股票融资。无论是既有法人融资项目还是新设法人融资项目，凡符合规定条件的，均可以通过发行股票在资本市场募集股本资金。股票融资可以采取公募与私募两种形式。公募又称公开发行，是在证券市场上向不特定的社会公众公开发行股票。为了保障广大投资者的利益，国家对公开发行股票有严格的要求，发行股票的企业要有较高的信用，符合证券监管部门规定的各项发行条件，并获得证券监管部门批准后方可发行。私募又称不公开发行或内部发行，是指将股票直接出售给少数特定的投资者。股票融资具有下列特点：① 股票融资所筹资金是项目的股本资金，作为其他方式筹资的基础，可增强融资主体的举债能力；② 股票融资所筹资金没有到期偿还的问题，投资者一旦购买股票便不得退股；③ 普通股股票的股利支付，可视融资主体的经营好坏和经营需要而定，因而融资风险较小；④ 股票融资的资金成本较高，因为股利需从税后利润中支付，不具有抵税作用，而且发行费用较高；⑤ 上市公开发行股票，必须公开披露信息，接受投资者和社会公众的监督。

（3）政府投资。政府投资资金，包括各级政府的财政预算内资金、国家批准的各种专项建设基金、统借国外贷款、土地批租收入、地方政府按规定收取的各种费用及其他预算外资金等。政府投资主要用于关系国家安全和市场不能有效配置资源的经济和社会领域，包括加强公益性和公共基础设施建设，保护和改善生态环境，促进欠发达地区的经济和社会发展，推进科技进步和新技术产业化。中央政府投资除本级政权等建设外，主要安排跨地区、跨流域以及对经济和社会发展全局有重大影响的项目。对于政府投资资金，国家根据资金来源、项目性质和调控需要，分别采取直接投资、资本金注入、投资补助、转贷和贷款贴息等方式，并按项目安排使用。

在项目评价中，对投入的政府投资资金，应根据资金投入的不同情况进行不同的处理：① 全部使用政府直接投资的项目，一般为非经营性项目，不需要进行融资方案分析；② 以资本金注入方式投入的政府投资资金，在项目评价中应视为权益资金；③ 以投资补贴、贷款贴息等方式投入的政府投资资金，对具体项目来说，不属于权益资金，也不属于债务资金，在项目评价中应视为一般现金流入中的补贴收入；④ 以转贷方式投入的政府投资资金（统借国外贷款），在项目评价中应视为债务资金。

6.3.2 项目债务资金

1. 项目债务资金的特点

项目债务资金具有以下特点：

（1）资金在使用上具有时间性限制，按照约定期限到期必须偿还；

（2）无论项目的融资主体今后经营效果好坏，均需按期还本付息，从而形成企业的财务负担；

（3）资金成本一般比权益资金低，且不会分散投资者对企业的控制权。

2. 项目债务资金的来源渠道和筹措方式

（1）商业银行贷款。商业银行贷款是我国建设项目获得短期、中长期贷款的重要渠道。国内商业银行贷款手续简单、成本较低，适用于有偿债能力的建设项目。

（2）政策性银行贷款。政策性银行贷款一般期限较长，利率较低，是为配合国家产业政策等的实施，对有关的政策性项目提供的贷款。我国政策性银行有国家开发银行、中国进出口银行和中国农业发展银行。

（3）外国政府贷款。外国政府贷款是一国政府向另一国政府提供的具有一定的援助或部分赠与性质的低息优惠贷款。

（4）国际金融组织贷款。国际金融组织贷款是国际金融组织按照章程向其成员国提供的各种贷款。目前与我国关系最密切的国际金融组织是国际货币基金组织、世界银行和亚洲开发银行、亚投行。国际金融组织一般都有自己的贷款政策，只有这些组织认为应当支持的项目才能得到贷款。

（5）出口信贷。出口信贷是设备出口国政府为促进本国设备出口，鼓励本银行向本国出口商或外国进口商（或进口方银行）提供的贷款。贷给本国出口商的称"卖方信贷"，贷给外国进口商（或进口方银行）的称"买方信贷"。贷款的使用条件是购买贷款国的设备。出口信贷利率通常要低于国际上商业银行的贷款利率，但需要支付一定的附加费用，如管理费、承诺费、信贷保险费等。

（6）银团贷款。银团贷款是指多家银行组成一个集团，由一家或几家银行牵头，采用同一贷款协议，按照共同约定的贷款计划，向借款人提供贷款的贷款方式。银团贷款除具有一般银行贷款的特点和要求外，由于参加银行较多，需要多方协商，贷款过程周期长。使用银团贷款，除支付利息之外，按照国际惯例，通常还要支付承诺费、管理费、代理费等。银团贷款主要适用于资金需求量大、偿债能力较强的建设项目。

（7）企业债券。企业债券是企业以自身的财务状况和信用条件为基础，依照《中华人民共和国证券法》《中华人民共和国公司法》等法律法规规定的条件和程序发行的、约定在一定期限内还本付息的债券，如三峡债券、铁路债券等。企业债券代表着发债企业和债券投资者之间的一种债权债务关系。债券发行者是企业的债权人，不是所有者，无权参与或干涉企业经营管理，但有权按期收回本息。

（8）国际债券。国际债券是一国政府、金融机构、工商企业或国际组织为筹措和融通资金，在国际金融市场上发行的、以外国货币为面值的债券。国际债券的重要特征，是债券发行者和债券投资者属于不同的国家，筹集的资金来源于国际金融市场。

（9）融资租赁。融资租赁是资产拥有者在一定期限内将资产租给承租人使用，承租人分期付给一定的租赁费的融资方式。融资租赁是一种以租赁物品的所有权与使用权相分离为特征的信贷方式。融资租赁一般由出租人按承租人选定的设备，购置后出租给承租人长期使用。在租赁期内，出租人以收取租金的形式收回投资，并取得收益；承租人支付租金租用设备进行生产经营活动。租赁期满后，出租人一般将设备作价转让给承租人。融资租赁的优点是企业可不必预先筹集一笔相当于资产买价的资金就可以获得需要资产的使用权。这种融资方式适用于以购买设备为主的建设项目。

6.3.3 项目融资方式

按照融资主体不同，项目融资可分为既有法人融资和新设法人融资两种融资方式。

1. 既有法人融资方式

既有法人融资方式是以既有法人为融资主体的融资方式。采用既有法人融资方式的建设项目，既可以是改扩建项目，也可以是非独立法人的新建项目。既有法人融资方式的基本特点是：由既有法人发起项目、组织融资活动并承担融资责任和风险；建设项目所需的资金，来源于既有法人内部融资、新增资本金和新增债务资金；新增债务资金依靠既有法人整体包括拟建项目的盈利能力来偿还，并以既有法人整体的资产和信用承担债务担保。

建设项目采用既有法人融资方式，既有法人资产也是项目建设资金的来源之一。既有法人资产在企业资产负债表中表现为企业的现金资产和非现金资产，它可能由企业的所有者权益形成，也可能由企业的负债形成。企业现有资产主要来源于三个方面：① 企业股东过去投入的资本金；② 企业对外负债的债务资金；③ 企业经营所形成的净现金流量。对于企业的某一项具体资产来说，我们无法确定它是资本金形成的，还是债务资金形成的。当企业采用既有法人融资方式，以企业的资产或资产变现获得的资金，投资于本企业的改扩建项目时，我们同样不能确定其属性是资本金还是债务资金。但当 A 企业以现有资产投资于另一个具有独立法人资格的 B 项目时，对 B 项目来说，A 企业投入的资产应视为资本金。

既有法人融资的渠道和方式如下：

（1）可用于项目建设的货币资金。可用于项目建设的货币资金包括既有法人现有的货币资金和未来经营活动中可能获得的盈余现金。现有的货币资金是指现有的库存现金和银行存款，扣除必要的日常经营所需的货币资金，多余的货币资金可用于项目建设。未来经营活动中可能获得的盈余现金，是指在拟建项目的建设期内，企业在经营活动中获得的净现金节余，可以抽出一部分用于项目建设。

（2）资产变现的资金。资产变现的资金是指既有法人将流动资产、长期投资和固定资产变现而取得的资金。企业可以通过加强财务管理，提高流动资产周转率，减少存货、应收账款等流动资产占用而取得现金，也可以出让有价证券取得现金。企业的长期投资包括长期股权投资和长期债权投资，一般都可以通过土地转让而变现。企业的固定资产中，有些由于产品方案改变而被闲置，有些由于技术更新而被替换，都可以出售变现。

（3）资产经营权变现的资金。资产经营权变现的资金是指既有法人可以将其所属资产经营权的一部分或全部转让，取得现金用于项目建设。如某公司将其已建成的一座大桥的 45%的经营权转让给另一家公司，转让价格为未来 15 年这座大桥收益的 45%，然后将这笔资金用于建设另一座大桥。

（4）直接使用非现金资产。既有法人的非现金资产，包括实物、工业产权、非专利技术、土地使用权等，适用于拟建项目的，经资产评估可直接用于项目建设。当既有法人在改扩建项目中直接使用本单位的非现金资产时，其资产价值应计入"有项目"的项目总投资中，但不能记作新增投资。

2. 新设法人融资方式

新设法人融资方式是以新组建的具有独立法人资格的项目公司为融资主

体的融资方式。采用新设法人融资方式的建设项目，项目法人大多是企业法人。社会公益性项目和某些基础设施项目也可能组建新的事业法人实施。采用新设法人融资方式的建设项目，一般是新建项目，但也可以是将既有法人的一部分资产剥离出去后组建新的项目法人的改扩建项目。新设法人融资方式的基本特点是：由项目发起人、企业或政府发起组建新的具有独立法人资格的项目公司，由新组建的项目公司承担融资责任和风险；建设项目所需资金的来源，可包括项目公司股东投入的资本金和项目公司承担的债务资金；依靠项目自身的盈利能力来偿还债务；一般以项目投资形成的资产、未来收益或权益作为融资担保的基础。

采用新设法人融资方式，项目发起人与新组建的项目公司分属不同的实体，项目的债务风险由新组建的项目公司承担。项目能否还贷，取决于项目自身的盈利能力，因此必须认真分析项目自身的现金流量和盈利能力。

项目公司股东对项目公司借款提供多大程度的担保，也是融资方案研究的内容之一。实力雄厚的股东，为项目公司借款提供完全的担保，可以使项目公司取得低成本资金，降低项目的融资风险。但担保额度过高会使其资信下降，同时股东担保也可能需要支付担保费，从而增加项目公司的费用支出。在项目本身的财务效益好、投资风险可以有效控制的条件下，可以减少项目公司股东的担保额度。

6.4 项目融资模式

项目融资模式众多，根据融资市场及项目特征来选择基本的模式，然后在特定项目应用中优化实施细节后，确定最终的融资模式。

6.4.1 设施使用协议下的融资模式

1. 含义

设施使用协议（Tolling Agreement）是指某种工业设施或服务性设施的提供者和使用者之间达成一种具有"无论提货与否均需付款的协议"，如图6-1所示。以"设施使用协议"为基础的融资模式即基于这种协议进行项目融资。

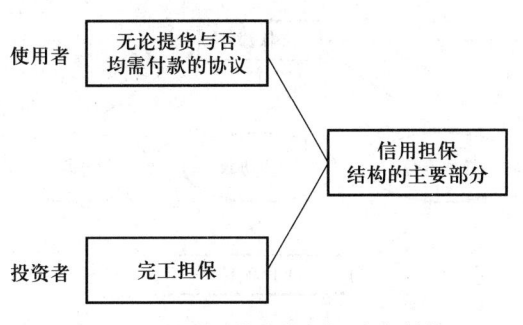

图 6-1　设施使用协议模式信用担保结构

这种协议的核心是，在融资期限内不论项目设施的使用者是否使用了设施，都必须给设施的提供者支付合约价格的设施使用费。只有以此为基础项目融资才能成功。这份无条件承诺的合约与项目投资者的完工担保将由作为第三方的贷款银行进行保管。通常来讲，提前确定的项目设施的使用费足以支付融资期间项目的各项营运费并能按期还款。

2. 设施使用协议模式担保结构与运作流程

工程项目运用设施使用模式进行融资，其担保的关键在于"无论提货与否均需付款"的协议。

其运作程序如下：

（1）项目投资者（设施的提供者）与使用者通过谈判达成"无论提货与否均需付款"的协议，此协议由使用者提供并被贷款银行接受；

（2）投资者可组建项目公司，由项目公司负责项目的建设、经营等，同时项目公司可通过发行股票进行融资，以吸引政府、社会资本对该项目投资；

（3）采取招标的形式，选取具有足够资质和技术水平高的工程建设单位对设施进行建设，而且银行能够为其提供履约担保；

（4）项目公司以承建合同、履约担保及设施使用协议作为融资的信用保证。

设施使用协议模式担保结构如图 6-2 所示。

3. 设施使用协议模式的特点

（1）设施使用协议模式的优点在于具备非常强的灵活性，可应用于公司型合资结构、非公司型合资结构、合伙制结构或信托基金结构。

（2）项目投资者利用设施使用者的信用进行融资，既能分散项目承担的风险，又能节约初始资金的投入。

（3）在这种模式中，"无论提货与否均需付款"的协议是必不可少的。

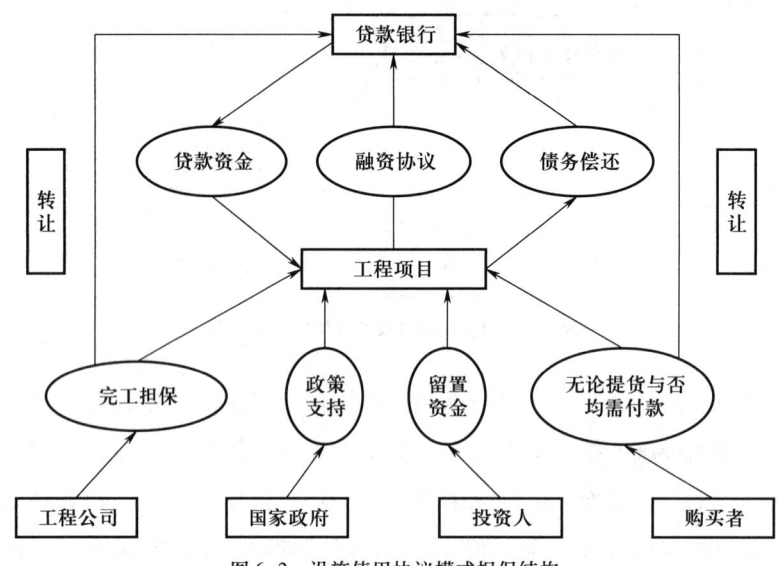

图 6-2 设施使用协议模式担保结构

（4）收益低但稳定的资本密集型项目常使用此融资模式，例如地铁、水厂、码头、道路建设等项目。

6.4.2 产品支付下的融资模式

1. 含义

产品支付（Production Payment）也称生产支付法，起源于 20 世纪 50 年代美国石油天然气项目的融资安排。它是以产品和部分产品销售收益的所有权作为担保品，借款方在项目投产后并不用项目产品的销售收入来偿还债务，而是直接以项目产品来还本付息。

一般情况下，支付产品是指转移产权而不是转移产品本身，即"权转物不转"。项目公司通常会被要求回购它们自己的产品或者代理贷款方来出售产品。基于此，项目公司可以向市场直接出售产品，或是作为包销商购买贷款人掌握所有权的产品。实质上，贷款方接受的依然是货币还款而非产品还款。

2. 产品支付模式担保结构与运作流程

工程项目若采用产品支付模式进行融资，其担保结构的关键是"产品支付协议"。采用产品支付模式的具体运作流程如下：

第一，由贷款银行建立一个具有特别目的的金融公司，即"融资中介机构"，一般为信托基金机构，专门负责购买项目公司一定比例的项目资源生产量，以此作为融资的基础。

第二，贷款银行负责安排购买项目公司资源生产量所需资金，融资中介机构依据产品支付协议将此资金支付给项目公司，用于项目的资本投资和建设；项目公司以项目固定资产抵押及完工担保作为信用保证，并依协议安排项目产品的支付。

第三，项目进入生产期后，项目公司可作为融资中介机构的销售代理，负责向市场销售其所购项目产品，项目公司以该部分产品销售收入偿还所欠债务。贷款人在本息全部被偿还之前，拥有对项目产品的全部或部分所有权。

该模式担保结构如图6-3所示。

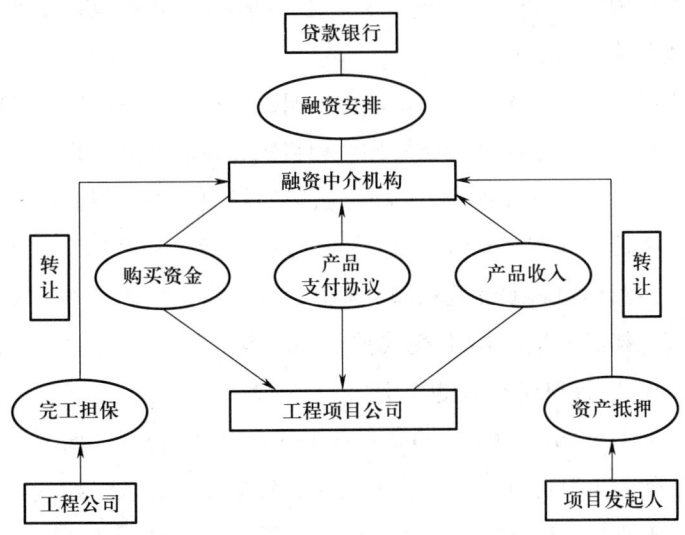

图6-3 产品支付模式担保结构图

3. 产品支付模式的特点

（1）独特的信用担保结构。通过使贷款银行直接拥有项目产品所有权来进行融资，而非以抵押权益或权益转让的方式来实现融资的信用保证。

（2）贷款的偿还期比项目的经济寿命期短，即如果一个资源性项目的开采期为30年，产品支付融资的贷款期限将会远远短于30年。

（3）贷款人一般只为项目的建设和资本费用提供融资，不提供用于项目经营开发的资金。

（4）贷款银行的融资容易被安排成无追索或有限追索的形式。

（5）这种融资模式中一般要求成立一个融资中介机构，即专设公司，专门负责从项目公司中购买一定比例的产品，在市场上直接销售或委托项目公司作为代理人销售产品,并负责归集产品的销售收入和偿还贷款。

6.4.3 BOT 项目融资

1. BOT 的含义及主要形式

BOT（Build-Operate-Transfer）项目融资,是指东道国政府与私营财团的项目公司经过一定程序签订特许权协议,由项目公司筹资和建设公共基础建设项目。项目公司在特许期内拥有、运营和维护该项设施,并通过提供产品或收取服务费用回收投资、偿还贷款和获取合理利润。特许期满后,项目无偿移交给东道国政府。

根据世界银行《1994 年世界发展报告》的定义,BOT 实际上至少包括以下三种具体的建设方式:

(1) BOT（Build-Operate-Transfer）即建设—经营—移交。BOT 融资模式的基本思路是:由政府或所属机构对项目的建设和经营提供一种特许权协议（Concession Agreement）作为项目融资的基础。由本国公司或者外国公司作为项目的投资者和经营者安排融资,承担风险,开发建设项目,并在有限的时间内经营项目获取商业利润,最后,根据特许权协议将该项目转让给相应的政府机构。有时,BOT 模式被称为"暂时私有化"过程（Temporary Privatization）。此即 BOT 模式的典型含义。

(2) BOOT（Build-Own-Operate-Transfer）即建设—拥有—经营—移交。私人合伙人或某国际财团融资建设基础设施项目,项目建成后,在规定的期限内拥有所有权并进行经营,期满后项目移交给政府。BOOT 方式与 BOT 方式的区别主要有两个方面:一是所有权的区别,BOOT 项目建成后,在规定的期限内既有经营权又有所有权,而 BOT 项目在此期间内只有经营权;二是时间上的差别,采取 BOT 方式,从项目建成到移交给政府这一段时间一般比 BOOT 方式短一些。

(3) BOO（Build—Own—Operate）即建设—拥有—经营,承包商根据政府赋予的特许权,建设并经营某项产业项目,但是并不将此项基础产业移交给公共部门。

此外,由于具体项目的条件不同和实际操作的差异,在具体实践中,BOT 还有一些其他变通形式,如:

BOOST（Build-Own-Operate-Subsidy-Transfer）即建设—拥有—运营—补贴—移交。

BTO（Build-Transfer-Operate）即建设—移交—经营。对于关系国家安全的产业如通信业，为了保证国家信息的安全性，项目建成后，并不交由外国投资者经营，而是将所有权移交给东道国政府，由东道国经营通信的垄断公司经营，或与项目开发商共同经营项目。

DBFO（Design-Build-Finance-Operate）即设计—建设—融资—经营。这种方式是从项目设计开始就特许给某一私人部门进行，直到项目经营期收回投资，取得投资收益，但项目公司只有经营权没有所有权。

BLT（Build-Lease-Transfer）即建设—租赁—移交。其具体是指政府出让项目建设权，在项目运营期内政府成为项目的租赁人，私营部门成为项目的承租人，租赁期满后，所有资产再移交给政府公共部门的一种融资方式。

上述方式虽然在具体组成上存在一些差别，但其基本特点是一致的，即项目公司必须得到有关部门授予的特许经营权，由于它们的结构与 BOT 并无实质的差别，在基本原则和思路上相一致，因此习惯上将它们统称为 BOT 融资方式。

2. 参与主体

一个以 BOT 模式融资建设的项目，将会有众多单位参与。其参与者主要包括政府、项目公司（被授予特许权的私营机构）、投资者、贷款人、保险和担保人、总承包商（承担项目设计、建造）、运营开发商（承担项目建成后的运营和管理）等。另外，项目的用户也会因投资、贷款或保证而成为 BOT 项目的参与者。BOT 项目所有参与者之间的权利和义务都是一种合同或协议关系，所以一个 BOT 项目的基本合同结构可用图 6-4 表示。

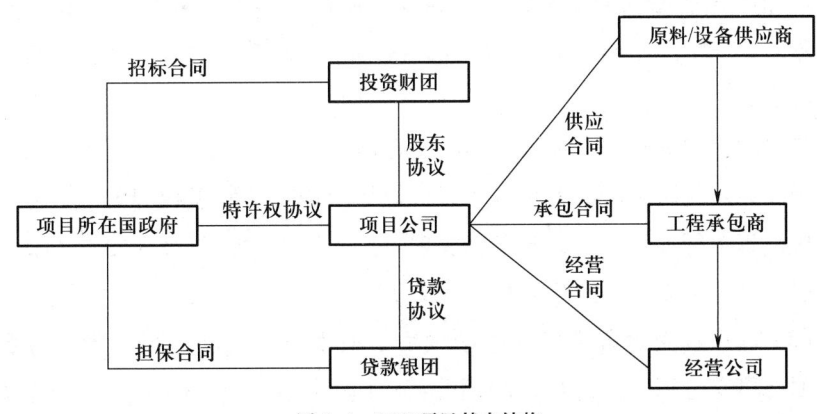

图 6-4 BOT 项目基本结构

BOT 项目的整个过程涉及项目的发起与确立、项目资金的筹措、项目设计、建造、运营管理等诸多方面和环节，所以 BOT 模式一般主要由如下几方组成：

（1）项目发起人。项目发起人也称项目主办方，是项目的倡导者，主要根据社会需要和市场机会提出项目建设的建议。项目发起人仅限于发起项目，并不负责项目的建设和运营。在 BOT 模式中，项目发起人一般是项目所在国政府、政府机构或政府指定的集团公司。

（2）项目投资者。项目投资者是项目的股本资金出资者，是项目的股东，一般是某个私营投资财团。

（3）项目公司。项目公司是 BOT 融资模式的主体，它是为了项目建设和运营的需要，由项目投资者组建的独立经济实体，既是项目的直接投资者，又是项目的责任者和经营管理者。项目公司从项目所在国获得项目建设和经营的特许权之后，负责项目的融资、建设和运营，并从项目经营中获取利润。项目公司的组成以工程承包公司和项目经营公司为主体，同时吸收项目产品或服务购买者和一些金融性投资者参与。

（4）项目贷款银行。BOT 项目中的贷款银行组成通常较为复杂，除了商业银行组成的贷款银团之外，还有政府的出口信贷机构和世界银行或地区性开发银行等国际金融组织，如亚洲开发银行。一般情况下，BOT 项目贷款有独家贷款、联合贷款、银团贷款三种方式。

3. 实施步骤

BOT 项目尽管不尽相同，但其运作程序大致可分为三个阶段：

（1）项目准备阶段。对于发起 BOT 项目的东道国政府或其代理机构而言，从确定 BOT 融资方案开始到项目实施阶段之前，是 BOT 项目的前期准备阶段。这一阶段主要是选定 BOT 项目方案，通过资格预审与招标，选定项目承办人。

（2）项目实施阶段。项目公司在签订所有合同之后，开始进入项目的实施阶段。项目公司聘请具备相应资质的设计单位、工程承包单位、设备与材料供应商等进行项目的设计与实施。项目正式完工后，项目开始进入商业运营阶段，这一阶段一直持续到特许权期满。

（3）项目移交阶段。特许权期满后，项目公司把项目移交给东道国政府，项目移交包括资产评估、利润分红、债务清偿、纠纷仲裁等。一般地，BOT 项目的确立应能使项目公司在特许经营期内还清债务，并获得一定的利润，从而将项目无偿地移交给政府。

4. BOT 的利弊

(1) BOT 项目融资的优点。

① 有利于分散和转移项目风险;

② 有利于加快东道国的基础设施建设,减少政府财政负担;

③ 可以借鉴外来先进的技术和项目管理经验;

④ 有利于提高基础设施项目的建设和使用效率。

(2) BOT 项目融资的缺点。

① 公共部门和私人企业往往都需要经过一个长期的调查了解、谈判和磋商过程,以致项目前期过长,使投标费用过高;

② 投资方和贷款人风险过大,没有退路,使融资举步维艰;

③ 参与项目各方存在某些利益冲突,对融资造成障碍;

④ 机制不灵活,降低私人企业引进先进技术和管理经验积极性;

⑤ 在特许期内,政府对项目减弱甚至失去控制权。

6.4.4 ABS 项目融资

1. ABS 的含义

ABS 是资产证券化(Asset-Backed Securitization)的英文缩写,而 ABS 项目融资是资产证券化技术在基础设施项目融资中的具体应用。ABS 融资指的是以项目所拥有的资产为基础,以该项目资产可以带来的预期收益为保证,通过在资本市场上发行债券筹集资金的一种项目融资方式。概括地说,就是"以项目所属的资产为支持的证券化融资方式"。

2. 参与主体

ABS 的发行所涉及的主要参与者包括:项目原始权益人、服务人、特设机构(Special Purpose Vehicle,SPV)、券商或投行、信用增级机构、信用评级机构、受托管理人和投资人。各个参与者在 ABS 的发行和运作中的作用是不同的。

3. 运作程序

ABS 融资在实际操作中要涉及很多技术性问题,但是证券化的基本过程还是比较简单的,即发起人将要证券化的资产出售给一个特设机构,由其向投资者发行债券进行融资,然后将该项资产产生的资金流用于偿付债券本息。ABS 模式结构如图 6-5 所示。具体来看,一般要经过如下阶段。

(1) 组建特设机构(SPV)。SPV 是进行 ABS 融资的载体,它可以是一

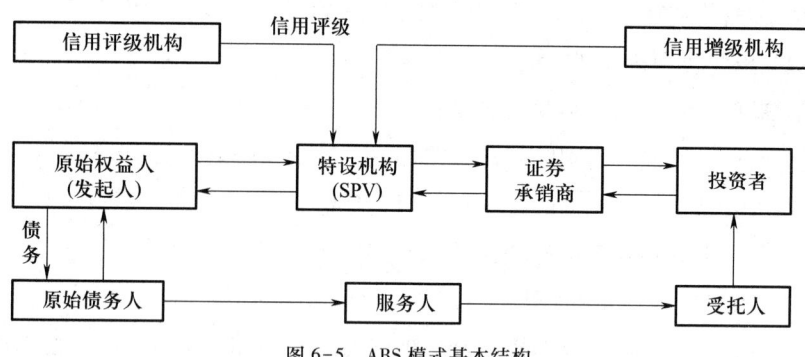

图 6-5 ABS 模式基本结构

个信托投资公司、信用担保公司或其他独立法人,能够获得权威资信评估机构的高信用评级。成功组建 SPV 是 ABS 融资的基本条件和关键因素。

(2)证券化资产的"真实销售"(True Sale)。SPV 成立后,发起人根据买卖合同将证券化资产通过一定的方式让渡给 SPV 以发行证券。根据国际惯例,资产让渡的具体方式有资产出售型、信托型和担保融资型三种,其中最常用且最规范的是资产出售型。

(3)信用增级(Credit Enhancement)。信用增级即通过提供各种担保,增强资产证券的信用,从而切实保护投资者的利益。信用增级的方式包括内部信用增级和外部信用增级。

(4)资产证券的信用评级。信用增级后,SPV 要委托信用评级机构对即将发行的债券进行正式的信用评级。专业评级机构根据发起人、SPV 提供的有关信息,通过对资产未来收益状况及证券的信用增级情况的考核,对拟发行的资产支持证券偿付能力进行评判,然后公布给投资者。

(5)承销证券。经过权威机构评级后的证券,由于具备了可信度较高的信用等级,一般能以较好的发行条件售出,一些大的证券承销商也愿意代理此类证券。

(6)本息划转。资产债务人向 SPV(通过代理人)支付原资产的利息和本金,SPV 再转给投资者,如果收回的资产金额少于投资者应得额,投资者将根据资产信用增级具体方式在额度内得到补足。

4. ABS 模式的特点

(1)通过证券市场发行债券筹集资金,是 ABS 不同于其他项目融资方式的一个显著特点。由于 ABS 是在国际高档证券市场上发行债券、筹集资金的融资方式,其债券利率较低,从而降低了筹资成本,特别适合大规模的筹集资金。

（2）通过 SPV 发行债券，负债不反映在原始权益人自身的"资产负债表"上，从而避免了原始权益人资产质量的限制。而且，由于证券投资者的还本付息资金来源于项目资产的未来收入，因此，证券投资风险取决于可预测的现金收入，而不是项目原始收益人自身的信用状况。

（3）同 BOT 等融资方式相比，ABS 融资方式涉及的环节较少，在很大程度上减少了酬金、手续费等中间费用。

（4）由于投资者遍布全球，从而极大地分散了投资风险。而且 ABS 债券经过信用增级，在资本市场具有较高的资信等级，对投资者尤其是金融机构更具有吸引力。通过资产匹配可降低或消除利率、到期日和流动性等风险。

6.5 项目融资财务模型

6.5.1 项目投资计划与资金筹措表

项目融资财务模型可以用项目投资计划与资金筹措表（见表 6-2）综合反映。该表体现了项目总投资的需求，主要来自三个方面：建设投资、建设期利息及流动资金，同时反映了项目资金来源的两个渠道：资本金及债务资金。项目资金筹措要求，项目按照分年度投资计划，获取相应的资本金及债务资金与总投资资金需求一一对应并数量相同。表格计算顺序如下。

（1）估算项目总投资中的建设投资、流动资金。

（2）根据资本金出资比例给出项目资本金的建设投资及流动资金。其中铺底流动应不少于流动资金的 30%，也就是说流动资金的 30% 应由自有资金出资。

（3）分别依次计算建设投资、流动资金的债务资金，如下所示：

用于建设投资的债务资金 = 建设投资 - 用于建设投资的资本金　（6-4）

用于流动的债务资金 = 流动资金 - 用于流动资金的资本金　（6-5）

（4）根据利息计算公式，依据债务基金计算建设期利息，如采用资本金偿还利息的方式，则无须建设期利息贷款，利息不产生利息；如果建设期只贷款不还款，则债务筹措资金产生建设期利息，利息产生利息。

(5) 最后检查下列等式是否成立，若等式成立则完成项目投资资金筹措。

$$资金筹措总额 = 总投资 \quad (6-6)$$

表 6-2 项目投资计划与资金筹措表

序号	项目	合计	计算期
1	总投资（1.1+1.2+1.3）		
1.1	建设投资		
1.2	建设期利息		
1.3	流动资金		
2	资金筹措（2.1+2.2+2.3）		
2.1	项目资本金		
2.1.1	用于建设投资		
2.1.2	用于建设期利息		
2.1.3	用于流动资金		
2.2	债务资金		
2.2.1	用于建设投资（1.1-2.1.1）		
2.2.2	用于建设期利息（1.2-2.1.2）		
2.2.3	用于流动资金（1.3-2.1.3）		
2.3	其他资金		

【例 6-1】 某项目的建设投资估算为 19 143 万元，用于建设投资的自有资金为 6 313 万元，不足部分由银行借款，年利率为 6%。若建设投资与自有资金均采用分年度投资的方式，投资使用计划为第一年 60%，第二年 40%，项目流动资金为 3 111 万元，全部由自有资金出资，则其项目投资计划与资金筹措表如表 6-3 所示。

表 6-3 项目投资计划与资金筹措表　　　　　　　　　　　　　　单位：万元

序号	项目	合计	计算期		
			建设期		经营期
			1	2	3
1	总投资（1.1+1.2+1.3）	23 115	11 717	8 287	3 111
1.1	建设投资	19 143	11 486	7 657	

续表

序号	项目	合计	计算期		
			建设期		经营期
			1	2	3
1.2	建设期利息	861	231	630	
1.3	流动资金	3 111			3 111
2	资金筹措（2.1+2.2+2.3）	23 115	11 717	8 287	3 111
2.1	项目资本金	9 424	3 788	2 525	3 111
2.1.1	用于建设投资	6 313	3 788	2 525	
2.1.2	用于建设期利息	0	0	0	
2.1.3	用于流动资金	3 111			3 111
2.2	债务资金	13 691	7 929	5 762	0
2.2.1	用于建设投资（1.1−2.1.1）	12 830	7 698	5 132	
2.2.2	用于建设期利息（1.2−2.1.2）	861	231	630	
2.2.3	用于流动资金（1.3−2.1.3）	0			0
2.3	其他资金				

【解】 根据表中数据可以判断，资金筹措总额为 23 115 万元，恰好等于总投资，资金筹措方案可行。

6.5.2 资金成本分析

资金成本是指项目为筹集和使用资金而支付的费用，包括资金占用费和资金筹集费。资金占用费主要包括各种股利、向贷款人支付的利息及其各种从属费用等，如保险费等，该费用取决于资金获取及偿还的渠道、方式等。资金筹集费是资金筹措过程中支付的各项费用，包括银行手续费、股票发行费、担保费等，按照筹集的次数一次性收取。

资金成本通常用资金成本率表示。资金成本率是指使用资金所负担的费用与筹集资金净额之比，由于资金筹集费一般与筹集资金总额成正比，所以一般用筹资费率表示资金筹集费，因此资金成本率的表达式为：

$$K=\frac{D}{P-F}=\frac{D}{P(1-f)} \tag{6-7}$$

式中：K 为资金成本率；

P 为筹集资金总额；

D 为资金占用费;

F 为筹资费;

f 为筹资费率;

$P-F$ 为筹集资金的净额。

1. 债务资金成本

债务资金成本由债务资金筹集费和债务资金占用费组成。债务资金筹集费是指债务资金筹集过程中支付的费用,如承诺费、发行手续费、担保费、代理费以及债券兑付手续费等;债务资金占用费是指使用债务资金过程中发生的经常性费用,如贷款利息和债券利息。含筹资费用的税后债务资金成本的表达式为:

$$K_d = \frac{(1-T) \times (R+V_d)}{1-f} \quad (6-8)$$

式中:K_d 为银行借款资金成本;

R 为银行贷款利率;

T 为所得税率;

V_d 为担保费率。

【例6-2】 某建设项目以银行长期贷款的方式进行融资,贷款3 500万元,年利率为10%,每年付息,期末一次性偿还本金,贷款筹资费率为0.8%,贷款担保费率为1%,企业所得税率为25%,计算该长期借款的资金成本。

【解】 依据式6-8,可计算长期借款资金成本为:

$K_d = (1-T) \times (R+V_d)/(1-f) = (1-25\%) \times (10\%+1\%)/(1-0.8\%) = 8.32\%$

2. 权益资金成本

权益资金包括公开发行的优先股、普通股,其成本的估算比较困难,因为对项目未来的收益以及股东对未来风险所要求的风险溢价很难做出准确的测定。

优先股的股利支付发生在所得税后,因此资金成本计算不能扣除所得税,股利分配稳定,直接用股利除以股票面值的净额。考虑筹资费的优先股资金成本率公式如下:

$$K_p = \frac{D_p}{P_p \times (1-f_p)} \quad (6-9)$$

式中:K_p 为优先股资金成本率;

P_p 为优先股票面值;

D_p 为优先股年股息;

f_p 为筹资费率；

分母为优先股的净额。

【例 6-3】 某金融机构为某项目发行优先股股票，股票的市值为 1 000 万元，筹资费率为 3%，股息年率为 12%，计算该融资方式的资金成本。

【解】 将已知数据直接代入式 6-9 计算资金成本。

$$K_p = D_p / [P_p(1-f_p)] = 12\% / (1-3\%) = 12.37\%$$

采用增长法的普通股权益资金成本的计算同样不考虑所得税，计算公式为：

$$K_c = \frac{D_c}{P_c \times (1-f_c)} + G \quad (6-10)$$

式中：K_c 为普通股资金成本率；

P_c 为普通股票面值；

D_c 为普通股年股息；

f_c 为筹资费率；

分母为普通股的净额；

G 为普通股年增长率。

【例 6-4】 某金融机构为某项目发行普通股股票，股票的发行市值为 1 000 万元，普通股股票筹资额为 800 万元，筹资费率为 3%，第一年的股息率为 8%，以后每年增长 5%，计算该融资方式的资金成本。

【解】 将已知数据直接代入式 6-10 计算资金成本。

$$K_c = D_c / [P_c(1-f_c)] + G = 1\,000 \times 8\% / [800 \times (1-3\%)] + 5\% = 15.31\%$$

3. 债券资金成本

债券资金成本为发行债券产生的债券券息和筹资费用，前者同于利息，可抵扣所得税，因此在券息的税后计取，同时必须考虑债券的筹资费用。债券资金成本计算公式为：

$$K_b = \frac{R_b(1-T)}{B(1-f_b)} \quad (6-11)$$

式中：K_b 为债券资金成本；

R_b 为债券年券息；

T 为所得税率；

f_b 为筹资费率；

B 为债券总额。

【例 6-5】 某金融机构为某项目建设发行面值为 1 000 万元的 5 年期债

券，若发行价格为 1 100 万元，票面券息为 6%，发行费率为 3%，所得税率为 25%，计算该项融资的资金成本。

【解】 根据式 6-11，代入数据直接计算资金成本。

$$K_b = R_b(1-T)/B(1-f_b) = 1\,000 \times 6\%(1-25\%)/[1\,100 \times (1-3\%)] = 4.22\%$$

4. 融资租赁的资金成本

企业通过租用的方式获得某项资产的使用权，并定期为资产使用支付租金。该租金列入企业经营成本，并抵扣所得税。此时资产租金的成本率为租金除以资产价值，并扣除所得税。计算公式为：

$$K_L = \frac{E}{P_L} \times (1-T) \qquad (6\text{-}12)$$

式中：K_L 为租赁资金成本；

P_L 为租赁资产价值；

T 为所得税率；

E 为租金。

【例 6-6】 某项目采用设备租赁的方式进行租赁融资，租赁资产的价值为 1 500 万元，所得税率为 25%，年租金为 150 万元，计算该项融资的资金成本。

【解】 直接将已知数据代入式 6-12，计算资金成本。

$$K_L = E/P_L \times (1-T) = 150/1\,500 \times (1-25\%) = 7.5\%$$

5. 加权资金成本

为了比较不同融资方案的资金成本，需要计算加权平均资金成本。加权平均资金成本一般是以各种资金占全部资金的比重为权数，对个别资金成本进行加权平均确定的。其计算公式为：

$$k_w = \sum_{i=1}^{n} k_i w_i \qquad (6\text{-}13)$$

式中：k_w 为加权平均资金成本；

k_i 为第 i 种个别资金成本；

w_i 为第 i 种个别资金成本占全部资金的比重（权数）。

【例 6-7】 某项目采用长期借款、优先股、普通股及债券 4 种方式进行融资，相应融资信息见例 6-2、例 6-3、例 6-4、例 6-5，可计算该项目的平均资金成本。

【解】 首先计算总融资额 = 3 500 + 1 000 + 1 000 + 1 000 = 6 500 万元，然后采用式 6-13 计算加权融资成本。

$$K_w = K_1W_1 + K_2W_2 + K_3W_3 + K_4W_4 = 8.32\% \times 3\ 500/6\ 500 + 12.37\% \times 1\ 000/6\ 500 + 15.31\% \times 1\ 000/6\ 500 + 4.22\% \times 1\ 000/6\ 500 = 9.39\%$$

6.5.3 融资风险

融资风险是指融资活动存在的各种风险。融资风险有可能使投资者、项目法人、债权人等各方蒙受损失。在融资方案分析中，应对各种融资方案的融资风险进行识别、比较，并对最终推荐的融资方案提出防范风险的对策。融资风险分析中应重点考虑下列风险因素：

1. 资金供应风险

资金供应风险是指在项目实施过程中由于资金不落实，导致建设工期延长，工程造价上升，使原定投资效益目标难以实现的风险。导致资金不落实的原因很多，主要包括：① 已承诺出资的股本投资者由于出资能力有限（或者由于拟建项目的投资效益缺乏足够的吸引力）而不能（或不再）兑现承诺；② 原定发行股票、债券计划不能实现；③ 既有企业法人由于经营状况恶化，无力按原定计划出资。为防范资金供应风险，必须认真做好资金来源可靠性分析。在选择股本投资者时，应当选择资金实力强、既往信用好、风险承受能力强的投资者。

2. 利率风险

利率风险是指由于利率变动导致资金成本上升，给项目造成损失的可能性。利率水平随金融市场情况而变动，未来市场利率的变动会引起项目资金成本发生变动。采用浮动利率，项目的资金成本随利率的上升而上升，随利率的下降而下降。采用固定利率，如果未来利率下降，项目的资金成本不能相应下降，相对资金成本将升高。因此，无论采用浮动利率还是固定利率都存在利率风险。为了防范利率风险，应对未来利率的走势进行分析，以确定采用何种利率。

3. 汇率风险

汇率风险是指汇率变动给项目造成损失的可能性。国际金融市场上各国货币的比价在时刻变动，使用外汇贷款的项目，未来汇率的变动会引起项目资金成本发生变动以及未来还本付息费用支出的变动。某些硬货币贷款利率较低，但汇率风险较高；软货币则相反，汇率风险较低，但贷款利率较高。为了防范汇率风险，使用外汇数额较大的项目应对人民币的汇率走势进行分析。

6.6 PPP 项目融资案例

6.6.1 PPP 合作关系

1. PPP 项目合作关系图（见图 6-6）

政府部门
授权
私营投资者
投资方式
PPP管理机构
咨询建议
第三方咨询公司
咨询建议
私营企业
特许经营合同
担保公司
担保合同
PPP项目管理公司
保险公司
建设合同
保险
合同
贷款合同
承建公司
金融机构
运营商
供应合同
供应商
其他股权投资者
股权投资合同
消费者
供应合同

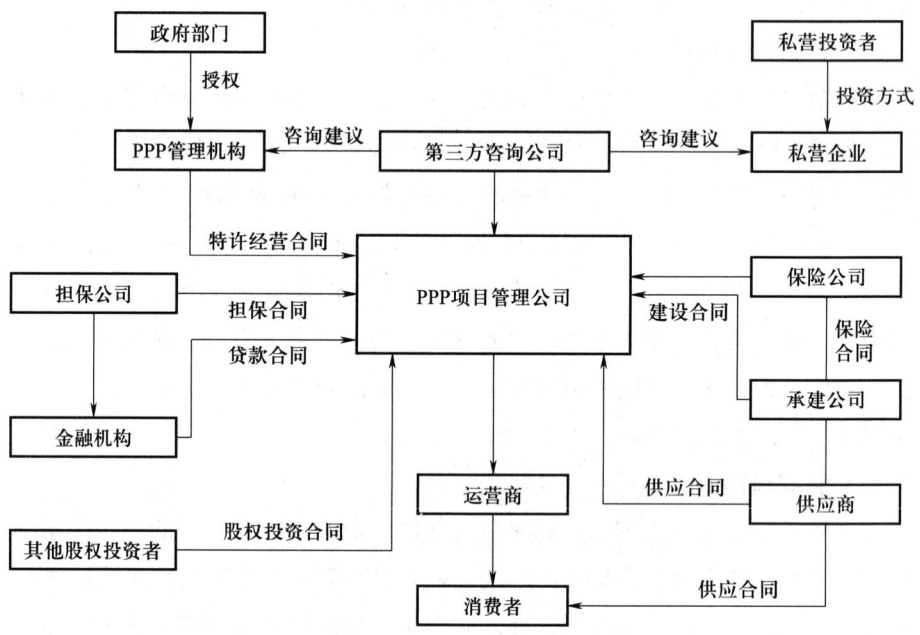

图 6-6　PPP 项目合作关系图

2. PPP 项目的主要合同体系（见图 6-7）

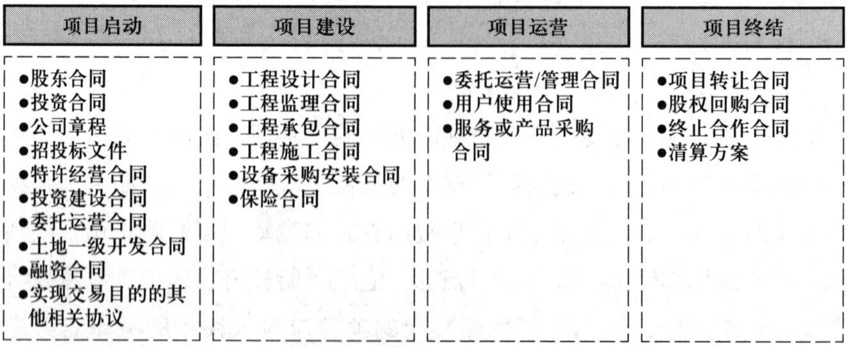

项目启动
●股东合同
●投资合同
●公司章程
●招投标文件
●特许经营合同
●投资建设合同
●委托运营合同
●土地一级开发合同
●融资合同
●实现交易目的的其他相关协议
项目建设
●工程设计合同
●工程监理合同
●工程承包合同
●工程施工合同
●设备采购安装合同
●保险合同
项目运营
●委托运营/管理合同
●用户使用合同
●服务或产品采购合同
项目终结
●项目转让合同
●股权回购合同
●终止合作合同
●清算方案

图 6-7　PPP 项目的主要合同体系

3. PPP 的操作流程（见图 6-8）

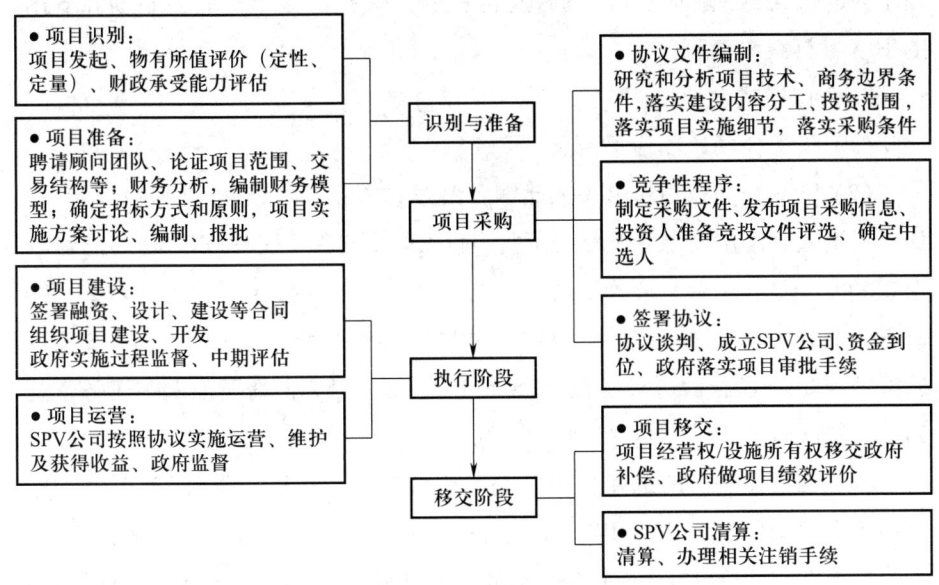

图 6-8　PPP 操作流程

6.6.2　PPP 项目经济分析

1. 项目概况及技术、商务条件

（1）建设期投资收益计算及支付原则。

① 注册资本。政府平台公司以及投资人按比例一次性到位注册资本，从投入之日开始计算投资回报，按季度支付。

② 除 SPV 权益资金外的项目贷款融资。SPV 公司在注册资本不足以支付工程款时，由投资人按 SPV 公司需要实际支付工程款金额逐步投入 SPV 公司，以实际支付工程款的资金为计算基数，从投入之日开始计算投资回报，每半年累计结算并支付一次。

（2）购买服务期投资回报计算及支付原则。政府在购买服务期内以未返还投资方投入 SPV 公司的资金为计息基数（已支付政府购买服务费用的部分不再纳入计算基数），以配套用房、地上地下停车场等经营场所租金向 SPV 公司按季度支付（使用者付费）。租金不足以支付的，由市政府进行补足。

（3）投资可行性分析。从项目条件来看，由于本房屋建设项目概算总投资约 10 亿元，配套用房、地上地下停车场明显不足以覆盖全部投资及回报，虽然名义上是使用者付费，但实质仍然是政府付费，这也为投资人提供了可靠保障。同时，本项目建设期加运营维护期共 10 年，投资年利润率不高于 8.3%，在此基础上计算的政府付费额并未超过该市一般公共预算支出的 10%，具有法律可行性。

2. 合作模式设计

（1）SPV 公司：项目平台。

（2）SPV 公司权益资金投入比例。根据本项目基本条件，由政府平台公司与投资人共同出资组建 SPV 公司，其中政府出资代表——KY 公司出资额为 2 500 万元，占 SPV 公司权益资金的 10%，投资人投入权益资金为 22 500 万元，占 SPV 公司权益资金的 90%。权益资金总额为 25 000 万元，按项目总投资 100 000 万元计算，权益资金占总投入的 25%，尚需投入的债务资金为总投资比例的 75%，约 75 000 万元。

（3）社会投资人的选择及 SPV 公司股权架构。SPV 公司由 KY 公司和社会投资人共同出资组建。SPV 公司注册资本金限定为项目投资总额的 25%，约人民币 2.5 亿元，其中 KY 公司以货币 2 500 万元出资，占 SPV 公司注册资本的 10%；社会投资人出资额为 2.25 亿元，占 SPV 公司注册资本的 90%。SPV 公司股权结构如表 6-4 所示。

表 6-4　SPV 公司股权结构

出资主体	股权比例	出资金额（万元）	备注
KY 公司	10%	2 500	以现金方式出资
社会投资人	90%	22 500	以现金方式出资
合计	100%	25 000	

SPV 公司由 KY 公司和社会投资人在该市共同出资注册成立，注册资本在 SPV 公司成立后 30 日内注入 SPV 公司账户，具体要求根据双方在《PPP 合同》及《股东合同》的约定执行。同时，必须保证 SPV 公司资本金将先于金融机构债务资金到位，以保证项目债务资金顺利到位。各股东出资期限为 10 年，运营期满后各股东以清算方式退出，其中 KY 公司投入的 2 500 万元，根据《PPP 合同》的约定不再要求收回。

3. 资金筹措计划

根据进度计划拟订本项目资金筹措计划表，其中债务贷款利率按照 SPV 公司用款计划逐步到位，资金成本率按照当期中长期基准利率上浮不超过 50% 计算，期限不超过 10 年，为确保项目收益计算准确，假设前期投入 SPV 资本金及后期建设资金均通过银行融资解决，建设期债务资金利息计算如表

6-5 所示。

表 6-5 资金投入计划表 单位：亿元

实施季度	资金投入	债务期初余额	每期新增债务	当期新增利息
1	1.25	2.25	0	0.058
2	1.25	2.25	0	0.043
3	1.25	2.25	1.25	0.050
4	1.25	3.5	1.25	0.066
5	1.25	4.75	1.25	0.082
6	1.25	6	1.25	0.098
7	1.25	7.25	1.25	0.114
8	1.25	8.5	1.25	0.130
合计	10	9.75	7.5	0.641

（1）项目融资结构。项目社会投资人为国有背景，具备较好的债务融资条件，拟以 SPV 公司为融资平台向中国农业银行、工商银行等国有银行通过贷款方式筹集。债务资金金额约 75 000 万元，占总投资比例 75%，同时 KY 公司和社会投资人作为 SPV 公司股东，将积极发挥自身实力优势募集资金，通过股东借款等形式投入 SPV 公司，保障债务资金的到位和使用。

银行贷款将采用一次申请承诺，分期提款方式支用，即一次性取得 75 000 万元授信额度批复，在建设期内根据项目建设进度要求以及资本金到位比例，等比例发放。该融资方式在降低 SPV 公司财务成本的同时，有效规避了后续项目授信额度缺口以及因后续信贷政策变化导致审批不能通过的风险。

（2）债务资金。

① 债务资金成本及期限。债务贷款利率按照 SPV 公司用款计划逐步到位，资金成本率按照当期中长期基准利率上浮不超过 50% 计算（债务资金成本不会超过社会资本年化收益率控制价 8.3%，2017 年人民银行公布 5 年以上贷款利率 4.9%，本项目资金成本率按 6% 计算），期限不超过 10 年，2 年建设期内，当年新增债务部分按 50% 近似计算当年产生利息。

② 债务资金融资要求。前期社会投资人可与具有长期合作关系的银行体系充分沟通，探寻将本项目融资证券化的渠道，相关贷款产品能很好地对接本项目工程融资，且不需要抵押担保，可由《PPP 合同》项下预期收益、特许经营权、购买服务协议项下应收账款单独设定质押担保。

③ 还款计划。债务资金还款采用建设期付息（由 SPV 公司向银行等金融机构支付），运营期还本付息的方式，运营期结束，本息完全付清。

4. 项目运营成本测算

项目运营期的成本测算包括以下内容：工资及福利费；公用设备；设施运维费用；运维项目公共区域清洁及绿化养护综合费用；项目管理区域秩序维护费用；办公费用；固定资产折旧预计固定资产配置总额为 30 万元，预估折旧年限为 5 年，每月折旧费用计算如下：30 万元 ÷ 60 个月 = 5 000 元/月；公用设施设备保险费用及公众责任保险费用预估如下：估算为 48 000 元/年，则每月费用为 4 000 元；不可预见费用：按上述 7 项合计 370 435 元的 3%计提，11 113 元/月。

经测算，项目运营维护成本合计为 381 548 元/月，年运营维护成本为 4 578 576 元。则运营 8 年共计维护成本为 36 628 608 万元。

5. 收益测算

（1）投资总收益计算原则。本项目社会投资人本身具备投资施工一体化资格，总体看来项目收益包括两部分：投资收益+施工收益，而其中投资收益受限于项目投标时回报率（≤8.3%），且由于本项目融资方式为银行债务融资，预估债务资金利率为当期中长期基准利率上浮不超过 50%，2017 年人民银行公布 5 年以上贷款利率 4.9%，则本项目资金成本率按 6%估算，实际投资收益率为投资回报率减债务资金成本率，投资收益部分较低。施工收益＝施工总收入－施工总成本。

本项目采用清单计价，由于采取投资+施工一并招标，可避免施工招标过程中的综合单价大幅下调，故本项目施工收益可观。

（2）收益回收。

① 建设期。

$$A_1 = I \times n \times Y$$

式中：A_1——建设期占用资金的回报；

I——工程建设占用资金额度；

n——工程建设年限。

本项目建设期投资回报，按照年化收益率 $Y \leqslant 8.3\%$ 计取。建设期占用资金的回报以工程建设审计金额为基数，按其计算实际每年的占用额度，按年化 Y 计取，在竣工验收合格后，三个月内一次性支付。

② 运营期。自工程竣工验收后 8 年内，市政府在购买服务期内以未返还投资方投入项目建设资金为计息基数（已支付政府购买服务费用的部分不再

纳入计算基数），以配套用房、地上地下停车场等经营场所租金向 SPV 公司按季度支付（使用者付费）。租金不足以支付的，由市政府进行补足。在每年 3 月 31 日和每年 9 月 30 日以前，分两次支付给项目公司。

每期应偿还的本金 $B = I/2N$

每期应收回的投资收益 = 每期初尚未收回部分 $\times Y/2$

其中：每期初尚未收回部分 = I − 当期之前已收回部分之和含有的本金部分

每期租金 $A_2 = B +$ 每期应付投资收益

$$A = A_1 + A_2$$

式中：A——总收益；

  I——工程建设占用资金额度；

  N——租金支付总期数；

  B——每期应偿还的本金。

施工收益测算：本项目采用投资—施工一体化招标，招标过程中竞争性让利主要体现在投资年利润率的下浮，作为具备施工资质和能力的社会投资人，甚至可以考虑大幅下调投资年利润率以获取项目。对施工收入直接采用工程量清单计价，以项目所在地信息价为计价依据形成固定综合单价，不对工程量清单报价进行下浮或只是少量下浮，以施工收益弥补投资收益损失。在此情况下，投资人不必考虑施工报价竞争，而只需在施工生产过程中严控施工成本，务求施工收益最大化。按照省工程量清单计价基本水平，房屋建筑工程基本施工收益在 20% ~ 25%，本项目暂按施工下浮 5%，施工过程管理成本 5%，施工收益率 15% 进行估算。

项目总收益测算：社会投资人能否成功承建本项目，其核心在于投标年化收益率 Y 的报价、施工报价的下浮比例以及项目运营方案的编制。在 Y 不超过 8.3% 的情况下，取值越低承接项目希望越大，按 6% 确定债务资金融资费率，为确保项目成功承接，暂按 7% 进行年化收益率报价。在 PPP 两招并一招的框架下可对施工下浮进行有效控制，暂按 15% 的施工收益率测算收益总额。

根据本项目全部合作条件（债务资金成本率 6%，年化收益率 $Y = 7\%$，施工收益 15%）进行初步估算的项目净现金流量为 2.65 亿元，其中运营第六年 9 月租金回收后实现整个项目建设 + 施工收益现金流由负转正。项目移交后三个月即可实现建设期资金占用回报 7 875 万元，两年建设期满后即可实现施工收益 1.5 亿元。在社会投资人具备施工资格的情况下，本项目可有效实现收益资金回笼。资金流量表如表 6-6 所示。

表6-6 资金流量表(部分)

支付时间节点	实际支付	开工前1月	建设期					运营第一年			运营第六年		运营第七年		运营第八年	
			1月	7月	24月	27月	33月	87月	93月	99月	105月	111月	117月
开工前支付SPV注册资本金	25 000	25 000	0	0	0	0	0	0	0	0	0	0	0
1月	0.00	0.00	0.00	0.00	0.00	0.00	0.00	0.00	0.00	0.00	0.00	0.00	0.00
7月	4 166.47	0.00	0.00	4 166.67	0.00	0.00	0.00	0.00	0.00	0.00	0.00	0.00	0.00
8月	4 166.47	0.00	0.00	0.00	0.00	0.00	0.00	0.00	0.00	0.00	0.00	0.00	0.00
9月	4 166.47	0.00	0.00	0.00	0.00	0.00	0.00	0.00	0.00	0.00	0.00	0.00	0.00
10月	4 166.47	0.00	0.00	0.00	0.00	0.00	0.00	0.00	0.00	0.00	0.00	0.00	0.00
11月	4 166.47	0.00	0.00	0.00	0.00	0.00	0.00	0.00	0.00	0.00	0.00	0.00	0.00
12月	4 166.47	0.00	0.00	0.00	0.00	0.00	0.00	0.00	0.00	0.00	0.00	0.00	0.00
13月	4 166.47	0.00	0.00	0.00	0.00	0.00	0.00	0.00	0.00	0.00	0.00	0.00	0.00
14月	4 166.47	0.00	0.00	0.00	0.00	0.00	0.00	0.00	0.00	0.00	0.00	0.00	0.00
15月	4 166.47	0.00	0.00	0.00	0.00	0.00	0.00	0.00	0.00	0.00	0.00	0.00	0.00
16月	4 166.47	0.00	0.00	0.00	0.00	0.00	0.00	0.00	0.00	0.00	0.00	0.00	0.00
17月	4 166.47	0.00	0.00	0.00	0.00	0.00	0.00	0.00	0.00	0.00	0.00	0.00	0.00
18月	4 166.47	0.00	0.00	0.00	0.00	0.00	0.00	0.00	0.00	0.00	0.00	0.00	0.00
19月	4 166.47	0.00	0.00	0.00	0.00	0.00	0.00	0.00	0.00	0.00	0.00	0.00	0.00
20月	4 166.47	0.00	0.00	0.00	0.00	0.00	0.00	0.00	0.00	0.00	0.00	0.00	0.00
21月	4 166.47	0.00	0.00	0.00	0.00	0.00	0.00	0.00	0.00	0.00	0.00	0.00	0.00

续表

支付时间节点	实际支付	开工前1月	建设期				运营第一年		运营第六年		运营第七年		运营第八年	
			1月	7月	24月	27月	33月	87月	93月	99月	105月	111月	117月
22月	4 166.47	0.00	0.00	0.00	0.00	0.00	0.00	0.00	0.00	0.00	0.00	0.00	0.00
23月	4 166.47	0.00	0.00	0.00	0.00	0.00	0.00	0.00	0.00	0.00	0.00	0.00	0.00
24月	4 166.47	0.00	0.00	0.00	4 166.67	0.00	0.00	0.00	0.00	0.00	0.00	0.00	0.00
建设资金投入	100 000.00	25 000.00	0.00	4 166.67	4 166.67	0.00	0.00	0.00	0.00	0.00	0.00	0.00	0.00
建设投资利息总计（利率6%）	20 826.14	112.50	112.50	130.21	431.25	431.25	2 737.78	350.93	0.00	0.00	0.00	0.00	0.00
运营维护期成本	3 548.40	0.00	0.00	0.00	0.00	38.15	228.93	228.93	228.93	228.93	228.93	228.93	228.93
资金总流出	124 374.54	25 112.50	25 225.00	30 084.38	105 840.63	107 134.38	109 872.16	120 826.14	120 826.14	0.00	0.00	0.00	0.00
建设期资金占用回报（Y=7%）	7 875.00	0.00	0.00	0.00	0.00	7 875.00	0.00	0.00	0.00	0.00	0.00	0.00	0.00
租金回收	128 000.00	0.00	0.00	0.00	0.00	8 000.00	9 531.25	7 562.50	7 343.75	7 125.00	6 906.25	6 687.50	6 468.75
建安收益（暂按15%估算）	15 000.00	0.00	625.00	625.00	625.00	0.00	0.00	0.00	0.00	0.00	0.00	0.00	0.00
资金总流出	150 875.00	0.00	625.00	4 375.00	15 000.00	30 875.00	40 406.25	116 343.75	123 687.50	130 812.50	137 718.75	144 406.25	150 875.00
净现金流量	26 500.46	-25 112.50	-24 600.00	-25 709.38	-90 840.63	-76 259.38	-69 465.91	-4 482.39	2 861.36	9 986.36	16 892.61	23 580.11	30 048.86

6.6.3 案例总结

（1）PPP项目融资过程复杂，内容丰富，是典型的项目融资形式。

（2）围绕工程经济要素的碎片化融资与资金回收成为项目融资的重要方向，适应共享经济的发展方向。

（3）该融资方式是动态基金测算过程，依然是围绕现金流的系统工程，包括合同、权益资本管理、债务资金管理、建设管理、运营管理等方面。

（4）为规避项目融资风险，必须对项目中与经济效果相关的所有要素进行详细的可靠性论证，包括数据来源、计算依据与方法、计算结果的稳定性分析，等等。

本章小结

项目融资是工程经济分析应用的重要方面，其服务目标是解决项目投资及运营的资金来源问题，特别是项目投资的基金来源。由于项目投资额巨大，因此根据融资规律，通过融资市场采用科学合理的融资方式获得资金保障，同时规避风险。项目融资采用定量分析模型进行融资决策分析，无论采用怎样的融资方式应始终围绕项目投资现金流，开展各种形式的资金来源组合。

项目融资包括资本金融资及债务资金的融资两部分，采用不同的路径获得相应的投资来源资金。资本金融资包括所有者权益、债券等，债务资金可以通过国内外贷款的方式获取，贷款机构有许多选择。

项目融资模式是项目资金来源的关键内容，根据项目的具体情况包括资产证券化融资、BOT融资、设备租赁融资等，融资模式的设计已经向精细化的项目资金需求发展，而不是针对整个项目资金的需求。

项目融资模式的选择在于项目融资成本的控制，可采用项目融资财务模型进行测算，不同的融资方式采用不同的资金成本测算方法，项目总融资成本水平根据项目所使用的各融资模式所产生的成本加权计算。

由于项目融资时间长，规模大，利益主体众多，因此融资合作方式或关系是项目融资保障的关键成功因素，需要通过各种合同关系的管理保障资金有序融入项目，同时规避风险。

项目融资方式众多，涉及内容广泛，需要在多方案比较中科学规划与执行。

思考题

1. 项目融资的主要内容包括哪些方面？
2. 什么是项目资金结构？
3. 衡量与选择项目融资方案的依据有哪些？
4. 项目融资模式主要有哪些？请综合分析这些模式的发展趋势。

即测即评

请扫描二维码，测试本章学习效果。

第 7 章 工程项目财务评价

工程项目财务评价是工程经济评价中的一类，主要从投资者的角度进行工程项目的经济评价分析，是工程经济学的重要内容，具备成熟系统的方法论和应用场景。本章主要介绍财务评价的评价指标及基本报表，财务评价的主要内容、流程以及财务评价案例。

7.1 财务评价与经济评价

项目经济评价，是对工程项目的经济合理性进行计算、分析、论证，并提出投资意见的过程，是工程项目可行性研究工作的一项重要内容。它也是工程经济分析方法在项目建设管理中的现实应用，一般包括财务评价和费用效益分析。

7.1.1 项目类型与评价方式

1. 项目类型

建设项目的类型是其经济评价内容和方法选择、效益与费用测算、评价形式等方面的重要依据，可以从不同角度对建设项目进行分类，然后开展恰当的经济评价。

（1）按项目建成目标，分为营利性项目和非营利性项目。营利性项目通过项目投资实现所有者权益的市场价值最大化，以营利为投资行为方向。非营利性项目不以追求营利为目标，这类项目的投资一般由政府安排，营运资金也由政府支出，项目的产出直接为公众提供基本生活服务。在后一类项目中，有些能回收全部投资成本，项目有财务生存能力，有些不能回收全部投资成本，需要政府补贴才能维持运营，国家有相应的配套投资政策。

（2）按项目与企业原有资产的关系，分为新建项目和改扩建项目。改扩建项目是在原有企业基础上进行建设或改造，通过利用原有企业的资源，以增量带动存量，以较小的新增投入取得较大新增效益。建设期内项目建设与原有企业的生产同步进行。

2. 评价方式

项目类型、项目性质、项目目标和行业特点都会影响财务评价内容、评价指标及评价参数的选择。具体项目采用什么评价方法、评价内容和评价参数具有一定程度的差异性，必须匹配一种恰当的评价方式。

（1）对于一般项目，财务分析结果将对其决策、实施和运营产生重大影响，当财务分析的结果能够满足决策需要时，可以不进行经济费用效益分析。营利性项目（包括新建项目）使用财务评价。

（2）对于那些关系国家安全、国土开发、市场不能有效配置资源等具有较明显外部效果的项目（一般为政府审批或核准项目），需要从国家经济整体利益的角度来考察项目，并以能反映资源真实价值的影子价格来计算项目的经济效益费用，通过经济评价指标的计算和分析，得出项目是否对整个社会经济有益的结论。非营利性项目采用费用效益分析。

（3）对于特别重大的建设项目，除进行财务分析与经济费用效益分析外，还专门分析和研究项目对区域经济或宏观经济的影响。

（4）改扩建项目采用两方案评价的方式进行经济评价。应遵循的基本原则是"有无对比"原则。"有无对比"是指"有项目"相对于"无项目"的对比分析。"无项目"状态指不对该项目进行投资时，在计算期内和项目有关资产、费用与收益的预计发展情况；"有项目"状态指对该项目进行投资，在计算期内资产、费用与收益的预计情况。"有项目"与"无项目"两种情况下，效益和费用的计算范围、计算期应保持一致，有可比性。通过"有无对比"求出项目增量投资的增量收益效果。

7.1.2 财务评价内涵

1. 含义

财务评价又称财务分析，是根据国家现行财税制度、价格体系和项目评价的有关规定，从项目的财务角度，在财务效益与费用的估算以及编制财务报表的基础上，计算财务分析指标，并分析项目的经济风险。财务评价结果为投资决策、融资决策以及银行审贷等项目经济活动提供依据。

2. 原则

（1）效益与费用计算口径对应一致。财务评价的效益与费用作为财务评价的基础数据，只有限定在同一个范围内，统一计算的企业投资角度，才能进行比较，计算的项目净效益才是项目投入费用成本的对等真实回报。

（2）权衡收益与风险。项目投资不仅关心项目的财务效益指标，也要关注风险能力，需要在综合权衡收益与风险后进行经济决策。

（3）定量分析与定性分析相结合，以定量分析为主。财务评价的本质是对拟建项目在整个计算期的建设与运维活动，通过计算效益与费用，全面分析和比较项目经济效益与预期目标的差异。财务评价必须采用定量财务评价指标，特殊风险可以采用定性分析的方法，如判断、识别项目类型等，但需要与定量分析结合起来进行综合分析。

（4）动态分析与静态分析相结合，以动态分析为主。动态分析是指利用资金时间价值的原理对项目现金流量进行折现分析。静态分析是不考虑资金时间价值的分析。财务评价的核心是财务评价指标的计算，所以分析评价在折现即动态评价的基础上，可以补充非折现即静态评价，根据需求两者配合使用。

7.2 财务评价活动

7.2.1 财务评价活动内容

1. 财务评价的目的

（1）从企业、项目角度出发，评价项目投资效果，如盈利、清偿、生存、风险等。

（2）制定资金规划的依据，明确项目建设资金、运维资金的来源及使用方向。

（3）协调并反映各方利益相关者的利益需求，为共同投资决策提供依据。

（4）积累项目前期数据资料，为项目建成后跟踪及连续性评价提供依据。

2. 财务评价的两个阶段

项目经济决策可分为投资决策和融资决策两个层次。前者回答项目本身是否可行，后者回答如何投资是否可行。投资决策重在考察项目自身净现金流是否大于其投资成本，融资决策重在考察资金筹措后能否满足投资人的利益需求。必须严格遵守顺序，投资决策在先，融资决策在后。若投资决策不可行，则无须进行后续的融资决策。根据两阶段项目经济决策的需求，财务分析可分为融资前分析和融资后分析。

融资前分析是指在考虑融资方案前开展的财务分析，即不考虑债务融资条件下进行的财务分析。融资前分析只进行盈利能力分析，以项目投资折现现金流分析为主，计算项目投资内部收益率、净现值指标和静态投资回收期指标。在融资分析结论满足评价标准的情况下，设定初步融资方案，再进行融资后分析。

融资后分析是指以设定的融资方案为基础进行的财务分析。包括盈利能力分析、偿债能力分析和财务生存能力分析。用于评价项目方案在融资方案假设下的可行性，包括融资方案可行性、项目投资可行性。

3. 两阶段财务评价框架图

根据项目融资前与融资后的财务分析要求和关系，建立融资前后财务评价逻辑框架图（见图 7-1）。

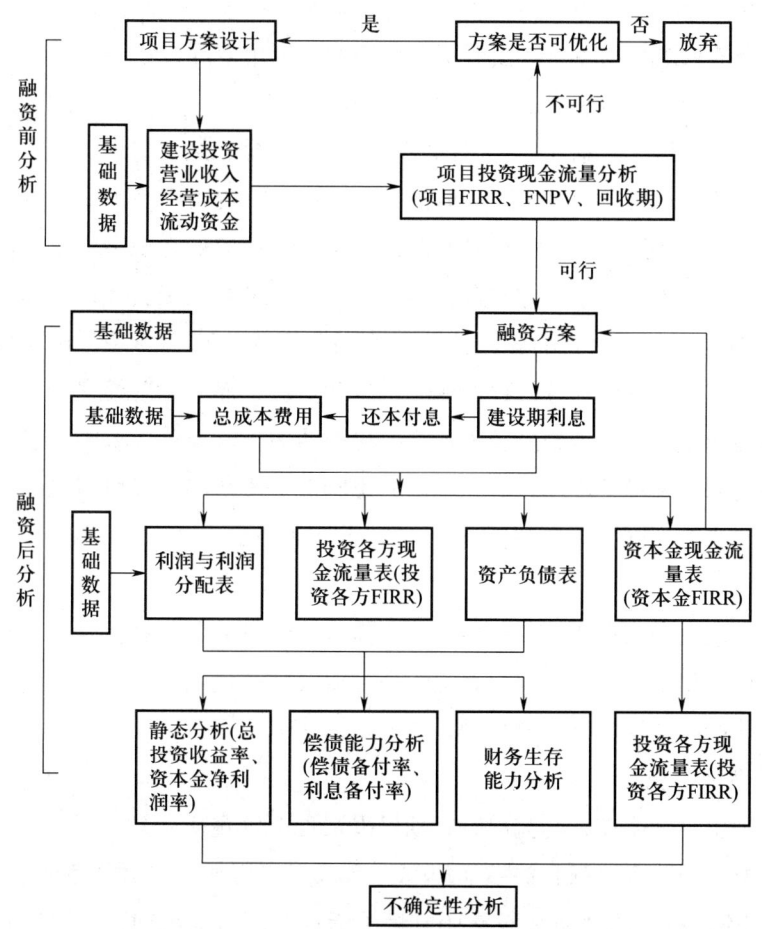

图 7-1　融资前后财务评价逻辑框架图

7.2.2 融资前分析

1. 分析内容

融资前分析指项目投资现金流量分析，是从项目投资总获利能力角度，考察项目投资方案的合理性。根据需要，从所得税前和所得税后两个角度，分别计算所得税前和（或）所得税后指标。计算所得税前指标的融资前分析称为所得税前分析，是从息前税前角度进行的分析；计算所得税后指标的融资前分析称为所得税后分析，是从息前税后角度进行的分析，总之都是不考虑融资成本的分析。

2. 现金流出流入识别

融资前分析的基础是项目的现金流。进行现金流分析应正确识别现金流入和现金流出，融资前财务分析的现金流量与融资方案无关。从该原则出发，融资前只进行项目全部投资现金流分析，利用全部投资现金流量表进行指标计算，如表7-3所示。

（1）现金流出包括5项，建设投资、流动资金、经营成本、营业税金及附加、维持运营投资。其中维持运营投资是运营期内需要发生设备或设施的更新费用，以及矿山、石油开采项目的拓展费用，应作为现金流出。现金流出计算，需要剔除与融资方案直接有关的工程经济要素或其计算中间接涉及融资的因素，在现金流的各项估算中都需要剔除利息的影响。在现金流出中，采用不含建设期利息的建设投资、流动资金，而不是总投资；采用不含利息的经营成本，而不是总成本费用；在流动估算、经营成本中的修理费和其他费用估算过程中应注意避免利息的影响等。所得税前和所得税后分析的现金流出略有不同，所得税后分析除以上5项外还应增加所得税作为现金流出。

（2）现金流入有4项，主要是营业收入，还可能包括补贴收入，在计算期的最后一年，还应计算回收固定资产余值及回收流动资金。所得税前和所得税后分析的现金流入完全相同。

3. 净现金流

根据上述现金流入与流出编制项目投资现金流量表，并依据该表计算项目投资息税前财务内部收益率（$FIRR$）和项目投资息税前财务净现值（$FNPV$）。按所得税前的净现金流量计算相关指标，即所得税前指标，完整体现投资盈利能力，用以考察由项目方案本身所决定的财务盈利能力，是融资方案前和所得税前的分析结果,仅仅体现项目方案本身的合理性,换句话说是任何人去投资的效果。所得税前指标可以作为初步投资决策的主要指标,用于考察项目是否基本可行,投资者最终出资的决定需要在对后期融资方案的比选分析基础上做出。

4. 调整所得税

所得税后分析是在所得税前分析基础上的延伸,需要计算调整所得税。项目投资现金流表中的"所得税"应根据息税前利润($EBIT$)乘以所得税税率计算,称为"调整所得税"。原则上,息税前利润的计算应完全不受融资方案变动的影响,与融资成本(如利息)无关,体现在建设期利息对折旧的影响,由于折旧是总成本费用的一部分,当营业收入一定时,折旧作为计算息税前利润的一部分,其受利息影响的变化将影响息税前利润。为简化起见,当建设期利息占总投资比例不是很大时,就不扣除折旧中利息,可直接按利润表中的息税前利润计算调整所得税,即:

$$息税前利润 = 营业收入 - 营业税金附加 - 折旧与摊销 - 经营成本 \quad (7-1)$$
$$调整所得税 = 息税前利润 \times 所得税税率 \quad (7-2)$$

5. 评价标准

财务分析中,一般将内部收益率的判别基准和计算净现值的基准折现率采用同一数值,内部收益率大于基准折现率,此折现率下的净现值大于等于零,对项目财务效果的判断一致。作为项目财务评价基准的基准收益率或计算项目投资净现值的折现率,应主要依据"资金机会成本"和"资金成本"确定,并充分考虑项目可能面临的风险。实际工作中,根据项目的性质使用有关部门发布的行业财务基准收益率,或参考使用有关主管部门发布的财务基准收益率。在项目财务评价时,可以进行资金折现率的敏感性分析,以判断项目财务效果对资金收益率的风险。

7.2.3 融资后分析

在融资前分析结果通过方案评价标准后,进一步制定融资方案,进行融资后分析。融资后分析包括项目的盈利能力分析、偿债能力分析以及财务生存能力分析,进而判断项目方案在融资条件下的合理性。融资后分析的结果是比选融资方案,进行融资决策和投资者最终决定投资的依据。

1. 融资后的盈利能力分析

融资后的盈利能力分析是在拟订的融资方案基础上进行的息税后分

析,依据的报表是项目资本金现金流量表,分析包括动态分析和静态分析。

动态分析应首先编制项目资本金现金流量表,如表 7-4 所示,然后根据资金时间价值原理,计算盈利能力指标,如资本金内部收益率、动态投资回收期,最后分析资本金的获利能力。

项目资本金现金流量分析是从项目权益投资整体的角度,考察项目给项目权益投资者带来的收益水平。根据项目资本金现金流量表计算资本金内部收益率指标。项目资本金内部收益率是判别融资方案是否具有盈利能力的关键指标,判别基准是项目投资者整体对资本金获利的最低期望值,亦即资金最低可接受收益率。当计算的项目资本金内部收益率大于或等于该最低可接受收益率时,说明投资获利水平满足资本金投资期望,投融资可以接受。资金最低可接受收益率主要取决于当时的资本收益水平以及投资者对权益资金收益的要求,它与资金机会成本、投资者对风险的态度、企业资金能力等要素有关。

2. 融资后的偿债能力分析

偿债能力的计算指标为借款偿还期,考察项目偿还固定资产投资的国内借款所需要的时间。偿债能力计算指标也包括利息备付率、偿债备付率、流动比率、速动比率和资产负债率等各种财务比率指标,考察项目资金的流动性水平。

偿债能力指标主要依据借款偿还表及资产负债表来计算,评价标准为满足项目投资的最低期望。

3. 财务生存能力分析

财务分析中应根据财务计划现金流量表,综合考虑项目计算期内各年的投资活动、融资活动和经营活动所产生的各项现金流入与流出,计算净现金流量和累计盈余资金,分析项目是否有足够的净现金流量维持正常的财务运营活动。为此,财务生存能力分析亦可称为资金平衡分析。财务生存能力分析应结合偿债能力分析进行,如果拟安排的还款期过短致使还本付息负担过重,导致为维持资金平衡必须筹借的短期借款过多,应调整还款期,减轻各年还款负担,达到资金平衡。项目资金平衡主要体现在建设、运营、融资三个财务活动的资金平衡。

(1) 拥有足够的经营净现金流量是财务可持续的基本条件,特别是在运营初期。一个项目具有较大的经营净现金流量,说明项目方案比较合理,实现自身资金平衡的可能性大,不会过分依赖短期融资来维持运营;反之,一个项目不能产生足够的经营净现金流量，或经营净现金流量为负值，说明维持项目正常运行会遇到财务上的困难，项目方案缺乏合理性，实现自身资金平衡的可能性小，有可能要靠短期融资来维持运营；或者是非经营性项目本身无能力实现自身资金平衡，提示要靠政府补贴。

（2）各年累计盈余资金不出现负值是财务生存的必要条件。在整个运营期间，允许个别年份的净现金流量出现负值，但不能容许任一年份的累计盈余资金出现负值。一旦出现负值应适时进行短期融资，该短期融资应体现在财务计划现金流量表中，同时短期融资的利息也应纳入成本费用和其后的计算。较大的较频繁的短期融资，有可能导致以后的累计盈余资金无法实现正值，致使项目难以持续运营。财务计划现金流量表是项目财务生存能力分析的基本报表，其编制基础为财务分析辅助报表、利润表。

4. 财务评价的风险分析

完成投资决策和融资决策分析后，应开展：不确定性分析，包括盈亏平衡分析、敏感性分析；项目抗风险能力测算，包括项目风险估计与评价，最后提出项目风险应对的建议。

7.3 财务评价的费用与效益估算

7.3.1 估算原则、范围与步骤

财务评价的费用与效益估算是工程财务分析的第一步，估算结果的准确性与可靠程度直接影响财务评价结论。财务评价的费用估算包括建设期工程投资估算、运营期的总成本费用估算，效益估算包括项目销售收入、利润等的估算。以上工程经济要素的详细估算方法可参考第 3 章中工程经济要素的估算，本节给出系统性原则。

1. 估算原则

财务效益与费用的识别和估算是对将来情况的预测，应注意遵守现行财务、会计以及税收制度的规定。财务评价中效益与费用的估算应遵守有无对比的原则。"有无对比"是国际项目评价中通用的效益与费用识别的基本原则，与项目评价的许多方面一样，财务评价中效益与费用的识别和估算同样需要遵循这条原则。

财务效益与费用的估算应根据项目性质、类别和行业特点，明确相关政策和其他估算依据，选取适宜的估算方法，编制相关表格，说明估算过程及结果。

2. 估算范围

财务评价中效益与费用的估算范围应体现效益和费用对应一致的原则，即在确定的项目范围内，对等地估算财务主体的直接效益以及相应的直接费用，避免高估或低估项目的净效益。项目的财务效益与项目目标有直接的关系，项目建设目标不同，财务效益包含的具体内容也不同，应依据财务评价的基本报表科目进行分项估算。市场化运作的经营性项目，项目目标是通过销售产品或提供服务实现盈利，财务效益主要是指所获取的销售或营业收入。对于某些国家鼓励发展的经营性项目，可以获得增值税的优惠。按照有关会计及税收制度，先征后返的增值税应记作补贴收入，作为财务效益计入现金流入。对于以提供公共产品服务于社会或以保护环境等为目标的非经营性项目，也将政府补贴作为项目财务收益。

3. 估算步骤

财务评价中效益和费用的估算步骤应该与财务分析的步骤相匹配。在进行融资前分析时，应先估算独立于融资方案的建设投资和营业收入，然后是经营成本和流动资金。在进行融资后分析时，应先确定初步融资方案，然后估算建设期利息，进而完成固定资产原值的估算，通过还本付息计算求得运营期各年利息，最终完成总成本费用的估算。总之，应根据用于财务评价的基本财务报表的需要，逐一估算工程经济要素中的收益与费用成本。

7.3.2 估算采用的价格

1. 项目财务能力测算中的价格

项目投入物与产出物的价格对项目财务能力有很大影响，财务评价中效益与费用的计算价格选取应正确处理价格总水平变动因素，原则上盈利分析应考虑相对价格变化，而偿债能力分析应同时考虑相对价格变化和价格总水平变动的影响。为简化起见，可做如下处理：① 在建设期间既要考虑价格总水平变动，又要考虑相对价格变化。在建设投资估算中价格总水平变动是通过涨价预备费来体现的。② 项目运营期内，一般情况下盈利能力分析和偿债能力分析可以采用同一价格，即预测的运营期价格。③ 项目运营期内，可根据项目的具体情况选用固定价格，项目经营期内年价格不变或考虑相对价格变化的变动价格，项目运营期内各年价格不同，某些年份价格不同。④ 当有要求或价格总水平变动较大时，项目偿债能力分析采用的价格应考虑价格总水平变动因素。

2. 项目投资与收益中的价格

项目投资估算应采用含增值税价格，包括建设投资、流动资金和运营期的维持运营投资。项目运营期内投入物的价格是含增值税的价格，项目运营期内产出物的价格则是不含税价格，因此营业收入为不含税的收入。营业收入估算的基础数据，包括产品或服务的数量和价格，都与市场密切相关，需采用定量分析方法进行估算，如回归分析、时间序列预测等。

7.3.3 静态与动态测算

1. 静态测算

静态测算是指在财务分析中不考虑资金的时间因素影响，投资、收益等资金流量按照当年数值或者多年的平均数据进行计算，无须折现或考虑时间变化下的变化。此种方法计算简便，容易理解，但计算出的指标不能反映未来时期内的变化情况，在项目的初步可行性分析中使用。

评价项目的盈利能力时，对全部投资的静态测算需计算静态投资回收期、总投资收益率等，对资本金的静态测算则计算资本金净利润率指标，根据相应的财务评价表格进行计算。资本金净利润率使用利润表，静态投资回收期则使用项目投资现金流量表。

2. 动态测算

动态测算是对项目计算期内项目费用及收益进行有变化的调整计算。在财务分析中考虑资金的时间因素影响，即随着时间的推移，货币价值在时间上发生变动。因此在进行项目费用、效益的测算时，应该在静态测算的基础上进行动态测算的调整。一方面应考虑通货膨胀、物价指数产生的建设成本、运营成本的增加，另一方面在计算销售收入时，应考虑随着时间变化的一定幅度的销售价格变动，同时整个计算过程还应考虑资金时间价值下的成本。虽然动态测算更为复杂，但结果更准确，能反映出未来时期的变化情况，更能如实反映资金的运行情况。

7.4 财务评价指标与报表

7.4.1 财务评价指标体系与基本报表

财务评价的基本报表主要有五类，它们分别是：项目全部投资现金流量表、资本金现金流量表、利润与利润分配表、财务计划现金流量表、资产负债表及借款还本付息计划表。基本报表是财务评价指标计算的工具，两者的关系如表 7-1 所示。

表 7-1 基本报表与评价指标间关系

评价内容	基本报表	静态指标	动态指标
盈利能力分析	项目全部投资现金流量表	静态投资回收期	动态投资回收期 净现值 内部收益率
	资本金现金流量表		资本金内部收益率
	利润与利润分配表	投资收益率 资本金收益率	
清偿能力分析	财务计划现金流量表	累计盈余资金	
	资产负债表	资产负债率、流动比率、速动比率	
	借款还本付息计划表	借款偿还期、利息备付率、偿债备付率	

也就是说，财务评价指标的计算是运用财务评价报表这一基本工具来实现的。而财务基本报表的形成由财务评价辅助报表实现。

7.4.2 财务评价基本报表与辅助报表

从辅助报表到基本报表的计算可通过计算机表格数据链接的方式完成。财务辅助报表即为估算工程经济要素的报表，包括建设阶段的辅助报表、运营阶段的辅助报表。建设阶段有建设投资估算表、流动资金估算表、建设期利息估算表，运营阶段有销售收入与税金附加、总成本费用估算表、折旧与摊销费表、借款利息估算表等，具体内容及估算方法见第 3 章。基本报表与辅助报表的计算关系如表 7-2 所示。

表 7-2 基本报表与辅助报表链接关系

基本报表	计算科目	辅助报表
项目全部投资现金流量表	营业收入 营业税金附加 回收资产原值 回收流动资金 建设投资 经营成本	营业收入与税金附加表 折旧与摊销表 流动资金估算表 项目建设投资表 总成本费用估算表
资本金现金流量表	营业收入 营业税金附加 回收资产原值 回收流动资金 建设投资 经营成本	营业收入与税金附加表 折旧与摊销表 流动资金估算表 项目建设投资表 总成本费用估算表
利润与利润分配表	营业税金附加 总成本费用	营业收入与税金附加表 总成本费用估算表
财务计划现金流量表	营业收入 增值税 经营成本	营业收入与税金附加表 总成本费用估算表
资产负债表	流动资产 流动负债	流动资金估算表
借款还本付息计划表	借款与付息 还款资金来源	借款还款表 折旧与摊销表

7.4.3 财务评价的基本步骤

在项目建设条件可行的基础上，财务评价活动顺序如图 7-2 所示。而财务评价大致可分为 6 个步骤：

第 1 步，根据项目建设条件的数据资料，进行财务基础资料预测，主要是工程经济要素的估算。

第 2 步，编制财务评价的辅助报表。财务评价的辅助报表指工程经济要素表和服务于工程经济要素估算的相关数据表格。表格数量及内容根据项目情况有所不同。

第 3 步，编制和评估财务评价的基本报表。财务评价的基本报表是指7.5节中的 6 个表格，一切项目的财务评价都应包括以上表格。

第 4 步，计算财务评价的各项指标，分析项目的财务可行性。

第 5 步，在原始方案的基础上，对项目进行不确定性及风险分析。

第 6 步，根据财务分析结果给出项目财务评价结论与分析。

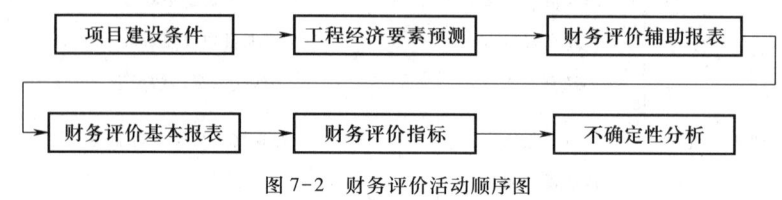

图 7-2 财务评价活动顺序图

7.5 财务评价基本报表

本节讲述用于财务评价指标计算、不确定性分析的 6 个基本报表，内容涉及表格规范、计算方法、结构分析等。

7.5.1 项目全部投资现金流量表

项目全部投资现金流量表不分投资的资金来源，是在设定项目全部投资均为自有资金条件下的项目现金流量系统的表格式反映。该表以全部投资作为计算基础，用以计算全部投资所得税前及所得税后财务内部收益率、财务净现值及投资回收期等评价指标，考察项目全部投资的盈利能力，并为各个方案（不论其资金来源及利息的多少）进行比较建立共同基础，见表 7-3。表 7-3 用于项目投资决策，是融资前分析指标计算的表格。计算方式如下：

现金流入 = 营业收入 + 补贴收入 + 回收固定资产余值 + 回收流动资金

$$(7-3)$$

其中，回收固定资产余值在项目计算期最后一年发生，等于固定资产原值减去全部折旧额；回收流动资金也在项目计算期的最后一年全部收回流动资金；补贴收入根据项目政策实际情况按时计算，如退税补贴等。

表 7-3　项目全部投资现金流量表

序号	项目	合计	计算期	
			建设期	投产期
1	现金流入（1.1+1.2+1.3+1.4）			
1.1	营业收入			
1.2	补贴收入			
1.3	回收固定资产余值			
1.4	回收流动资金			
2	现金流出（2.1+2.2+2.3+2.4+2.5）			
2.1	建设投资			
2.2	流动资金			
2.3	经营成本			
2.4	营业税金及附加			
2.5	维持运营投资			
3	所得税前净现金流（1-2）			
4	累计所得税前净现金流			
5	调整所得税（3×所得税税率）			
6	所得税后净现金流（3-5）			
7	累计所得税后净现金流			
计算指标：				
项目投资财务内部收益率（%）（所得税前）				
项目投资财务内部收益率（%）（所得税后）				
项目投资财务净现值（所得税前）（$i=$%）				
项目投资财务净现值（所得税后）（$i=$%）				
项目投资回收期（年）（所得税前）				
项目投资回收期（年）（所得税后）				

现金流出＝建设投资+流动资金+经营成本+营业税金及附加+维持运营投资

(7-4)

其中，流动资金应计算当期的增加额，合计为年流动资金总量；维持运营投资指项目在生产经营期可能购置新的资产所产生的费用。

所得税前净现金流＝现金流入-现金流出　　　(7-5)

累计所得税前净现金流＝本年所得税前净现金流+上一年累计所得税前净现金流

(7-6)

调整所得税＝息税前利润×所得税税率　　　(7-7)

在实际计算时从净现金流为正值的年份开始，用净现金流×所得税税率来简化计算。

调整所得税前净现金流＝所得税前净现金流-调整所得税　　(7-8)

累计调整所得税前净现金流

＝本年调整所得税前净现金流＋上一年累计调整所得税前净现金流 （7-9）

财务指标计算为：用所得税前净现金流分别计算税前净现值与内部收益率；用累计所得税前净现金流计算静态税前投资回收期；用调整所得税后净现金流分别计算税后净现值与内部收益率；用累计调整所得税后净现金流计算税后静态税前投资回收期；一共需要计算6个财务评价指标。税后指标与税前指标比较，能反映项目纳税能力。

7.5.2 资本金现金流量表

自有资金现金流量表从投资者角度出发，以投资者的出资额作为计算基础，把贷款时得到的资金作为现金流入，把还本付息作为现金流出，用以计算自有资金财务内部收益率、财务净现值等评价指标，考察项目自有资金的盈利能力，见表7-4。从项目投资主体的角度看，建设项目投资借款是现金流入，但同时将借款用于项目投资则构成同一时点、相同数额的现金流出，二者相抵，对净现金流量的计算无影响。因此，表中投资只计自有资金。另外，现金流入又是由项目全部投资所获得，故应将借款本金的偿还及利息支付计入现金流出。

表7-4 资本金现金流量表

序号	项目	合计	计算期
1	现金流入（1.1+1.2+1.3+1.4）		
1.1	营业收入		
1.2	补贴收入		
1.3	回收固定资产余值		
1.4	回收流动资金		
2	现金流出（2.1+2.2+2.3+2.4+2.5+2.6+2.7）		
2.1	项目资本金		
2.2	借款本金偿还		
2.3	借款利息支出		
2.4	经营成本		
2.5	营业税金及附加		
2.6	所得税		
2.7	维持运营投资		
3	净现金流（1-2）		
计算指标：			
资本金财务内部收益率（%）			

如表 7-4 所示，项目资本金现金流量表用于融资后盈利能力分析。计算方式如下：

现金流入计算同前项目现金流量表。

现金流出＝项目资本金+借款本金偿还+借款利息偿还+经营成本
　　　　　+营业税金附加+所得税+维持运营投资　　　　　　(7-10)

其中，所得税计算应链接财务基本报表中利润表的数据完成；借款本金偿还来源于借款还本付息计划表中的本金偿还；借款利息支出来源于总成本费用表中的利息支出，包括长期借款与流动资金借款利息；经营成本来源于总成本费用表；税金附加来源于营业收入与税金表。

$$净现金流＝现金流入-现金流出 \quad (7-11)$$

资本金内部收益率指标计算采用计算期净现值序列计算内部收益率。

7.5.3 利润与利润分配表

利润与利润分配表（见表7-5）是融资后盈利能力分析表，用于盈利能力指标的静态测算，不考虑资金时间价值，根据第3章的营业收入组成表构成，又称损益表或利润分配表。

表 7-5　利润与利润分配表

序号	项目	合计	计算期
1	营业收入		
2	营业税金及附加		
3	总成本费用		
4	补贴收入		
5	利润总额（1-2-3+4）		
6	弥补上年亏损		
7	应纳税所得额（5-6）		
8	所得税（7×所得税税率）		
9	税后净利润（5-8）		
10	期初未分配利润		
11	可供分配利润（9+10）		
12	提取法定盈余公积金		
13	投资者可分配利润（11-12）		
14	应付优先股股利		

续表

序号	项目	合计	计算期
15	提取任意盈余公积金		
16	应付普通股股利		
17	各投资方利润分配		
18	未分配利润（13-14-15-16-17）		
19	息税前利润（利润总额+利息支出）		
20	息税折旧摊销前利润（息税前利润+折旧+摊销）		
计算指标:投资收益率（%）			

对于利润分配，依据税法的规定，企业的利润总额需要先按照一定的税率缴纳企业所得税，剩余利润再在企业、投资人和职工间分配。

（1）企业所得税的计算。企业所得税是指企业按照税法的规定计算出的，针对当期发生的交易和事项，应当交纳给税务部门的所得税金额。应交所得税是以企业税前利润总额为基础，调整部分数据得到的应纳税所得额，再乘以所得税税率计算出结果。计算公式为：

$$应纳税额 = 应纳税所得额 \times 所得税税率 \qquad (7-12)$$

$$应纳税所得额 = 利润总额 + 纳税调整增加额 - 纳税调整减少额 \qquad (7-13)$$

① 纳税调整增加额。纳税调整增加额包括：A. 税法规定允许扣除的项目中，企业虽已经计入当期费用，但超出了规定的扣除标准的金额。例如，超出税法规定标准的职工福利费用、教育经费、业务招待费、公益性捐赠、广告费和宣传费等。B. 企业虽计入当期损益，但税法不允许扣除的金额，例如，滞纳金、罚金、罚款等。

② 纳税调整减少额。纳税调整减少额包括税法规定的允许企业弥补的亏损和免税的科目。例如，前五年内未弥补的亏损、国债的利息收入。

（2）利润的分配。根据企业财务通则和其他相关法律法规的规定，企业缴纳所得税后的利润，除国家另有规定外，按照下列顺序分配：承担被没收的财物损失，支付各项税收的滞纳金和罚款；弥补企业以前年度亏损，未弥补完以前的亏损则不能提取盈余公积金、公益金；提取法定盈余公积金，企业税后利润扣除前用于弥补损失的金额后，提取10%的法定盈余公积金，盈余公积金累计余额达到注册资本50%以后，可以不再提取；提取向企业员工集体福利支出的公益金；应付利润是向投资者分配利润。对企业以前年度未分配利润，可以并入本年度向投资者分配。

$$利润总额 = 营业收入 - 营业税金及附加 - 总成本费用 + 补贴收入 \qquad (7-14)$$

应纳税所得额＝利润总额−弥补上年亏损　　　　　（7-15）

所得税＝应纳税所得额×所得税税率　　　　　（7-16）

税后净利润＝利润总额−所得税　　　　　（7-17）

可供分配利润＝税后净利润＋期初未分配利润　　　　　（7-18）

期初未分配利润＝可供分配利润−法定分配利润−投资者分配利润

(7-19)

其中，法定分配利润包括公积金、公益金等，按国家规定做相应提取；投资者分配利润包括股利、任意公益金、公积金等，依据行业规定执行。

财务评价指标计算为：用息税前利润除以全部投资计算的全部投资收益率；用息税折旧摊销前利润除以资本金计算的资本金净利润率。

通过利润表可以看出项目以下能力：① 可以通过财务指标反映项目的收益能力，如营业收入、利润；② 可以判定项目的国家税收能力，如所得税；③ 可以判定项目偿还贷款的能力，如年利润和年折旧之和。

7.5.4　财务计划现金流量表

财务计划现金流量表（见表7-6）计算项目累计盈余资金，分析项目生存能力。本表包括三个基本财务活动，即经营活动、投资活动与筹资活动。每个财务活动均包括现金流入、现金流出，然后分别计算每个财务活动的净现金流，最后计算项目全部财务活动的净现金流，并计算累计盈余资金。

累计盈余资金＝当年净现金流＋上一年累计盈余资金　　　　　（7-20）

表7-6　财务计划现金流量表

序号	项目	合计	计算期
1	经营活动净现金流量（1.1-1.2）		
1.1	现金流入（1.1.1+1.1.2+1.1.3+1.1.4）		
1.1.1	营业收入		
1.1.2	补贴收入		
1.1.3	其他流入		
1.2	现金流出（1.2.1+1.2.2+1.2.3+1.2.4+1.2.5+1.2.6）		
1.2.1	经营成本		
1.2.2	营业税金及附加		
1.2.3	所得税		

续表

序号	项目	合计	计算期
1.2.4	其他流出		
2	投资活动净现金流量（2.1-2.2）		
2.1	现金流入		
2.2	现金流出（2.1.1+2.2.2+2.2.3+2.2.4）		
2.2.1	建设投资		
2.2.2	维持运营投资		
2.2.3	流动资金		
2.2.4	其他流出		
3	筹资活动净现金流量（3.1-3.2）		
3.1	现金流入（3.1.1+3.1.2+3.1.3+3.1.4+3.1.5+3.1.6）		
3.1.1	项目资本金投入		
3.1.2	建设投资借款		
3.1.3	流动资金借款		
3.1.4	债券		
3.1.5	短期借款		
3.1.6	其他流入		
3.2	现金流出（3.2.1+3.2.2+3.2.3+3.2.4）		
3.2.1	各种利息支出		
3.2.2	偿还债务本金		
3.2.3	应付利润（股利分配）		
3.2.4	其他流出		
4	净现金流量（1+2+3）		
5	累计盈余资金		

财务评价要求项目累计盈余资金大于等于零，项目财务可行，说明项目有足够的资金开展建设及运营活动，现金流入与流出平衡。财务计划现金流量表的工程经济要素科目的数据可通过财务基本报表链接取得。编制财务计划现金流量表时，首先要计算项目计算期内各年各财务活动的资金来源和资金运用，然后通过资金来源和资金运用的差额反映项目各年的资金盈余或短缺情况。

各年度财务活动具有以下特点：项目经营活动包括现金流入与现金流出，各年度均有发生，如营业收入、经营成本、税金等。投资活动主要是现金流出，如建设投资、流动资金等。而筹资活动包括现金流入与流出，前者包括长期、短期、流动借款等，流出指利息支出、股利分配等，项目资金的筹措方案和借款及偿还计划应能使表中各年度的累计盈余资金额始终大于或等于零，否则，项目将因为资金短缺而不能按计划顺利运行，失去生存能力。

7.5.5 资产负债表

资产负债表（见表 7-7）反映企业在某一特定日期财务状况的会计报表，它表明权益在某一特定日期所拥有或控制的经济资源、所承担的现有义务和所有者对净资产的要求权，用以考察项目资产、负债、所有者权益的结构是否合理。

$$资产 = 负债 + 所有者权益 \tag{7-21}$$

表 7-7 资产负债表

序号	项目	合计	计算期
1	资产		
1.1	流动资产总额（1.1.1+1.1.2+1.1.3+1.1.4+1.1.5）		
1.1.1	货币资金		
1.1.2	应收账款		
1.1.3	预付账款		
1.1.4	存货		
1.1.5	其他		
1.2	在建工程		
1.3	固定资产净值		
1.4	无形及其他资产净值		
2	负债及所有者权益（2.4+2.5）		
2.1	流动负债总额（2.1.1+2.1.2+2.1.3+2.1.4）		
2.1.1	短期借款		
2.1.2	应收账款		
2.1.3	预收账款		
2.1.4	其他		
2.2	建设投资借款		
2.3	流动资金借款		
2.4	负债小计（2.1+2.2+2.3+2.4）		
2.5	所有者权益（2.5.1+2.5.2+2.5.3+2.5.4）		
2.5.1	资本金		

续表

序号	项目	合计	计算期
2.5.2	资本公积金		
2.5.3	累计盈余公积金		
2.5.4	累计未分配利润		
计算指标:资产负债率（%）=流动负债（2.4）/资产（1）			

其中，资产包括流动资产、在建工程、固定资产净值、无形及递延资产净值；负债包括流动负债、长期负债和应付账款；所有者权益包括资本金、资本公积金、累计盈余公积金和累计未分配利润。进一步解释如下：

（1）应收账款指在下一个经营年度内收回赊销商品或劳务的款项。如分期付款形式销售的商品房余下的应收账款。

（2）存货指为生产经营活动储备的实物资产，如商品、产成品、半成品、在产品或各类材料等。

（3）现金指以货币形态存在，普遍接受的可立即进行支付的资金，如货币、银行及其他金融机构的存款。

（4）累计盈余资金是过去经营年度的盈余资金的结转。

（5）在建工程指正在施工建设的项目所投入的资金，按照项目形象进度进行摊销计算。

（6）固定资产净值指生产经营活动中投入使用的，使用期限在一年以上，单位产值在固定标准之上，并且始终保持实物形态的资产净值，如房屋、设备等。

（7）无形资产指长期使用而无实物形态的资产，如专利、许可证等；递延资产指需在一定时期摊销而不能计入当期损益的各项费用，如开办费等。

（8）资本金指项目实际注入的投资者资本，大多数项目根据国家规定应保障资本金在项目全部投资中的比例。

（9）资本公积金指股本发行溢价或新增的各种形式的资本金。

资产负债表是清偿能力分析表用于资产负债率等指标的计算：

$$资产负债率 = 负债/资产总额 \times 100\% \qquad (7-22)$$

资产负债表可以提供以下方面的信息：① 项目所拥有的全部经济资源，如资产规模及形式；② 项目所承担的债务，如负债及类型；③ 项目债务的偿还能力，如资产负债率；④ 项目所有者的权益，如资本金、公积金、未分配利润等。

7.5.6 借款还本付息计划表

借款还本付息计划表（见表 7-8）是偿债能力分析表，可用于计算借款偿还期、利息备付率、偿债备付率等。其中，财务科目的计算方法见第 3 章借款利息计算及本表计算公式。填写借款还本付息计划表需要使用总成本费用表中的折旧与摊销、利润表中的净利润、建设投资筹措表中经营期初的长期借款等数据，从项目生产经营期开始进行借款还本付息计算，同时本表计算得出的利息支出作为总成本费用表中的利息支出，本金偿还作为资本金现金流量表中的长期借款本金偿还。

表 7-8 借款还本付息计划表

序号	项目	合计	计算期
1	借款 1		
1.1	期初借款余额		
1.2	当期还本付息（1.2.1+1.2.2）		
1.2.1	其中：还本		
1.2.2	付息（1.2.1×借款利率）		
1.3	期末借款余额（1.1-1.2.1）		
2	借款 2		
2.1	期初借款余额		
2.2	当期还本付息（2.2.1+2.2.2）		
2.2.1	其中：还本		
2.2.2	付息（2.2.1×借款利率）		
2.3	期末借款余额（2.1-2.2.1）		
3	债券		
3.1	期初债务余额		
3.2	当期还本付息（3.2.1+3.2.2）		
3.2.1	其中：还本		
3.2.2	付息（3.2.1×借款利率）		
3.3	期末债务余额（3.1-3.2.1）		
4	借款与债务合计		
4.1	期初余额		
4.2	当期还本付息（4.2.1+4.2.2）		
4.2.1	其中：还本（1.2.1+2.2.1+3.2.1）		

续表

序号	项目	合计	计算期
4.2.2	付息（1.2.2+2.2.2+3.2.2）		
4.3	期末余额（4.1−4.2.1）		
5	还款来源（5.1+5.2+5.3）		
5.1	净利润		
5.2	折旧费		
5.3	摊销费		
5.4	偿还本金合计（5.4.1+5.4.2+5.4.3）		
5.4.1	偿还外汇		
5.4.2	偿还人民币		
5.4.3	余额		
计算指标	利息备付率（%）		
	偿债备付率（%）		

7.6 改扩建项目的经济评价

7.6.1 互斥型方案形式

改扩建项目又称既有法人项目，其经济评价与新建项目经济评价相比具有一些特点：首先改扩建项目利用了原有项目的资产、资源及市场，与原有项目有区别也有联系，是以增量调动存量的方式进行的投资活动，期望通过增量投资获得较大的投资回报率；其次，经济评价的费用及效益的依据复杂，项目增量效果的产生原因较难确定，是由原有项目本身发展而产生的还是因为增量投资所产生，较难界定及分离。改扩建项目的经济分析可从以下两方面分析：

（1）对于可以完全从已有项目的费用及效益中分离的项目，则采用新建项目的财务评价方案开展相同的经济评价过程，计算增量投资的增量经济效果，并与经济评价指标标准进行比较，达到则进行项目改扩建，否则不进行项目改扩建。

（2）如果改扩建项目的费用及效益不可以从已有项目的费用及效益中分离的项目，则采用有无对比法进行项目经济评价。有项目分析则是进行改扩建后增加费用及效益，无项目分析则是在不进行改扩建而保持原有项目状态下的费用及效益分析。有无对比则是建立以上两种互斥的方案对比形式，通过互斥型方案比选的方式来决策是选择保持原有项目状态还是进行项目改扩建。

7.6.2 有无对比法

采用有无对比法进行改扩建项目决策，进行互斥型方案的选择时，应遵循以下分析原则：

（1）计算期的一致性。可采用有项目，即改扩建项目的计算期为基准计算期进行费用效益的测算，应该对无项目的方案，即原有方案进行相应的调整，并将计算期末固定资产的余值作为现金流入进行回收。

（2）费用效益的独立测算。将无项目作为一个方案，在现状的基础上，测算其在未来计算期内的费用及效益。将有项目作为一个方案，测算改扩建后项目整体的费用及效益，包括改扩建中资产的购置与转让等均需纳入费用或效益范围。

（3）采用互斥型方案比选的方法，进行项目投资的增量分析，从而进行改扩建决策。

【例 7-1】 某项目计划进行改造，假设扩建项目的计算期为 14 年，投资期为 3 年，原有项目和改扩建项目的工程经济要素如表 7-9 所示。请问企业是否应进行项目改造？

表 7-9 有无项目经济要素表　　　　　　　　　　　　　　　　单位：万元

编号	经济要素	有项目	无项目	增量
1	总投资			2 180
1.1	建设投资			1 380
1.2	流动资金			800
2	固定资产余值			455
3	营业收入	29 413	25 023	4 390
4	税金附加	1 092	1 166	−74
5	经营成本	24 446	21 378	3 068
6	所得税	1 178	510	668

【解】 根据表 7-9 中数据进行增量分析，构造增量现金流量表，如表 7-10 所示。

表7-10 项目投资现金流量表（增量）

单位：万元

序号	项目	合计	1	2	3	4	5	6	7	8	9	10	11	12	13	14
1	现金流入		0	0	0	4 390	4 390	4 390	4 390	4 390	4 390	4 390	4 390	4 390	4 390	5 645
1.1	营业收入					4 390	4 390	4 390	4 390	4 390	4 390	4 390	4 390	4 390	4 390	4 390
1.2	补贴收入															
1.3	回收固定资产余值															455
1.4	回收流动资金															800
2	现金流出		460	460	460	3 794	2 994	2 994	2 994	2 994	2 994	2 994	2 994	2 994	2 994	2 994
2.1	建设投资		460	460	460											
2.2	流动资金					800										
2.3	经营成本					3 068	3 068	3 068	3 068	3 068	3 068	3 068	3 068	3 068	3 068	3 068
2.4	营业税金及附加					-74	-74	-74	-74	-74	-74	-74	-74	-74	-74	-74
2.5	维持运营投资															
3	所得税前净现金流量		-460	-460	-460	596	1 396	1 396	1 396	1 396	1 396	1 396	1 396	1 396	1 396	2 651
4	累计所得税前净现金流量		-460	-920	-1 380	-784	612	2 008	3 404	4 800	6 196	7 592	8 988	10 384	11 780	7 451
5	调整所得税					668	668	668	668	668	668	668	668	668	668	668
6	所得税后净现金流量		-460	-460	-460	-72	728	728	728	728	728	728	728	728	728	1 983
7	累计所得税后净现金流量		-460	-920	-1 380	-1 452	-724	4	732	1 460	2 188	2 916	3 644	4 372	5 100	7 083

根据表计算项目经济评价指标，如表 7-11 所示。

表 7-11 增量投资的经济评价指标

经济评价指标	税前	税后
净现值（$i=10\%$）	5 452.37	2 192.64
内部收益率	0.51	0.29

结论：项目盈利能力显著，该项目可以进行改扩建工程。

【案例】 新建工业项目财务评价

某企业拟建一个生产性项目，该项目的建设期为 2 年，运营期为 7 年。预计含利息的建设投资 800 万元，并全部形成固定资产。固定资产的使用年限为 10 年，期末残值为 50 万元，按照直线法折旧。

该企业建设期第 1 年投入项目资本金 380 万元，建设期第 2 年向当地建设银行贷款 400 万元（不含利息），贷款利率 10%，5 年等额本金偿还。项目第 3 年投产，投产当年投入 200 万元作为流动资金，其中借款 100 万元，贷款利率为 8.9%。

运营期，正常年份的销售收入为 700 万元，经营成本 300 万元，产品销售税金及附加税为销售收入的 6%，所得税税率为 25%，行业基准收益率 10%。

投产第 1 年生产能力为 70%，为简化计算此年的销售收入，经营成本和总成本费用均按正常年份的 70% 计算。投产第 2 年达到正常设计生产能力。

分别计算或分析该项目：

(1) 计算建设期利息。
(2) 计算固定资产年等额折旧及运营期末固定资产余值。
(3) 计算销售税金及附加和所得税。
(4) 列出全部资金的现金流量表。
(5) 计算该项目的动态投资回收期和财务净现值、内部收益率。
(6) 分析该项目的财务盈利能力、清偿能力和生存能力。
(7) 对该项目的投资额和销售收入进行敏感性分析。
(8) 给出项目风险分析。

【解】
理论方法

经济评价是工程经济分析的核心内容。其目的在于确保决策的正确性

案例视频：新建工业项目财务评价

和科学性,避免或最大限度地减少工程项目投资的风险,最大限度地提高工程项目投资的综合经济效益。工程经济评价应遵循国家规范和行业指南。

计算结果

(1) 建设期利息。

第1年无建设期借款,故第1年建设期利息为0;

第2年建设期利息 $=\left(0+\dfrac{400}{2}\right)\times 10\%=20$ 万元。

建设期利息 $=0+20=20$ 万元。如表7-12所示。

表7-12 建设期利息估算表　　　　　　　　　　　　　　　　单位:万元

序号	项目	合计	建设期	
			1	2
1	当地建设银行借款			
1.1	建设期利息	20.00	0.00	20.00
1.1.1	期初借款余额		0.00	0.00
1.1.2	当期借款	400.00	0.00	400.00
1.1.3	当期应计利息	20.00	0.00	20.00
1.1.4	期末借款余额		0.00	420.00
1.2	其他融资费用			
1.3	小计(1.1+1.2)	20.00	0.00	20.00

(2) 固定资产年等额折旧及运营期末固定资产余值。固定资产原值=800万元,使用年限为10年,期末残值为50万元,按照直线法折旧。

① 固定资产年等额折旧 $=\dfrac{800-50}{10}=75$ 万元。

② 运营期末固定资产余值。运营期为7年,运营期末固定资产余值=$800-75\times 7=275$ 万元。如表7-13所示。

表7-13 固定资产折旧费估算表　　　　　　　　　　　　　　单位:万元

序号	年份 项目	合计	投产期	达到设计生产能力期					
			3	4	5	6	7	8	9
1	固定资产								
1.1	原值	800							
1.2	当期折旧费		75	75	75	75	75	75	75
	净值		725	650	575	500	425	350	275

案例:房地产开发项目财务评价
(收费资源)

（3）销售税金及附加和所得税。根据正常年份的销售收入为700万元，投产第1年生产能力为70%，有：

第3年营业收入 = 700 × 70% = 490（万元）

第4年至第9年营业收入 = 700（万元）

① 销售税金及附加。产品销售税金及附加为销售收入的6%。

第3年销售税金及附加 = 490 × 6% = 29.4（万元）

第4年至第9年销售税金及附加 = 700 × 6% = 42（万元）

② 所得税。如表7-14所示。

表7-14 所得税表　　　　　　　　　　　　　　　　　　　　　　　单位：万元

序号	年份\项目	合计	投产期	达到设计生产能力期					
			3	4	5	6	7	8	9
	生产负荷（%）		70.00	100.00	100.00	100.00	100.00	100.00	100.00
1	营业收入	4 690.00	490.00	700.00	700.00	700.00	700.00	700.00	700.00
2	销售税金及附加	281.40	29.40	42.00	42.00	42.00	42.00	42.00	42.00
3	总成本费用	2 723.30	335.90	417.50	409.10	400.70	392.30	383.90	383.90
4	利润总额（1-2-3）	1 685.30	124.70	240.50	248.90	257.30	265.70	274.10	274.10
5	弥补以前年度亏损								
6	应纳税所得额	1 685.30	124.70	240.50	248.90	257.30	265.70	274.10	274.10
7	所得税	421.33	31.18	60.13	62.23	64.33	66.43	68.53	68.53

（4）列出全部资金的现金流量表。如表7-15所示。

（5）该项目的动态投资回收期和财务净现值、内部收益率。

① 财务净现值。根据表7-15，得到：

项目投资财务净现值（所得税前）= 652.24（万元）

项目投资财务净现值（所得税后）= 387.75（万元）

② 财务内部收益率。

项目投资财务内部收益率（所得税前）= 21.98%

项目投资财务内部收益率（所得税后）= 17.52%

③ 动态投资回收期。

项目投资回收期（所得税前）= (6-1) + $\dfrac{|-13.40|}{358.00}$ = 5.04（年）

项目投资回收期（所得税前）= (6-1) + $\dfrac{|-198.80|}{287.25}$ = 5.69（年）

表 7-15 项目投资现金流量表

单位:万元

序号	项目	合计	建设期			运营期						
	年份		0	1	2	3	4	5	6	7	8	9
	生产负荷（%）				0.00	70.00	100.00	100.00	100.00	100.00	100.00	100.00
1	现金流入	5 165.00	0.00		0.00	490.00	700.00	700.00	700.00	700.00	700.00	1 175.00
1.1	营业收入	4 690.00				490.00	700.00	700.00	700.00	700.00	700.00	700.00
1.2	补贴收入											
1.3	回收固定资产余额	275.00										275.00
1.4	回收流动资金	200.00										200.00
2	现金流出	3 271.40	380.00	400.00	200.00	239.40	342.00	342.00	342.00	342.00	342.00	342.00
2.1	建设投资	780.00	380.00	400.00								
2.2	流动资金	200.00			200.00							
2.3	经营成本	2 010.00				210.00	300.00	300.00	300.00	300.00	300.00	300.00
2.4	销售税金及附加	281.40				29.40	42.00	42.00	42.00	42.00	42.00	42.00
2.5	维护运营投资	0.00										
3	所得税前净现金流量（1-2）	1 893.60	-380.00	-400.00	-200.00	250.60	358.00	358.00	358.00	358.00	358.00	833.00
4	累计所得税前净现金流量		-380.00	-780.00	-980.00	-729.40	-371.40	-13.40	344.60	702.60	1 060.60	1 893.60
5	调整所得税	468.40				43.90	70.75	70.75	70.75	70.75	70.75	70.75
6	所得税后净现金流量（3-5）	1 425.20	-380.00	-400.00	-200.00	206.70	287.25	287.25	287.25	287.25	287.25	762.25
7	累计所得税后净现金流量		-380.00	-780.00	-980.00	-773.30	-486.05	-198.80	88.45	375.70	662.95	1 425.20

(6) 分析该项目的财务盈利能力、清偿能力和生存能力。

① 盈利能力。

A. 投资回收期。

项目投资回收期（所得税前）= $(6-1)+\dfrac{|-13.40|}{358.00}=5.04$（年）

项目投资回收期（所得税前）= $(6-1)+\dfrac{|-198.80|}{287.25}=5.69$（年）

利润与利润分配表如表7-16所示。

表7-16 利润与利润分配表　　　　　　　　　　　　　　　　　　　　　单位：万元

序号	年份 项目	合计	投产期	达到设计生产能力期					
			3	4	5	6	7	8	9
	生产负荷（%）		70.00	100.00	100.00	100.00	100.00	100.00	100.00
1	营业收入	4 690.00	490.00	700.00	700.00	700.00	700.00	700.00	700.00
2	销售税金及附加	281.40	29.40	42.00	42.00	42.00	42.00	42.00	42.00
3	总成本费用	2 723.30	335.90	417.50	409.10	400.70	392.30	383.90	383.90
4	利润总额（1-2-3）	1 685.30	124.70	240.50	248.90	257.30	265.70	274.10	274.10
5	弥补以前年度亏损								
6	应纳税所得额	1 685.30	124.70	240.50	248.90	257.30	265.70	274.10	274.10
7	所得税	421.33	31.18	60.13	62.23	64.33	66.43	68.53	68.53
8	净利润（4-7）	1 263.98	93.53	180.38	186.68	192.98	199.28	205.58	205.58
9	可供分配的利润	1 263.98	93.53	180.38	186.68	192.98	199.28	205.58	205.58
10	提取法定盈余公积金								
11	未分配利润	1 263.98	93.53	180.38	186.68	192.98	199.28	205.58	205.58
12	息税前利润（利润总额+利息支出）		175.60	283.00	283.00	283.00	283.00	283.00	283.00
13	息税折旧摊销前利润（息税前利润+折旧+摊销）		250.60	358.00	358.00	358.00	358.00	358.00	358.00

B. 总投资收益率。

项目总投资=建设投资+建设期利息+流动资金=380+400+20+200=1 000（万元）

达到设计生产能力的年平均息税前利润=

$$\frac{283.00+283.00+283.00+283.00+283.00+283.00}{6}=283.00（万元）$$

总投资收益率＝达到设计生产能力的年平均息税前利润／项目总投资＝

$$\frac{283.00}{1\,000}=28.30\%$$

C. 净现值。

项目投资财务净现值（所得税前）＝652.24（万元）

项目投资财务净现值（所得税后）＝387.75（万元）

D. 内部收益率。

项目投资财务内部收益率（所得税前）＝21.98%

项目投资财务内部收益率（所得税后）＝17.52%

E. 净年值。

项目投资财务净年值（所得税前）＝$NPV(A/P,10\%,9)$＝113.25（万元）

项目投资财务净年值（所得税后）＝$NPV(A/P,10\%,9)$＝67.33（万元）

② 清偿能力。如表 7-17 所示。

A. 利息备付率。

利息备付率＝息税前利润／当期应付利息费用

B. 偿债备付率。

偿债备付率＝可用于还本付息资金／应还本付息金额

表 7-17 清偿能力分析表

项目 / 年份	合计	投产期	达到设计生产能力期					
		3	4	5	6	7	8	9
息税前利润（利润总额+利息支出）	1 873.60	175.60	283.00	283.00	283.00	283.00	283.00	283.00
各种借款利息支付总和	188.30	50.90	42.50	34.10	25.70	17.30	8.90	8.90
利息备付率		3.45	6.66	8.30	11.01	16.36	31.80	31.80
偿债备付率		1.63	2.35	2.50	2.68	2.88	32.53	32.53

③ 生存能力。以净现金流量简化分析，如表 7-18 所示。

（7）分别对该项目的投资额和销售收入进行敏感性分析。如表 7-19、图 7-3 所示。

$$年销售收入平均敏感度＝\frac{|18.34-26.64|\div 21.98}{40\%}\times 100\%=94\%$$

表 7-18 项目投资净现金流量表

单位：万元

序号	项目 \ 年份	合计	建设期			运营期					
			0	1	2	3	4	5	6	7	8	9
	生产负荷（%）					70.00	100.00	100.00	100.00	100.00	100.00	100.00
1	现金流入	5 165.00	0.00	0.00	0.00	490.00	700.00	700.00	700.00	700.00	700.00	1 175.00
2	现金流出	3 271.40	380.00	400.00	200.00	239.40	342.00	342.00	342.00	342.00	342.00	342.00
3	所得税前净现金流量（1-2）	1 893.60	-380.00	-400.00	-200.00	250.60	358.00	358.00	358.00	358.00	358.00	833.00
4	累计所得税前净现金流量		-380.00	-780.00	-980.00	-729.40	-371.40	-13.40	344.60	702.60	1 060.60	1 893.60
5	调整所得税	468.40				43.90	70.75	70.75	70.75	70.75	70.75	70.75
6	所得税后净现金流量（3-5）	1 425.20	-380.00	-400.00	-200.00	206.70	287.25	287.25	287.25	287.25	287.25	762.25
7	累计所得税后净现金流量		-380.00	-780.00	-980.00	-773.30	-486.05	-198.80	88.45	375.70	662.95	1 425.20

$$建设投资平均敏感度 = \frac{|12.47 - 29.88| \div 21.98}{40\%} \times 100\% = 198\%$$

表 7-19 因素变化对内部收益率的影响

内部收益率(%)\变化率\不确定因素	-20%	-15%	-10%	-5%	0%	5%	10%	15%	20%
投资额	26.64%	25.35%	24.15%	23.04%	21.98%	21.00%	20.06%	19.18%	18.34%
销售收入	12.47%	15.05%	17.48%	19.79%	21.98%	24.08%	26.09%	28.02%	29.88%

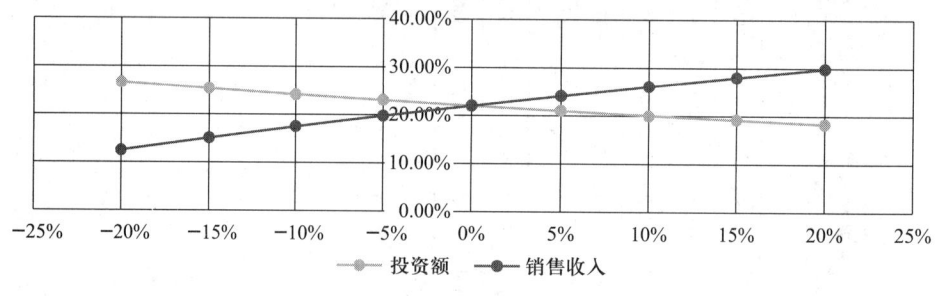

图 7-3 敏感性分析表

分析结论

（1）盈利能力分析。

财务净现值所得税前为 652.24 万元，所得税后为 387.75 万元，大于 0。

内部收益率所得税前为 21.98%，所得税后为 17.52%，大于基准收益率 10%。

净年值所得税前为 113.25 万元，所得税后为 67.33 万元，大于 0。

故从财务净现值、内部收益率、净年值分析，该项目可行。

总投资收益率 28.30%，若高于行业投资收益率，则该项目值得投资。

（2）清偿能力分析。

利息备付率均大于 2，表明该项目付息能力有保障。

偿债备付率大于 1.3，表明该项目能够满足债权人要求。

故该项目清偿能力满足要求，项目可行。

（3）生存能力分析。

该项目投产后的年净现金流量均大于 0，且所得税前和所得税后的净现金流量均在第6年为正,故认为该项目具备生存能力。

(4) 敏感度分析。

年销售收入平均敏感度为0.94,建设投资平均敏感度为1.98,由此可见,建设投资对内部收益率的影响更大。

风险分析(蒙特卡洛模拟)

(1) 理论方法。当所要求解的问题是某种事件出现的概率,或者是某个随机变量的期望值时,它们可以通过某种实验的方法,得到这种事件出现的频率,或者这个随机变量的平均值,并用它们作为问题的解。这就是蒙特卡洛模拟法的基本思想。蒙特卡洛模拟法通过抓住事物运动的几何数量和几何特征,利用数学方法来加以模拟,即进行一种数字模拟实验。它是以一个概率模型为基础,按照这个模型所描绘的过程,进行模拟实验,并将其结果作为问题的近似解。可以把蒙特卡洛模拟法解题归结为三个主要步骤:构造或描述概率过程;实现从已知概率分布抽样;建立各种估计量。

(2) 问题分析。通过敏感性推断,以上综合案例项目运营期和年净收益为风险随机变量,其中项目运营期为随机变量,估计为5~9年,呈均匀分布;项目年净收益估计呈正态分布,均值为350万元,标准差为10万元。

(3) 计算结果。

① 用蒙特卡洛模拟描述该项目内部收益率的概率分布。

项目总投资=建设投资+建设期利息+流动资金=380+400+20+200=1 000(万元)

项目运营期的模拟结果:$5+\dfrac{RN}{RN_m}\times 4$,$RN$取值为随机数。

项目年净收益的模拟结果为:$350+RND\times 10$,RND为随机正态偏差。

表7-20是25个随机样本数据及相应的内部收益率计算结果,其中,$RN_m=999$。

表7-20 随机样本数据和 *IRR* 的计算结果

序号	项目寿命随机数	项目寿命(年)	年净收益随机数	年净收益随机正态偏差	年净收益(万元)	内部收益率(%)
1	364	6	566	1.102	361.02	27.83%
2	864	8	753	0.148	351.48	31.30%
3	256	6	116	2.372	373.72	29.64%
4	752	8	318	−0.475	345.25	30.65%

续表

序号	项目寿命随机数	项目寿命（年）	年净收益随机数	年净收益正态偏差	年净收益（万元）	内部收益率（%）
5	268	6	980	0.14	351.4	26.84%
6	548	7	413	0.069	350.69	29.49%
7	53	5	684	−0.393	346.07	21.80%
8	584	7	256	−0.874	341.26	28.35%
9	358	6	069	0.299	352.99	27.04%
10	87	5	221	−0.77	342.3	21.29%
11	439	7	106	−2.181	328.19	26.74%
12	967	9	258	0.345	353.45	32.81%
13	104	5	394	0.615	356.15	23.14%
14	354	6	365	0.243	352.43	26.97%
15	259	6	350	0.178	351.78	26.89%
16	693	8	190	−0.88	341.2	30.18%
17	456	7	085	−1.37	336.3	27.74%
18	156	6	669	0.362	353.62	27.12%
19	684	8	553	−1.245	337.55	29.75%
20	889	9	443	0.77	357.7	33.29%
21	548	7	556	0.538	355.38	30.06%
22	258	6	759	0.133	351.33	26.83%
23	842	8	586	−1.433	335.67	29.52%
24	257	6	258	0.099	350.99	26.79%
25	040	5	954	1.57	365.7	24.40%

② 设基准收益率为10%，该项目内部收益率大于10%的概率见表7-21，评价该项目的收益风险。

表7-21 蒙特卡洛模拟法累积概率计算表

序号	内部收益率（%）	概率	累积概率
10	21.29%	4.00%	4.00%
7	21.80%	4.00%	8.00%
13	23.14%	4.00%	12.00%
25	24.40%	4.00%	16.00%
11	26.74%	4.00%	20.00%
24	26.79%	4.00%	24.00%

续表

序号	内部收益率（%）	概率	累积概率
22	26.83%	4.00%	28.00%
5	26.84%	4.00%	32.00%
15	26.89%	4.00%	36.00%
14	26.97%	4.00%	40.00%
9	27.04%	4.00%	44.00%
18	27.12%	4.00%	48.00%
17	27.74%	4.00%	52.00%
1	27.83%	4.00%	56.00%
8	28.35%	4.00%	60.00%
6	29.49%	4.00%	64.00%
23	29.52%	4.00%	68.00%
3	29.64%	4.00%	72.00%
19	29.75%	4.00%	76.00%
21	30.06%	4.00%	80.00%
16	30.18%	4.00%	84.00%
4	30.65%	4.00%	88.00%
2	31.30%	4.00%	92.00%
12	32.81%	4.00%	96.00%
20	33.29%	4.00%	100.00%

③ 分析结论。根据得到的蒙特卡洛模拟累积概率计算表，可得该项目内部收益率大于 10% 的概率为 100%，即可认为该项目的风险很小。

综上，从项目的盈利能力、清偿能力、生存能力、风险等维度的分析可得，该项目可行。

本章小结

项目的财务评价有特定的方法、流程及指标体系，通过规范的财务评价才能给出科学的工程经济决策。财务评价的科学体系强调三方面的并行工作：静态与动态评价；全部投资评价与资本金评价；确定性分析与不确定性及风险分析，从而实现财务评价的完备性，在评价过程、评价内容及评价结果方面均要有所体现。财务评价活动涉及的关键概念有评价参数、评价指标、评价报表、评价分析。

财务评价是工程经济分析的主要内容之一，也是工程商业分析的重要内容，其利用工程经济要素的基本数据，运用财务指标评价模型，利用财务报表的工具，最终形成对工程经济可行性的商务分析。财务评价的过程体现了极好的数据思维范式，即从数据出发提供定量决策依据，是工程方案决策支持系统的重要组成内容。通过本章要学习从指标中分析项目的经济变化规律，如净现值改变的原因及其关键影响因素，能针对项目的条件改变做出积极的判断，也就是说提高从数据中进行分析决策的能力，通过财务评价看懂数据背后的故事。

Excel 为计算经济评价指标提供了相应的函数，如 NPV（折现率，项目全部净现金流量）、IRR（项目全部净现金流量）等，在项目经济评价时应充分利用信息化的手段工具提高评价的效率。

思考题

1. 你是否已系统掌握财务评价的思想、流程、方法及工具？
2. 对财务评价的计算结果给出分析结论时，你认为应从哪些方面进行阐述？
3. 如何理解财务评价的静态与动态分析？
4. 不确定性及风险分析对财务评价决策的价值如何？

即测即评

请扫描二维码，测试本章学习效果。

第8章 工程费用效益分析

工程费用效益分析是工程经济学中经济评价的一种方法,是依据国家对建设项目的管理要求,针对特定类型项目开展的工程经济分析,具有广泛的应用价值。费用效益分析与财务评价既有区别又有联系,它自成体系。本章主要内容包括费用效益分析的内涵、费用效益识别、费用效益评价与应用案例。

8.1 费用效益分析概述

工程在投入费用后,其目标是产生经济效益。效益是某种活动所要产生的有益效果及其所达到的程度,是效果和利益的总称。它可分为经济效益和社会效益两类。其中,经济效益是人们在社会经济活动中所取得的收益性成果;社会效益则是在经济效益之外的对社会生活有益的效果。经济效益可以运用若干经济指标来计算,而社会效益则难以计量,必须借助于其他形式来间接考核。对于只考虑经济产出效益的项目可采用财务效益分析,即财务评价,而一些特殊性工程,既要考虑经济效益又要考虑社会利益的项目则必须采用经济费用效益分析,简称费用效益分析。

费用效益分析是通过比较项目的全部成本和效益来评估项目投资价值的一种方法。费用效益分析作为一种经济决策方法,是寻求在投资决策上如何以最小的成本获得最大的效益或效果的方法。费用效益分析强调"经济"即费用与产出均可以货币化测量,用于评估需要量化社会效益的公共事业项目,对于费用可测而产出不易货币化测量而需用其他指标估测的项目,则使用经济费用和社会效果等分析方法,称为费用效果分析。

工程的一次性特征决定了在分析工程经济性时,每个项目都具有独一无二的经济分析过程。尽管采用经济评价的原理相同,但具体的经济评价内容之间存在差异性。这种差异性的主要来源之一是每个工程的建设目标不同、建设环境不同,如水电站产出物为水电产品,而汽车制造厂的产出物为出口型汽车产品,那么项目全寿命期内投入及产出要素及其对应费用效益不同。对于经济效益明显的工程应采用费用效益分析,这些特殊工程包括核电站、大型医院、地区电网、水电站等跨地区、跨领域甚至跨国界的固定资产投资项目；对那些因为财务价格局限，不能真实反映项目产出的经济价值，财务成本不能包括项目对资源的全部消耗，财务效益又不能包含项目产出的全部经济效果的项目等均可以采用费用效益分析，目前已有较成熟的费用效益分析体系。

在新的投资体制下，国家对项目的审批和核准重点在于项目的外部效果、公共性方面。费用效益分析强调从资源配置经济效率的角度分析项目的外部效果，通过费用效益分析及费用效果分析的方法判断建设项目的经济合理性，成为政府审批或核准项目的重要依据。

8.2 费用效益分析内涵

费用效益分析原称为国民经济评价，是项目经济评价的重要组成部分，按照资源合理配置的原则，从国家整体角度考察和确定项目的费用和效益，用货物影子价格、影子工资、影子汇率和社会折现率等经济参数，分析与计算项目对国民经济的净贡献，以评价项目经济上的合理性。

8.2.1 费用效益分析的项目类型

对于以下项目在进行投资可行性论证时，应采用费用效益分析方法实行费用效益评价。

（1）自然垄断项目，如电力、电信、交通等行业项目，存在规模效应递增的产业特征。这类项目不存在明显的市场竞争，涉及国家、社会战略发展，影响广泛，一旦建成则会有效增加市场供给，随着经济发展，规模效应递增。

（2）公共产品项目，项目所提供的产品或服务在同一时间内被公共消费，具有消费的非排他性，存在众多项目使用者，如博物馆、医院等，并不为某一个组织或个人提供服务，而是为居民所共享。

（3）具有外部效果明显的项目，涉及国家控制的战略性资源开发及涉及国家经济安全的项目，如能源类项目等。

（4）政府预算内投资用于国家安全、市场不能有效配置资源的项目，公共基础设施项目，重大战略项目，各类专项建设基金投资，交通、水利、战略产业等国家基础设施项目。

（5）利用国际金融组织和外国贷款，需政府主权信用担保的建设项目。

（6）企业投资但需政府核准的关系国家安全、公共利益，存在垄断性质的投资项目。

（7）对投资人或发起人特别要求进行费用效益分析的项目。

8.2.2 费用效益评价与财务评价

费用效益评价是财务评价基础上的增量分析，是对财务评价的一定程度的调整。调整的基本原则是相同之处借鉴保留，不同之处进行更新迭代，联系之处进行比对修订。

1. 两者的相同点

（1）评价目的相同。均为实现工程项目经济可行性的论证所开展的经济分析活动，论证结果可为工程投资提供定量决策依据。

（2）评价基础相同。均是在项目建设之前，收集项目基本建设条件资料，运用预测或估算方法估算工程经济要素的值后所进行的经济评价。

（3）评价思路相同。均是采用估算工程经济要素，构建经济评价报表，计算经济评价指标的策略来开展的经济评价工作。

（4）计算期相同。均需开展工程项目全寿命期的评价，包括项目建设期和生产运营期的全部经济活动。

2. 两者的区别

（1）评价的角度不同。财务评价是站在企业的角度，从项目投资人主体角度进行的经济分析；费用效益评价是站在国家的角度，包含多个利益相关主体的经济分析活动。

（2）费用、效益的含义及划分不同。由于评价角度不同，财务评价中经济分析的范围是以项目为边界进行投入产出测算，费用效益分析是以国家范围内的影响进行项目投入产出分析。

（3）评价采用的价格不同。财务评价采用国内市场价格，费用效益分析采用影子价格或国际市场价格。

（4）主要评价参数不同。财务评价用行业基准折现率，不同行业有差异，而费用效益分析用社会折现率，适用于所有项目。

（5）评价的组成内容不同。财务评价中有盈利、清偿和生存三种能力的评价，应开展不确定性及风险分析，而费用效益评价中仅需完成盈利能力的评价、敏感性分析与风险分析。

3. 两者的联系

（1）对于财务评价与费用效益评价的结论均可行的项目，应予通过；

(2) 对于财务评价与费用效益评价的结论均不可行的项目,应予否定;

(3) 对于财务评价的结论可行,而费用效益评价不可行的项目,一般应予否定;

(4) 对于财务评价不可行,而费用效益评价可行的项目,一般应予通过,或重新考虑方案使之具有财务上的生存能力。

在财务评价的基础上,费用效益评价需要在财务评价的基础上进行增量或调整,内容包括经济费用与经济效益的识别、费用效益评价参数、影子价格的确定、费用效益评价报表及评价指标等。

8.3 经济费用与经济效益

经济费用和经济效益可直接识别并计算,也可通过调整财务效益和财务费用得出。经济费用和经济效益应采用影子价格计算。

8.3.1 经济费用和经济效益的识别

1. 内涵

费用效益评价以国家范围内的影响测算投入产出结果。在国家范围内,影响效果以项目为边界,分为项目内部效果和项目外部效果,如图 8-1 所示。

项目内部效果,体现在项目直接投入物和产出物的内部效果,称为直接费用与直接效益。项目外部效果,反映在国民经济相邻部门及社会的外部效果,称为项目的间接费用和间接效益如表 8-1 所示。

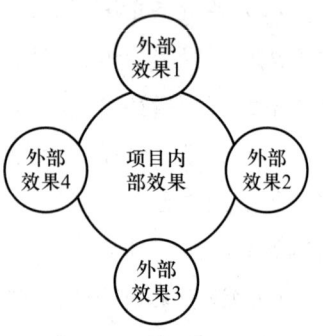

图 8-1 项目的内外部效果图

表 8-1 工程内、外部影响效果

工程效果	费用	效益
内部效果	直接费用	直接效益
外部效果	间接费用	间接效益

直接费用与直接效益由项目内部效果产生。直接效益是由项目本身产生，由其产出物提供，并用影子价格计算的经济价值。直接费用主要指国家为满足项目投入的需要而付出的代价，这些投入物用影子价格计算的经济价值即为项目的直接费用。

间接费用与间接效益指项目外部效果。项目外部效果是指项目可能对其他社会群体产生正面或负面影响，而项目本身却不会承担相应的货币费用或享有相应的货币效益。项目外部效果应考虑环境及产业关联效果、环境与生态效果、技术扩散效果，例如，水电站的养殖及旅游的产业关联效果，淹没损失等环境生态效果，国外贷款还本付息的费用等。

2. 识别原则

（1）增量分析的原则。项目经济费用效益分析应建立在有项目和无项目对比的基础上，识别和计算有项目时的增量效益和增量费用，不考虑沉没成本和已实现的效益。按照"有无对比"增量分析的原则，通过项目的实施效果与无项目情况下可能发生的情况进行对比分析后，考虑价格改变、生产要素成本增加等经济要素，计算项目机会成本或增量效益。

（2）考虑关联效果原则。应考虑项目投资可能产生的第一级关联效应，如关联产业、生态环境、技术效应、文化传播、社会其他等方面的影响。

（3）以本国居民作为分析对象的原则。对于跨越国界，对本国之外的其他社会成员产生影响的项目，应重点分析对本国公民新增的效益和费用。项目对本国以外的社会群体所产生的效果，应进行单独分析。

（4）剔除转移支付的原则。转移支付代表购买力的转移行为，接受转移支付的一方所获得的效益与付出方所产生的费用相等，转移支付行为本身没有导致新增资源的发生。在经济费用效益分析中，税赋、补贴、借款和利息属于转移支付。在进行费用效益分析中，转移支付的处理应区别对待：① 应剔除企业所得税或补贴对财务价格的影响；② 一些税收、补贴或罚款往往是用于校正项目外部效果的一种重要手段，这类转移支付不可剔除，可以用于计算外部效果；③ 项目投入与产出中流转税应具体问题具体处理。

（5）项目费用与效益识别的时间范围原则。项目费用与效益应足以包含项目所产生的全部重要费用与效益，而不应仅根据有关财务核算规定确定。如财务分析的计算期可根据投资各方的合作期进行计算，而费用效益分析不受此限制。对已经识别的项目外部效果进行核对评估，防止漏算或重复计算。对项目的投入或产出可能产生效应的第二级乘数波及效应，在经济费用效益分析中一般不予考虑。

3. 费用效益识别

费用效益分析时，项目需要单独考虑和计算的外部效果的说明如下。

(1) 环境影响效果。环境影响是指工程项目对自然环境和生态环境造成的污染和破坏。比如，工业企业排放的"三废"对环境产生的污染治理费用，计为该项目的间接费用。此费用的定量计算比较困难，可依照同类企业所造成的损失或者按恢复环境质量所需的费用来近似估算。此外，某些工程项目，比如环境治理项目会对环境产生好的影响，则应计为项目的外部效益效果。

(2) 价格影响效果。若项目的产出物大量出口，导致国内同类产品的出口价格下跌，则由此造成的外汇收益的减少应计为该项目的间接费用。若项目的产出物只是增加了国内市场的供应量，导致产品的市场价格下跌，可使产品的消费者获得降价的好处，但这种好处只是将原生产商减少的收益转移给了产品的消费者而已，对于整个国民经济而言，效益并未改变，因此消费者得到的收益并不能计为该项目的间接收益。

(3) 相邻效果。相邻效果是指由于项目的实施而给上游企业（为该项目提供原材料和半成品的企业）和下游企业（使用该项目的产出物作为原材料和半成品的企业）带来的辐射效果。项目的实施会使上游企业得到发展，增加新的生产能力或使其原有生产能力得到更充分的利用，也会使下游企业的生产成本下降或使其闲置的生产能力得到充分的利用。但对相邻效果不应估计过大，因为大多数情况下，项目对上游、下游企业的相邻效果可以在项目投入物和产出物的影子价格中得到体现。只有在某些特殊情况下，间接影响难以在影子价格中反映时，才需要作为项目的外部效果计算。

(4) 技术性扩散效果。技术性扩散效果是指由于某个项目率先采用了先进技术而带动了整个行业，甚至是全社会的技术推广。例如，在建设一个钢铁厂的同时，又修建了一套厂外运输系统，它除了为钢铁厂服务之外，还使当地的工业生产和人民生活得益，产生了技术外溢效益；工业项目产生的废水、废气和废渣引起的环境污染及对生态平衡的破坏，项目并不支出任何费用，而国民经济却付出了代价，则产生技术外溢费用。

(5) 乘数效果。乘数效果是指由于项目的实施而使与该项目相关的产业部门的闲置资源得到有效利用，进而产生一系列的连锁反应，带动某一行业、地区或全国的经济发展所带来的外部净效益。比如，当国内钢材生产能力过剩时，如果国家投资修建铁路干线，就需要大量的钢材，进而使原来闲置的生产能力得到启用，使钢铁厂的成本下降，效益提高。同时，由于钢铁厂的生产扩大，连带使炼铁、炼焦以及采矿等部门原来剩余的生产能力得以利用，使效益增加，由此产生一系列的连锁反应。一般情况下，乘数效果不能连续扩展计算，只需计算一次相关效果即可。

（6）转移支付—剔除的费用效益。在工程项目费用与效益的识别过程中，经常会遇到国内借款利息、税金、折旧以及财政补贴等问题的处理，这些都是财务评价中的实际收支。但从国民经济整体的角度来看，这些收支并不影响社会最终产品的增减，未造成资源的实际耗用和增加，而仅仅是资源的使用权在不同的社会实体之间的一种转移。这种并不伴随着资源增减的纯粹货币性质的转移，即为转移支付。因此，在费用效益分析中，转移支付不能计为项目的费用或效益。常见的转移支付有税金、补贴、折旧和利息。

① 税金。税金是一种财务支出，包括增值税、产品税、资源税和关税等。税金对待建项目来说是支出，但从国家财政角度来说是收入。对于费用效益分析，它仅仅表示项目对国民经济的贡献有一部分转移到政府手中，由政府再分配。税收并未减少国民收入，也未发生社会资源的变动。因此，所有财政性的税金既不是经济费用也不是经济收益。

② 补贴。补贴是一种货币流动方向与税金相反的转移支付，包括出口补贴和价格补贴等。补贴虽然增加了拟建项目的财务收益，但从社会资源的角度看，补贴既没增加社会资源也没减少社会资源，而是国家从国民收入中批出一部分资金转给了企业。补贴也不是费用效益分析中的费用与效益。

③ 折旧。折旧是指一定时期内为弥补固定资产损耗按照规定的固定资产折旧率提取的资产折旧费，它反映了固定资产在当期生产中的转移价值。在经济效益分析时已把以固定资产投资所消耗的资源作为项目的投资成本，所以这部分固定资产在会计上提取的折旧，就不能算作社会成本。

④ 利息。利息是利润的转化形式，是企业与银行之间的一种资金转移，并不牵涉资源的增减变化，因此利息也不能作为费用效益分析中的费用与效益。

【例8-1】 表8-2是某基础设施建设项目在剔除转移支付基础上的投资费用调整表，剔除税金、国内贷款利息及其他费用，并按照影子价格调整计算征地补偿、人工费用，其中土地的影子价格为0.73元，人工工日单价的影子价格为51.7元，据此，对财务费用逐项调整后计算经济费用。

表 8-2 建设投资的费用效益调整

编号	项目	单位	数量	估算单价/元	财务费用/万元	影子价格/元	经济费用/万元
1	调整项目	万元			111 856		54 671
1.1	征地补偿费	万元	17 539		17 539	0.73	12 803
1.2	人工	工日	8 098 177	68.91	55 805	51.7	41 868
1.3	税金	万元	8 686		8 686		0
1.4	国内贷款利息	万元	29 826		29 826		0
2	不调整项目	万元			252 545		252 545
3	合计	万元			364 401		307 216

【案例】 有无项目下的铁路项目效益费用分析

1. 某铁路专线项目发起背景

某企业集团投资在 Z 城市西郊建设一个水泥粉磨配送中心工程,原料由 W 市运入 Z 市,年运量为 85 万吨。考虑两种运输方案:铁路运输或公路运输。

若采用铁路运输,则需在原料 W 市和生产 Z 市分别修建铁路专用线 4 千米及 5 千米与国铁接轨,建成后交铁路部门代管,并向铁路部门交纳管理费。若采用公路运输,由汽车公司负责运输,仅向汽车公司交纳运费,则无须新增土建投资。由 W 市至 Z 市公路里程为 138 千米,铁路里程 110 千米。

以修建铁路专用线,采用铁路运输为"有项目"的情况,以不建铁路专用线,采用公路运输的方案作为"无项目"的情况。按评价期 25 年计,其中建设期 1 年,运营期 24 年。

2. 有无对比法的费用和效益识别

(1) 费用识别。

① 有此铁路项目时,新建或改建铁路的投资,包括工程投资、机车车辆购置费等。

② 无此铁路项目时,完成预测或预期运量的其他运输项目的新建或改扩建投资,包括工程费和车、船购置费。

③ 有铁路项目的费用等于第①项减去第②项,即铁路运输和公路运输的投资差额。若公路的运输能力满足需要,无须进行工程投资时,两者差额即为铁路投资。

(2) 效益识别。

① 有此铁路项目时,铁路项目的运营费用包括铁路地面设施及机车车辆在运营期内的人工费、维修费和动力费等。

② 无此铁路项目时,若替代项目为公路,公路项目的运营费用包括公路及车辆在运营期内的人工费、维修费和动力费等。

③ 有铁路项目的效益等于第①项减去第②项。

3. 费用效益计算

(1) 费用计算。因机车车辆为租用,无须购置,其租用费用计入管理费,该有项目的费用只包括工程投资。本专用线工程投资为 5 437 万元,按 30% 自筹,70% 为贷款,贷款利息为 5.7%。建设期利息为 5 437×70%×5.7%=217 万元,在建设期末偿还。贷款偿还时按照 10 年内等额本金法偿还,每年偿还本金的 1/10 及上年度产生的利息,在运营期第 10 年末还完贷款。每年归还本金及利息情况见表 8-3。

表 8-3 每年贷款还本付息计算结果　　　　　　　　　　　单位:万元

项目	建设期	生产运营期								
年份	1	2	3	4	5	6	7	8	9	10
期初欠款	3 806	3 425	3 044	2 663	2 282	1 901	1 520	1 139	757	376
利息	217	195	174	152	130	108	87	65	43	22
本金	381	381	381	381	381	381	381	381	381	381
期末欠款	3 425	3 044	2 663	2 282	1 901	1 520	1 139	757	376	5

(2) 效益计算。用有无对比法分析的铁路项目的效益应为两种运输方式运营成本差额,如表 8-4 所示。铁路运营成本主要包括建设期及运营期贷款利息、贷款本金归还、铁路运费、专用线代管费含人员工资、车辆租用及维修费用。公路运营成本主要包括公路运费、人员工资及其他相关费用。按公路运输由专门的汽车运输公司来负责,每吨千米 0.3 元计。

表 8-4 费用和效益计算结果　　　　　　　　　　　单位:万元

序号	项目	建设期	生产经营期										
		1	2	3	4	5	6	7	8	9	10	11	12—25
1	效益流量 (1.2-1.1)	-217	2 031	2 053	2 074	2 096	2 118	2 140	2 161	2 161	2 205	2 226	2 248
1.1	铁路运营成本	217	1 488	1 466	1 445	1 423	1 401	1 379	1 358	1 358	1 314	1 293	1 271
1.2	公路运营成本	0	3 519	3 519	3 519	3 519	3 519	3 519	3 519	3 519	3 519	3 519	3 519

续表

序号	项目	建设期	生产经营期										
		1	2	3	4	5	6	7	8	9	10	11	12—25
2	费用流量	5 437											
3	净流量	−5 654	2 031	2 053	2 074	2 096	2 118	2 140	2 161	2 161	2 205	2 226	2 248
4	累计净流量	−5 654	−3 623	−1 570	504	2 600	4 718	6 858	9 019	11 180	13 385	15 611	17 859

8.3.2 评价参数

经济费用效益分析参数有社会折现率、影子汇率、影子工资。

1. 社会折现率

社会折现率是用来衡量资金时间价值的重要参数，表示社会资金被占用时应获取的最低收费率，也是不同年份间资金时间价值进行换算时需要使用的折现率。

社会折现率是建设项目费用效益评价中衡量经济内部收益率评价指标的基准值，也是计算项目经济净现值指标的折现率，是项目经济可行性和方案比选的主要判据参数。

社会折现率由国家层面根据经济发展情况调整测定，是国家参数，如测定值曾为 6%、8%；对于不同类型的具体项目，应当视项目性质采取具体的社会折现率，但不同于财务内部收益率，社会折现率不存在行业差异或企业差异。

2. 影子汇率

影子汇率（SER）也称外汇的影子价格，是指能正确反映国家外汇经济价值的汇率，即能反映外汇增加或减少对国民经济贡献或损失的汇率，体现了从国家角度对外汇价格的估量。可在外汇牌价基础上的，利用影子汇率换算系数计算费用效益分析的人民币价格，即影子汇率，如式 8−1 所示。其中，影子汇率换算系数为 1.08。据此可计算投入物或产出物的影子价格，如式 8−2 所示。

$$影子汇率 = 外汇牌价 \times 影子汇率换算系数 \quad (8-1)$$

$$投入物或产出物的影子价格 = 影子汇率 \times 货物外币价格 \quad (8-2)$$

【例 8−2】 若 2018 年 8 月 10 日国家外汇牌价中人民币对美元的比值为 687.01/100，则该日人民币对美元的影子汇率为多少？若项目产出物外币单价为 30 美元，计算项目产出物的人民币单价。

【解】 （1）根据式 8-1，计算影子汇率：

影子汇率 SER = 外汇牌价 × 影子汇率换算系数 = 687.01/100 × 1.08 = 7.419 7

（2）根据式 8-2，计算产出物的人民币单价：

产出物单价 = 影子汇率 × 产出物外币单价 = 7.419 7 × 30 = 222.59（元）

【例 8-3】 若已知项目产出物的人民币价格为 222.59 元，根据国家给出的该货物的影子汇率为 7.419 7，求该产出物的外币价格。

【解】 根据式 8-2，可反算该货物的外币价格。

产出物外币单价 = 产出物单价 ÷ 影子汇率 = 222.59 ÷ 7.419 7 = 30（美元）

从以上两个计算实例可以看出，计算货物影子价格的方式有两种：一种是采用外汇牌价的影子汇率进行换算；另一种是可以直接用该货物的影子汇率计算，货物的影子汇率等于货物的人民币价格与其外币价格的比。

3. 影子工资

影子工资是劳动力的影子价格，具体指建设项目使用劳动力，国家和社会为此付出的代价。计算影子工资时，采用财务评价的工资及提取的职工福利基金之和乘以影子工资换算系数求得。影子工资换算系数规定，技术性工种劳动力取 1，非技术性工种劳动力取 <1，通常来讲，其具体取值范围为 0.25~0.8，依据当地的非技术性工种劳动力供给状况决定，相对充足的地区可取较低值，不太充足的地区则可取较高值，如中间状况可取 0.5 等。

【例 8-4】 某水利枢纽建设项目投资中的人工费用为 5 亿元，其中 70% 为非技术性工种工资。在经济费用效益分析中，若取技术性工种影子工资换算系数为 1，非技术性工种影子工资换算系数取 0.8，该项目的人工费用应调整为多少亿元？

【解】 在费用效益评价时，该项目的人工费用应调整为 = 30% × 5 × 1 + 70% × 5 × 0.8 = 4.3（亿元）。

8.3.3 影子价格的确定

费用效益评价中投入物或产出物使用的计算价格称为影子价格。影子价格应是能够真实反映项目投入物和产出物的真实经济价值的计算价格。影子价格是在完善的市场经济条件下，在社会最优的生产组织情况下，资源的分配和利用达到最优状态即供求平衡时的均衡价格。世界银行将其定义为"资

影子价格

源要素被占用的机会成本"。

投资项目的投入物和产出物可以分为三类：外贸货物；非外贸货物；特殊投入物与政府调控价格。但要确定影子价格，对于投入物与产出物，可根据货物的定价规则分为市场定价货物、政府调控价格货物、特殊投入物和非市场定价货物这四大类别。

1. 市场定价货物的影子价格

（1）外贸货物的影子价格。外贸货物的影子价格以实际可能发生的口岸价格为基础确定，计算时用口岸价格先乘以影子汇率（SER）换算成人民币，再适当加减国内运输费用和贸易费用即得到所求影子价格。分为产出物影子价格与投入物影子价格分别计算。

符号约定为影子价格（S.P）的确定中，各字符意义为：

离岸价 FOB（Free On Board），亦称船上交货价格。是卖方在合同规定的港口把货物装到买方指定的运载工具上，负担货物装上运载工具为止的一切费用和风险的价格。

到岸价 CIF（Cost，Insurance，Freight），表示到达货物进口国港口的价格，是在离岸价的基础上增加海外运杂费及保险费等。

抵岸价 LP（Landed Price），是在引进国外工艺设备和技术抵达买方边境港口或边境车站，且交完关税为止形成的价格。它基本上包括两大部分内容，即货价和从属费用。

T_{ij}，表示地点 i 到地点 j 的国内运输费用和贸易费用，i、j 取值为 0、1、2、3、4；

T 的下标的意义为：0 代表原供应厂；1 代表拟建厂，即项目；2 代表用户；4 代表口岸。

贸易费用指为进口货物而花费的，根据影子价格计算的流通费用，涵盖货物的储藏与运送、包装、短距离运输、装卸、国内保险、检验等环节的费用花费，以及资金占用的机会成本，但不包括长途运输费用。

费用效益评价中，贸易费用由货物的出厂价或是口岸价格乘以一定的系数而计算得出。该系数为贸易费用率，表示贸易费用的一个综合比例。

不同的货物其流通费用存在差异，贸易费用率的大小与货物的价格及其流通特性相关。国家层面测定一般性的贸易费用率，要综合考虑国内各商品流通部门和外贸部门的费用水平，一般可将各内外贸商品流通部门的费用率按商品流通额加权平均。中国现行办法规定，一般情况下贸易费用率取6%，特殊情况下可根据投资项目使用生产资料的具体情况确定。对于少数价格高、体积与重量较小的货物可适当降低贸易费用率。

对于进口货物、出口货物或外贸货物,当需要计算贸易费用时,采用下列方法:

$$进口货物的贸易费用 = 抵岸价 \times 影子汇率 \times 贸易费用率 \quad (8-3)$$

$$出口货物的贸易费用 = (离岸价 \times 影子汇率 - 国内运费) \div$$
$$(1 + 贸易费用率) \times 贸易费用率 \quad (8-4)$$

$$非外贸货物的贸易费用 = 出厂影子价格 \times 贸易费用率 \quad (8-5)$$

需要注意的是,不经商贸部门流转而由生产单位直接供给的货物不计取贸易费用。根据外贸货物在进出口贸易中发挥的不同作用,可以有 6 个方式计算外贸货物的影子价格。如表 8-5 所示。

表 8-5 外贸货物影子价格计算类型

货物类型	货物性质	价格依据	计算公式
产出物	直接出口	离岸价	离岸价 $FOB \times$ 影子汇率 SER - 国内运输费用和贸易费用 T_{14}
	间接出口	离岸价	离岸价 $FOB \times$ 影子汇率 $SER - T_{40} + T_{02} - T_{12}$
	替代进口	抵岸价	抵岸价 $L.P \times SER + T_{42} - T_{21}$
投入物	直接进口	抵岸价	抵岸价 $L.P \times SER + T_{41}$
	间接进口	抵岸价	抵岸价 $L.P \times SER + T_{42} - T_{20} + T_{01}$
	减少出口	离岸价	离岸价 $FOB \times SER - T_{40} + T_{01}$

① 产出物影子价格。

A. 直接出口物。项目产出物为直接出口,如图 8-2 所示。

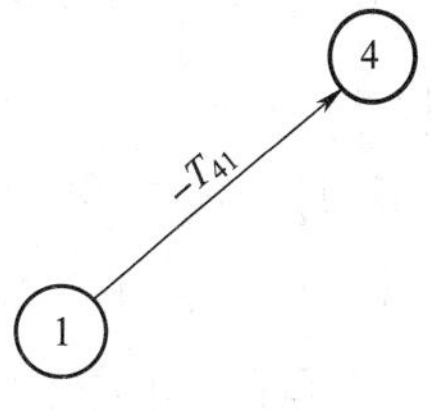

则有计算公式:

$$影子价格 = 离岸价 FOB \times 影子汇率 SER -$$
$$国内运输费用和贸易费用 T_{14}$$

或

$$S.P = FOB \times SER - T_{14} \quad (8-6)$$

图 8-2 直接出口物

【例 8-5】 某煤化工项目 A 生产煤焦油产品。该产品为直接出口型商品。假设该产品人民币离岸价为 400 美元/吨,已知影子汇率为 7 元人民币/美元,A 距离口岸为 200 千米,运杂费 5 元/吨/千米,贸易费用率为货价的 6%,计算该项目的产出物影子价格。

【解】 有 $FOB = 400$ 美元/吨;$SER = 7$ 元人民币/美元;国内运杂费 $= 200 \times 5 = 1\,000$ 元/吨,贸易费用率 $= 400 \times 7 \times 6\% = 168$ 元/吨。代入式 8-6 计算影子价格:

产出物的影子价格 = 400×7-1 000-168 = 1 632（元/吨）

B. 间接出口物。项目产出物提供给用户后，造成产出物的原有生产企业可以增加出口，如图 8-3 所示，项目产出物成为间接出口物。

$$S.P = 离岸价\ FOB \times 影子汇率\ SER - T_{40} + T_{02} - T_{12} \quad (8-7)$$

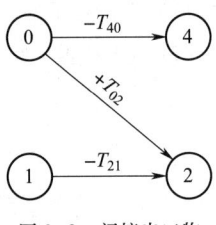

图 8-3　间接出口物

【例 8-6】 某煤化工项目 A 生产煤焦油产品，该产品为 B 厂提供生产原料，使得为 B 厂提供产品的原有国内厂 C 可以增加对该产品的出口。假设该产品人民币离岸价为 400 美元/吨，已知影子汇率为 7 元人民币/美元，C 厂距口岸为 200 千米，C 距离 B 为 150 千米，B 距离 A 为 200 千米，运杂费 5 元/吨/千米，贸易费用率为货价的 6%，计算该项目 A 的产出物影子价格。

【解】 有 $FOB = 400$ 美元/吨；$SER = 7$ 元人民币/美元；口岸→C→B→A 的国内运杂费 = $(-200+150-200)\times5 = -1\ 250$ 元/吨，贸易费用率 = $400\times7\times6\% = 168$ 元/吨。代入式 8-7 计算影子价格：

产出物的影子价格 = 400×7-1 250-168 = 1 382（元/吨）

C. 替代进口物。项目产出物提供给用户后，造成产出物的用户必须减少进口，如图 8-4 所示，项目产出物成为替代进口物。

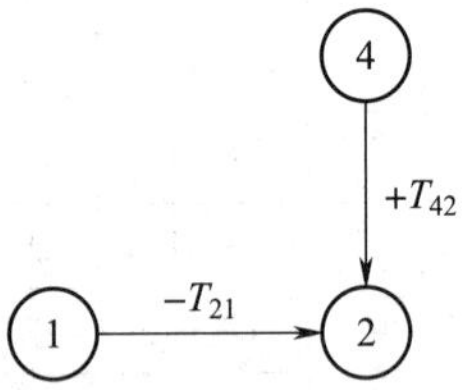

$$S.P = 抵岸价\ L.P \times SER + T_{42} - T_{21} \quad (8-8)$$

图 8-4　替代进口物

【例 8-7】 某煤化工项目 A 生产煤焦油产品，该产品为 B 厂提供生产原料，使得原本需要进口的 B 厂减少产品进口。假设该产品人民币到岸价为 600 美元/吨，已知影子汇率为 7 元人民币/美元，B 厂距口岸为 70 千米，B 距离项目 A 为 200 千米，运杂费 5 元/吨/千米，贸易费用率为货价的 6%，计算该项目 A 的产出物影子价格。

【解】 有 $CIF = 600$ 美元/吨；$SER = 7$ 元人民币/美元；口岸→B→A 的国内运杂费 = $(70-200)\times5 = -650$ 元/吨，贸易费用率 = $600\times7\times6\% = 252$ 元/吨。代入式 8-8 计算影子价格：

产出物的影子价格 = 600×7-650+252 = 3 802（元/吨）

② 投入物的影子价格。

A. 直接进口物。项目投入物直接从国外进口，如图 8-5 所示，用到岸价计算。

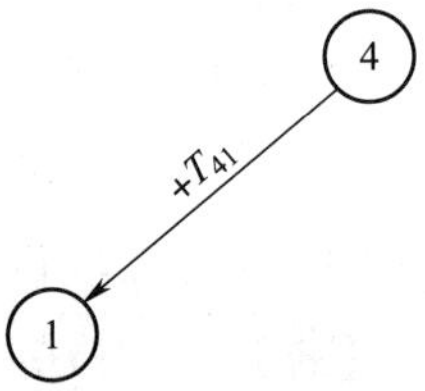

$$S.P = 抵岸价\ L.P \times SER + T_{41} \quad (8-9)$$

图 8-5　直接进口

【例 8-8】 某煤化工项目 A 所需要的生产原料产品为直接进口型商品。假设该产品人民币到岸价为 600 美元/吨,已知影子汇率为 7 元人民币/美元,A 距离口岸为 200 千米,运杂费 5 元/吨/千米,贸易费用率为货价的 6%,计算该项目的投入物影子价格。

【解】 有 $CIF=600$ 美元/吨;$SER=7$ 元人民币/美元;国内运杂费 $=200\times5=1\,000$ 元/吨,贸易费用率 $=600\times7\times6\%=252$ 元/吨。代入式 8-9 计算影子价格:

$$投入物的影子价格 = 600\times7+1\,000+252$$
$$=5\,452\;(元/吨)$$

B. 间接进口物。项目建设投产后,使得投入物原有用户必须进口,如图 8-6 所示,项目投入物成为间接进口物。

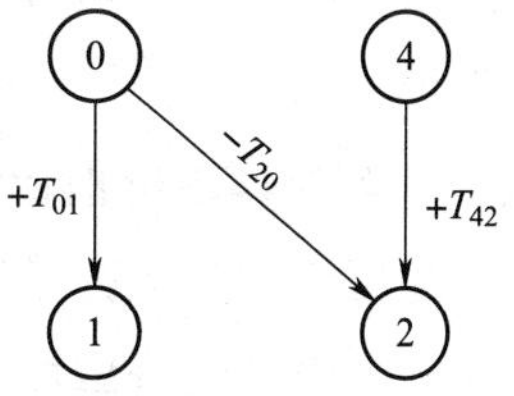

$$S.P = 抵岸价\;L.P\times SER+T_{42}-T_{20}+T_{01} \quad(8-10)$$

图 8-6 间接进口物

【例 8-9】 某煤化工项目 A 需要某生产原料,由 B 厂提供,使得 B 厂减少对 C 厂的原料供应,C 需要增加对该产品的进口。假设该产品人民币到岸价为 600 美元/吨,已知影子汇率为 7 元人民币/美元,C 厂距口岸为 200 千米,C 距离 B 为 150 千米,B 距离 A 为 200 千米,运杂费 5 元/吨/千米,贸易费用率为货价的 6%,计算该项目 A 的投入物影子价格。

【解】 有 $CIF=600$ 美元/吨;$SER=7$ 元人民币/美元;口岸→C→B→A 的国内运杂费 $=(200-150+200)\times5=1\,250$ 元/吨,贸易费用率 $=600\times7\times6\%=252$ 元/吨。代入式 8-10 计算影子价格:

$$投入物的影子价格 = 600\times7+1\,250+252$$
$$=5\,702\;(元/吨)$$

C. 减少出口物。项目投入物的使用,使得提供投入物的生产企业减少了出口,如图 8-7 所示,项目投入物成为减少出口物。

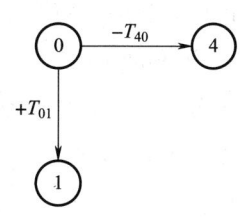

图 8-7 减少出口物

$$S.P = 离岸价\;FOB\times SER-T_{40}+T_{01} \quad(8-11)$$

【例 8-10】 某煤化工项目 A 的投入物由 B 厂提供生产原料,使得原本可以出口的 B 厂减少产品出口。假设该产品人民币离岸价为 400 美元/吨,已知影子汇率为 7 元人民币/美元,B 厂距口岸为 70 千米,B 距离项目 A 为 200 千米,运杂费 5 元/吨/千米,贸易费用率为货价的 6%,计算该项目 A 的投入物影子价格。

【解】 有 $CIF=400$ 美元/吨;$SER=7$ 元人民币/美元;口岸→B→A 的

国内运杂费 = (-70 + 200) × 5 = 650 元/吨，贸易费用率 = 400 × 7 × 6% = 168 元/吨。代入式 8-11 计算影子价格：

$$投入物的影子价格 = 400 × 7 + 650 - 168 = 3\,282（元/吨）$$

（2）非外贸货物的影子价格。非外贸货物的影子价格应按其对国民经济的实际价值和供求关系来确定，可以依据财务价格来确定。分为以下三种形式：① 非外贸产出物的影子价格；② 非外贸投入物的影子价格；③ 非外贸货物的成本分解法，指货物的生产中所消耗的资源中，有部分来自外贸货物而部分来自非外贸货物，需要根据成本组成分别进行调整后确定货物的最终影子价格。

2. 政府调控价格货物的影子价格

为保证效率和公平这两个原则，某些货物或服务的价格不完全由市场机制形成，而受政府调控。政府调控价格的主要手段有：政府定价、政府指导价、政府限价。因此，这些货物或服务的价格不能完全反映其真实的经济价值。在项目费用效益分析中，这些受政府调控的货物或服务的影子价格在确定时遵守的原则有：投入物按机会成本分解定价，产出物按对经济增长的边际贡献率或消费者支付意愿定价。

（1）机会成本。机会成本可以理解为在多个方案中选择一个较优的方案时，被放弃的选项中的最高价值。机会成本还指生产者把相同的生产要素投入到其他领域当中能够获取的最高收益。

① 电力的影子价格。电力作为项目投入物时，一般按完全成本分解定价，电力充足的地区按可变成本分解定价。电力作为项目产出物时，它的影子价格可按电力对当地经济边际贡献率定价。

② 铁路运输的影子价格。作为项目投入物时，其影子价格一般按完全成本分解定价，对运送能力过剩的地区按可变成本分解定价。铁路运输作为项目产出物时，其影子价格可按铁路运输对国民经济的边际贡献率定价。

（2）消费者支付意愿。消费者支付意愿指消费者为获得某样产品或服务所愿意支付的价格，这种价格可看成影子价格。

水作为项目投入物时，其影子价格按储备水源的边际成本分解定价，或者按资源存量的成本计算。而作为项目产出物时，水的影子价格按消费者支付意愿或者按承受能力加政府补贴计算。

3. 特殊投入物的影子价格

项目的特殊投入物主要包括三类：劳动力、土地和自然资源。使用这些特殊投入物发生的经济费用,需要采取特定的方法确定其影子价格。

(1) 劳动力的影子价格。

$$劳动力的影子价格 = 劳动力的机会成本 + 新增资源消耗 \quad (8-12)$$

① 劳动力的机会成本:项目投入的劳动力因被本项目占用而不能再投入其他地方使用或享受闲暇时间而被迫放弃的价值。

② 新增资源消耗:本项目所需劳动力从原来的岗位转移到为本项目而发生的经济资源消耗,包括培训费、搬迁费、新增的城市运输与城市基础设施配套等相关投资和费用。

(2) 土地的影子价格。我国目前取得土地使用权的方式主要包括:拍卖、招标投标、协商议价、行政划拨等。项目使用了土地,无论是否实际存在财务费用,都应根据机会成本或消费者支付意愿确定土地影子价格。项目占用土地的地理位置、项目情况、取得方式等是影响土地影子价格的重要因素,如城镇与农村土地影子价格的确定存在差异。

① 非生产性用地。关于住宅、休闲等非生产性用地,市场完善的,应以土地市场交易价格计算土地影子价格,如土地出让金、拆迁补偿费、居民安置费等;市场不完善或无市场交易价格的,应按消费者支付意愿确定土地的影子价格。

② 生产性用地。对于农业、牧业、林业、渔业等生产性用地,项目占用土地的影子价格为土地的机会成本(土地被该工程项目占用而放弃的最大潜在贡献)及因改变土地用途而新增加的资源消耗(拆迁费、居民安置费等)之和。

$$土地的影子价格 = 土地机会成本 + 新增资源消耗 \quad (8-13)$$

(3) 自然资源的影子价格。对于矿产等不可再生资源,其影子价格应当按该资源的机会成本计算;水和森林等可再生资源的影子价格则按资源再生费用计算。

为方便测算,自然资源的影子价格也可以根据投入物替代方案的费用确定。作为投入的不可再生矿产资源的影子价格可以简化为市场价格作为其影子价格的最低值。

4. 非市场定价货物的影子价格

对于项目产出的服务或产品不存在市场价格,或者其市场价格难以反映其真实经济价值时,可以采用假设成本法、显示偏好法、陈述偏好法等方法对项目的产出效果的影子价格进行测算。

8.4 费用效益评价指标

8.4.1 经济净现值（ENPV）

经济净现值是项目按照社会折现率将计算期内各年的经济净效益流量折现到建设期初的现值之和，如式 8-14 所示。该指标评价标准为 $ENPV > 0$ 或 $= 0$。

$$ENPV = \sum_{t=1}^{n} (ECI_t - ECO_t)(1 + i_c)^{-t} \tag{8-14}$$

式中：ECI 表示项目效益现金流入；

ECO 表示经济费用现金流出；

n 表示项目计算期；

i_c 表示社会折现率，以下同。

8.4.2 经济内部收益率（EIRR）

经济内部收益率是项目在计算期内经济净效益流量的现值累计等于 0 时的折现率，如式 8-15 所示。评价标准为经济内部收益率应大于等于社会折现率。$EIRR = i_c$ 或 $EIRR > i_c$ 时项目可行。

$$ENPV(EIRR) = 0 \tag{8-15}$$

8.4.3 效益费用比（R_{BC}）

项目在计算期内效益流量的现值与费用流量的现值的比率 $R_{BC} = B/C$，B 表示效益现值，C 表示费用现值，评价标准 $R_{BC} \geq 1$。以现值表示的效益费用比为式 8-16。

$$R_{BC} = \frac{\sum ECI(1+i_c)^{-t}}{\sum ECO(1+i_c)^{-t}} \tag{8-16}$$

用年值表示的效益费用比，如式 8-17 所示。

$$R_{BC} = B_{AV}/C_{AV} = 效益年等值/费用年等值 \tag{8-17}$$

【例8-11】 项目A的投资、年运营维护成本及年收益如表8-6所示，假设社会折现率为6%，项目计算期为20年，用年效益费用比评价该项目经济可行性。

表8-6 项目A的效益、费用表 单位：万元

项目	总投资	年运营维护成本	年收益
A	7 381	839	2 516

【解】 以年效益费用比作为评价指标，首先计算项目总投资的年等值。其值为 7 381×(A/P，6%，20)= 7 381×0.087 2＝644 万元。

效益费用比＝年效益等值/年费用等值＝2 516/(644+839)＝1.70，$R_{BC}>1$，所以该项目费用效益分析可行。

8.4.4 增量效益费用比（ΔR_{BC}）

用于多方案的比较评价，采用增量效益与增量费用的比进行增量效果的评价，如式8-18所示。评价标准 $\Delta R_{BC} \geqslant 1$，表示增量费用获得了正向收益。

$$\Delta R_{BC} = \Delta B / \Delta C \tag{8-18}$$

式中：ΔR_{BC} 表示增量效益费用比；

ΔB 表示增量效益；

ΔC 表示增量费用。

【例8-12】 3个可行项目A、B、C的总投资、年运营维护成本、年收益及期末残值如表8-7所示。假设社会折现率为6%，项目计算期为20年，用增量效益费用比选择投资项目。

表8-7 项目A、B、C的效益、费用表 单位：万元

项目	总投资	年运营维护成本	年收益	期末残值
A	57 035	5 033	8 388	14 427
B	67 100	4 865	11 743	15 198
C	80 520	4 697	13 420	16 775

【解】 采用增量分析的步骤，计算过程如下：

（1）根据已知条件判断A、B、C项目均可行，可参与方案比较。

（2）计算各方案的费用现值：

$PC_A = 57\ 035 + 5\ 033(P/A, 6\%, 20) - 14\ 427(P/F, 6\%, 20) = 3\ 811$

$PC_B = 67\ 100 + 4\ 865(P/A, 6\%, 20) - 15\ 198(P/F, 6\%, 20) = 16\ 041$

$PC_C = 80\ 520 + 4\ 697(P/A, 6\%, 20) - 16\ 775(P/F, 6\%, 20) = 31\ 876$

（3）将方案按照费用大小，从小到大排序为 A、B 和 C，用费用大的方案与费用小的方案进行依次比较，首先是 B 与 A 比较，计算增量效益费用比。

$\Delta R_{B-A} = \Delta B / \Delta C = (11\ 743 - 8\ 388) / (16\ 041 - 3\ 811) = 0.27 < 1$

由于增量指标小于 1，因此淘汰 B，留下方案 A，再进行 C 与 A 的增量比较。

$\Delta R_{C-A} = \Delta B / \Delta C = (13\ 420 - 8\ 388) / (31\ 876 - 3\ 811) = 0.18 < 1$

由于增量指标依然小于 1，因此淘汰方案 C，留下方案 A。

（4）结论：A 方案作为最终投资方案。

8.5 费用效益分析报表

项目经济费用效益分析的基本报表是项目投资经济效益费用流量表（见表 8-8），用于计算经济评价指标。辅助报表包括经济费用效益分析投资费用估算调整表、经济费用效益分析经营费用估算调整表、项目间接费用估算表等，用于估算效益费用基本报表中相应的工程经济要素。

表 8-8 项目投资经济效益费用流量表

序号	项目	合计	计算期		
			1	……	n
1	效益流量				
1.1	直接效益				
1.2	资产余值回收				
1.3	间接效益				
2	费用流量				
2.1	建设投资				
2.2	维持运营投资				
2.3	流动资金				

续表

序号	项目	合计	计算期		
			1	……	n
2.4	经营费用				
2.5	间接费用				
3	净效益流量（1-2）				

计算指标：
经济内部收益率（%）
经济净现值（$i_c = \%$）

8.6 费用效益分析案例

8.6.1 项目建设条件分析

某河流的水电站具有发电、防洪、航运、灌溉和供水、兼顾湿地生态与河网生境保护等综合利用功能。该电站正常蓄水位 398 m，总装机容量 77.2 MW，年发电量 314 444 万 kW·h。本工程经济计算期 36 年，其中建设期 6 年，生产期 30 年，社会折现率采用 8%。项目投资主要指标如表 8-9 所示。

表 8-9 项目投资主要指标表

项目	单位	投资指标	占总投资比例（%）
1. 枢纽建筑物投资	万元	554 434	56.02
2. 建设征地和移民安置	万元	106 235	10.73
3. 独立费用	万元	120 723	12.20
合计（1+2+3）	万元	781 393	
4. 基本预备费	万元	39 367	3.98
工程静态投资（1+2+3+4）	万元	820 760	
5. 价差预备费	万元	38 688	3.91
6. 建设期贷款利息	万元	130 309	13.17
工程总投资（1+2+3+4+5+6）	万元	989 758	100%
第一台机组发电静态投资	万元	711 809	

续表

项目	单位	投资指标	占总投资比例（%）
第一台机组发电总投资	万元	834 996	
单位千瓦静态投资	元	10 632	
单位千瓦投资	元	12 821	

8.6.2 项目效益测算

1. 发电效益

水电站装机容量 772 MW，替代火电站容量系数 1.05，火电站电量系数 1.05，则可替代火电容量为 $772 \times 1.05 = 811$ MW，替代电量 314 021 万 kW·h。

发电经济效益按替代火电站年费用法计算，替代火电站单位指标如下：

（1）电站投资。已知替代火电站单位千瓦投资 4 200 元/kW，电厂的投资费用 $= 4\,200 \times 811 \times 10^3 / 10^4 = 340\,620$ 万元。该替代火电站的工期为 3 年，各年投资分配比例为 30%、40%、30%，各年投资分别为：

第一年：$340\,620 \times 30\% = 102\,186$ 万元。

第二年：$340\,620 \times 40\% = 136\,248$ 万元。

第三年：$340\,620 \times 30\% = 102\,186$ 万元。

（2）替代火电站年燃料费用，单位煤耗 330 克/kW·h；替代火电站煤价 800 元/吨，则替代火电站的年燃料费用为：$330 \times 800 \times 314\,021 / 10^6 = 82\,902$ 万元。

（3）替代火电站年运行费 4.5%，按投资基数计算，年运行费用为：$340\,620 \times 4.5\% = 15\,328$ 万元。

（4）则火电站年发电效益为：$82\,902 + 15\,328 = 98\,230$ 万元。

2. 防洪效益

该水电站防洪采用左岸长副坝加防洪堤形式，多年平均防洪效益，按有无该项目对比可减免的洪灾损失计算，包括直接防洪效益和间接防洪效益。直接防洪效益为 2 702 万元，间接防洪效益为 540 万元。该工程在计算期内的洪灾损失动态增长率采用 3.0%，最终折算多年平均防洪效益为 4 272 万元。

3. 航运效益

航运效益采用有无项目进行增量对比测算。有项目：本工程实施后，可渠化水电枢纽坝址上下航道 20 余千米，航道将达到 V 级航道标准，常年可通行 300 t 级船舶。经济运量预测初期和 20 年后年过坝运量分别为 73 万 t 和 105 万 t，全部可通过水运完成。与无项目对比，项目航运效益主要体现在公路运输转移到水路运输带来的国民经济效益。

无项目时，现有航道仅中洪水期能通行小吨位船舶，根据货物流量流向，按全省公路平均运输成本 0.45 元/t·km，渠化航道水运平均成本 0.12 元/t·km 计，货物从公路运输至码头下水，公路运输费用、水路运输费用计算见表 8-10。

表 8-10　运输费用计算表

序号	项目	运距 (km)	单价 (元/t·km)	运输费用（万元）	
				运营期第 1 年	运营期第 20 年
1	无项目	60	0.45	1 971.0	2 835.0
2	有项目	52	0.12	455.5	655.2
3	运输费用节约	8	0.33	1 515.5	2 179.8

经计算，运输费用节约带来的国民经济效益当年为 1 515.5 万元，20 年后为 2 179.8 万元。

4. 城市环境旅游效益

该水电站距城市仅 15 km。该水电站建设对促进新农村建设、城乡一体化建设将起到积极的作用，也将促进旅游业的发展。经初步估算，每年旅游效益为 1 200 万元。

8.6.3　项目费用测算

1. 工程投资

该水电站投资采用工程静态投资加价差预备费的方式进行费用效益分析计算，其年度投资计划见表 8-11。

表 8-11　水电站投资计划表　　　　　　　　　　　　　　　单位：万元

建设期	1	2	3	4	5	6	合计
静态投资	110 676	182 587	189 064	161 047	125 579	47 360	816 315
价差预备费		3 165	8 505	11 371	11 434	4 206	38 684
固定资产投资	110 676	185 752	197 570	172 419	137 013	51 567	855 000

2. 经营成本

水电站的经营成本包括修理费、保险费、职工工资及福利费、住房公积金、劳保统筹费、材料费、其他费用、库区维护基金、水资源费等。各费用计算如表8-12所示。

根据以上资料进行计算，水电站经营年成本为12 226.63万元。

表8-12 水电站年经营成本

序号	项目	计算	结果（万元）
1.1	修理费	固定资产投资的1.0%	8 550.005 4
1.2	保险费	固定资产投资的0.25%	2 137.501 35
1.3	工资	职工工资采用50 000元/人，电站定员按概算编制为124人，职工福利费包括劳保统筹费、住房基金、养老保险、医疗保险、失业保险等，按工资41%	874.2
1.4	材料费	每千瓦2.2元	169.84
1.5	库区维护费	每千瓦时提取0.008元	0.617 6
1.6	水资源费	每千瓦时提取0.005元	0.386
1.7	其他费用	每千瓦6.4元	494.08
	合计		12 226.630 35

其中：固定资产＝855 000，电站装机容量772 MW

容量（万千瓦）	77.2	
固定资产	855 000	

8.6.4 基本报表及评价指标

编制该水电站的项目费用效益流量表，见表8-13，其中忽略火电与水电项目建设的时间差。

表8-13 项目费用效益流量表

序号	项目	合计	建设期						生产运营期	
			1	2	3	4	5	6	7—19	20—36
1	效益流量	3 508 404	0.00	0.00	0.00	102 186	136 248	102 186	105 216	105 881
1.1	发电收益	3 287 490				102 186	136 248	102 186	98 229	98 229
1.2	防洪效益	128 160							4 272	4 272

续表

序号	项目	合计	建设期						生产运营期	
			1	2	3	4	5	6	7—19	20—36
1.3	航运效益	56 754							1 515	2 180
1.4	城市环境旅游效益	36 000							1 200.00	1 200.00
2	费用流量	1 221 799	110 677	185 753	197 570	172 420	137 014	51 567	12 226.63	12 226.63
2.1	固定资产投资	855 001	110 677	185 753	197 570	172 420	137 014	51 567		
2.2	年运行费（经营成本）	366 799							12 226.63	12 226.63
3	净效益流量	2 286 604	-110 677	-185 753	-197 570	-70 234	-766	50 619	92 990	93 654

结论：根据项目的净效益流量计算的经济净现值 $ENPV$（8%）= 222 285.72 万元，经济内部收益率 $EIRR$ = 11.38%，项目经济净现值大于零，经济内部收益率大于 8%，项目费用效益可行。

该水电项目使用有无项目进行项目经济效益测算，同时外部效果的测算包括通航、旅游及渔业等反映水电项目的基本特点，其费用测算重点考虑工程费用和水电站的运营费用，但在一些水电项目费用计算时，还应重点考虑项目的移民安置费用计算。

8.6.5 敏感性分析

就水电工程投资及火电工程投资的变化，对工程经济指标的影响进行了经济敏感性分析，计算结果见表 8-14。

表 8-14 敏感性分析表

项目	经济净现值（万元）	经济内部收益（%）
1. 基本方案	222 285.72	11.38
2. 水电投资变化		
+10%	155,180.89	10.07
3. 火电投资变化		
-10%	199 062.48	10.96

计算结果表明，各不确定因素变化时，经济净现值均大于零，经济内部

收益率均大于社会折现率 8%，说明本电站在经济上具有较强的抗风险能力。

8.6.6 经济评价结果与分析

根据表 8-3，以替代电站的费用作为本电站的效益，考虑一定的综合利用效益，计算本工程的经济内部收益率为 11.38%，大于社会折现率 8%，经济净现值 222 285.72 万元，远大于零，效益费用比大于 1，各项经济指标均满足国家有关规定；经济敏感性分析表明，本电站具有较强的抗风险能力，说明本电站在经济上是合理的。

其他分析方面，该水电站发电、防洪、航运、灌溉和供水等功能的充分发挥，有助于推进新农村建设，实现国民经济各部门综合效益。另外，工程开发任务与流域国民经济要求及工程本身的开发条件是相适应的，总体评价该项目经济可行。

本章小结

针对不同的项目投资决策问题，可以根据工程经济分析的基本原理给出相应的经济评价方法。费用效益分析是针对公共建设项目等特殊类型项目的经济评价方法，应用时的关键问题包括 5 个方面：项目的费用测算；项目效益或效用测算；费用效益评价指标的确定；评价的标准；评价决策。对于多方案的费用效益分析，依然秉持增量投资分析的思路，采用增量投资的增量收益的边际效果，通过两两比较，最终确定最优投资方案。

项目在国家范围内涉及的利益相关体复杂而多，运用费用效益分析存在效益及费用划分范围的不确定性，确定难的问题，因此还必须根据项目所在领域的特点，结合国家发展的基本要求，考虑其他要素和原则来进行此类项目的共同投资决策。随着国际化项目的开展，费用效益分析将协同其他评价方法在项目投资中扮演越来越重要的角色，通过不断的国际项目实践形成国家标准体系是未来需要关注的重点问题。

思考题

1. 效益费用分析方法的工作对象——项目,具有怎样的特征?

2. 借鉴经济评价的流程,请梳理该项目费用效益分析的基本流程,并简要解释说明。

3. 举一个工程领域的例子,给出该领域项目经济间接费用与间接经济效益测算的基本内容。

4. 根据费用效益分析方法的应用案例分析该方法具有怎样的优缺点。

即测即评

请扫描二维码,测试本章学习效果。

第 9 章 工程费用效果效用分析

工程费用效果效用分析是针对特定类型的项目进行的经济评价方法，该类型项目费用可货币化，但项目产出不能全部货币化，并呈现非经济的多样性。针对项目产出效果的特性、项目建造运营的多目标要求，可分别采用费用效果分析、费用效用分析及多属性综合评价法。本章重点介绍以上三种方法的内涵、基本思想、实现流程及相关应用案例。

9.1 费用效果分析基本原理

费用效果分析，也称成本效果分析、成本效用分析等，有广义和狭义之分。广义的费用效果分析泛指通过比较项目取得的效果与付出的费用，用以判断是否值得付出投资，遵从项目经济评价的投入与产出的基本原理。广义的费用效果分析不规定采用何种计量方式估算项目的投入与产出。狭义的费用效果分析专指投入采用货币计量，效果采用非货币计量的分析方法。而效果和费用均用货币计量的称为费用效益分析。

根据社会和经济发展的客观需要直接进行费用效果分析的项目，一般情况下，在充分论证项目必要性的前提下，重点是制定实现项目目标的途径和方案，根据以尽可能少的费用获得尽可能大的多元化效果原则，通过多方案比选，提供优先选定方案或进行方案优先次序排队，以供决策。费用效果分析只能比较不同方案的优劣，不能像经济费用效益分析或财务评价那样保证所选方案的效果大于费用的最优。换言之，费用效果分析是较优的经济评价与决策。不满足目标最低要求的方案不参与比较决策。

进行费用效果分析时，应当尽可能将项目目标转化为具体的可量化的指标，并有明确的最低要求。根据项目目标探索不同的实现途径，构想和建立比较方案，对各个方案的效果和费用进行识别和测算。项目目标既可能是单一的，也可能是多目标的。多目标要分清目标的主次，选择必备目标作为考核内容，将其他次要目标仅作为项目的附带效果进行适当分析。

9.2 费用及效果测量

9.2.1 费用测算

工程项目的经济分析中,始终强调采用工程全寿命周期费用。它是工程从建设投资开始到项目终结整个过程期限内所发生的全部费用,包括投资、经营成本、期末资产回收和拆除、恢复环境的处置费用。全寿命周期费用一般按现值或年值计算。

9.2.2 效果测量

项目的效果用非货币指标计算,应选择能真实反映项目目标实现程度的指标,并采用有助于说明项目收效的恰当量纲,如成活率、就业率、服务满意度等技术或非技术指标。公共服务的非营利性项目效果可以从以下方面衡量:

(1) 设施规模效果。如学校项目所服务的社区学生的规模数量,医院项目所提供的床位数、门诊量等,办公室项目中提供的工作人员办公服务数量等,垃圾处理厂处理垃圾吨数,污水处理厂处理污水吨数。

(2) 成本价格效果。该指标是指设施项目所提供的收费价格水平,如污水工程中的单位污水处理费、交通工程中单千米运费,自来水项目提供的单位水价等。

注意:项目的费用及效果由于项目不同而其组成内容也有很大不同,因此在应用时务必依据项目的具体情况做出科学判断,也可参考同类型项目的费用效果组成来进行确定。

9.3 费用效果分析方法

9.3.1 费用效果指标

1. 效果费用比

效果费用比是项目费用效果的基准评价指标,通过比较项目预期的效果与所支付的费用,判断项目的费用有效性或经济合理性。项目效果难于或不能货币化,或货币化的效果不是项目目标的主体时,在经济评价中应采用费用效果分析方法,其结论作为项目投资决策的依据之一。效果费用比指标 R 表示在单位费用下项目产生的效果。

$$R = 效果/费用 = E/C \tag{9-1}$$

式中:E 表示效果;

C 表示费用。

评价标准 R 大于或等于 1 时,项目费用效果可行。

2. 费用效果分析法

除了效果费用比指标外,还可以采用以下方法进行项目投资决策。

(1)最小费用法,也称固定效果法。假设在项目产出效果相同时,计算单位产出的费用,选取费用最小的备选方案作为投资方案。如清偿项目是指预计在一定时间内能获得足以偿付项目费用的直接收入的政府项目。大多数此类项目都提供了公用事业服务,如由水力发电站提供给水、电力、灌溉用水、排水等服务。又如收费桥梁、收费公路、污水处理、医疗服务项目等,采用提供最小费用的方案进行投资决策,如单位最低水费、单千米过路费、单吨污水处理费、单个床位费等。计算公式为 $R = 费用/效果$,假设分母即效果相同,比值小的方案可行。

(2)最大效果法,也称固定费用法。假设在项目费用相同的条件下,应选取投资效果最大的备选方案为投资方案。计算单位投资下,受众规模数最大的项目,如人均床位数、学位数、绿化率、满意度等。计算公式为 $R = 效果/费用$,假设费用相同,比值大的方案可行。

(3)增量分析法。当效果与费用均不固定,且分别具有较大幅度的差别时,应比较两个备选方案之间的费用差额和效果差额,分析获得增量效果是否值得付出增量费用,不可直接选择效果费用比大的方案或费用效果比小的方案。采用费用效果增量分析时应先确定基准指标。如果增加的效果能够抵补增加的费用,选择费用较高的方案,否则,选择费用较低的方案,评价思路同于增量投资分析法。设两个方案的效用及成本指标如下,则增量分析指标有:

$$\Delta R = \frac{U_1 - U_2}{C_1 - C_2} = \frac{\Delta E}{\Delta C} \tag{9-2}$$

如果 $\Delta R \geq 1$,采用方案 1,此时投资增加,效用增大;反之,当 $\Delta R < 1$,采用方案 2,即投资费用小的方案。

（4）增量比较法。如果项目有两个以上的备选方案进行增量分析，宜按下列步骤选优：

第一步，将方案费用由小到大排队。

第二步，从费用最小及邻近的两个方案开始比较，通过增量分析选择优势方案。

第三步，将优胜方案与费用紧邻的下一个方案进行增量分析，并选出新的优势方案。

第四步，重复第三步，直至最后一个方案。

第五步，给出结论。最优方案为被选定的最终优势方案。

9.3.2 费用效果分析步骤

1. 单方案费用效果分析

费用效果分析应按下列步骤进行：

（1）确立项目目标。

（2）构想和建立备选方案。

（3）将项目目标转化为具体的可量化的效果指标。

（4）识别费用与效果要素，并估算各个备选方案的费用与效果。

（5）利用相关指标，综合比较、分析各个方案的优缺点。

（6）推荐最佳方案或给出优先采用的次序。

【**例9-1**】 某项工程在运营过程中，由于缺乏生态保护工程，每年由生态保护造成的周边经济补偿费为50 000元。现计划增加该项工程，每年可减少补偿费用60%，但需投资200 000元，使用期限为15年，设社会折现率为6%，年工程运行维护费占投资的3%，该工程投资的费用效果如何？

【**解**】 该工程并不直接产生经济效益，而是具有为企业降低运行费用的效果，因此采用单方案费用效果分析方法。

首先，识别计算该项目的年费用，包括项目的建设投资费用200 000元，项目年运行维护费用200 000×3% = 6 000元。

$$C_{年} = 200\,000(A/P, 6\%, 15) + 6\,000 = 200\,000 \times 0.103\,0 = 20\,600(元)$$

其次，识别计算该项目的效果，体现为工程投资带来的年环境保护成本的节约，为50 000×60% = 30 000元。

最后，计算效果费用比。

$$R = B/C = 30\,000/20\,600 = 1.46 > 1$$

结论：因为效果费用比大于 1，所以该项目投资可行。

2. 多方案费用效果分析

对多个方案进行费用效果分析应符合以下要求：

（1）备选方案不少于两个，且为互斥型方案或可转化为互斥型方案；

（2）备选方案应具有共同的目标维度，目标不同的方案、不满足最低效果要求的方案不可进行比较，目标实现的效用可以不同；

（3）备选方案的费用应能货币化，且资金用量不应突破资金限制；

（4）效果应采用同一非货币计量单位衡量，如果有多个效果，其指标加权处理形成单一综合指标，如期望效用；

（5）所有备选方案应具有可比的寿命周期。

9.4 费用效用分析

9.4.1 费用效用的内涵

效用费用比是项目费用效用分析的基准评价指标，通过比较项目预期的多个产出的效用与所支付的费用，判断项目的费用有效性或经济合理性。费用效用分析是费用效果分析的进一步扩展。

费用效用评价指标即效用费用比 R 的计算公式如下：

$$R = \frac{\text{效用}}{\text{费用}} = \frac{E(u)}{C} \tag{9-3}$$

式中：C 采用货币指标，包括项目方案建设成本与维护运营成本；

$E(u)$ 表示方案的综合效用或总效用。

在经济学中，效用是指对于消费者通过消费或者享受闲暇等使自己的需求、欲望等得到的满足的一个度量。经济学家用它来解释有理性的消费者如何把他们有限的资源分配在能给他们带来最大满足的商品上。项目投资的效用指项目投资若干利益相关者的投资需求满足的程度。由于项目投资运营过程中涉及若干利益相关者，因此项目的投资效用也指总效用。

项目投资的总效用是指项目利益相关者在一定时期内，共同投资一个项目所获得的所有效用的总和，也是所有项目所产生的投资效果的综合体现。假设各子效用对总效用的影响均衡，可采用各子效用的线性等值加权计算，

则总效用函数 $E(u) = u_1 + \cdots + u_i + \cdots + u_n$，$u_i$ 表示项目投资的子效用。

项目效用即功用可能有多个效用维度，涉及经济、环境、文化、管理、社会、生态等各个方面，而这些维度中某些可以进行货币化，如经济效果可以为"元"，也存在部分不能非货币化的效用指标，如生态效果可能为"植被覆盖率"，管理的效果可能为"满意率"等，这些衡量项目效用的单位并不同一，在总效用函数中不能将其简单地加减，因此需要首先将各子效用处理为一个无量纲值后，才能计算总效用，实现对项目费用效用的评价。

9.4.2 效用计算

假设第 j 个效用评价指标为 X_j，$X_{j\min}$ 表示该效用指标的最小值，$X_{j\max}$ 表示该效用指标的最大值，采用相对评价法，该评价指标效用的确定方法根据指标的类型可以分为两种：

当指标取值越大越好，指标值越大则效用值越大时，采用式 9-4 计算指标的效用。可以看出，指标值越大，分子越大而分母越小，所以效用越大。

$$u_j = (X_j - X_{j\min}) / (X_{j\max} - X_j)$$

或

$$u_j = (X_j - X_{j\min}) / (X_{j\max} - X_{j\min}) \tag{9-4}$$

当指标取值越小越好，指标值越小则效用值越大时，采用式 9-5 计算指标的效用。可以看出，指标值越小，分子越大而分母越小，所以效用越大。

$$u_j = (X_{j\max} - X_j) / (X_j - X_{j\min})$$

或

$$u_j = (X_{j\max} - X_j) / (X_{j\max} - X_{j\min}) \tag{9-5}$$

【例 9-2】 现有 3 个方案可供选择，有关资料见表 9-1。从项目建设工期、项目占地面积、生产经营消耗稀缺资源水平、项目使用寿命期 4 个维度进行项目的效用评价。假设以上评价指标的同行业边界值分别为：最大工期为 12 个月，最小为 5 个月；稀缺资源消耗的最大值为 100 000 千克，最小值为 30 000 千克；占地面积的最大值为 3 000 平方米，最小值为 1 000 平方米；使用寿命最长为 20 年，最短为 8 年，前三个值越小越好，使用寿命值越大越好。假设项目折现率为 6%，进行方案选择。

表 9-1　三方案费用效用数据

评价要素	计算单位	A	B	C
建设投资	万元	600	500	400
建设工期	月	8	7	9
稀缺生产资源消耗	万千克	91 000	95 000	85 000
占地面积	平方米	1 600	2 000	1 800
年经营成本	万元	10	18	20
使用寿命	年	12	10	10

【解】　(1) 分别计算项目年费用总额。

$$C_A = 10+600 \times (A/P, 6\%, 12) = 81.57$$

$$C_B = 18+500 \times (A/P, 6\%, 10) = 85.93$$

$$C_C = 20+400 \times (A/P, 6\%, 10) = 74.35$$

(2) 计算项目效果。建设期、占地面积、资源消耗量为越小越好，因此采用式 9-5，而是使用寿命值为越大越好，采用式 9-4 计算，计算结果如表 9-2 所示。

表 9-2　三方案效用计算

评价指标	计算单位	最大值	最小值	A方案 指标值	A方案 效用	B方案 指标值	B方案 效用	C方案 指标值	C方案 效用
建设工期	月	12	5	8	0.57	7	0.71	9	0.43
稀缺生产资源消耗	千克	100 000	30 000	91 000	0.13	95 000	0.07	85 000	0.21
占地面积	平方米	3 000	1 000	1 600	0.70	2 000	0.50	1 800	0.60
使用寿命	年	20	8	12	0.33	10	0.17	10	0.17
合计					1.73		1.45		1.41

(3) 计算各方案的效用费用比。如表 9-3 所示。

表 9-3　三方案效用费用比

方案	效用	费用（万元）	效用费用比
A	1.73	81.57	0.021 21
B	1.45	85.93	0.016 87
C	1.41	74.35	0.018 96

(4) 结论：方案 A 的每万元效用最高为 0.021 21，因此方案 A 为费用效用最优方案。

9.5 工程多属性综合评价

9.5.1 工程多属性综合评价内涵

项目全寿命周期长,工程建设及运维的影响范围广泛,工程建设及运维中涉及众多利益主体,只考虑单一主体和仅经济效果的投资决策已不能满足工程特别是大型工程投资决策的需要。社会发展要求工程项目服务于多元化、非货币化的价值创造需求,如公平、社会、美学、政治、生态等方面,这些目标成为项目的多个属性,因此应采用多属性的综合评价,完成基于工程价值的判断决策。工程多属性综合评价指建立科学的工程投资价值的评价指标体系,实现基于某项具体工程事实的共同价值判断,即用该指标体系完成对某个具体项目的综合评价。换句话说,工程投资应该是相关利益干系人共同决策的结果。由于工程投资的价值属性具有多样化的特征,"价值与事实"的评判过程形成了一套系统评价指标体系及决策的方法,称为工程多属性综合评价,该方法为项目"共同决策"提供依据,是现代工程经济学的重要部分。

工程多属性综合评价决策包括优势决策、满意决策与综合效用评价决策。

(1) 优势决策是指以该项目在所有属性评价指标上保持最优的方案作为最终决策方案。这种决策方式在项目方面不具有普遍的实用性,因为一个项目很难达到全优。

(2) 满意决策是评价主体对项目方案的所有目标有一个期望,距离目标期望最近的方案则是最优方案。这是一种以期望为主导的评价决策方法,具有一定的适应性,因为某些属性指标不是越大越好或者越小越好,如项目规模,而是趋于某个标准为最佳。

(3) 综合效用评价决策也称线性加权评价决策。假设项目建成的属性目标为 x_i, $i=1, 2, \cdots, n$,从多个价值目标角度进行项目评价时,这些目标效用的水平有时并不均衡,在总效用中其影响权重存在一定的差异。

假设某个项目的多目标随机变量 $\{X\}$ 以权重 w_i 取值 $u(x_i)$,要求 $\sum w_i = 1$,在确定达到某一属性目标时的效用为 $u(x_i)$,那么,项目实现 n 个目标的期望效用函数可以表示为所有目标效用的加权值,为:

$$U(X) = E[u(X)] = w_1 u(x_1) + w_2 u(x_2) + \cdots + w_n u(x_n) \qquad (9-6)$$

式中：$E[u(X)]$ 为实现项目属性目标 X 的期望效用，即项目投资的总体效用；

$U(X)$ 为期望效用函数。

项目的目标效用可以表现为生态效用、技术效用、经济效用、文化效用及意愿效用、认知效用等，应根据项目情况进行论证分析。采用式 9-6 进行项目多属性目标下的综合评价，称为工程多属性综合评价。

【例 9-3】 A、B、C 三个项目，以建设工期、稀缺生产资源消耗、占地面积和使用寿命四个指标作为综合评价的指标体系，原始数据如表 9-4 所示，请选择最优方案。

表 9-4 方案指标值

评价指标	单位	A	B	C
建设工期	月	7	8	9
稀缺生产资源消耗	千克	90 000	95 000	93 000
占地面积	平方米	1 600	2 000	1 800
使用寿命	年	12	10	10

【解】 采用优势决策法，则三个方案的优势比较如表 9-5 所示。

表 9-5 三方案的优势比较

评价指标	单位	比较准则	方案比较	结论
建设工期	月	越小越优	A<B<C	A 优
稀缺生产资源消耗	千克	越小越优	A<C<B	A 优
占地面积	平方米	越小越优	A<C<B	A 优
使用寿命	年	越大越优	A>B=C	A 优

结论：根据优势决策法，A 方案为最优决策方案。

【例 9-4】 A、B、C 三个项目，以建设工期、稀缺生产资源消耗、占地面积和使用寿命四个指标作为综合评价的指标体系，假设投资方对各指标的满意值如表 9-6 所示，请选择最优方案。

表 9-6 方案指标值

评价指标	单位	A	B	C	满意值区间
建设工期	月	7	8	9	[5,12]
稀缺生产资源消耗	千克	90 000	95 000	93 000	[30 000,100 000]
占地面积	平方米	1 600	2 000	1 800	[1 000,3 000]
使用寿命	年	12	10	10	[8,20]

【解】 采用满意决策法，则三个方案的优势比较如表 9-7 所示。

表 9-7 三方案的效用计算

评价指标	单位	效用计算方法	A	B	C
建设工期	月	式 9-5	(12-7)/(12-5)=0.71	(12-8)/(12-5)=0.57	(12-9)/(12-5)=0.43
稀缺生产资源消耗	千克	式 9-5	(100 000-90 000)/(100 000-30 000)=0.14	(100 000-95 000)/(100 000-30 000)=0.07	(100 000-93 000)/(100 000-30 000)=0.10
占地面积	平方米	式 9-5	(3 000-1 600)/(3 000-1 000)=0.70	(3 000-2 000)/(3 000-1 000)=0.50	(3 000-1 800)/(3 000-1 000)=0.60
使用寿命	年	式 9-4	(12-8)/(20-8)=0.33	(10-8)/(20-8)=0.17	(10-8)/(20-8)=0.17
合计			1.88	1.31	1.30

结论：根据满意决策法，效用值最大的 A 方案为最优决策方案。

【例 9-5】 A、B、C 三个项目，基本资料同例 9-3，已知各方案的指标效用值如表 9-6 所示，假设该项目各指标的相对重要性排序如表 9-8 所示，用综合效用评价决策法进行方案投资决策，见表 9-8。

【解】 根据加权效用即期望效用，选择效用最大的 A 方案。

表 9-8 加权效用计算

评价指标	单位	相对重要性排序	指标权值	A	B	C
建设工期	月	1	1/10=0.1	0.1×0.71=0.071	0.1×0.57=0.057	0.1×0.43=0.043
稀缺生产资源消耗	千克	3	3/10=0.3	0.3×0.14=0.042	0.3×0.07=0.021	0.3×0.10=0.03
占地面积	平方米	2	2/10=0.2	0.2×0.70=0.14	0.2×0.50=0.01	0.2×0.60=0.12
使用寿命	年	4	4/10=0.4	0.4×0.33=0.132	0.4×0.17=0.068	0.4×0.17=0.068
合计		10	1	0.385	0.156	0.261

9.5.2 工程多属性综合评价指标体系

工程多属性综合评价决策包括四个关键内容：① 识别项目的多个目标属性 n；② 建立属性的量化指标体系，并量化指标值 x 及其效用值 u；③ 给出综合评价方法确定；④ 对给定样本进行综合评价。

实行步骤为：① 根据项目总体目标及其影响，综合分析确定进行综合评价的项目目标维度及目标维度下对应的指标体系。② 量化评价指标值。③ 采用费用效果分析中的式 9-4、式 9-5 进行指标值的归一化处理，计算指标效用。④ 计算项目目标期望效用。⑤ 依据综合评价结果给出决策方案。其中重点包括指标体系的建立及指标权重的计算。

1. 工程评价指标体系建立的原则

指标体系是在项目价值准则的基础上形成的，每个准则下面可以隶属多个指标，形成多属性下的指标体系。指标体系的设计应满足以下原则：

(1) 针对性原则。针对具体的项目目标，在历史经验及项目实际情况的基础上，给出能体现项目特征及发展需求的维度及其对应的衡量指标。

(2) 完备性原则。指标体系应能体现相关利益主体的发展需求，体现项目各阶段、各区域范围的多种属性，具备空间及时间上的完整性。

(3) 层次性原则。在建立指标体系的过程中，应当构建出结构的层次性。依据战略目标、阶段目标逐步分解，设置综合指标层、一级（大类）指标层、二级（具体）指标层，使指标向下细化到能够通过数据量化，向上能够被上级指标层指导，应层次清楚、逻辑清晰。

(4) 统一性原则。在对某一维度进行分析时，所设计的各种统计指标应紧密围绕战略目标核心内容，定量与定性相统一，各指标间相互协调、相互独立，达到互补统一的目标。

2. 工程评价指标体系建立的方法

工程评价指标体系是根据项目建造运维目标，设定评价的目标层、准则层及指标层，形成整体上评价的目标。图 9-1 是企业财务评价指标体系，图 9-2 是项目财务评价指标体系。

【例 9-6】 以 PPP 项目的物有所值指标体系为例说明项目多属性评价指标体系的建立。

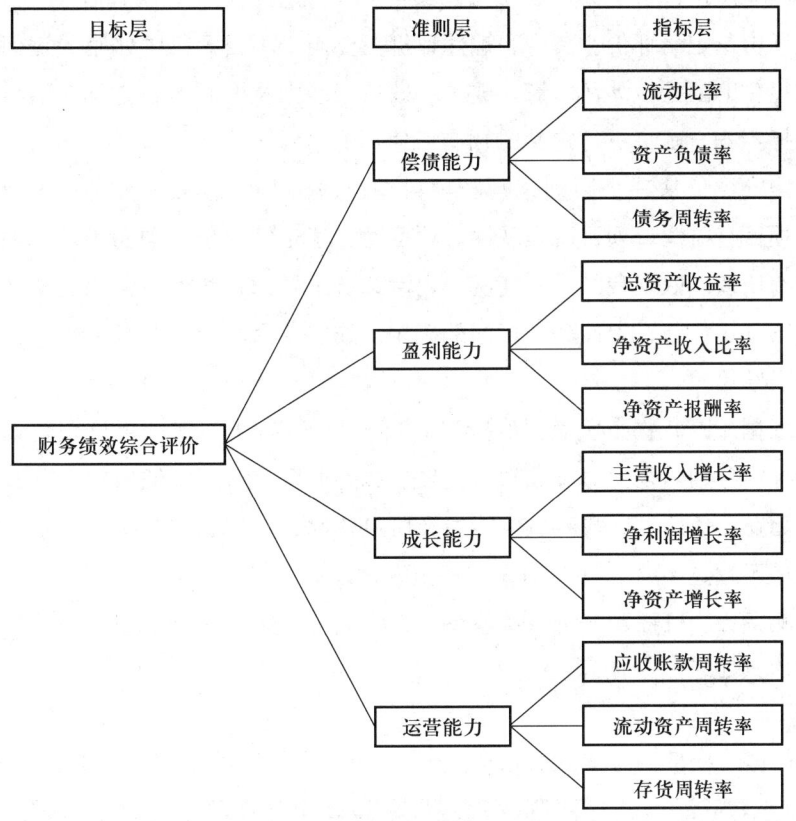

图 9-1　企业财务评价指标体系

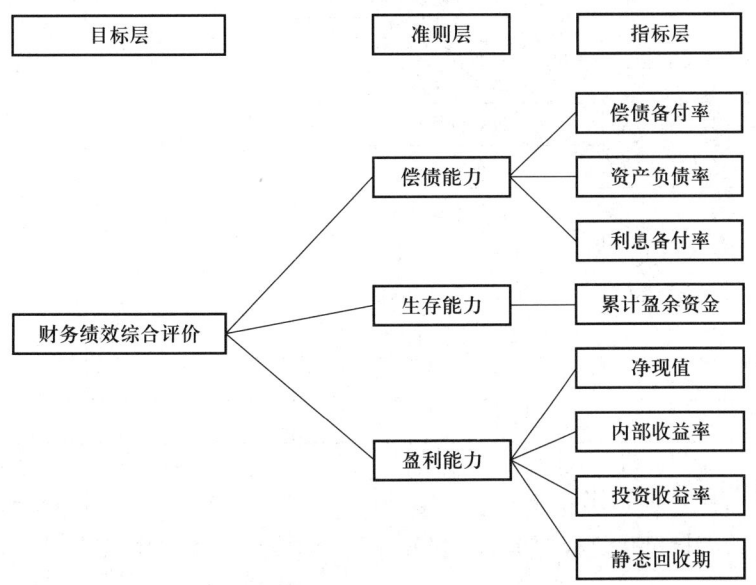

图 9-2　项目财务评价指标体系

物有所值评价是评价公私合营项目 PPP 的重要方法。物有所值评价分为定性评价与定量评价。其中,定性评价主要用于项目评价中非常关键但又不能被量化的因素,涉及质量、成本、效益、能力及资源等各方面,通过建立评价指标的方式来进行定性的物有所值评价。

定性评价从三个原则来判断项目是否适合 PPP 模式,分别是项目可行性、项目有益性和项目可实现性。项目通过了定性评价,则初步可以说明项目物有所值。依据我国实际情况,定性评价主要通过专家打分来完成,包含了以下几个环节:定性分析指标的确定、成立专家小组、召开小组会议和做出分析结论。

依据《PPP 物有所值评价指引(试行)》,物有所值定性评价包含 6 项基本指标,分别为全生命周期整合程度、风险识别与分配、绩效导向与鼓励创新、潜在竞争程度、政府机构能力及可融资性,总权重为 80%,任意一项指标权重不超过 20%;补充指标的权重为剩余 20%,设计考评 5 项以上未涵盖的影响指标,且任意一项权重不超过 10%。财政部 PPP 项目的运营维护考核评价体系如表 9-9 所示。

表 9-9 PPP 项目运营维护考核评价体系(部分)①

编号	类别	评价指标	权重	得分	评分理由
1	基本指标	全生命周期整合程度			
2		风险识别与分配			
3		绩效导向与鼓励创新			
4		潜在竞争程度			
5		政府机构能力			
6		可融资性			
7	补充指标	项目规模大小			
8		预期使用寿命长短			
9		主要固定资产种类			
10		全寿命期成本测算准确性			
11		行业示范性			
12		加权后最终得分			

3. 评价指标量化

评价指标量化是根据指标的类型采用合适的方法将指标定量化,以便于

---

① 财政部:政府和社会资本合作中心项目管理库信息公开。

后续综合评价方法的实施及评价结果的分析。评价指标量化是多属性综合评价的重要内容，决定综合评价的质量。指标可分为数值属性变量、序属性变量和一般属性变量，可以采用以下方法量化。

(1) 指标本身即为数值属性变量的，如项目年份、项目收益等，由于具有不同的测量单位，在进行综合评价时，应进行去量纲化的处理，可根据指标的偏好，采用式 9-4 或式 9-5 进行量化计算。如果增加 x_0 为指标的最优标准值，则也可使用表 9-10 所示的属性折算值进行指标效用计算。

表 9-10 属性优劣值折算

指标类别	指标属性值	优劣值计算公式
（1）越大越好的指标	$x_下 < x < x_上$	$(x-x_下)/(x_上-x)$
	$x > x_上$	1
	$x < x_下$	0
（2）越小越好的指标	$x_下 < x < x_上$	$(x_上-x)/(x-x_下)$
	$x > x_上$	0
	$x < x_下$	1
（3）贴近标准值的指标	$x_0 < x < x_上$	$(x-x_0)/(x_上-x_0)$
	$x_下 < x < x_0$	$(x-x_0)/(x_0-x_下)$
	$x > x_上$	0
	$x < x_下$	0
	$x = x_0$	1

(2) 指标为序属性变量的，如项目绩效、项目服务、项目规模等，通常用优、良、中、合格、差，或十分满意、满意、基本满意、不满意、很不满意等进行描述，则采用序变量进行量化定义为 5、4、3、2、1 等。

(3) 对于一般属性变量，如企业类型，则采用类型变量进行量化定义，并分类进行评价。

【例 9-7】 房地产开发项目的社会效果指标体系及其计算。

(1) 就业效益指标，指标值越大，项目效果越好。

$$单位投资就业效益 = 项目新增就业人数/项目建设投资 \quad (9-7)$$

(2) 居民收入增加率，指标值越大越好。

$$居民收入增加率 = (项目后收入-项目前收入)/项目前收入 \quad (9-8)$$

(3) 人口迁移率，指标值越小越好。

$$人口迁移率 = 迁移人数/原有人数 \quad (9-9)$$

(4) 土地资源消耗系数，指标值越小越好。

$$\text{土地资源消耗系数} = \text{占用耕地数}/\text{总投资} \qquad (9-10)$$

（5）生态环境影响指标，指标值越小越好。

根据生态破坏及恢复成本进行测算。

（6）项目效果的持续性，指标值越大越好。

根据项目的未来社会影响进行测算，如学校项目的学生培养的价值创造等，如医院项目产生的患者恢复后减少误工损失的效果测量等。

【例 9-8】 某房地产项目属性指标及其效用值如表 9-11 所示。进行该项目综合评价。

表 9-11 指标及其效用值

指标	项目值	评价标准		指标效用值	计算公式
		上限值	下限值		
就业效益指标（人/万元）	0.016	0.02	0.016	0.00	(0.016-0.016)/(0.02-0.016)
居民收入变化率（%）	-28%	10%	-30%	0.05	[-28%-(-30%)]/[10%-(-28%)]
人口迁移率（%）	54%	70%	10%	0.36	(70%-54%)/(54%-10%)
土地资源消耗系数（亿元/公顷）	2.5	3	1.5	0.50	(3-2.5)/(2.5-1.5)
生态环境影响指标（万元）	14.48	14.8	14	0.67	(14.8-14.48)/(14.48-14)
项目效果的持续性（亿元）	15 492	16 100	15 000	0.81	(15 492-15 000)/(16 100-15 492)
多属性值合计				2.39	

结论：考虑该项目的综合属性值为 2.39，如果以各属性值等为权重，项目的最佳综合属性效用值应为 6，计算相对得分 = 2.39/6 = 0.398，所以可以推断该项目的综合社会效果不佳。

9.5.3 多属性指标赋权法

1. 主观赋权法

指标赋权法，包括主观赋权法和客观赋权法。其中，主观赋权法是根据专家经验的指标打分法确定指标的权重。主观赋权法又称专家打分法。专家打分法用来进行定性分值及权重确定。不同领域的专家依据各自的丰富经验为每项指标打分，最终依据评价的规则计算出最终的评价结果。

采用背靠背方式的专家打分法称为德尔菲法（Delphi Method）。选定项目领域方面的专家，综合专家们的意见对属性指标之间的重要性进行判断，来确定指标权重。具体流程如下：① 选择确定固定人数专家。专家可以来自项目管理、工程技术、金融、资产评估、财政、行业、法律、风险管理及会计等领域。专家采用背靠背的打分方式，根据自己的主观判断对指标给出评估的权重。② 由专家打分表可得到分值的平均值，再利用标准差公式检验一致性，如果偏差过大，可选择中位数无偏估计的权重作为基准值。③ 将基准值反馈给专家，通过几轮的统计征询，直至专家的评判趋于基本一致时，停止权重征询。

采用面对面的专家会议方式确定指标权重及指标得分的流程如下：① 召开专家小组会前，将项目与物有所值定性评价有关的资料发给各专家以让其提前了解项目；② 召开专家组会议时，首先由咨询机构对项目的情况进行介绍，项目代表对各专家就项目的情况进行答疑，最后，项目代表离开会场进行回避，专家完成对各项指标的打分；③ 依据打分结果，参照评价规则，对各项目指标的权重进行确定，权重确定后由专家打分，在计算得分后分别去掉最低分和最高分，最终将加权得分相加，得出项目的定性评价结果，并在现场予以公布，公布完成后对专家的评价意见进行解读。

【例 9-9】 如采用平衡计分卡对某医疗联合体项目战略发展的四个维度进行权重调查，最简单的权重调查提问方式如下：

您认为财务、内部流程、患者、学习与成长四个维度的权重分别应为多少？ 合计为 100 分。

财务：_____ 内部流程：_____ 患者：_____ 学习与成长：_____

调查熟悉该项目领域的 9 个专家评委的权重评分值，统计数据如表 9-12 所示。计算样本均值后得到各维度权重分别为：财务 0.19，内部流程 0.25，患者 0.25，学习成长 0.31，合计为 1，可以看出在该项目中学习成长的权重最大。

表 9-12 专家评委的权重评分值

样本编号	财务	内部流程	患者	学习与成长
1	22	22	36	20
2	20	20	30	30
3	20	20	30	30
4	8	30	26	36

续表

样本编号	财务	内部流程	患者	学习与成长
5	26	38	30	6
6	5	5	20	70
7	29	33	16	22
8	14	29	16	41
9	29	27	24	20
合计	173	224	228	275
平均权重	0.19	0.25	0.25	0.31

2. 客观赋权法

客观赋权法是依据大数据确定各属性指标权重,采用针对多方案开展的相对评价方式来确定各指标权重的方法。该使用方法的前提条件是收集多个类似方案的多属性数据资料,采用统计分析的方法来确定方案差异性的相对权重。统计分析中的序聚类分析法就是根据样本数据提供的信息来确定指标的权重。

基本思想:指标序聚类是一种相对评价,指标权重的选择是使得所有待评价的方案具有显著差异性或聚类性,通过聚类统计方法根据样本聚类的目标函数产生指标的相对权重。聚类目标是使得同类型的样本方案具有相同等级的综合评价结果。

变量假设:假定需要在 n 个项目方案中确定最优方案,每个项目都有相同的 p 个评价属性指标,则每个项目样本则可以看成 p 维空间上的 1 个数据点。设有方案的属性指标值为 X_j, $j=1, \cdots, p$,n 个 p 维的样本数据点表示为 $\{x_{i,j}(i=1, \cdots, n, j=1, \cdots, p)\}$,用它们可以构造一个线性综合评价函数式:

$$z = a^T X, \quad a, X \in R^p \tag{9-11}$$

通过归一化后的 $a_j \in a$ 即为各属性指标的权重值。

样本聚类的原理:假设高维数据 P 维空间散布,聚类的目标在于将高维空间上数据点向 1 维空间做投影变换,使得 n 个样本数据在一维空间的投影点局部密集,最好所有样本点呈现为若干个点团,此时每个点团都代表一类方案,而使得综合评价值 Z 最大的方案则为最优方案,此时的 a 就为最优选择下的属性指标权值。

聚类实现流程:首先定义一个聚类绩效函数:

$$\max Q(a) = s(a) \cdot d(a) \tag{9-12}$$

式中:S 为组间方差,用综合评价样本值计算;

d 为组内密度,可采用统计距离函数计算。

优化聚类绩效函数,当取得最大值时,样本聚类完成,指标权重 a 确定。对于方案的聚类分析可采用相关软件模块来辅助实现,如统计软件、人工神经网络分析等,可参阅参考文献[25]。

9.5.4 多属性综合评价方法

单一方案的多属性综合评价,可采用专家打分基础上的层次分析法、模糊评价法进行方案评价决策。

多方案的多属性综合评价,采用相对比较决策,可在多属性评价指标体系基础上,生成多方案集。可以采用两种方式进行评价:一种是采用统计聚类模型进行多方案相对评价;另一种是基于评价标准集的神经网络评价模型等。基本内容包括:

(1) 分析投资建设项目的基本条件,给出项目应实现的属性目标,根据目标给出项目综合评价的准则,一般分为效益型和成本型。

(2) 在评价准则下,结合项目实际确定每个准则的基本属性评价指标,形成项目综合评价的指标体系。

(3) 对指标体系进行量化,并收集项目方案的基本数据。根据指标属性确定不同的指标量化方法后,再采用工程模拟方法来形成项目方案评价集(也称决策矩阵)。

(4) 建立综合评价模型的训练集,形成训练矩阵。根据评价指标体系,作为综合评价模型的输入部分,参照方案集的基本数据,根据均值调整原则确定模型输入值;作为输出部分则采用方案等级数据,根据方案优劣比较的层级给出。

(5) 将训练矩阵代入综合评价模型后,通过目标函数优化法确定综合评价模型的基本参数。

(6) 将(3)中的项目方案决策矩阵代入训练好的综合评价模型,输出方案集中各方案的综合评价值。

(7) 对输出值进行排序,最终确定输出值大的方案为理想方案。

以下以某项目的多方案决策为例介绍该方法的实施过程。

【案例】 人工神经网络决策——城市河流综合整治工程方案多属性决策案例分析

1. 项目背景

某河流地处城市,环绕着城市老城区四周。老城区的排水系统均为合流制排水系统,城市生活污水和雨水均由同一个排水系统收集。河两岸有着大小数十个排放口,在旱季有大量污水进入河道,在雨季则有大量污水随着雨水涌入河道,造成河流水质恶化。为了彻底改善该河流域的水生生态环境,恢复其自然生态功能,需要对河道进行综合整治。城市河流污染治理是一项投资巨大、影响深远的区域性水环境污染治理工程,"水量"与"水质"是流域大系统的两个基本特征。在研究其水量水质变化规律及影响因素的基础上,从水量和水质两方面进行综合调控。为避免决策失误,需要对河流污染治理的总体规划及其相应的各项措施进行深入分析、充分论证。通过采用系统工程的方法,建立系统数学模型,通过系统分析预测,给决策者提供科学的决策信息。

2. 多属性决策的技术路线设计

城市河流综合整治工程多属性决策的技术路线可以分成工程方案属性集的建立、措施集的建立、情景分析、训练方案预测、多属性决策、方案优化、决策支持系统的建立七大步骤。以上步骤中,综合整治目标起到全局控制作用,措施的初选和优化、多属性决策等过程均需要与综合整治目标相协调。该项目的决策技术路线如图9-3所示。

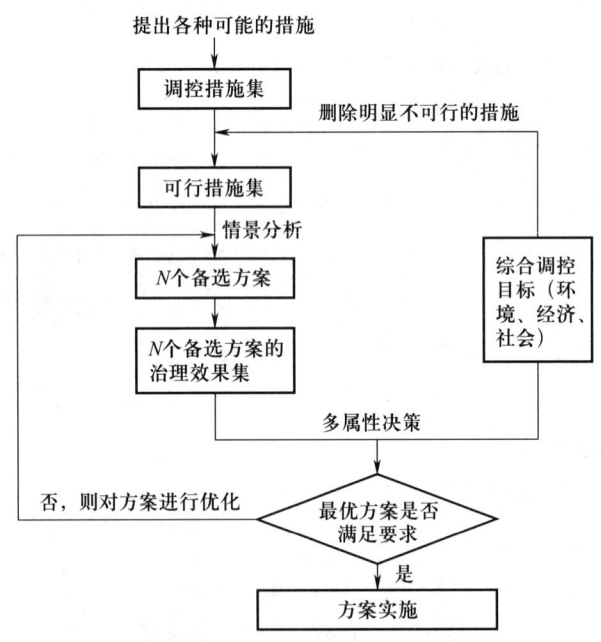

图9-3 城市河流综合整治工程多属性决策的技术路线

3. 建立多属性决策指标体系

多属性决策属性可以分成两大类,即效益型和成本型。城市河流综合整治工程的总体目标包括环境目标和社会经济目标,具体包括水环境质量、工程经济与技术、社会效益等分目标。在分析河流水环境问题的基础上,根据工程治理目标及工程措施,建立多属性决策集,如图9-4所示。

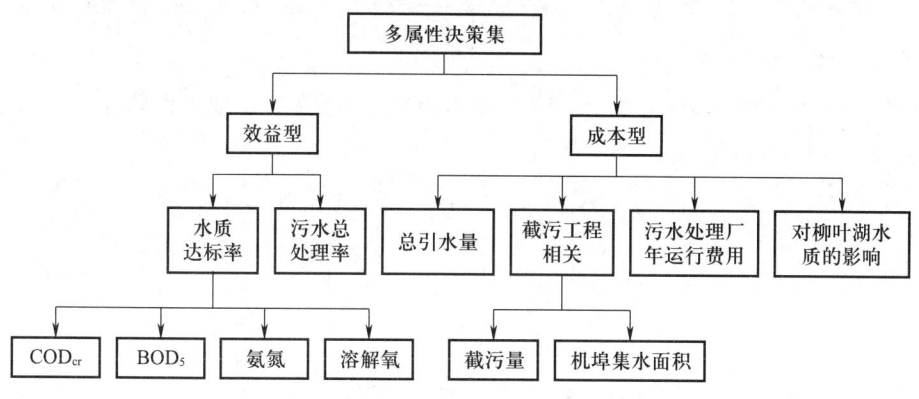

图9-4 某城市河流综合整治工程多属性决策集

4. 生成备选方案集

目前河流综合整治工程主要采取截污、引水和清淤三种措施,通过对综合整治工程的治理措施进行了情景分析,选取河流综合整治工程的引水和截污两大核心工程措施作为调控因子,根据实际情况分析各调控因子的量化边界,对其进行综合整治工程的情景设计,具体见表9-13。同时,根据表9-13的调控因子可变化的边界分析,采用水域模拟仿真技术计算确定了22个备选的工程方案。

表9-13 各调控因子可量化边界分析

调控方案类别	工程方案	方案可量化边界
引水工程	引水方式	① 一头引水(船码头方向引水) ② 两头引水(船码头和湖两个方向)
	引水量	① 在全部截污阶段,考虑实际引水流量为计算引水量的100%、80%和60%时的情况 ② 在其他截污程度情况下,考虑实际引水量为计算引水量的1倍、1.6倍和2.2倍时的情况
截污工程	截污程度	部分截污-全部截污(截污工程的截污比为80%)
其他	闸启毕	① 闸关:从船码头方向的引水不能到达桥段 ② 闸开:从船码头方向的部分引水经由桥河进入湖
	污水处理厂排放口位置	① 污水处理厂出水排入河流 ② 改变污水处理厂排口,处理后出水改排其他水系

5. 建立人工神经网络优选模型

根据相关文献,采用专业分析软件建立河流水质模型,计算各工程方案实施后的 COD_{cr}、BOD_5、氨氮和溶解氧的目标值,基于人工神经网络方法建立了多属性决策模型。主要步骤有:

（1）评价指标预处理。在对比方案时，考虑到各属性指标的量纲的差异性，为对比的方便，根据多属性决策集构造向量 $X_j = [x_1, x_2, \cdots, x_{10}]$，指标变量名称如图 9-4 所示。

对 22 个备选工程方案，由 10 个样本指标 22 个样本方案构成的评价决策矩阵，如式 9-13 所示。

$$X = \begin{bmatrix} x_{1,1} & x_{1,2} & \cdots & x_{1,10} \\ x_{2,1} & x_{2,2} & \cdots & x_{2,10} \\ \vdots & \vdots & & \vdots \\ x_{22,1} & x_{22,2} & \cdots & x_{22,10} \end{bmatrix}_{22 \times 10} \tag{9-13}$$

由于矩阵中各指标量纲不一致，因此在建立决策模型之前，应对指标向量 X 进行标准化处理。将属性定量化的指标值映射为 $[0,1]$ 区间上某一值。本案例有成本型和效益型指标，对于效益型指标，指标值越大越好，因此采用式 9-14 进行指标规范化处理。对于成本型指标，指标值越小越好，采用式 9-15 进行指标规范化处理。

$$y_{ij} = \frac{x_{ij} - \min(x_j)}{\max(x_j) - \min(x_j)} \tag{9-14}$$

$$y_{ij} = \frac{\max(x_j) - x_{ij}}{\max(x_j) - \min(x_j)} \tag{9-15}$$

（2）形成样本方案训练集。采用基于多属性决策问题本身构造神经网络的学习训练样本集，假设属性指标服从正态分布，可采用决策方案矩阵中多属性指标的均值并结合 6 Sigma 标准差方法，来定义训练集的输入值，各指标输入值如表 9-14 所示。

表 9-14 多属性决策网络学习样本值

属性指标	方案优劣等级				
	劣	低	中	次优	优
COD 达标率	29.76	45.23	54.15	64.82	98.52
BOD 达标率	67.26	77.09	81.75	86.69	99.36
NH$_3$N 达标率	55.48	67.95	74.15	80.91	99.10
DO 达标率	29.04	45.08	54.47	65.80	100.00
区域污水总处理率	22.44	35.43	43.12	52.48	82.86
总引水量	3.88	2.55	2.13	1.78	1.17
截污量	0.55	0.34	0.28	0.23	0.15
截污机埠集水面积	2 753.78	1 689.81	1 369.78	1 110.36	681.35
污水处理厂年运行费用	1 197.36	755.81	620.16	508.86	321.21
闸前水质	55.96	40.55	35.31	30.74	22.28

训练网络输出值由 5 个分级值确定。对于效益型属性而言,如水质达标率、区域污水总处理率,在方案属性价值目标作为神经网络输出值时,具有最高属性值的方案应具有最高价值,具有最低属性值的方案应具有最低价值;对于成本型属性通过反向归一化处理后也具有相同的效果。假设具有最高属性价值的方案输出值为 0.95,最低值为 0.05,而介于最高和最低属性值之间的方案,其价值也应位于最高价值和最低价值之间。

(3)神经网络模型构建。将表 9-13 中的虚拟方案代入人工神经网络模型,通过离差最大化目标函数优化后,依次优化计算输入层的各指标权重、隐层神经元节点个数等模型参数,进而确定标准方案解神经网络。将评价方案矩阵代入优化好的多属性决策模型后,根据网络输出的结果,对 22 个备选方案进行了分类排序,前 3 位的方案见表 9-15。

表 9-15　前 3 位的综合整治工程方案表

方案的优劣程度	截污程度	方案的工程措施 柳叶闸开启或关闭	引水方式和引水量
1	部分截污	开	两头引水,引水量 4.24 m^3/s
2	全部截污	开	两头引水,引水量 1.93 m^3/s
3	清污分流	开	引水量 0.92 m^3/s

6. 决策选择结论

根据各调控因子可变化的边界范围,结合综合整治效益目标以及成本控制,河流综合整治的首选方案是对主要污染源进行截污,打通水路,变死水为活水。对于整治效果最好的清污分流方案,由于成本较高,该方案在备选方案中排第 3 位。由该工程多属性决策看出,人工神经网络综合评价模型给出了综合评价的方法。在模型建立中,评价指标的权值具有数据决定的客观性,但模型参数同时也受到训练准则方案的影响,因此可以进一步探索直接使用样本数据进行分类建模的方法,给出相对最优的方案。

本章小结

本章重点介绍了对项目产出的效果或效用无法用货币化的方式进行测量

时，项目投资决策应采用的基本方法，即费用效果分析、费用效用分析、多属性决策分析。费用效果与费用效用分析的共同之处在于其费用可货币化，而产出具有特定目标属性特点，采用效果费用比或效用费用比来进行项目评价。多属性决策分析则是针对复杂项目进行的评价方法。由于经济、财务依然是项目投资的重心，因此在经济评价指标的基础上，需要添加符合项目多属性要求的其他指标，完成工程的多属性综合评价。这是工程经济学的新内容。该方法的理论原理相对固定，即指标体系、指标权重方法、综合评价等相对固定，但其评价过程和评价方法的选择具有很大的创新空间，为工程项目评价知识领域注入新的活力，值得关注。

目前，在开展具体项目评价决策工作时，需要尽可能调动项目自身及与项目相关的历史数据，开阔思路，采用现代数据科学的有效方法完成复杂情景下的项目投资决策分析，提高投资决策的质量，为人类开展的一切资金活动提供评价依据。随着社会的进步与发展，人类越来越关注人类与自然之间可持续发展的关系，将进一步考虑多个利益相关主体及发展质量要素，因此多属性多方案的决策分析方法也将成为利益相关者进行合作投资的重要投资决策方法。

思考题

1. 简述费用效果分析与费用效益分析的区别与联系。
2. 比较费用效果分析、费用效用分析、多属性综合评价的优缺点。
3. 给出多属性综合评价的基本过程。
4. 查阅文献资料，给出工程多属性综合评价新方法的一个应用案例，并分析该方法的优缺点。

即测即评

请扫描二维码，测试本章学习效果。

第 10 章　设备更新经济分析

设备更新经济分析是工程经济学中关于设备的经济分析活动，是工程经济学实务的重要内容之一。本章重点学习工程经济评价中多方案比较方法在设备更新决策中的应用，重点关注应用中的关键问题分析、应用基本思路、新概念及计算方法与成果分析方面。

10.1　设备更新概述

10.1.1　设备更新问题

【例 10-1】　某家具生产企业的一名工程师正在考虑更换一台 1 吨型的工业叉车，该设备的用途是将组装好的家具从包装车间运送到成品仓库。首先，该叉车已经不能稳定工作，常常需要维修，而且维持叉车运行的成本在稳定增加。其次，当叉车不能工作时，公司不得不去另外租赁一台。另外，当叉车工作时，工厂的工人抱怨该叉车污染空气。工程师判断，如果继续使用，必须马上大修整台叉车以保证其运行状态。而大修既不会增加该设备的估计使用寿命，也不会提升该设备的市场价值。

目前有两种类型叉车可以选择：一种是电动叉车；另一种是燃油叉车。电动叉车可减少空气污染，但是要求每天更换两次电池，这会显著增加运行成本。燃油叉车则需要经常维护。公司要求工程师为该叉车的决策给出依据，在提供高层决策以前开展更多的设备决策工作。

分析：

（1）该设备已经面临处置的问题，是维修还是更换？ 是现在就换还是修修再看？ 应该如何选择？

（2）如果采用更换决策，是电动叉车还是燃油叉车？ 何时更换呢？

本案例涉及的是一个典型的设备更新决策问题。现代工业生产中，设备是固定资产的重要组成部分，也是项目获得收益的重要生产要素，既具有工程属性，又具备经济属性。本章重点考虑经济属性下的设备处置决策。

作为一种固定资产的设备，在使用一定时期后面临更新的问题，需要根据设备状态及其他因素开展设备更新的经济分析，为设备更新提供科学决策依据。设备更新是固定资产投资决策的问题之一，设备更新经济分析是工程经济分析方法在设备这一特殊的固定资产上开展的投资决策应用，也遵从工程经济分析的基本原则和决策思想，即分析设备的基本状态及更新决策的环境，计算更新设备的成本、效益，运用参数及指标的结果来进行设备更新方案的经济分析。设备更新的原因有很多，除了受设备自身状态影响外，还受所处外部环境影响，仍需考虑自然条件与经济环境等因素影响。影响设备更新的主要环境包括以下方面：

1. 设备使用环境影响

设备使用环境影响设备的物理磨损。设备的物理磨损是指设备在一般自然环境正常使用时存在的自然损耗，即随着时间推移，设备发挥正常生产效率的能力降低。这是设备更新的驱动因素。

2. 设备供求环境改变

设备的主要功能是为生产或生活服务，同时设备本身也是市场供给的一部分，应满足市场的需求及供给变化。一方面是设备生产的供给方面，随着社会进步，物联网技术、智能技术的发展，市场对设备制造技术提出更多要求；另一方面是市场对设备的需求方面，随着设备所服务生产的产品市场需求多样化，设备更新换代的速度明显加快。设备供求环境改变成为设备更新的又一驱动因素。

3. 设备经济效果因素

设备作为固定资产的一种形式，制造及使用设备均需消耗资金，产生费用，同时也会影响项目收益，特别在现代工业化社会，设备更是经济发展的关键因素。测量设备使用的经济效果，评价其与企业财务及经济发展之间的促进效用是设备更新的另一驱动因素，不能有效促进经济发展的设备就应进行设备更新，例如设备生产的产品不能满足设备的需求，即便是新购置设备也应进行更新决策。

10.1.2 设备磨损与更新

1. 设备磨损

(1) 设备的有形磨损。第 I 种有形磨损是可消除型磨损，如电压、使用率等影响，设备的某个零部件受到物理损害，通过更换零部件可以补偿磨损，设备的使用功能依然保持。

第Ⅱ种有形磨损是不可消除型磨损，如受到外部化学因素影响，设备主要功能不能发挥时，进行维修或更换设备也不可消除的磨损。

（2）设备的无形磨损。第Ⅰ种无形磨损是指由技术进步带来的间接影响，生产同样产品的工艺不断发展，所需成本不断减少，劳动生产率提高，生产同种设备所需的社会必要劳动时间减少，使得原来的设备价值贬低。简言之，就是由设备的服务对象产品变化所产生的设备磨损。

第Ⅱ种无形磨损与技术进步直接相关。随着生产技术的进步，市场中出现性能更好、效率更高、经济效果更加明显的新设备生产工艺技术。因此，原来的设备就开始显得陈旧落后、经济效益差，产生贬值。简言之，就是由设备自身的生产体系发生变化而带来的磨损。

（3）综合磨损。大多数情况下，设备在使用过程中发生的磨损实际上是由有形磨损和无形磨损同时作用而产生的，这种情况下发生的磨损称为综合磨损。例如，随着互联网经济和移动支付的产生与发展，纸币生产设备面临巨大的挑战，一方面市场对纸币这一特殊产品的需求发生重大改变，另一方面生产纸币的设备自身的运行环境发生变化。以上两种变化分别带来设备的无形磨损和有形磨损，加之纸币产品的特殊性，使得纸币生产设备的更新需要在以上综合磨损的基础上进行决策。

2. 设备磨损补偿

设备磨损补偿是通过设备维护延长设备可使用年限和提高设备使用效率的方案。由于设备具有技术及经济的属性，因此设备补偿的形式包括经济补偿和设备磨损技术补偿两种方式。

首先，设备磨损的经济补偿包括两个途径：一方面在销售收入分配中，通过提取设备折旧基金来实现设备原值补偿、设备更新及改装等；另一方面在企业经营成本中，在折旧的基础上提取设备修理费实现设备技术补偿，从而保持设备可用于生产与服务。

其次，设备磨损的技术补偿为延长设备的服务能力提供支撑。包括：

（1）设备修理。在设备使用过程中，通过工程技术方法与手段完成设备日常运行的维护保养等设备修理活动，如必要的零件更换、维修等。设备修理将不会提高设备使用效率，可适当延长设备的物理使用寿命。

（2）现代化技术改造。设备存在技术落后影响生产及产品质量等问题时，可以在再投资的基础上对原有设备进行现代化改装，在一定程度上改善设备的生产及服务能力，如增加物联网装置等。

(3) 设备更新。当设备达到使用寿命，或原有设备在技术及经济上都不能满足生产和服务要求时，需要通过更新的方式来维持原有的生产服务。

3. 设备磨损补偿关系

设备磨损的类型不同，其对应的设备补偿形式也不尽相同，两者的对应关系如图 10-1 所示。可以看出，设备主要根据其磨损形式确定基本的处置方向，设备更新只是设备磨损处置的一种形式，主要针对设备不可消除型有形磨损及第Ⅱ种无形磨损形式。

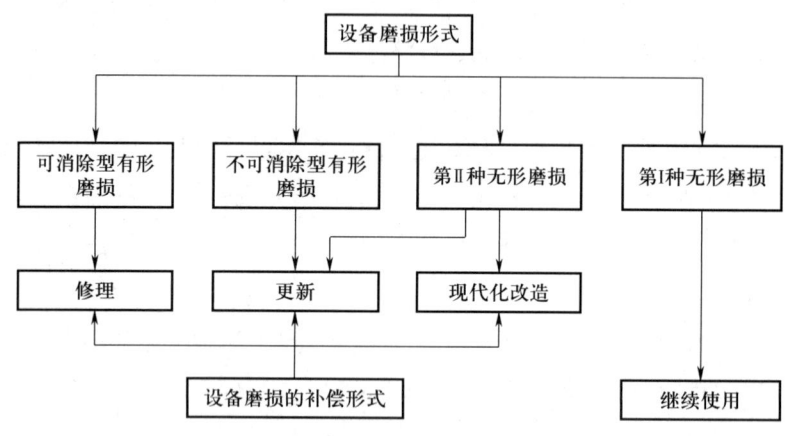

图 10-1　设备磨损补偿关系

10.1.3　设备更新决策

设备更新决策是运用设备更新分析的方法确定如何用更经济的设备来替代原有设备的投资决策过程，替代设备可以是原型设备或者是新型设备。设备更新决策需解决以下关键问题：该设备是否需要更新？是用原型设备还是新型设备更新？何时进行设备更新？

依据工程经济分析的基本原则，分析设备更新的目标、问题及特点。设备更新决策需遵循以下 4 个原则。

（1）比较决策原则。由于设备更新存在原型设备还是新型设备的更新比较，因此设备更新决策其实质是多方案比较问题。另外，为降低设备更新决策的复杂性，假设设备是成本消耗型，因此，设备更新决策的实质是多方案的费用比选问题。

（2）面向未来原则。设备更新决策应站在设备更新决策的时点，核算设备现有市场投资价值，以及再使用的运营成本，依据设备未来可使用年份的经济效果进行比较决策，而不考虑已使用年份的沉没成本。

$$沉没成本 = 旧设备账面价值 - 设备当前市场价值 \quad (10-1)$$

（3）动态更新原则。在确定最佳设备更新时点时，应首先计算、比较现有设备剩余经济寿命和新设备经济寿命，然后利用逐年滚动计算方法进行比较。也就是说，需要根据设备的使用状态进行动态经济跟踪与核算，根据决策时点的环境变化及时调整设备经济寿命期。

（4）经济中心原则。由于设备具有经济属性，是项目投资的重要组成部分，同时也是项目运行管理的重要部分，与项目投资中的设备购置费用、项目运行费用中的折旧与维修费用等计算有直接关系，同时设备折旧费影响项目所得税，从而影响净利润计算，因此要求设备更新遵从经济分析为中心的原则，通过评估经济指标水平进行更新决策。

10.2 设备经济寿命

10.2.1 设备寿命的形态

根据设备的多重属性，设备寿命形态包括多种形式。

1. 设备物理寿命

设备物理寿命是指设备在生产使用后的自然寿命，由设备技术及使用环境所决定，常常与设备使用的安全有关，具有客观性，因此是设备更新决策必须优先考虑的依据。

2. 设备技术寿命

设备技术寿命是由设备的无形磨损所产生的，是相对于技术进步产生的设备寿命，随着技术进步的水平而改变，具有一定的主观性，是设备更新决策的一个维度。通常设备技术寿命小于设备物理寿命。

3. 设备折旧寿命

设备折旧寿命是指由会计准则规定的设备使用年限，通常达到设备折旧年限时，规定设备残值率。它是由会计准则规定的官方经济寿命，与设备具体运行环境无关，具有一定的客观性，是设备更新决策的依据。

设备经济寿命

4. 设备经济寿命

设备经济寿命指设备从投入使用开始，到因继续使用在经济上不合理而被更新所经历的时间，也就是最佳经济使用年限。受设备运行环境的影响，通常设备经济寿命小于设备折旧寿命。

设备是否更新取决于设备以上寿命期。当设备已使用年限超过以上任何一个寿命期时，均需要进行更新决策。通常超过设备物理寿命、设备折旧寿命均需进行更新，超过设备技术寿命、设备经济寿命的设备，最终以设备经济寿命作为定量更新决策的根本依据。

10.2.2 设备经济寿命计算

根据设备经济寿命的定义，分别计算设备制造费和使用费，以设备制造使用总成本的最小年均值作为识别经济寿命期的依据，最小年值对应的年份即为设备经济寿命。按费用和收益计算时是否考虑资金时间价值，分为静态经济寿命期和动态经济寿命期。

1. 设备经济寿命的静态计算

（1）费用平均法。从设备使用第 1 年开始到第 n 年，在不同使用年限下，分别根据设备购置成本（P_0）和运营成本（C_N），逐年计算购置成本的年等额资产恢复成本、年等额运营成本，然后计算总成本年均值。其中，年均总成本或年等额总成本最小的年份即为经济寿命，如图 10-2 所示。设备购置成本包括设备原价及运杂费用，设备运营成本包括能源费、保养费、修理费、停工损失、废次品损失等。

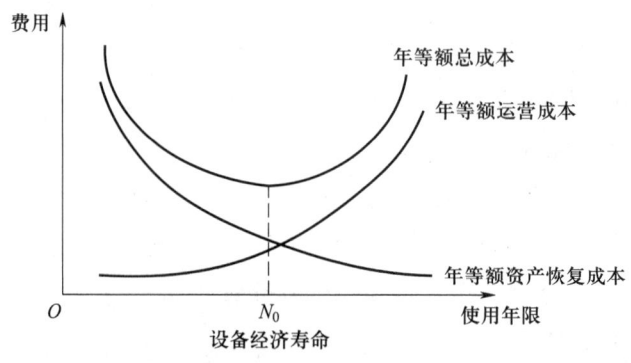

图 10-2 设备经济寿命示意图

设备费用现金流示意如图 10-3 所示。

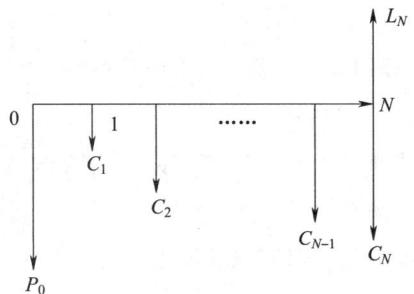

图 10-3 设备费用现金流图

不考虑资金时间价值，设备静态经济寿命期的计算用费用平均法，计算公式如下：

$$AC_N = \frac{(P_0 - L_N)}{N} + \frac{1}{N}\sum_{t=1}^{N} C_t \qquad (10-2)$$

式中：第 1 项为设备购置成本的平均值，第 2 项为使用成本的年均值。

AC_N——N 年内设备的年均总成本；

P_0——设备的购置费用，设备现有价值；

L_N——设备第 N 年末的残值；

C_t——第 t 年的设备使用成本。

【例 10-2】 假设某设备的残值 L_t、原值 P_0、年使用值 C_t 如表 10-1 所示，计算该设备的年等值，并给出静态经济寿命期。

表 10-1 经济寿命计算表　　　　　　　　　　　　　　　　　　　　单位：元

t	L_t	$P_0 - L_t$ ($P_0 = 10\ 000$)	$\sum_{t=1}^{N} C_t$	$(P_0 - L_t) + \sum_{t=1}^{N} C_t$	AC_N
(1)	(2)	(3)=P_0-(2)	(4)	(5)=(3)+(4)	(6)=(5)/(1)
1	7 000	3 000	1 000	4 000	4 000
2	5 000	5 000	2 100	7 100	3 550
3	3 500	6 500	3 400	9 900	3 300
4	2 200	7 800	5 000	12 800	3 200
5	1 200	8 800	7 000	15 800	3 160
6	600	9 400	9 500	18 900	3 150
7	400	9 600	12 800	22 400	3 200
8	200	9 800	16 500	26 300	3 288

【解】 根据公式计算第 N 年的 AC 值，例如第 6 年的资产恢复成本 9 400 = 10 000−600；使用费总额 9 500 = 7 000+2 500；总成本 18 900 = 9 500+9 400；年

均成本 3 150 = 18 900/6。

由表 10-1 中数据可以看出，第 6 年的 AC 最小，则 6 年为该设备经济寿命期。

（2）匀速低劣化数值（λ）法。随着设备使用年限的增加，年使用成本逐年增加的现象称为设备劣化。假设设备劣化，即设备年运行费用的增加为常数 λ，则年均总成本可以利用下式计算。

$$AC_N = \frac{(P_0 - L_N)}{N} + C_1 + \frac{1}{2}(N-1)\lambda \tag{10-3}$$

根据经济寿命的定义，对年均总成本求导，令 $\frac{d(AC_N)}{dN} = 0$，则经济寿命期 N_0 为：

$$N_0 = \sqrt{\frac{2(P_0 - L_N)}{\lambda}} \tag{10-4}$$

【例 10-3】 现有一台设备，目前实际价值为 1 000 元，预计残值为 100 元，第一年的设备总成本费用为 80 元，每年设备的劣化增量均等，年低劣化值为 50 元，求该设备的经济寿命。

【解】 由设备低劣化值恒定的情况，得设备经济寿命如下：

$$N_0 = \sqrt{\frac{2(P_0 - L_N)}{\lambda}} = \sqrt{\frac{2(1\,000 - 100)}{50}} = 6(年)$$

当 P_0 为设备现有价值时，计算所得到的是该旧设备从现在开始即更新决策时算起的经济寿命，而不是设备从原值投入使用时算起的经济寿命。

2. 设备经济寿命的动态计算方法

（1）根据净年值即年平均收益来确定经济寿命。净年值适用于以收益衡量的设备。其净年值 NAV_N 的计算公式为：

$$NAV_N = \left[\sum_{t=1}^{N} R_t(1+i)^{-t} + L_N(1+i)^{-N} - P_0\right] \frac{i(1+i)^N}{(1+i)^N - 1} \tag{10-5}$$

式中：i 为折现率；

R_t 为第 t 年项目收益。

判断规则：取 NAV 最大的年份即为设备动态经济寿命。

（2）根据年成本即年均总成本来确定经济寿命。年成本适用于以收益衡量的设备。其年均总成本 AC_N 计算公式为：

$$AC_N = (P_0 - L_N)\frac{i(1+i)^N}{(1+i)^N - 1} + L_N \times i + \left[\sum_{t=1}^{N} C_t(1+i)^{-t}\right]\frac{i(1+i)^N}{(1+i)^N - 1}$$

$$\tag{10-6}$$

其中：

第 1 项为年均资产消耗成本：

$$P_0(A/P, i, N) - L_N(A/F, i, N) = (P_0 - L_N)\frac{i(1+i)^N}{(1+i)^N - 1} + L_N \times i \quad (10-7)$$

第 2 项为年均运营成本：

$$\left[\sum_{t=1}^{N} C_t(P/F, i, N)\right](A/P, i, N) = \left[\sum_{t=1}^{N} C_t(1+i)^{-t}\right]\frac{i(1+i)^N}{(1+i)^N - 1}$$
$$(10-8)$$

可通过列表计算年成本的方法，得出使年成本 AC_N 为最小值的使用年限，即为设备的经济寿命 N。

【**例 10-4**】 假设某设备的残值、原值，年运行费如表 10-2 所示，折现率为 10%，计算该设备的年等值并给出动态经济寿命期。

表 10-2 设备经济寿命动态计算表 单位：元

t	年运行费	年运行费折现（i=10%）	年运行费现值累计	年均运行费	期末残值	年度资产消耗成本	AC
1	1 000	909	909	1 000	7 000	4 000	5 000
2	1 100	909	1 818	1 048	5 000	3 381	4 429
3	1 300	977	2 795	1 124	3 500	2 964	4 088
4	1 600	1 093	3 888	1 226	2 200	2 681	3 907
5	2 000	1 242	5 130	1 353	1 200	2 441	3 795
6	2 500	1 411	6 541	1 502	600	2 218	3 720
7	**3 100**	**1 591**	**8 132**	**1 670**	**300**	**2 022**	**3 693**
8	3 800	1 773	9 904	1 856	200	1 857	3 713

根据表中数据可以绘制该设备的年总成本费用，如图 10-4 所示。

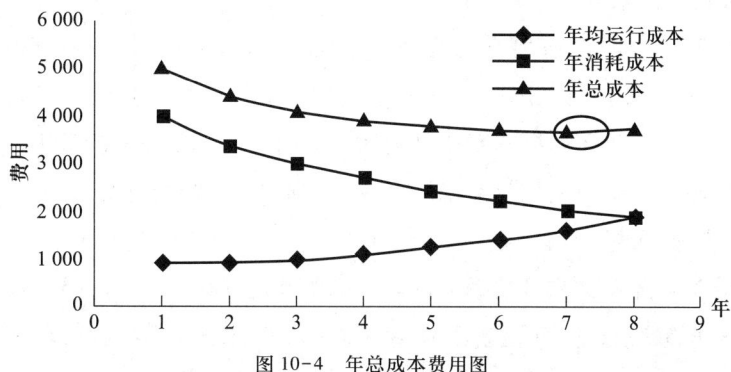

图 10-4 年总成本费用图

根据表 10-2 中数据、图 10-4 中数据可以判断该项目的动态经济寿命期为 7 年。

10.3 设备更新决策

设备更新决策分析过程中，应考虑设备更新分析的假定条件和设备的研究期这两个重要因素，且设备更新最终决策取决于所使用的分析方法。设备更新决策可以分为：原型设备更新，指以原型设备更新原有设备的更新决策；新型设备更新，指以一种新型设备代替原有设备的更新决策。

10.3.1 原型设备更新

原型设备更新指用原型设备更新原有设备，即更换物仍为与原有设备完全相同的设备，且假定企业的生产经营期足够长，设备一旦选定后，后续设备更新均重复采用原型设备进行更新。因此，研究期为各方案设备物理寿命的最小公倍数。

原型设备更新决策是以设备经济寿命为依据，最优更新时机就是设备达到经济寿命年限时，以原型设备替代原有设备。

原型设备更新决策主要分为三个步骤：

（1）确定各个方案共同的研究期，即年；

（2）采用费用年值法确定各备选方案设备的经济寿命；

（3）比较各方案设备的经济寿命，确定最佳的方案，即考虑设备是否需要更新及新设备未来的更新周期。

【例 10-5】 某企业生产经营期足够长，现在进行设备更新分析，共有 O、P 和 Q 三种设备可以选择，这三种方案为互斥方案。设备 O 的物理寿命为 5 年，设备 P 和 Q 的物理寿命分别为 6 年和 7 年，三种设备各年现金流量数据见表 10-3。假设基准收益率为 10%，试根据原型设备更新方法，确定最优方案及其设备更新期。

【解】 设备 O 的物理寿命为 5 年，则更新周期可为 1、2、3、4、5 年，共 5 种更新策略。P 和 Q 设备则分别有 6 种和 7 种更新策略，三种设备更新分析的互斥策略数为 18 个。各设备年均总成本最小的策略所对应的试用期限即该设备的经济寿命。三种方案的经济寿命计算结果如表 10-3 所示。

表10-3　三种方案设备经济寿命计算表　　　　　　　　　　　　　单位：元

n 年末	O 设备			P 设备			Q 设备		
	第 n 年末残值	n 年总运营费	年平均总成本	第 n 年末残值	n 年总运营费	年平均总成本	第 n 年末残值	n 年总运营费	年平均总成本
0	14 000			20 000			27 500		
1	9 900	3 300	8 800.00	0	1 200	23 200.00	0	1 650	31 900.00
2	8 800	5 500	**8 223.80**	0	3 400	13 771.57	0	1 650	17 495.50
3	6 600	6 050	8 497.17	0	5 800	11 362.63	0	1 650	12 707.75
4	5 500	8 800	8 942.61	0	8 000	10 639.39	0	1 650	10 326.25
5	3 300	9 900	9 549.26	0	10 200	**10 566.62**	0	1 650	8 904.50
6				0	12 600	10 819.40	0	1 650	7 964.00
7							0	1 650	**7 298.50**

注：带下划线的数据表示设备经济寿命对应的设备年平均总成本。

选择代表年份，计算年均总成本的过程如下：

$AC_{O2} = (14\,000 - 8\,800) \times (A/P, 10\%, 2) + 8\,800 \times 10\% + [3\,300(P/F, 10\%, 1) + 5\,500(P/F, 10\%, 2)] \times (A/P, 10\%, 2) = 8\,223.80(元)$

$AC_{P5} = 20\,000 \times (A/P, 10\%, 5) + [1\,200 \times (P/F, 10\%, 1) + 3\,400 \times (P/F, 10\%, 2) + 5\,800 \times (P/F, 10\%, 3) + 8\,000 \times (P/F, 10\%, 4) + 10\,200 \times (P/F, 10\%, 5)](A/P, 10\%, 5) = 10\,566.62(元)$

$AC_{Q7} = 27\,500 \times (A/P, 10\%, 7) + 1\,650 = 7\,298.50(元)$

由计算结果及表10-3中数据可知，设备 O 的经济寿命为 2 年，设备 P 的经济寿命为 5 年，设备 Q 的经济寿命则为 7 年。以各方案设备经济寿命期所对应的年均总成本作为比较指标，则方案 Q 为最优方案。

结论：采用方案 Q，Q 设备更新周期为 7 年。

10.3.2　新型设备更新

新型设备更新指用新型设备更新原有设备，即更换物为与原有设备不相同的设备，且假定设备更新后不会影响企业的收益，固定资产更新决策是在假设维持现有生产能力水平不变的情况下，选择继续使用旧设备还是购买新设备进行的两方案决策。

1. 年金成本法

对企业而言，用新设备来替换旧设备不改变企业的生产能力，就不会增加企业的营业现金流入，即使有少量的残值变价收入，也不是实质性现金流入增加。在更新决策中，只需比较各方案的现金流出量即可。在新型设备更新决策中,继续使用旧设备方案的寿命期与购置新设备方案的寿命期常常不同,属于寿命期不同的更新方案的比选,因此最简捷的方法是采用年金成本法进行比较。分别计算继续使用旧设备方案与购置新设备方案的年金成本,取年金成本最小的方案为最优更新方案。年金成本是指未来使用年限内的现金流出总现值与年金现值系数的比值,计算公式如下:

年金成本 = ∑(各项目现金净流出现值)/年金现值系数

= ∑(各项目现金净流出现值)×现值年金系数

【例 10-6】 某企业现有旧设备一台,由于节能减排的需要,准备予以更新。当期贴现率为 15%,有关资料如表 10-4 所示。问:企业是继续使用旧设备还是将其更新为新设备?

表 10-4 某企业新旧设备资料　　　　　　　　　　　　　　　　　　单位:元

设备类型	原价	预计使用年限/年	已经使用年限/年	预计残值	目前变现价值	每年营运成本
旧设备	35 000	8	4	50 00	10 000	10 500
新设备	36 000	10	0	4 000	36 000	8 000

【解】 两方案为寿命期不等的费用型互斥方案,可采用年金成本法进行方案比较。以当前时点进行决策时,旧设备的当前现金流出为其市场价值的再投入 10 000 元,使用期限为未来可使用年限 4 年,期末残值为 5 000 元,年使用费为 10 500 元,其现金流图如图 10-5 所示。

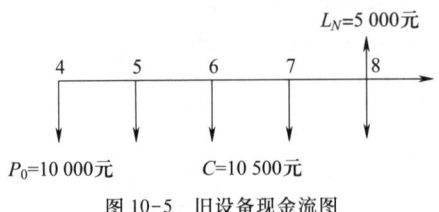

图 10-5　旧设备现金流图

同样绘制新设备现金流图,如图 10-6 所示。

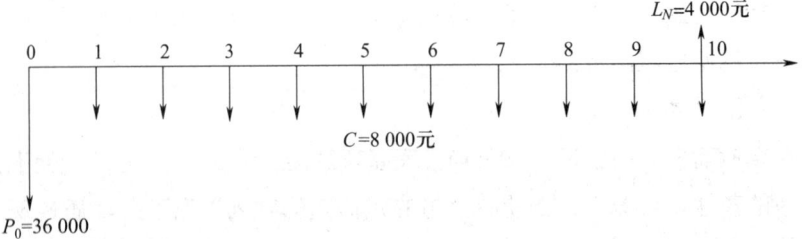

图 10-6　新设备现金流图

$AC_{旧} = 10\,000 \times (A/P, 15\%, 4) + 10\,500 - 5\,000 \times (A/F, 15\%, 4) = 10\,000 \times 0.350\,3 + 10\,500 - 5\,000 \times 0.200\,3 = 13\,001.5(元)$

$AC_{新} = 36\,000 \times (A/P, 15\%, 10) + 8\,000 - 4\,000 \times (A/F, 15\%, 10) = 36\,000 \times 0.199\,3 + 8\,000 - 4\,000 \times 0.049\,3 = 14\,977.6(元)$

结论：根据年金成本最小的原则，选择继续使用旧设备。

2. 边际成本法

边际成本法是以购买新设备的年均总成本增量与保留旧设备的边际成本进行成本比较。如果增量成本大于边际成本则保留旧设备，否则购买新设备。边际成本法的计算过程如下：

（1）计算旧设备的年度边际成本。以旧设备的继续使用为立脚点，计算其第 n 年的边际成本，即当年使用成本、残值减少、残值的资金占用成本三部分的总和。

$$MC_n = C_n + (L_{n-1} - L_n) + L_{n-1} \times i \tag{10-9}$$

式中：MC_n——第 n 年旧设备的年度边际成本；

C_n——第 n 年旧设备的运行成本以及损失额；

L_{n-1}——第 n 年资产折旧费；

$L_{n-1} \times i$——资产占用资金的成本。

（2）计算新设备的年均总成本。设备年均总成本包括第 1 项设备的购置成本和第 2 项设备的运行成本。

$$AC'_n = [P' - L'_n(P/F, i, n)](A/P, i, n) + [\sum C_j(P/F, i, n)](A/P, i, n) \tag{10-10}$$

式中：P'——新设备购置费；

AC'_n——新设备的年均总成本；

L'_n——第 n 年新设备残值；

C_j——新设备第 j 年的运行成本（$j=1, \cdots, n$）。

（3）根据计算结果进行更新比较。当旧设备的边际成本 MC_n>新设备年均总成本 AC_n 时，需要用新设备更新旧设备。

当旧设备的边际成本 MC_n<新设备年均总成本 AC_n 时，应继续保留旧设备。

当旧设备的边际成本 MC_n = 新设备年均总成本 AC_n 时，应依据其他因素进行更新决策。

【例 10-7】 某设备再继续使用一年的边际成本如表 10-5 所示。现有的新设备价格为 50 000 元，寿命为 15 年，年运行成本为 1 800 元，残值 4 000

元，折现率 i =10%。试分析是否应对旧设备进行更新。

表 10-5　旧设备年边际成本计算表　　　　　　　　　　　　　　单位：元

费用名称	金额	费用名称	金额
新设备质量和产量提高增加收入	1 600	旧设备现在出售价格	9 600
新设备年均工资节约额	1 200	旧设备一年后出售价格	8 200
新设备作业费年均节约额	4 500	旧设备继续使用资产占用的资金成本（9 600×10%）	960
新设备维修费平均节约额	3 000		
旧设备年运行成本	1 200	旧设备资产折旧费（9 600-8 200）	1 400
旧设备年运行成本及损失（前5项）	11 500	旧设备边际成本（11 500+1 400+960）	13 860

【解】　首先，计算旧设备的边际成本，包括旧设备的运行损失、旧设备继续使用的资金占用成本、旧设备的资产折旧额。其中旧设备的运行损失包括设备运营投入成本、新设备带入的增量收入和减少的损失。根据表 10-5 所示数据，由公式得：

$$MC_n = 11\ 500 + 960 + 1\ 400 = 13\ 860(\text{元})$$

其次，依据新设备的购置费用、运行成本及期末残值计算的其年均总成本 AC'_n 为：

$$AC'_n = [50\ 000 - 4\ 000(P/F, 10\%, 15)](A/P, 10\%, 15) + 1\ 800 = 8\ 247.6(\text{元})$$

最后结论：根据计算可以看出 $MC_n > AC'_n$，所以用新设备替代旧设备。

10.3.3　综合更新决策

综合更新决策是在设备使用到一定的年限后，可以采用多种更新方式进行设备更新的选择决策。设备更新决策的方案类型在多种可选情形下，要考虑各方案的使用年限情况进行动态跟踪决策。首先将各更新决策方法形成互斥方案，然后采用各方案的费用现值、费用年值比较法进行方案更新决策。

【例 10-8】　某旧设备共有 5 种更新方案备选，分别为：① 继续使用旧设备；② 用原型设备更新；③ 用新型设备更新；④ 现代化技术改造；⑤ 大修理。

各个更新方案的费用数据如表 10-6 所示，各更新方案费用续表如表 10-7 所示，数据包括各更新方案的生产效率系数、第 n 年末残值、第 n 年运营费。i_c 为 10%，方案选择过程如下。

表 10-6　各更新方案费用　　　　　　　　　　　　　　　　　　　　　　　单位：元

年份 (n)	① 继续使用旧设备 (生产效率系数 $a_1=0.7$)		② 用原型设备更新 (生产效率系数 $a_2=1$)		③ 用新型设备更新 (生产效率系数 $a_3=1.3$)	
	第 n 年末残值	第 n 年运营费	第 n 年末残值	第 n 年运营费	第 n 年末残值	第 n 年运营费
0	3 000		16 000		20 000	
1	1 200	1 400	9 360	450	11 520	350
2	600	1 800	8 320	550	10 240	420
3	300	2 200	7 280	650	8 600	490
4			6 240	750	7 250	560
5			5 200	850	5 700	630
6			4 160	950	4 700	700
7			3 120	1 050	4 000	770
8			2 080	1 150	3 000	840
9			1 300	1 250	2 000	910
10			1 300	1 350	2 000	980

表 10-7　各更新方案费用续　　　　　　　　　　　　　　　　　　　　　　单位：元

年份 (n)	④ 现代化技术改造 (生产效率系数 $a_4=1.2$)		⑤ 大修理 (生产效率系数 $a_5=0.98$)	
	第 n 年末残值	第 n 年运营费	第 n 年末残值	第 n 年运营费
0	11 000		7 000	
1	9 000	550	6 400	700
2	8 000	680	5 800	950
3	6 700	810	5 200	1 200
4	5 700	940	4 700	1 450
5	4 700	1 070	3 800	1 700
6	3 700	1 200	3 000	1 950
7	2 700	1 330	2 200	2 200
8	1 700	1 460	1 400	2 450
9	1 000	1 590	700	2 700
10	1 000	1 720	700	2 950

　　根据原始数据，计算得出不同服务年限各方案的总费用现值，见表 10-8。表中列出了 5 种不同类型更新方案的总费用现值。

表 10-8　各方案总费用现值计算表　　　　　　　　　　　　　　　　　　　　单位：元

期限（年）	① 继续使用旧设备	② 用原型设备更新	③ 用新型设备更新	④ 现代化技术改造	⑤ 大修理
1	4 545.4	7 900	6 871.3	5 265.1	4 916.5
2	7 520.6	9 987.6	8 442.7	7 042.0	6 863.3
3	10 268.3	11 882.4	10 022.8	8 863.9	8 687.9
4		13 602.2	11 284.1	10 349.5	10 409.4
5		15 163.2	12 486.7	11 715.5	12 354.6
6		16 580.1	13 340.8	12 971.5	14 157.4
7		17 866.0	14 004.2	14 126.1	15 885.4
8		19 033.2	14 701.3	15 187.4	17 537.2
9		19 962.4	15 326.0	16 056.8	19 069.2
10		20 553.0	15 629.3	16 641.5	20 257.3

注：带下划线的数据为各更新方案的最佳费用现值。

【结论】 从表 10-8 中的计算结果可以得出，如果设备只需要使用 1 年，以第①种方案继续使用旧设备为最优。如果打算使用 2～4 年，最佳方案为方案⑤大修理。如果设备预期使用 5～6 年，最佳方案为方案④进行现代化技术改造。如果使用期限为 7 年以上，则方案③用新型设备更新为最好的选择方案。

【思考】

1. 如果不同更新方案的设备购置成本发生变化，是否会对更新方案的选择结果产生影响？

2. 如果基准收益率为 12%，更新方案的决策结果是否会发生变化？

3. 如何理解设备更新是一个动态跟踪更新决策的过程？

10.4　所得税后设备更新

设备作为企业固定资产的重要组成部分，是企业技术进步的载体，也决定企业经济发展的关键要素。国家鼓励企业进行设备投资，实现现代化生产。依据税法，设备投资可用于抵扣进项税和所得税。在设备更新决策中，设备购置费是企业现金流出的一部分。由于抵扣税额效应的存在，项目实际用于设备购置的现金流出并不是设备购置费的全部，而是税后的设备购置费用,因此应考虑设备抵税效应的税后设备更新的决策。

10.4.1 税后年金成本法

在进行新型设备与旧设备的更新决策时,考虑设备的抵税效应后,重新定义设备购置项目的现金流量如下:

(1)现金流出量,是指项目引起的现金流出的增加额。包括:① 固定资产成本。包括买价、运输费、安装费等。② 净经营性营运资本的增加。一般在年初垫支、项目结束后收回。③ 付现成本。需要支付现金的营业成本,即营业成本减去折旧与摊销。④ 所得税支出。所得税 = 息税前利润 × 所得税税率。

(2)现金流入量,是指项目引起的现金流入的增加额。包括:① 经营性现金流入。生产能力扩张引起的销售收入增加额。② 残值收入(正常报废或延期报废)。③ 固定资产变价收入(提前报废)。④ 报废损失少交所得税(抵减所得税);相反属于现金流出。⑤ 净经营性营运资本增加额的收回。

(3)分别计算新旧方案的净现金流量后,计算年值指标。

(4)根据年值最小的原则进行更新决策。

【例10-9】 某企业现有旧设备一台,由于节能减排的需要,准备予以更新。当期贴现率为15%,假定企业所得税税率为25%,考虑所得税对现金流量的影响,有关资料如表10-9所示。分析企业是继续使用旧设备还是将其更新为新设备。

表10-9 某企业新旧设备资料　　　　　　　　　　　　　　　　　　　　　　单位:元

设备类型	原价	预计使用年限(年)	已经使用年限(年)	税法残值	最终报废残值	目前变现价值	每年折旧费(直线法)	每年营运成本
旧设备	35 000	10	4	5 000	3 500	10 000	3 000	10 500
新设备	36 000	10	0	4 000	4 200	36 000	3 200	8 000

【解】 在比较以上两个寿命期不同的投资方案时,将继续使用旧设备和购置新设备形成两个互斥方案,分别计算两个方案的年金成本,进行方案的优劣比较,选择年金成本较小的方案。通过以上数据可以看出,由于税法残值与最终报废残值之间存在差异,因此会产生计所得税后的现金流出差异,从而可能影响购置决策,应在分析时考虑。

首先，继续使用旧设备的净现金流量：

（1）计算初始现金净流量。

初始现金净流量＝－[变现价值＋变现损失抵税（或－变现收益纳税）]＝－(10 000＋13 000×25%)＝－13 250(元)

目前旧设备账面价值＝35 000－3 000×4＝23 000(元)

变现损失＝23 000－10 000＝13 000(元)

（2）计算营业现金净流量。

营业现金净流量＝收入×(1－所得税税率)－付现成本×(1－所得税税率)＋折旧×所得税税率＝0－10 500×(1－25%)＋3 000×25%＝－7 125(元)

（3）计算终结回收现金流量。

终结回收现金流量＝最终残值＋残值净损失抵税（或－残值净收益纳税）＝3 500＋(5 000－3 500)×25%＝3 875(元)

以上数据结果见表10-10。

表10-10　旧设备净现金流量　　　　　　　　　　　　　　　　　　　　单位：元

年份	1	2	3	4	5	6
原始投资额	－13 250					
营业现金流出	－7 125	－7 125	－7 125	－7 125	－7 125	－7 125
期末现金流入						3 875

（4）计算旧设备年金。

旧设备净年金值＝净现值×现值年金系数＝[－13 250－7 125×(P/A，15%，6)＋3 875×(P/F，15%，6)]×(A/P，15%，6)＝－10 183.49(元)

旧设备年金成本＝－旧设备年金净流量＝10 183.49(元)

其次，购置新设备净现金流量：

（1）计算初始现金净流量。

初始现金净流量＝－原始投资额＝－买价＝－36 000(元)

（2）计算营业现金净流量。

营业现金净流量＝收入×(1－所得税税率)－付现成本×(1－所得税税率)＋折旧×所得税税率＝0－8 000×(1－25%)＋3 200×25%＝－5 200(元)

（3）计算终结回收现金流量。

终结回收现金流量＝最终残值＋残值净损失抵税（或－残值净收益纳税）＝4 200－(4 200－4 000)×25%＝4 150(元)

以上数据结果见表 10-11。

表 10-11 新设备净现金流量　　　　　　　　　　　　　　　　　　　　　　　单位：元

年份	1	2	3	4	5	6	7	8	9	10
原始投资额	-36 000									
营业现金流出	-5 200	-5 200	-5 200	-5 200	-5 200	-5 200	-5 200	-5 200	-5 200	-5 200
期末现金流入										4 150

（4）计算年金成本。

新设备年金净流量 = [-36 000-5 200×(P/A, 15%, 10)+4 150×(P/F, 15%, 10)]×(A/P, 15%, 10) = -12 168.62(元)

新设备年金成本 = 12 168.62(元)

结论：上述计算表明，继续使用旧设备的年金成本为 10 183.49 元，低于购买新设备的年金成本 12 168.62 元，应采用旧设备方案。

10.4.2　设备折旧后的更新决策

设备折旧作为非付现成本，如果不考虑增值税和所得税抵扣的影响，折旧额既不计入现金流入也不计入现金流出。如果只进行税前更新决策，则折旧不会影响决策结果。但在税后更新决策中，折旧应在税前扣除，就是说可以抵扣所得税、增值税，由于"抵税效应"的存在，此时折旧在成本法中作为现金流出的一笔减项，就应该视为一笔现金流入，换句话说，设备的成本支出的现金流出应减少。

在进行设备更新决策时，折旧对决策的影响体现在 3 个方面：① 在更新决策点对旧设备的折旧计提的大小，是采用变现价值还是折余价值，方式不同，项目年折旧的抵税效果不同，现金流出不同，影响营业现金流的计算。② 旧设备按折余处置还是变现处置会影响初始现金流的所得税差异，从而影响初始现金流。③ 如果考虑资金时间价值，则以上差异所产生的时间价值也会影响决策的现金流计算。

【例 10-10】　某企业考虑用一台效率更高的新设备来替换现有的旧设备，以减少成本、增加收益。取得新设备的投资额为 650 000 元，使用期限为 5 年；旧设备购置成本为 400 000 元，已使用 5 年，估计尚可使用 5 年，使用期满后无残值，旧设备的变价净值为 150 000 元。由于新设备效率较高，每年可节约付现成本 100 000 元，到第 5 年末新设备的预计残值为 50 000 元。假设该企业的资金成本为 10%，所得税税率为 25%，新旧设备均采用直线法计提折旧，既定折旧年限和折旧方法与税法规定相同，试做出继续使用旧设备还是处置旧设备购置新设备的决策。

【解】 旧设备的折余价值为 400 000/2 = 200 000 元；

继续使用旧设备的年折旧额 = 200 000/5 = 40 000 元；

新设备的年折旧额 = (650 000 − 50 000) ÷ 5 = 120 000 元；

新旧设备的年折旧差额 = 120 000 − 40 000 = 80 000 元；

如果从市场变现角度，则旧设备的年折旧额 = 150 000 ÷ 5 = 30 000 元，新旧设备的折旧差额 = 120 000 − 30 000 = 90 000 元，两种不同计提方式下的年折旧差额 = 90 000 − 80 000 = 10 000 元。

考虑折旧差对所得税的影响为 10 000 × 25% = 2 500 元。

旧设备处置的净损失 = 200 000 − 150 000 = 50 000 元，净损失的所得税 = 50 000 × 25% = 12 500 元。

考虑资金时间价值影响的决策：

(1) 以折余价值作为计提基础，不考虑设备处置损失的抵税作用。

继续使用旧设备的现金流出的现值为：150 000 × 1 = 150 000 元。

折旧抵税的现金流入 = 40 000 × 25% × (P/A, 10%, 5) = 40 000 × 25% × 3.790 8 = 37 908 元。

继续使用旧设备现金流出小计 = 150 000 − 37 908 = 112 092 元。

(2) 以变现价值作为计提基础，考虑设备处置损失的抵税作用，继续使用旧设备的现金流出的现值为：150 000 × 1 = 150 000 元。

折旧抵税的现金流入 = 30 000 × 25% × (P/A, 10%, 5) = 30 000 × 25% × 3.790 8 = 28 431 元。

旧设备变现损失的减税引起的流出现值 = (200 000 − 150 000) × 25% × 1 = 12 500 元。

继续使用旧设备现金流出小计：150 000 + 12 500 − 28 431 = 134 069 元。

(3) 对于继续使用旧设备方案，由于计提折旧的基础不同及所得税影响，计算结果相差 134 069 − 112 092 = 21 977 元。处置旧设备的方案成本大于继续使用旧设备的成本。

在考虑折旧及所得税下，计提基础影响更新决策，企业应从市场化的角度考虑所得税及折旧后，将旧方案与新方案形成互斥方案后进行对比分析决策。

10.4.3 设备租赁决策

设备租赁是以不购买资产的方式获得设备资产的使用权益,是不产生资产购置的投资成本而仅获得设备资产使用权益的一种设备决策。对投资者而言,仅需持续支付设备的租赁费用即可获得设备的使用权完成项目生产及服务活动。在共享经济时代,设备租赁方式在专业化分工及集约经济中扮演重要角色,如生活中的共享汽车、共享单车、房屋租赁、家电租赁等。

在项目设备更新决策中,设备租赁与设备购买、保持设备原状一同构成设备决策的方案集,在方案比较时重点考虑不同处置方式所产生的税款抵扣差异。在计算抵扣税款额的基础上,通过计算各方案现金流的现值或年值法,给出设备租赁与设备购买的决策。对于租赁而言,租赁费用可以全部用于税款抵扣,而对于购买设备而言,只有折旧和利息支出可以用于税款抵扣。

【例 10-11】 假设某企业考虑花费 20 万元购买某设备,设备可使用年限为 5 年,期末残值为零,设备采用直线折旧。替代方案中,同样的设备其年初租赁费用为 5.2 万元。假设企业所得税税率为 25%,每年末的原设备净现金流出为 5.6 万元,假设资金折现率为 10%,用现值法对设备租赁、购买还是维持现状进行更新决策。

【解】 现值法应根据方案现金流计算,因此首先分别分析各方案的现金流后再计算方案现值。

(1) 设备购买的现金流。所得税前,第一年年初为现金流出,设备的购买值 20 万元,以后各年设备折旧额 20/5 = 4 万元,可以计算抵扣所得税后的现金流入为 4×25% = 1 万元,以此作为各年的现金流入。

(2) 设备租赁的现金流。所得税前,设备租赁费用为 5.2 万元。考虑所得税后,设备租赁费用于所得税抵扣额为 5.2×25% = 1.3 万元,则各年的现金流出为 5.2-1.3 = 3.9 万元。

(3) 设备维持现状的现金流。所得税前,各年现金流出为 5.6 万元;所得税后抵扣额为 5.6×25% = 1.4 万元,则各年度决策方案的现金流出为 5.6-1.4 = 4.2 万元。

(4) 各方案净现金流及净现值如表 10-12 所示。

表 10-12　各方案净现金流（$i=10\%$）

方案	年份						净现值
	0	1	2	3	4	5	
设备购买	-20	1	1	1	1	1	$-20+1\times(P/A,10\%,5)=-16.21$
设备租赁		-3.9	-3.9	-3.9	-3.9	-3.9	$-3.9\times(P/A,10\%,5)=-14.78$
设备原状		-4.2	-4.2	-4.2	-4.2	-4.2	$-4.2\times(P/A,10\%,5)=-15.92$

（5）决策结论。由各方案的净现值可以看出，设备购买与维持现状比较则维持现状的费用现值更小，而维持现状与租赁方案比较，则设备租赁的费用现值最小，因此作为设备更新决策的最后方案。

本章小结

设备损耗带来设备处置问题，设备更新是设备处置的一种方式，设备更新决策是工程经济分析的特殊应用，因此在前述章节知识的基础上进行增量学习。本章新增概念有设备年均总成本，它是设备全寿命期总成本的等额值，由两部分构成：设备购置成本的年等值和使用成本的年等值。可依据第2章的资金等值计算方法完成。

设备年均总成本达到最小时的年份称为设备经济寿命。设备经济寿命依据是否考虑资金时间价值分为静态经济寿命和动态经济寿命。设备经济寿命是设备更新决策的重要依据，一方面当设备使用年限超过设备经济寿命时，就进行设备更新；另一方面通过比较设备经济寿命年均总成本进行更新决策。

以何种设备进行更新的决策分析包括原型设备更新和新型设备更新决策，使用不同方法进行。原型设备更新取决于设备经济寿命，超过设备经济寿命的设备以原型设备更换原有设备；新型设备更新决策是新旧设备的比较问题，可采用年金成本法或边际成本法进行更新决策。

在考虑所得税及折旧后的设备更新决策中，设备重置或处置成本以及折旧可以抵扣所得税，从而影响决策方案的现金流，在方案决策时要根据设备变现的市场价值、设备折余值、设备所得税税率、设备折旧额以及残值、资金时间价值等综合因素分别计算各决策方案的现金流，根据现金流的年值或现值给出税后设备更新决策方案，设备现金流计算是税及折旧后设备更新的关键。

在设备租赁决策中，构建设备租赁、设备购买和设备维持现状的方案集，同样在计算方案租赁或折旧额及其抵扣所得税的基础上进行设备租赁决策。

物联网、数据技术的发展，设备数据积累的丰富，都为设备更新管理提供了良好的基础，基于数据驱动的动态管理是设备更新管理的发展方向。

思考题

1. 简述设备经济寿命的基本内涵，比较静态经济寿命与动态经济寿命的主要不同。
2. 在设备更新决策中，为什么需要计算税后设备更新？
3. 在技术创新加剧时代，设备更新决策面临怎样的机会与挑战？

即测即评

请扫描二维码，测试本章学习效果。

第 11 章 价 值 工 程

价值工程是针对工程方案开展的一种特殊类型的工程经济分析方法，依然秉持投入产出基本原则，可以说是方案费用效果分析的进一步延续。价值工程的内涵是在项目中投入货币资金后，用"价值"的方式来衡量项目的产出，不仅用于方案的投入产出测量，而且用于方案的局部及整体的创新、改善和优化。本章内容包括价值工程原理、程序及关键技术、价值工程案例等。

11.1 价值工程原理

11.1.1 价值工程的产生

价值工程（Value Engineering，VE），又称价值分析（Value Analysis，VA），产生于20世纪40年代后期的美国。创始人是美国通用电气公司负责物资采购工作的电气工程师麦尔斯（L. D. Miles）。

在著名的"石棉板事件"的基础上，麦尔斯根据生产实践整理归纳，于1947年在《美国机械师》杂志上公开发表《价值分析》一文，标志着价值工程产生。对产品的采购从追求"名字"到寻找"内涵"，此方法的使用范围也进一步扩大到除产品外的企业其他方面。

11.1.2 价值工程内涵

价值工程的目的是以最低寿命周期成本，可靠地实现使用者所需功能，来获取研究对象最佳的综合经济效益。研究对象可以泛指一切为获取功能而发生费用的事物，如产品、工艺、工程、服务或它们的组成部分等。

价值工程中价值的含义与经济学中的价值意义不尽相同。政治经济学中对价值的定义为"凝结在商品中的一般人类劳动"。凝结在产品中的社会必要劳动时间越多，产品的交换价值就越大。产品使用价值是产品能够满足人们某种需要的程度，即效用，效用越大，使用价值越大。价值工程中的价值是一个相对的概念,是产品或服务的性质、功能与成本相比较的价值,是评价事物对市场、经济或社会的有效程度的一种尺度。它更接近于日常生活中常用的"性价比"的意思,是指事物对象的有益程度。它反映了功能和成本的关系,为分析与评价事务对象的价值提供了一种科学的标准。例如,人们在购买商品时,总是希望"物美价廉",即花费最少的成本换取最多、最好的商品,或者以一定的投入获得更加丰富的附加效果。

价值工程有三个关键概念:价值、功能与寿命期成本。

1. 价值(Value)

价值是指研究对象所具有的功能与取得该项功能的寿命周期成本之比,即功能与费用之间的比值,计算公式如下:

$$V = \frac{F}{C} \tag{11-1}$$

式中:V——价值工程对象的价值;

F——价值工程对象的功能;

C——价值工程对象的成本。

功能是指产品的功用、效用、能力等,即产品所担负的职能或者说是产品所具有的性能。成本指产品寿命期成本,即产品从研制、生产、销售直到使用过程中全部耗费的成本之和。

衡量产品或服务的价值的大小主要看功能(F)与成本(C)的比值大小。市场对产品及服务都有"物美价廉"的要求,"物美"实际上是反映商品的性能、质量水平,"价廉"是反映商品的成本水平。顾客购买时考虑"合算不合算"就是针对商品的价值而言的。这也是传统价值工程的通俗解释。

从上式看出,价值的大小取决于功能和费用,在成本不变的情况下,价值与功能成正比,即功能越大,价值就越大;反之亦然。在功能不变的情况下,价值与成本成反比,即成本越低,价值就越大;成本越高,价值就越小。

2. 功能(Function)

价值工程中的功能是指对象能够满足某种需求的一种属性。对产品的功能分类对促进产品的价值具有积极作用。功能的分类有以下方面:

(1)必要功能和不必要功能。这是根据使用者的需求进行的分类。必要功能是指为满足使用者的需求而必须具备的功能,不必要功能是指研究对象具有但与使用者需求无关的功能。

（2）不足功能和过剩功能。从量化的角度进行划分，功能可分为不足功能和过剩功能。不足功能指的是研究对象没有满足使用者需求的必要功能，过剩功能则相反，指的是满足了使用者且超量的必要功能。功能对不同消费者而言具有相对性。

（3）基本功能和辅助功能。从重要程度进行分类，基本功能指为满足对象主要目的而存在的功能，辅助功能则指为更好地实现基本功能而存在的附加功能。一般来说，基本功能是必要功能，辅助功能有些是必要功能，有些可能是不必要功能。

（4）使用功能和品位功能。按功能的性质进行分类，则可分为使用功能和品位功能。使用功能指与技术经济直接相关的功能；品位功能则指研究对象为满足使用者在精神感觉、主观意识方面的需求而存在的功能。产品的使用功能和品位功能往往是兼而有之，即使用功能与品位功能都可以属于产品的必要功能。

度量产品或方案、服务的功能需要采用定量化的分析技术，以满足价值工程定量分析的需要。衡量功能的大小有两种方法：

（1）用性能指标衡量。可以用定量化的性能指标衡量功能的大小，如产品的规格标准，达到的质量和性能指标等。这种方法虽然既简单又直观，但指标千差万别，不同产品的功能无法相互比较，同一产品不同零件的功能也无法汇总计量，因此这种功能衡量方法在价值分析中具有一定的局限性。

（2）用货币单位衡量。若用货币单位衡量便可实现不同产品之间功能的直接比较和不同零部件功能值的汇总计算，价值分析是用实现功能必须支付的最低费用来衡量功能的大小。也可以说，用产品的理想成本来表示功能的大小。这样就把功能与成本直接联系起来，功能与生产成本的比较也变为理想成本与生产成本的比较，使功能分析更实际、更具体。

产品或方案的功能特性可以从以下方面进行描述，以便采用多维度的形式进行功能的测定与评价。

（1）性能。通常表示功能的水平，即实现功能的品质，可以定义为优良等。

（2）可靠性。实现功能的持续性，主要从项目全寿命期角度出发进行功能的测量。

（3）维修性。功能发生故障后修复的难易度，体现功能使用的保障度。

（4）安全性。实现功能的安全性，是否会产生额外的损失等。

（5）操作性。实现功能的操作或作业的方便性与少故障性。

（6）易得性。实现功能的难易度，决定生产或服务取得的能力。

3. 寿命期成本（Life Cycle Cost）

价值工程师麦尔斯说过："一切费用都是为了功能。"寿命期成本是价值工程对象从研究、形成、使用到退出使用所需的全部费用，亦即产品或作业在寿命期内所需的全部费用。在实现产品功能的生产及使用两个阶段，寿命期内产品的成本如图 11-1 所示。

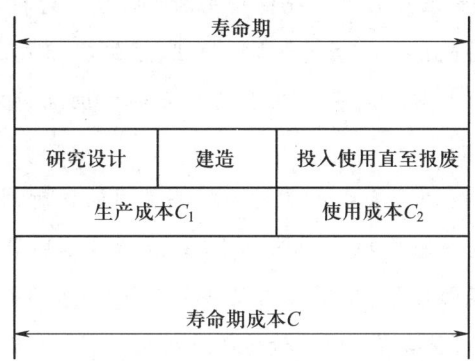

图 11-1 寿命期与寿命期成本关系图

寿命期成本 C 包括生产成本 C_1 和使用成本 C_2。

$$寿命期成本 = 生产成本 + 使用成本 \qquad (11-2)$$

$$C = C_1 + C_2 \qquad (11-3)$$

生产成本是指发生在生产企业内部的成本，包括研究、开发、设计，以及制造过程中的费用；使用成本是指用户在使用过程中支付的各种费用的总和，包括使用耗能、日常管理、维护维修等方面的费用。

11.1.3 提高价值的多种途径

根据价值计算公式，可以推断价值提高的路径。

（1）在提高对象功能的同时，降低成本，即：

$$\frac{F\uparrow}{C\downarrow} = V\uparrow\uparrow$$

（2）在保持成本不变的前提下，提高功能，即：

$$\frac{F\uparrow}{C\rightarrow} = V\uparrow$$

（3）在保持功能不变的前提下，降低成本，即：

$$\frac{F\rightarrow}{C\downarrow} = V\uparrow$$

(4) 成本稍有增加，但功能大幅度提高，即：

$$\frac{F\uparrow\uparrow}{C\uparrow}=V\uparrow$$

(5) 功能稍有下降，但成本大幅度降低，即：

$$\frac{F\downarrow}{C\downarrow\downarrow}=V\uparrow$$

【案例】 某民营医院为母婴提供高端医疗服务。为在市场上取得服务竞争能力，该医院提供包括个性医疗、高端护理、星级宾馆式的病房医疗环境等多方面的服务内容，当然其服务费用也为公立妇产医院费用的若干倍。分析该项目提高价值的路径。

【分析】 该医院的运营企业在增加服务费用的同时，根据高端市场客户需求，在医疗服务这一基本功能的基础上，相应增加了附属服务功能，如酒店式服务、个性化健康管理等，使得该医院设施整体取得了高水平的性价比，即价值，获得市场认可，符合第(4)种价值提升的路径。

11.1.4 价值工程的特点

价值工程的主要特点是以提高对象价值为目的，以功能分析为核心，以有组织、有领导的活动为基础，以科学的技术方法为工具，要求以最低的寿命期成本实现产品的必要功能。

1. 价值工程对象的多元化

价值工程的工作对象包括生产产品的工艺及产品本身，也包括工程各阶段的服务方案及工程建筑产品，也可用于上述价值分析活动中涉及的其他要素。

2. 价值工程以提高对象价值为目的

价值工程的目标是以最低的寿命期成本，使产品具备其所必须具备的功能。通过降低成本来提高价值的活动应贯穿于生产和使用的全过程。

3. 价值工程以功能分析为核心

价值工程的核心是对产品进行功能分析。价值工程中的功能是指对象能够满足某种要求的一种属性。具体来说，功能就是效用。例如，手表有计时功能，电冰箱有冷藏功能。用户向生产企业购买产品，是要求生产企业提供产品的功能，而不是产品的具体结构。企业生产的目的，也是通过生产获得用户所期望的功能，而结构、材质等是实现这些功能的手段。目的是主要的,手段可以广泛选择。因此,运用价值功能分析产品,是在分析功能的基础上再去研究结构、材质等问题。

4. 价值工程侧重于工程的研制设计阶段

价值工程侧重于在产品的研制与设计阶段开展工作,寻求技术上的突破。技术上的突破在一定程度上对社会生产力有推动作用,所以价值工程也是社会科学的一种重要的管理分析工具。

5. 价值工程强调不断改革和创新

价值工程强调开拓新构思和新途径,获得新方案,创造新功能载体,从而简化产品结构,节约原材料,提高产品的技术经济效益。

6. 价值工程强调将产品价值、功能和成本作为一个整体考虑

价值工程中对价值、功能、成本的考虑是在确保产品功能的基础上再综合考虑生产成本和使用成本,兼顾生产者和用户的利益,创造出总体价值最高的产品。

11.2 价值工程程序与技术

11.2.1 价值工程的问题

1. 基本问题

(1) 价值工程的研究对象是什么?
(2) 该对象的用途是什么?
(3) 该对象的成本是多少?
(4) 该对象的价值是多少?
(5) 有无其他方法可以实现同样的功能?
(6) 新方案的成本是多少?
(7) 新方案能满足要求吗?

2. 应用特点

(1) 以使用者的功能需求为出发点,以产品的市场需求满足为基础,进行产品的定义,如一辆能共享的单车。

(2) 以研究对象的功能分析为核心,贯穿于价值工程活动的始终,包括功能是什么,实现功能的手段是什么。

（3）价值工程是一项致力于提高对象价值的创造性活动，可以实现生产要素再组合下的产品、方案及服务的价值创新。

（4）价值工程是一项有组织、有计划的系统活动，有明确的主体、客体及经济与创新的目标。

（5）价值工程适用范围广泛，可用于产品、工程方案、服务等生产与生活方面。

3. 价值工程的一般程序

为回答价值工程基本问题，总结价值工程的一般程序如表 11-1 所示。价值工程的一般程序分为 4 个阶段。价值工程应用范围广泛，各个项目具体情况差异较大，因此在实际应用中，这个工作程序不能完全照搬，可作参考，据此改进。

表 11-1 价值工程的一般程序

工作阶段	工作步骤	
	基本步骤	详细步骤
准备阶段	确定目标	1. 对象选择
		2. 信息收集
分析阶段	功能分析	3. 明确功能要求
		4. 功能整理
	功能评价	5. 功能目标成本分析
		6. 功能评价
		7. 确定功能改进范围
创新阶段	制定改进方案	8. 方案创新
		9. 方案评价
		10. 编写提案
实施	实施评价结果	11. 审批
		12. 实施与检查
		13. 成果鉴定

11.2.2 关键技术

1. 信息收集

价值工程所研究的对象不同，收集信息资料的内容也不尽完全一致。例如对于一般工业企业的产品分析来说，应收集的资料包括用户、技术、经济方面的资料及本企业的基本资料。收集到的信息资料一般尚需加以分析、归纳和整理，剔除无效资料，这就需要对信息资料进行整理，以便得到有效的分析资料。

收集信息是价值判断的一个重要环节，没有准确可靠的信息，价值分析将是空洞和错误的。信息收集的原则是要有目的性、完整性、准确性、适时性、计划性、条理性。首先，信息要准确可靠。不准确、不可靠的信息会给价值工程活动造成困难和错误，使价值工程活动达不到预期效果，甚至失败。因此，对收集的信息必须仔细分析，加以判断，剔除不可靠的和错误的，将可靠的整理分类列出，对于需要而尚未收集到的信息应列出备忘，以便在价值工程活动过程中继续收集。其次，信息必须提供得及时。即使能够收集大量准确可靠的信息，如果提供不及时，也不能使价值工程活动产生应有的效果。信息的价值不仅取决于其数量和质量，还取决于提供的时间，信息只有在最需要的时候才有价值。最后，信息要具有全面性。收集信息只有全面、系统、完整，方能有实际意义。

信息的内容包括以下几点：① 使用和销售方面的内容。充分理解用户对对象产品的期待、要求。② 技术方面的内容。可以明白如何进行产品的设计改进才能更好地满足用户的要求，根据用户的要求进行内容设计和改进。③ 经济方面的内容。成本是计算价值的必要依据，是功能分析的主要内容。在实际生产中，往往在设计、施工、运营等方面其成本存在较大的改善潜力。在广泛占有经济资料的基础上，通过实际成本与标准成本的比较、不同企业之间的比较，可以找出问题，分析差距，降低成本，提高产品价值。④ 企业生产经营方面的内容。可以明白价值工程活动的客观制约条件，使创造出的方案既先进又切实可行。企业的生产经营能力包括设计研究能力，施工生产能力，质量保证能力，采购、供应、运输能力，筹措资金能力等。

信息收集是价值工程实施过程中不可缺少的重要环节。通过信息的收集、整理和汇总、分析，人们能开阔思路、发现差距、开拓创新，使价值工程活动加快速度、提高效率、减少费用、增大效益。因此，信息收集工作不仅是选择对象的需要，而且是整个价值工程活动的基础。为了确保实现信息收集的目的性、可靠性、全面性、及时性，需要加强信息收集的计划性，认真编制信息收集计划。信息收集计划一般包括信息内容、信息来源、信息收集的时间、信息收集的方法和确定收集信息的人员等。收集信息的方法有询问法、查阅法、观察法、购买法、试销试用法、互联网收集方法等。

2. 价值工程对象的选择

企业内可改善的方案有很多，且每个方案中可改善的方向也有多个，因此需要采用特定的方法确定具体的改善对象，进行有效率的价值改善活动。

3. 功能分析与评价

功能是投入的关键产出，对价值工程对象功能的准确量化分析和测度评价是价值工程的关键，前者通过功能分析实现，后者采用功能评价量化对象的功能值，从分析到评价需要定性与定量相结合的方法完成。

4. 价值计算

根据对象的功能评价值及其成本投入计算价值大小并进行结果分析。

5. 方案创造与评价

对于价值不理想的对象，利用技术、管理等方面的创新方法进行新方案的创造与再评价，完成整个价值工程活动，为企业创造效益。

11.3 价值工程对象的选择

价值工程的第一步工作就是选择研究对象，实质是一个缩小研究范围、寻找目标的过程。选择的对象一般是：市场反馈迫切要求改进的产品；功能改进和成本降低潜力较大的产品；进一步可以采用定性、定量的对象选择方法的产品。

根据企业的发展方向、经营目的、存在的问题等，以提高生产率、提高产品质量、降低成本、提高经济效益为目标选择对象。一般按以下步骤进行选择：

（1）对国计民生及实现企业经营目标影响较大的产品。

（2）社会需求量大、竞争激烈及有良好的发展前景的产品。

（3）结构复杂、零件较多的产品，工艺与生产技术落后、在同类产品中技术指标较差的产品。

（4）信息易收集齐全，投入少且收效快的产品及设计生产周期短的产品。

（5）成本高的产品及占产品成本比重大的零部件，价格较贵且有代用可能的产品。

（6）零部件及成品率较低的产品和零部件。

（7）用户意见大、退货多及功能差的产品。

（8）产量大的产品。

价值工程对象选择的方法有很多。这里主要介绍经验分析法、百分比法、价值指数法、ABC 分析法四种方法。

11.3.1 经验分析法

经验分析法亦称因素分析法，是一种定性分析的方法，即凭借长期开展价值工程活动人员的经验和智慧，根据对象选择应考虑的因素，通过主观判断确定价值工程对象的一种方法。具体包括专家访谈、焦点访谈等方法。

经验分析法的优点是简单易行，能考虑到问题的多个方面，是实践中经常使用的方法。但缺点是没有定量分析，经验不足的工作人员在分析时容易出现误差。

11.3.2 百分比法

百分比法是通过分析产品对两个或两个以上经济指标的影响程度的百分比来确定价值工程对象的方法。

百分比法的优点在于，当企业在一定时期要提高某些特定经济指标，且拟选对象数目不会过多时，具有很强的针对性和有效性；缺点则是不够系统化和全面化。

【例 11-1】 某公司有 A、B、C、D、E、F 共 6 种金属结构制品，这几种产品的年成本及占公司总成本的百分比、产品年利润及占公司总利润的百分比等数据见表 11-2。公司目前急需提高利润，试确定可能的价值对象。

表 11-2 百分比选择法

项目	金属结构制品种类						合计
	A	B	C	D	E	F	
产品年成本（万元）	565	65	35	160	55	45	925
占总成本的比例（%）	61.1	7.0	3.8	17.3	5.9	4.9	100
产品年利润（万元）	185	25	15	20	35	25	305
占总利润的比例（%）	60.7	8.2	4.9	6.6	11.5	8.2	100
年利润百分比/年成本百分比	0.99	1.17	1.29	0.38	1.95	1.67	
排序	5	4	3	6	1	2	

【解】 各产品年利润百分比和年成本百分比的比值计算结果如表 11-2 所示。年利润百分比与年成本百分比相对效果最差的为产品 D，最好的为

E，因此选择百分比比值低的 D 方案作为价值工程研究对象。

11.3.3 价值指数法

价值指数法适用于产品功能单一、可计量、产品性能和生产特点具有足够可比性的系列产品或零部件的价值工程对象选择。

价值指数法的基本步骤为：① 在产品成本已知的基础上，将产品功能定量化；② 计算出产品价值 $V=F/C$；③ 综合考虑价值指数偏离 1 的程度和改进幅度，优先选择 $V<1$ 且改进幅度大的产品或零部件。

【例 11-2】 某企业生产的甲、乙、丙、丁这 4 种型号推土机的资料数据如表 11-3 所示，请根据价值指数法选择价值工程对象。

表 11-3 推土机资料

项目	推土机型号			
	甲	乙	丙	丁
技术参数（百米/台班）	1.51	1.55	1.6	1.30
成本费用（百元/台班）	1.36	1.12	1.30	1.40
价值指数	1.11	1.38	1.23	0.93

【解】 根据价值指数，价值指数最小的 0.93 对应的产品丁，应选为价值工程对象，进行优化改善。

11.3.4 ABC 分析法

ABC 分析法是用成本与数量的关系寻找主要因素的一般方法。ABC 分析法的基本程序可分为开展分析和实施对策两个阶段。

ABC 分析是"区别主次"的过程。它包括以下内容：

其一，收集数据。确定构成某一管理问题的因素，收集相应的特征数据。

其二，计算整理。对收集的数据进行加工，并按要求进行计算，包括计算特征数值、特征数值占总计特征数值的百分数、累计百分数、因素数及其占总因素数的百分数、累计百分数。

其三，根据一定的分类标准，进行 ABC 分类，列出 ABC 分析表。各类因素的划分标准并无严格规定，习惯上把主要特征值的累计百分数达 70% 或

80%的若干因素称为 A 类，累计百分数在 10%或 20%的若干因素称为 B 类，累计百分数在 10%左右的若干因素称为 C 类。

其四，绘制 ABC 分析图。以累计因素百分数为横坐标，以累计主要特征值百分数为纵坐标，按 ABC 分析表所列示的对应关系，在坐标图上取点，并连接各点成曲线，即绘制成 ABC 分析图。

ABC 分析的具体实施步骤为：

（1）将产品成本构成部分进行逐项统计。

（2）将每一种零部件占产品总成本的比重从高到低排列。

（3）将零部件分成 A、B、C 三类；根据研究对象对某项技术经济指标的影响程度和研究对象数量的比例大小两个因素，把研究对象划分为 A、B、C 三类。

（4）找出少数成本高而数量比重小的零部件，作为价值工程的重点分析对象。

研究对象类别划分的参考值如表 11-4 和图 11-2 所示。

表 11-4　ABC 分类表

类别	数量占总数百分比	成本占总成本百分比
A 类	10%	70%
B 类	20%	20%
C 类	70%	10%

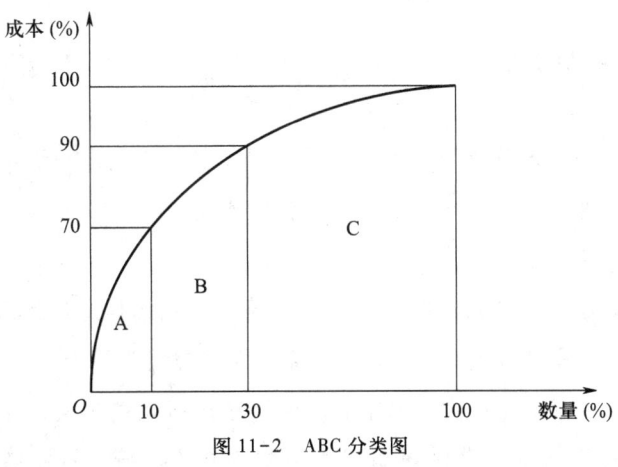

图 11-2　ABC 分类图

【例 11-3】　某工艺设备产品的组成零部件共有 A—J 共 10 种，这些零部件的数据资料如表 11-5 所示。试根据表中数据采用 ABC 分类法对产品零部件进行分析，确定哪些零部件可作为价值工程的研究对象。

表 11-5　部件构成和成本分析表

序号	部件名称	数量	累计	累计数量占比（%）	成本	累计	累计成本占比（%）	分类
1	C	2	2	0.05	118	118	0.31	A 类
2	E	2	4	0.11	100	218	0.58	
3	D	2	6	0.17	80	298	0.79	
4	B	3	9	0.25	30	328	0.87	B 类
5	A	3	12	0.33	18	346	0.92	
6	G	3	15	0.42	12	358	0.95	
7	F	2	17	0.47	9	367	0.97	C 类
8	I	8	25	0.69	5	372	0.98	
9	H	5	30	0.83	3	375	0.99	
10	J	10	40	1.11	3	378	1.00	
合计		40			378			

【解】　根据数量与成本的累计占比，可以确定 A 类部件包括 C、E、D，应该作为价值工程中的关键少数研究对象。

11.4　功能分析与评价

11.4.1　功能分析

功能分析是通过分析信息资料，用动词和名词的组合简明正确地表达对象的功能，明确功能的特性要求，并绘制功能系统图。

1. 功能定义

功能定义是透过产品实物形象，将隐藏在产品结构背后的本质——功能揭示出来，从而从定性的角度解决"对象有哪些功能"这个问题。

功能定义要求简明扼要，通常采用两词法进行功能定义，即用两个词组成的词组来定义功能。常采用动词加名词的方法进行，例如基础的功能是"承受荷载"等。

2. 功能整理

功能整理是用系统的观点将已经定义了的功能加以系统化，找出各局部功能相互之间的逻辑关系，并用图表形式表达，以明确产品的功能系统。功能整理的过程就是建立功能系统图的过程。如图 11-3 所示。

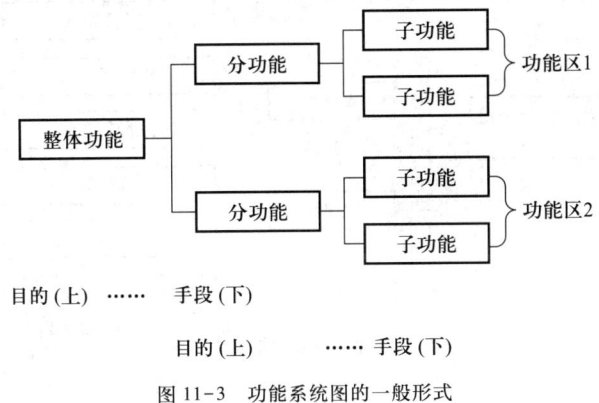

图 11-3 功能系统图的一般形式

功能整理是价值工程的重要环节，针对各具体产品，可以选择相应的功能整理方法。功能分析系统技术是一种常用方法，其主要步骤如下所述：

（1）确定基本功能。可以通过回答三个问题来拟订基本功能：它的作用是必不可少的吗？ 是主要的目的吗？ 如果它的作用改变了，它的制造工艺和零部件全部改变了吗？ 假若回答是肯定的，则这个功能就是基本功能。

（2）逐个明确功能逻辑关系。一个产品的许多功能之间存在所属关系和并列关系。在功能整理中，要逐个明确各功能间的逻辑关系。功能的所属关系亦称上下关系，即上位功能与下位功能的关系。一般来说，统一功能区中左右相邻的上位功能是下位功能的目的，而下位功能是上位功能的手段。

功能的并列关系是指对于较复杂的功能系统，在上位功能之后往往有几个并列的功能存在，这些功能处于同等地位，都是为了实现共同目的而必须具备的手段。

（3）绘制功能系统图。无论功能关系简单还是复杂，任何产品的功能都是成系统的。在产品内部存在大大小小的功能，它们按照一定的内在逻辑关系结合在一起，就形成了功能系统。将功能之间的上下或并列关系按顺序排列下去，上位功能在左，下位功能在右，就可得到表示功能关系的功能系统图。

某宿舍楼设计方案的功能系统图如图 11-4 所示。该方案的功能包括实用性、安全性、美观性和其他一些功能。

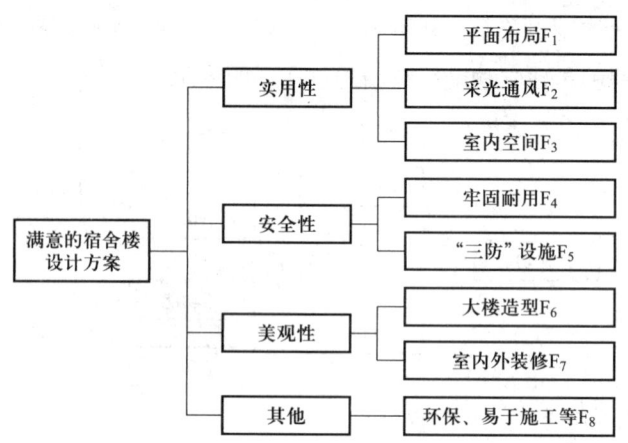

图 11-4 某宿舍楼方案功能系统图

11.4.2 功能评价

功能评价对组成对象的零部件在功能系统中的重要程度进行定量的评估。功能评价的方法是功能评价系数法，包括强制确定法、多比例评分法、环比法、直接评分法等。

1. 强制确定法

强制确定法又称 FD 法（Forced Decision Method），包括 01 法和 04 法两种方法。强制确定法的应用步骤如下：

第一，将构成产品的零部件按顺序排列出来。

第二，将各零部件逐一进行比较、打分，重要的多得分，不重要的少得分或不得分。

第三，将每个零部件所得分数除以各零部件的总和分数，求出每个零部件的功能评价系数。

第四，将每个零部件的目前成本系数除以全部零部件的总成本数，求出每个零部件的成本系数。

第五，将每个零部件功能评价系数除以成本系数，得出各零部件的价值系数。

第六，选取价值系数偏离 1 较多的零部件作为价值工程对象。

（1）01 法。将各功能一一对比，重要者得 1 分，不重要的得 0 分，然后为防止功能系数中出现 0 的情况，用各加 1 分的方法进行修正，最后用修正得分除以总得分即为功能系数。此方法的计算过程如表 11-6 所示。

表 11-6　01 法评分表

功能	F_1	F_2	F_3	F_4	F_5	得分	修正得分	功能评价系数
F_1	×	0	0	1	1	2	3	0.20
F_2	1	×	1	1	1	4	5	0.33
F_3	1	0	×	1	1	3	4	0.27
F_4	0	0	0	×	0	0	1	0.07
F_5	0	0	0	1	×	1	2	0.13
合计						10	15	

（2）04 法。将各功能一一对比，规定：很重要的功能因素得 4 分，另一很不重要的功能因素得 0 分；较重要的功能因素得 3 分，另一较不重要的功能因素得 1 分；同样重要或基本同样重要时，则两个功能因素各得 2 分。最后用各功能得分除以功能总得分即为功能系数。此方法的计算过程如表 11-7 所示。

表 11-7　04 法评分表

功能	F_1	F_2	F_3	F_4	F_5	得分	功能评价系数
F_1	×	3	3	4	4	14	0.350
F_2	1	×	2	3	3	9	0.225
F_3	1	2	×	3	3	9	0.225
F_4	0	1	1	×	2	4	0.100
F_5	0	1	1	2	×	4	0.100
合计						40	1.00

注：非常重要＝4；比较重要＝3；不太重要＝1；很不重要＝0。

2. 多比例评分法

这种方法可以说是强制确定法的延伸。它是在对比评分时，按（0，10），（1，9），（2，8），（3，7），（4，6），（5，5）这 6 种比例来评定功能系数。此方法的计算过程如表 11-8 所示。

表 11-8　多比例评分法

功能	F_1	F_2	F_3	F_4	F_5	得分	功能评价系数
F_1	×	4	2	6	7	19	0.19
F_2	6	×	4	8	7	25	0.25
F_3	8	6	×	9	9	32	0.32
F_4	4	2	1	×	4	11	0.11
F_5	3	3	1	6	×	13	0.13
合计						100	1.00

3. 环比法

（1）从上至下依次比较相邻两个功能的重要程度，给出功能重要度比值。

（2）令最后一个被比较的功能的重要度比值为 1，作为基数，依次修正重要度比值。其修正的方法是用排列在下面的功能的修正重要度比值乘以与其相邻的上一个功能的重要度比值，就得出上一个功能的修正重要度比值。

（3）求出所有的功能的修正重要度比值后，分别用其去除以总和数，得出各个功能的功能系数。

此方法的计算过程参考表 11-9。

表 11-9　环比评分法

功能	重要度比值	修正重要度比值	功能评价系数
F_1	2.0	6.0	6/13 = 0.46
F_2	1.0	3.0	0.23
F_3	3.0	3.0	0.23
F_4		1.0	0.08
合计		13.0	1.00

4. 直接评分法

请 5～15 个对研究对象熟悉的专家对各部分的功能直接打分，评价时规定总分标准，每个参评人员对各部分功能的评分之和必须等于总分。用各零件的得分总和与全部零件全部人员的评分之和的比确定各方案的功能评价系数，此方法的计算过程见表 11-10。

表 11-10　直接评分法（10 分制）

零件	1	2	3	4	5	得分	功能评价系数
A	3	3	2	2	3	13	0.26
B	2	2	2	2	3	11	0.22
C	4	3	4	4	3	18	0.36
D	0	1	1	0	0	2	0.04
E	1	1	1	2	1	6	0.12
合计	10	10	10	10	10	50	1.0

以上方法各有优缺点，使用于不同的研究对象，关键依据数据的可获取性、对象特点来比较选择。

11.5 价值计算与创造

11.5.1 价值计算与改善

1. 价值系数

对产品的各功能进行评价后,得出每个零件的功能评价系数,同样对各功能的现实成本进行分析后,求每个零件的成本系数。

$$成本系数 = \frac{零件成本}{总成本} \qquad (11-4)$$

那么有:

$$价值系数 = \frac{功能评价系数}{成本系数} \qquad (11-5)$$

【例 11-4】 某产品的功能及其成本的资料如表 11-11 所示,试通过计算确定价值改善目标。

表 11-11 价值系数计算表

功能(1)	功能评价系数(2)	现实成本/元(3)	成本系数(4)	价值系数(5)	功能改善目标(6)
F_1	0.51	562	0.498	1.02	
F_2	0.26	298	0.264	0.98	
F_3	0.17	153	0.136	1.25	
F_4	0.06	116	0.103	0.58	√
合计	1.00	1 129			

【解】 根据表 11-11 的计算结果,价值系数最小的为功能 F_4,故改善目标应为功能 F_4。

如果该方案的目标成本为 1 000 元,按照目标成本法重新分配各功能所分配的产品,如表 11-12 所示。

表 11-12 目标成本法的成本分配

功能 (1)	功能评价系数 (2)	现实成本/元 (3)	目标成本 (4)=1 000×(2)	成本节约 (5)=(3)-(4)
F_1	0.51	562	510	52

续表

功能 (1)	功能评价系数 (2)	现实成本/元 (3)	目标成本 (4)=1 000×(2)	成本节约 (5)=(3)-(4)
F_2	0.26	298	260	38
F_3	0.17	153	170	−17
F_4	0.06	116	60	56
合计	1.00	1 129	1 000	129

可见，根据目标成本分配，F_1、F_2、F_4 应该进一步降低成本，而 F_3 可以保持成本不变，甚至增加成本。

2. 确定功能改进目标

功能价值系数计算结果有以下三种结果：

（1）$V=1$。此时评价对象的功能比重与成本比重大致平衡，匹配合理，不需改进。

（2）$V<1$。此时评价对象的成本比重大于其功能比重，应将其列为改进对象，改善方向主要是降低成本。

（3）$V>1$。此时评价对象的功能比重大于其成本比重。根据实际情况确定价值改善的方向。

【例 11-5】 某公司×××办公区 1~3 号楼及地下室工程项目，由三栋低层建筑组成，总用地面积 5 108.5 m²，总建筑面积 6 379 m²（其中 1 号楼建筑面积 1 871.36 m²，2 号、3 号楼建筑面积均为 1 375.96 m²，地下车库面积 1 755.72 m²），车位 42 个。建筑高度方面，1 号、2 号、3 号楼层高分别为 15.35 米、15.7 米、14.9 米。建筑结构类型为框架结构。本工程地上建筑耐火等级为二级，地下室耐火等级为一级，抗震设防烈度为六度，建筑耐久年限为三类 40 年。项目于今年 8 月开工，次年 12 月 14 日完工。试确定价值改善目标。

【解】 （1）根据价值工程基本原理及工作程序，开展价值工程首先要确定功能对象，通过对价值对象成本进行拆解，运用 ABC 分析法确定项目 A 类成本子项目。如表 11-13 所示。

表 11-13 某公司×××办公区 1-3#成本分解图

序号	成本费用项目	金额 （万元）	所占比重 （%）	累计成本 （万元）	累计比重 （%）
1	建筑安装工程费	460	63	460.00	63
2	征地拆迁费	60.32	8	520.32	71

续表

序号	成本费用项目	金额（万元）	所占比重（%）	累计成本（万元）	累计比重（%）
3	室外绿化工程费	50.65	7	570.97	78
4	专门借款利息支出	48	7	618.97	85
5	预备费	35	5	653.97	90
6	勘察设计费	27.05	4	681.02	94
7	建设单位管理费	18.64	2	699.66	96
8	监理费	17.56	2	717.22	98
9	政府性收费	11	2	728.22	100
10	总计	728.22			

通过成本统计，建筑安装工程费和征地拆迁费总的比重超过了70%，可以确认为A类项目。

（2）明确价值工程的工作对象。我们把A类项目确定为一个子项目，其中包含多个子工程，多个子成本中心。如表11-14所示。

表11-14 建筑安装工程各子工程费用表

序号	成本费用构成项目	金额（万元）	所占比重（%）	累计成本（万元）	累计比重（%）
1	建筑安装工程	368.00	80	368.00	80
2	室外道路平整工程	33.66	7	401.66	87
3	水电安装工程	23.17	5	424.83	92
4	中央空调/集中采暖系统	22.80	5	447.63	97
5	弱电网络工程	13.00	3	460.63	100
	总计	460.63			

通过子项目成本的对比，成本费用最高的就是建筑安装工程子项目，费用占到整个子项目的80%，这样建筑安装工程又划分为A类，是整个项目最重要的部分，投资大且工期长，是建筑安装工程项目的成本控制领域。如果针对该工程项目进行重点监控，就能有效地确保工期及工程质量。

（3）方案备选。针对建筑安装工程，如果有多个方案可供选择，那么结合业主的项目要求，选出成本最低、方案最优的那一个。

（4）评价最优方案。如果以C作为成本系数，设计团队根据各备选方案功能进行1-100分评选，以F作为功能评价值，得到价值理论的基本公式：$V=F/C$。在项目工程中，有几种备选方案时，可考虑以下几个方面：

提高工程功能（$F\nearrow$），降低项目投资（$C\searrow$），那么价值得到大幅提高（$V\nearrow\nearrow$）。

项目投资不变（$C\rightarrow$），提高工程功能（$F\nearrow$），价值得到提高（$V\nearrow$）。

工程功能不变（$F\rightarrow$），降低项目投资（$C\searrow$），价值得到提高（$V\nearrow$）。

工程功能大幅度提高（$F\nearrow\nearrow$），项目投资增加幅度减少（$C\nearrow$），价值得到提高（$V\nearrow$）。

工程功能略有下降（$F\searrow$），项目投资大幅度降低（$C\searrow\searrow$），价值得到提高（$V\nearrow$）。

在设计实施的过程中，通过设计方案的优化，新兴技术的应用，并采用方案比对的方法，在满足业主合同要求的前提下，采用项目成本最低的方案，以达到降低项目成本、保障项目执行的目的。

11.5.2 方案创造

根据价值工程的分析结果对价值对象进行方案创造，提升对象的价值。可采用思想性方法如头脑风暴法、德尔菲法和哥顿法等，也可采用技术创新的方法、管理模式创新的方法等，特别在数字化时代，还可采用大数据驱动创新的有效方法。创新包括组合创新、补偿创新、颠覆式创新、迭代创新等，需要根据具体情况，结合企业实际开展艰苦的努力。

方案创造是从提高对象的功能价值出发，在正确的功能分析和评价的基础上，针对应改进的具体目标，通过创造性的思维活动提出能够可靠地实现必要功能的新方案。

方案创造的方法有很多种，常用方案创造方法有头脑风暴法、哥顿法和德尔菲法。

（1）头脑风暴法。头脑风暴法（Brain Storming，BS）是指自由奔放、打破常规、创造性地思考问题的讨论方式。头脑风暴可以采用面对面的会议方式，也可采用社交平台讨论的形式，由研究对象项目的干系人，组成 5~13 人参与的讨论组；讨论可以采用无领导小组的讨论和有领导小组的讨论两种形式。在有领导小组的讨论中，小组领导要熟悉价值工程研究对象、善于引导，参加人员由企业内外部的专业人员组成，小组成员根据主题逐一发言，最后由领导者形成共同方案决议。无领导小组的讨论则由小组成员逐一发言，在会议上对表达的设想，不必追求全面系统，但记录工作一定要认真。

实施头脑风暴法有四条规则：不互相指责，鼓励自由地提出想法，欢迎提出新方案,欢迎完善他人提出的方案。国外经验证明,采用头脑风暴法提出方案比同样的人单独提出方案的效果要大 65%~93%。

(2) 哥顿法。哥顿法是 1964 年由美国人哥顿提出来的。在会议上,主持人不仅把要解决的问题进行抽象介绍,还要使会议的参加者在不明白会议的研究对象只明确问题的情况下,开拓思路提出解决方案。在有名的稻谷脱粒机案例中,首先,主持人将脱粒抽象为一个"分离"问题,提出如何使物体"分离",与会者可以回答"切断""锯断""剪断""烧断"等方法;其次,会议主持人进一步提出如何使稻谷与稻草分离的问题;最后,会议形成一种高效率圆筒式稻谷脱粒机的方案。哥顿法的优点是将问题抽象化,有利于减少束缚,提倡从其他领域提供产生创造性方案的思考,难点在于主持者如何进行引导。

(3) 德尔菲法。德尔菲法的工作方法是将要解决的问题进行分解。首先,选择一定数量的专业人士组成方案咨询小组;其次,将提案要求寄出去,各专业人士分别提出自己的设想方案并寄回;再次,组织者把各方面意见加以整理汇总,形成不同的改进方案,再寄出去供提案人员(专业人士)分析;又次,组织者收到意见后选出少数方案再寄出去;如此反复,最后形成最优方案。德尔菲法的优点是成员之间互不见面,可以排除权威、资历、多数意见等心理因素影响,有利于方案创造;缺点是方案形成的周期时间较长。

【案例】 从产品到服务创新:从制造商到服务商

过去,某集团向建筑公司和承包商提供机械,后者买下并维护这些机械,所有权、物流和资产最大化的责任对建筑商是一种负担。作为制造商,集团本身更了解自己的产品并拥有更宽的产品线,因此,他们更具有管理这些工具资产的先天优势。

现在,集团构想了一种服务模式,即在客户需要时及时达到现场为其提供机械工具,并进行维护和损坏时的更换,这听起来简单,却需要集团开发一套全新的商业运营模式。现在需要先把服务合约交给财务总监,然后才能实施随时向客户提交工具的服务。从生态的角度来看,集团现在资源上的成效事半功倍,这种服务模式通过提高产品使用率减少了资源浪费,避免闲置和损坏。更重要的是,集团现在更加专注于将产品做得更加耐用,以便在产品的整个生命周期中做到价值最大化而不是使其止步于销售环节。

环境效益和商业效益相吻合,集团通过制造较少的产品而获得了更多利润,而其客户则能够拥有更有效的使用权,并节省他们其实并不真正需要的所有权的购买开支。

【分析观点】 服务设计在经济变革中所起的作用从专注于物到专注于价值。一方面,企业和组织需要改变其传统的供应、财务和运营模式,将其调整为以使用权限和便利性为主导的供给模式,而不再是卖产品;用户则要将购买产品所有权的观念转变为获得使用权和便利的观念。

11.6 价值工程应用案例

11.6.1 案例背景

某建筑设计院近年来承担了许多建筑设计工作。鉴于当前建筑市场的激烈竞争和建筑设计越来越趋于人性化和考虑环保等方面的要求,对设计方案的取舍就变得越来越重要了,该建筑设计院决定应用价值工程的基本原理,来解决各种设计业务中的方案优选问题。

11.6.2 工作流程

1. 明确工作程序

(1) 情报收集与对象选择。收集进行施工比较的各方案的技术性能及经济资料。

(2) 功能分析与评价。

① 绘制功能系统图。

② 计算各功能重要程度系数。

③ 计算各方案的成本系数。

④ 计算各方案的功能系数。

⑤ 计算方案的价值系数。

(3) 方案选择与评价。

2. 资料收集分析对象选择

选择好研究分析对象之后,价值工程分析人员着重收集了以下一些方面的资料:通过工程回访,收集广大用户对住宅使用情况的意见;通过对不同地质情况和基础形式的住宅进行定期的沉降观测,获取地基方面的第一手资

料;了解有关住宅施工方面的情况;收集大量有关住宅建设的新工艺和新材料的性能、价格和使用效果等方面情报;分地区按不同的地质情况、基础形式和类型标准,统计分析近年来住宅建筑的各种技术经济指标。

对该设计院来说,承担的工程设计种类繁多,到底选择哪些项目作为价值工程的分析对象呢? 根据表 11-15 中各项目的成本占比,价值工程分析人员决定将占总体设计面积最大的住宅工程作为价值工程的研究对象。

表 11-15 某建筑设计院设计项目构成情况

项目类别	比重（%）	项目类别	比重（%）
住宅	38	图书馆	1
综合楼	10	商业建筑	2
办公楼	9	体育建筑	2
教学楼	5	影剧院	3
车间	5	医院	5
宾馆	3	其他	17

3. 功能分析与评价

根据功能系统图,见图 11-5,价值工程分析人员组织用户、设计人员和施工人员共同对功能进行定量化分析,即确定各功能的权重,如表 11-16 所示。把用户、设计单位和施工单位评价的权重分别设定为 50%、40% 和 10%,各方人员对功能权重的打分采用 10 分制。

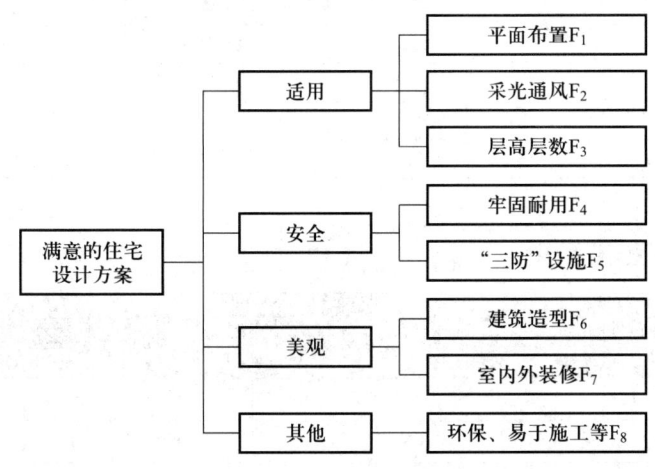

图 11-5 住宅设计功能系统图

表 11-16 住宅功能重要程度系数

功能	用户评分（50%）		设计单位评分（40%）		施工单位评分（10%）		功能权重 $(0.5F_{用户}+0.4F_{设计}+0.1F_{施工})/10$
	$F_{用户}$	$0.5F_{用户}$	$F_{设计}$	$0.4F_{设计}$	$F_{施工}$	$0.1F_{施工}$	
F_1	4.12	2.060	4.26	1.704	3.18	0.318	0.408
F_2	1.04	0.520	1.35	0.540	1.55	0.155	0.122
F_3	0.82	0.410	1.28	0.512	1.33	0.133	0.106
F_4	0.91	0.455	0.55	0.220	1.06	0.106	0.078
F_5	1.10	0.550	0.64	0.256	1.08	0.108	0.091
F_6	0.98	0.490	1.12	0.448	1.04	0.104	0.104
F_7	0.64	0.320	0.48	0.192	0.53	0.053	0.056
F_8	0.39	0.195	0.32	0.128	0.23	0.023	0.035
合计	10	5	10	4	10	1	1

4. 方案设计与评价

以某企业拟建的职工住宅为例，通过方案筛选，保留了三个较优的方案 A、B、C。三个方案的单方造价、工程总造价、年经营费用等见表 11-17。基准折现率为 10%，住宅的使用寿命假设为 30 年。各方案成本系数和功能系数的计算结果分别如表 11-17、表 11-18 所示。

表 11-17 各方案成本系数计算表

项目	方案		
	A	B	C
单方造价（元/m²）	780	760	800
工程总造价（万元）	390	380	400
年经营费用（万元）	42	45	40
折现系数	9.426 9	9.426 9	9.426 9
经营费用现值（万元）	396	424	377
总成本现值（万元）	786	804	777
成本系数	0.332	0.340	0.328

表 11-18 各方案功能系数计算表（10 分制）

功能	功能权重	A		B		C	
		分值	加权分值	分值	加权分值	分值	加权分值
F_1	0.408	8	3.264	9	3.672	5	2.040
F_2	0.122	7	0.854	9	1.098	8	0.976
F_3	0.106	5	0.530	9	0.954	6	0.636

续表

功能	功能权重	A		B		C	
		分值	加权分值	分值	加权分值	分值	加权分值
F_4	0.078	8	0.624	6	0.468	4	0.312
F_5	0.091	8	0.728	10	0.910	5	0.455
F_6	0.104	10	1.040	9	0.936	8	0.832
F_7	0.056	10	0.560	9	0.504	8	0.448
F_8	0.035	9	0.315	8	0.280	9	0.315
合计	1	65	7.915	69	8.822	53	6.014
功能系数		0.348		0.388		0.264	

5. 价值系数计算

根据各方案功能系数和成本系数的数值，计算各方案的价值系数，计算结果如表 11-19 所示。

表 11-19 各方案价值系数计算表

项目	方案		
	A	B	C
功能系数	0.348	0.388	0.264
成本系数	0.332	0.340	0.328
价值系数	1.048	1.141	0.805
最优方案		√	

6. 结论

根据价值系数的计算结果，确定价值系数最大的方案 B 为最佳创造方案，可以进一步继续采用创新的手段与方法深化方案设计内容。

本章小结

价值工程作为一个科学方法，是经济评价方法进一步延伸使用在更加广泛的领域，如服务、产品、资源及方案等。价值工程理论包括 3 个基本概念、7 个基本问题、多个关键技术。价值工程强调方案功能与成本之间的平衡关系，价值最优的方案是贴近 1 的方案。价值工程优先考虑市场的功能需求,并作为方案创造的核心,通过方案的生产及运营成本的创新管理,从而实现方案的价值最优,也是需求与供给的协同最优。

价值工程方法目标明确,是企业向成本要效益的重要工具方法,为成本节约、产品价值提升提供了路径与方法,特别是为方案创造与创新提供了经济依据,有利于实现企业价值的可持续发展。

价值工程的应用发展表明,以"市场需求为核心,效益为基础、创新发展为目标"的价值工程思想在精益制造、建造领域具有积极效用。在数字化时代,迅猛发展的互联网、大数据、物联网,将在市场经济、社会生活、资源能力及生态价值发现方面提供有力的工具及方法,也为方案创造、投资决策提供更广泛视野的科学支撑,价值工程的应用将会更加灵活、更加有效、更加精准。

思考题

1. 价值工程的定义是什么? 价值、成本及功能的内涵如何?
2. 请给出一个价值改善案例,分析其提升价值的路径。
3. 便利店是提供综合服务的设施,运用价值工程原理比较分析你所熟知的两个便利店的设施价值能力。

即测即评

请扫描二维码,测试本章学习效果。

第 12 章　工程项目后评价

工程项目后评价是工程项目寿命周期评价中的重要组成部分，是在项目实际建成运维后的项目评价，可以测量项目理想目标与现实情况、项目期望指标与真实指标之间的距离，对提高项目自身及未来项目的管理具有理论与现实意义。本章介绍后评价的内涵、作用、特点、流程与方法，并给出一个特定案例的后评价内容。

12.1　工程项目后评价概述

12.1.1　项目后评价概念

项目评价分为事前、事中及事后评价。前面介绍的投资项目财务评价、费用效益效果评价都属于前评价，而投资项目后评价包括事中及事后评价。项目后评价是在投资项目建成投产并运行一段时间后，对项目立项、准备、决策、实施到投产运营的全过程投资活动进行的综合评价，以判别项目建设对投资目标的实现程度。

工程项目后评价又称事后评价，它是指对已实施或完成的项目（或规划）的目标、执行过程、效益和影响进行系统、客观的分析、检查和总结，检验项目或规划是否合理和有效，从而作为判别项目投资目标实现程度的一种方法。并且通过收集可靠、有用的信息资料，可以为未来的决策提供经验和教训。

具体来讲，后评价是一种活动，它从未来的、正在进行的或过去的一个或一组活动中评价出结果并吸取经验，并将经验教训反馈到将来的项目中作为参考和借鉴。基于项目自身资料丰富的优势及项目运营、经济发展的客观要求，项目后评价应从微观到宏观、空间与时间角度全面评价项目绩效。

从微观角度，项目后评价与单个或多个项目，或者一个规划有关，通过对整个投资项目建设过程各阶段工作的回顾，重点考察项目自身所带来的多方面绩效。项目后评价广泛地被许多国家以及世界银行、亚洲开发银行等双边和多边援助组织等重视和应用。在使用过程中，评价应从项目及项目群的角度出发，评价结果将作为项目后续进一步合作的依据。

从宏观角度，项目后评价可以是对某一部门的经济、经济中某一方面的活动或整个经济情况进行审查。项目后评价考察的项目目标范围更加广泛，如项目环境生态影响、社会影响甚至政治影响等。项目后评价结果也成为国家治理依据中一个重要的组成部分。后评价作为一种衡量项目对国民经济效益和社会效益的影响的重要工具，其提供的信息为制定经济服务政策、政府投资计划和宏观管理提供依据。项目后评价应将资金预算、监测、审计和评价结合在一起，形成一个完整有效的管理循环系统和评价体系，与国民经济、社会发展形成互动局面，同时评价应该体现不同层次的目标要求。

从空间角度，后评价可以对某一地区发展趋势进行评价。项目后评价要反映项目所在地区或区域的生产、供应及其他方面的空间布局与协调能力，针对同期项目群进行比较与分析。

从时间角度，后评价是在项目进行一定的时期后，对其进行全面综合的评价，分析项目实际经济效果和影响力，以论证项目可持续能力，判断最初的决策是否合理，为以后的决策提供经验和参考。项目后评价要求能体现时间维度上前、后两个节点的项目动态变化规律，需要引入新的评价方法与手段。

项目后评价以前评价为基准，对项目投资全过程的实际情况，包括施工、建设、投产经营等阶段与投资预期情况进行比较研究，衡量和分析实际情况与预测情况的偏离程度，解释项目成功与失败的原因，全面总结投资项目管理的经验和教训，一方面为该项目以后管理工作的改善提供重要依据，另一方面将总结的经验和教训反馈到将来的项目投资决策中去，作为参考和借鉴，从而达到提高未来项目投资决策水平、管理水平和投资成功度。工程项目后评价不仅是工程项目建设程序中的一个重要工作阶段，还是项目管理工作中不可缺少的组成部分和重要环节。

虽然近年来我国的项目后评价工作发展较快，但与经济社会发展的需求之间仍存在差距，还未形成完整的后评价体系，对后评价的意义、内容、方法与体系都还缺乏深入的研究。为适应经济高质量发展的要求，投资项目后评价可在现有基础上，通过不断的应用日益完善、规范系统。

12.1.2 项目后评价的特点

项目后评价用以确定项目预期目标的达成度和主要经济、社会效益指标的实现度,查找项目成败的原因,总结经验和教训,并及时反馈有效信息,提高项目及未来新项目的管理水平。因此在工作目标上,不同于项目决策前的可行性研究和项目评价,工程项目后评价主要考察后效性。项目后评价具有如下特点:

1. 评价过程客观现实性

工程项目后评价是对工程项目投产后一段时间所发生的情况的一种总结评价。它从现实出发,对项目在建设、投产、运营的状况中存在的问题进行总结、分析、研究和评价。项目前评价研究的是项目的预测情况,所采用的数据都是预测数据,带有一定的主观性,而工程项目后评价的现实性决定了其评价结论的客观可靠性。项目后评价中采用组织"参与"的原则,要求项目执行者和管理者参与项目后评价,以利于收集资料和查明情况。项目后评价只反映项目此时此组织此环境下项目执行情况,这也是其现实性的一个重要方面。

2. 评价内容全面性

工程项目后评价的内容具有全面性,即不仅要分析项目的投资过程,而且要分析其生产经营过程;不仅要分析项目的投资经济效益,而且要分析其社会效益、环境效益等;不仅要总结项目决策、建设和营运中成功的经验,更要发现问题,找出差距,分析成因,提出对策建议。另外,通过后评价结果还要分析项目经营管理水平和项目发展的后劲与潜力。

3. 评价结果客观依据性

项目后评价分析所依据的数据资料是现实发生的真实数据或根据实际情况重新预测的数据,反映项目实际情况,总结的是现实存在的经验和教训,提出的是切实可行的对策措施,因此评价结果具有客观性。为增强评价者的责任感和可信度,评价报告要注明评论者的名称或姓名。评价报告要说明所用资料的来源或出处,报告的分析和结论应有充分可靠的依据。

4. 评价成果公开性

项目后评价成果往往需要向社会公开,引起公众的关注,接受对投资决策活动及其效益和效果实施更有效的社会监督,提高决策的公众参与性。从项目后评价成果的扩散和反馈的效果来看,成果知识及其扩散的公开度越大越好，在知识共享中，使更多的人借鉴过去的经验和教训。

5. 评价结论的反馈性

工程项目后评价的目的在于通过对现有项目的准备过程、建设过程和运营过程的回顾总结和分析研究，总结成功的工作方法、技巧，并分类后形成项目成功评价体系，同时识别项目不成功的原因并给出应对策略，在知识规范的基础上，将项目建设及运维阶段的先验知识作为价值信息反馈给有关组织，形成知识库，以提高未来项目决策水平和管理水平。从应用角度出发，反馈特性是项目后评价的最主要特点，项目后评价结论的扩散以及反馈机制和方法成为项目后评价成败的关键环节之一。

6. 评价知识的可积累性

通过建立"项目管理信息平台"，收集项目周期各阶段的信息交流和反馈，系统地为项目后评价提供资料和向决策机构提供项目决策支持甚至智能决策支持。

12.1.3 项目后评价对象与作用

1. 项目后评价对象

工程项目后评价的目的是全面总结工程项目的决策、实施和运营情况，分析项目的技术、经济、社会和环境效益的影响，为投资决策和项目管理提供经验和教训，改进并完善建成项目，提高其运维的可持续性。就工程项目渠道和管理体制而言，项目后评价可分为以下几类：

（1）国家重点建设项目。国家重点建设项目由国家主管部门委托第三方工程咨询公司实施项目的后评价工作。国家重点建设项目后评价有多种类型，包括项目后评价、项目效益调查、项目跟踪评价、行业专题研究等。

（2）国际金融组织贷款项目。国际金融组织贷款项目主要是指世界银行和亚洲开发银行等国际金融组织在国内的贷款项目。国际金融组织贷款项目按其规定开展项目后评价，即按相应原则、方法和程序，由这些组织进行分析评价。中方项目管理和执行机构主要做一些后评价的准备和资料收集工作。多数国际金融组织的贷款项目也是国家的重点项目，其中部分项目国家主管机构也要安排进行国内的后评价工作。

（3）国家商业银行贷款项目。国家商业银行是工程项目主要融资服务主体，其盈利能力保障是项目建成后的维持运行能力，因此需要对该类型的贷款项目进行后评价，评价结果将作为后期贷款发放的重要依据，并同时纳入企业的诚信体系。

（4）国家审计项目。审计署主持对国家工程和利用外资大中型项目的正规审计工作。对这些主要项目的审计由审计署来完成，主要进行项目开工、实施和竣工的财务方面的审计。目前审计署正在积极开拓绩效审计等与项目后评价相关的业务。

（5）行业部门和地方项目。即与国家产业政策密切相关的项目，特别是带有引导发展方向的项目，有特点的项目，如采用新技术、新融资渠道、新政策的项目，国家急需了解的项目。由行业部门和地方政府安排的工程建设项目一般由部门和地方政府安排相关部门进行后评价。

2. 项目后评价作用

从上述工程项目后评价的定义可以看出，工程项目后评价主要目的是根据项目的实际成果和效益来检查项目预期的目的是否达到，项目是否合理有效，项目的主要效益是否实现，给出评价结论，同时通过分析评价结果找出成败的原因，总结经验教训并为未来新项目的决策提供建议。工程项目后评价的具体作用主要表现在以下几个方面：

（1）项目投资决策层面。可提高项目投资决策的科学化水平，有利于降低项目的工程风险程度。项目后评价是对工程项目实施结果的全面评价，通过项目后评价可以检验项目前评价的理论和方法的选择是否合理，决策是否科学。通过建立和完善项目的后评价制度和科学的方法体系，一方面可以增强前评价决策者和执行者的责任感，促使评价和决策人员努力做好前评价工作，提高项目预测的科学性和准确性；另一方面可通过项目的后评价的反馈信息，及时纠正项目决策中存在的问题，并为今后同类型工程项目的评估和决策提供参照和分析依据，防止和减少可行性研究和项目决策的随意性，从而提高未来工程项目决策的准确程度和科学化水平。

（2）项目自身建设管理层面。可总结工程项目建设管理的经验教训，提高项目自身管理水平，对项目本身有监督和促进作用。投资项目管理是一项十分复杂的综合性工作活动，项目能否顺利完成并取得预期的工程经济效果，不仅取决于自身因素，还需要计划部门、主管部门、物资供应部门、勘察设计部门、银行等金融机构、施工单位和有关地方行政管理部门等较多单位的相互协调和密切合作，以便保质保量地完成各项任务和工作。这些部门项目完成的协同能力建设、系统经验的积累、系统知识的留痕可以通过项目后评价过程进行分类管理。

工程项目后评价可以对项目建设全过程（从项目的立项、准备、决策、设计实施和投产经营）各阶段存在的问题提出切实可行的改进措施和建议，促进项目运营状况，使项目尽快实现预期的效益目标。也可对一些因决策失误、投产后经营管理不善、环境变化等造成生产、技术或经济状况处于困境的项目进行后评价，重新找到生存和发展途径。同时，项目后评价可以向项目决策者、实施者和承担项目可行性研究、项目前评估及设计、监理的单位提供项目绩效反馈，给出各阶段相互影响的关联关系，使得项目参与者能从主观及客观上重新认识所开展的项目服务工作，提高决策科学性、预测准确性。后评价在进行项目监督的同时起到促进相互学习的作用。

（3）项目运维管理层面。可对项目建成后的经营管理进行诊断，提出完善而有针对性的建议方案。项目后评价是在项目运营阶段进行的，因此分析和比较项目投产初期和达产时期的具体情况，比较实际情况与前期预估情况的偏差幅度，找出偏差产生的现实原因，提出切实可行的具体措施，从而保障项目的正常化可持续运营，可靠实现项目的经济效益与社会效益。

（4）从宏观管理层面。多个项目的后评价结果，可为政府制定工程规划、产业政策和技术经济参数提供依据，对国家层面的工程管理工作起到系统强化和完善作用。由于工程项目后评价能够发现工程建设及运维中存在的某些宏观性问题，国家基于项目发生的现实情况，可以及时调整某些不适合经济发展的技术经济政策以及某些已经过时的指标参数。同时，项目后评价所反馈的信息可以为国家合理确定工程规模增长和工程资金流向，协调各产业、各部门之间及其内部的各种合作关系提供依据。此外，国家还可以充分运用法律、经济和行政手段，建立必要的法律法规，设立相应的机构，促进工程管理的良性循环，引导投资有效促进国家发展。

12.1.4 项目后评价与前评价比较

项目后评价与前评价不同，项目后评价具有自身的特点，其独特的特点使其与前评价有一定的差异。主要表现在以下几个方面：

1. 评价目的不同

工程项目前评价以定量指标为主，侧重分析项目建设的必要性和可能性，评价项目经济上的合理性，其作用是直接为项目投资决策提供依据。而工程项目的后评价则要结合行政和法律、经济和社会、建设和生产、决策和实施等方面的内容对项目投资全过程的实际情况进行综合评价，并与预期情况进行比较的评价。它是以现有事实为依据，以提高经济效益为目的，对项目实施结果进行鉴定，并间接作用于未来项目的投资决策，为其提供反馈信息。

2. 评价主体不同

工程项目前评价是由项目发起者、投资主体、贷款决策机构或项目审批部门组织实施的；工程项目后评价则是以投资运行的监督管理机构、单设的后评价机构或决策的上一级机构为主，主管部门会同计划、财政、审计、银行、设计、质量等有关部门进行。按照项目单位自我评价、行业主管部门评价和国家评价的实施方法，一方面可保证工程项目后评价的全面性，另一方面可确保后评价工作的公正性和客观性。

3. 评价依据不同

工程项目前评价主要依据历史资料和经验性数据，按照国家和有关部门颁发的定额标准、经济评价方法和参数进行评价；项目后评价则主要以项目实施中和投产后的实际数据和项目后续年限的预测数据为依据进行评价。

4. 评价内容不同

工程项目前评价主要是对项目的市场需求，建设的必要性、可行性、合理性及工程技术方案和建设条件等进行评价，对未来的经济效益和社会效益进行科学预测；后评价除了对上述内容进行再评价外，还要对项目决策、项目实施效率、项目实际运营状况、影响效果、可持续性等进行深入细致的分析，后评价内容更加丰富。

5. 评价阶段不同

工程项目前评价是在项目决策前工作阶段进行的，是项目前期工作的重要内容之一，是为项目的决策进行服务的评价；后评价通常选择在项目建成投产并运行一段时间后，对项目全过程（包括项目的工程实施期和生产期）的总体情况进行评价。

工程项目后评价不是对项目前评价的简单重复，而是依据国家政策和制度规定，对工程项目的决策水平、管理水平和实施结果进行的严格检验和评价。它是在与前评价比较分析的基础上，总结经验教训，发现存在的问题并提出对策措施，促使项目更快、更好地发挥效益和健康发展。

12.2 项目后评价类型与程序

12.2.1 项目后评价的类型

尽管因项目规模、复杂程度不同，导致每个项目后评价的种类和具体的工作程序也有所区别，但从总的情况来看，一般项目的后评价分为跟踪评价、影响评价、完成评价，同时应遵循客观和循序渐进的过程。

一般来说，从项目开始即项目投资发生之后，由监督部门所进行的所有评价活动都属于项目后评价的范畴。项目后评价可以延伸到项目全寿命周期的各个阶段直至期末。因此，根据项目后评价的不同时点，项目后评价可以分为跟踪评价、影响评价、完成评价。

（1）跟踪评价。跟踪评价又称中间评价或是过程评价，它是指项目开工到项目竣工以前任何一个时点所进行的评价。这种由独立机构进行的评价主要目的是检查、评价项目的实施状况；评价项目建设过程中的重大变更，如项目的产品市场发生变化、概算调整、重大方案的变化等，及其对项目效益的作用与影响；判断项目发生的重大困难和问题，寻求对策和出路等。

（2）影响评价。影响评价又称事后评价，它主要指在项目效益得到充分发挥后（一般是投资完成 5~10 年后），直到项目报废为止的整个运营阶段中任何一个时点对项目所产生的影响进行的评价。影响评价侧重对项目长期目标的评价，通过调查项目的实际运营情况，衡量项目的实际投资效益，评价项目的自身发展趋势和对社会与环境的外部性影响；发现项目运营过程中的经营和管理方面的问题，提出改进措施，挖掘项目发展潜力。

（3）完成评价。完成评价也叫总结评价或终期评价，它是指在项目投资结束，各项工程建设竣工，项目的生产效果已初步显现时所进行的一次较全面的评价。完成评价是对项目建设全过程的总结和对项目效益实现程度的评判。它的主要内容包括项目决策的准确性及其经验、教训的分析，项目的目标制定是否合理、适当，项目组织机构和管理是否有效，项目采取的技术是否适用，项目财务和经济分析是否符合实际，项目市场分析是否充分、全面，预期目标的实现情况，预期目标的有效程度，项目产生的社会影响等。

跟踪评价是面对项目自身问题的评价；影响评价在于挖掘项目更好发挥效益的潜力；完成评价是对项目全面评价，涉及决策、技术、经济、社会、组织、市场等各个方面的总结评价，意在实现事实基础上的价值判断。

12.2.2 项目后评价的内容

项目后评价是指对已经完成的项目或规划的目的、执行过程、效益、作用和影响进行的系统、客观的分析。通过对投资活动实践的分析总结，确定投资预期的目标是否达到，项目或规划是否合理有效，项目的主要效益指标是否实现，项目技术是否先进，项目市场是否形成，通过分析评价找出成败的原因，总结经验教训，并通过及时有效的信息反馈，为未来项目的决策和提高完善投资决策管理水平提出建议，同时也为被评价项目实施运营中出现的问题提出改进建议，从而达到提高投资效益的目的。

依据项目寿命期的4个时间维度，可以分为前期、建设、营运及综合评价。由于项目的类型、规模、复杂程度以及后评价目的不同，因而对每个项目进行后评价的内容可依据实际情况进行选择。

（1）项目前期工作后评价。根据国民经济发展规划和国家制定的产业政策以及区域经济优势，结合项目的实际情况，检验项目建议书、可行性研究报告和项目评估报告的编制是否坚持了实事求是的原则，如果项目实施结果偏离预测目标较远，要分析产生偏差的原因，并提出相应的补救措施。建设项目前期工作是指从项目的酝酿到开工建设以前进行的各种工作。它是项目建设中一个重要的组成部分。因此，项目前期工作后评价是项目后评价的重要组成部分。它主要包括项目决策后评价、项目筹备工作评价、项目选择评价等几个部分。

（2）项目建设后评价。着重分析项目实施过程的建设条件，建成投产后的生产条件与当初项目评估决策时主要条件的变动，作出定性与定量分析，剖析重要差别的原因，并提出诊断建议。项目建设是指项目从开工到竣工的整个过程。在这个过程中投资集中发生，因而项目潜在的投资风险较大。同时，这个阶段的工作好坏直接影响未来项目运行的安全性、可靠性、稳定性和运行效益。所以，建设项目后评价是项目后评价中十分重要的一个环节，其主要内容包括施工项目管理后评价、工程项目监理后评价。其中，施工项目管理后评价主要包括项目管理班子、工作职责、程序、制度等评价内容。工程项目监理后评价主要内容有：监理人资质，委托方式及委托合同；监理人分工准备审查，开工令签发，施工组织设计及进度计划审查、监督执行，停工复工等工期控制；监理人质量保证体系的审查及监督执行，材料检验等的评价。

（3）项目营运后评价。项目营运阶段是指项目从投产到项目后评价时的整个过程。项目营运后评价主要包括生产准备工作后评价、项目营运后评价、项目营运效益后评价几个方面。对工程设计方案、项目实施方案进行再评价，以确认技术方案的先进性和适用性。

（4）项目综合后评价。项目综合后评价就是综合上述评定项目所预定目标的实现程度，并在此基础上预测项目实施对区域和国民经济、生态环境、社会发展进步等方面的影响。它是项目后评价的主要任务之一，其主要内容包括项目后评价、项目可持续性后评价、项目影响后评价。项目影响后评价主要是考察项目对国民经济、生态环境、社会发展进步等方面的影响，主要包括项目对资源配置、产业结构的调整、能源开发和综合利用、技术进步、生产力布局结构等影响的评价，项目实施后对大气、土地、水、生态等环境影响的评价。

依据项目管理要素的维度，项目后评价基本内容包括项目目标评价、项目实施过程评价、项目效益评价、项目影响评价和项目持续性评价。

12.2.3　项目后评价的基本程序

由于项目规模、复杂程度不同，导致每个项目后评价的具体工作程序也有所区别，一般项目的后评价过程可以概括为以下几个步骤：

第1步，组织项目后评价机构。项目后评价组织机构问题实际上是指由谁来组织项目后评价工作。根据项目后评价的概念、特点和职能，我国项目后评价的组织机构应符合以下两个方面的基本要求：

（1）满足客观性、公正性要求。客观性和公正性是由项目后评价本身的特点和要求决定的。项目后评价机构具有客观性、公正性，才能保证项目后评价的客观、公正性。项目后评价机构要排除人为干扰，能独立地对项目实施及其结果作出评价。

（2）具有反馈检查功能。项目后评价的作用主要是通过项目全过程的再评价并反馈信息，为投资决策科学化服务。开展后评价机构应具有反馈检查功能，后评价组织机构与计划决策部门之间具有通畅的反馈回路机制，以使后评价有关信息迅速地反馈到决策部门。

实施项目后评价首先要解决谁来组织评价工作的问题。我国项目后评价的组织机构不能是项目原可行性研究单位和前评价单位与项目实施过程中的项目管理机构，通常为政府委托独立的第三方机构。

第2步，选择项目后评价的对象。原则上，对所有竣工投产的投资项目都要进行后评价，项目后评价应纳入项目管理程序之中。但实际工作中，往往由于各方面条件的限制，可以有选择地确定评价对象。现阶段，我国在选择进行项目后评价的对象时优先考虑以下类型项目：① 投产后本身经济效益明显不好的项目。如投产后一直亏损或主要技术经济指标明显低于同行业平均水平，或生产一直开工不足、生产能力得不到正常发挥的项目等。② 国家急需发展的短线产业部门的投资项目，其中主要是国家重点投资项目，如能源、通信、交通运输、农业等项目。③ 国家限制发展的长线产业部门的投资项目，如某些家用电器投资项目等。④ 一些投资额巨大、对国计民生有重大影响的项目，如宝钢、京九铁路等项目。⑤ 一些特殊项目，如国家重点投资的新技术开发项目、技术引进项目等。

第3步，收集资料和选取数据。项目后评价是以大量的数据、资料为依据的，这些数据和资料的来源要可靠。一般应由项目后评价者亲自调查整理。需要收集的数据和资料有：① 档案资料。主要有建设项目的规划方案、项目建议书（预可行性研究）和批文、可行性研究报告、评估报告、设计任务书、初步设计材料和批文、施工图设计和批文、竣工验收报告、工程大事记、各种协议书和合同及有关厂址选择、工艺方案选择、设备方案选择的论证材料等。② 项目生产经营资料。主要是生产、销售、供应、技术、财务、劳动工资等部门的统计年度报告。③ 分析预测用基础资料。主要是建设项目开工以来的有关利率、汇率、价格、税种、税率、物价指数变化的资料。④ 与项目有关的其他资料。如国家及地方的产业结构调整政策、发展战略和长远规划；国家和地方颁布的规定和法律文件等。

第4步，分析和加工收集的资料。对所收集的数据和资料进行汇总、加工、分析和整理，对需要的数据和资料进行调整。此时往往需要进一步补充测算有关的资料，以满足验证的需要。

第5步，评价及编制后评价报告。编制各种评价报表及计算评价指标，并与前评价进行对比分析，找出差异及其原因。由评价组编制后评价报告。

第6步，上报后评价报告。把编制的正式后评价报告和其重点内容摘要上报给组织后评价的部门。

12.3 项目后评价方法

项目后评价方法的基础理论是现代系统工程与反馈控制的管理理论。项目后评价的方法包括前后对比法、有无对比法、逻辑框架法、成功度法。前后对比法主要帮助实现项目评价指标的前后对比；有无对比法是对项目所产生的影响进行评价的方法；逻辑框架法是考察项目从微观向宏观发展的分析方法；成功度法是多维度的项目综合评价方法。

12.3.1 前后对比法

前后对比法是指将项目实施之前与完成之后的情况加以对比，以确定项目的作用与效益的差异性的一种对比方法。在项目后评价中，具体指将项目前期所进行的可行性研究及评估的预测结论与项目后期的实际运行结果加以比较，识别指标的变化水平并分析产生变化的原因。这种对比主要用于衡量项目计划、决策和实施的质量，发现评价项目过程中的关键问题。

【例 12-1】 某项目前后对比的结果如表 12-1 所示。主要比较工程经济要素，如投资、收益及成本等，以及经济评价指标，如内部收益率、投资回收期、资本金内部收益率等的差异。

表 12-1 某项目目标值与后评价的主要经济指标对比表

序号	项目	单位	投资可研数据	后评价结果	备注
1	总投资	万元	815	797	
2	年营业收入	万元	1 350	1 456	
3	年总成本费用	万元	1 275	1 402	
4	总投资收益率	%	11	9	
5	项目内部收益率	%	12	9	
6	投资回收期	年	8	10	
7	资本金内部收益率	%	16	14	

12.3.2 有无对比法

有无对比是指将项目实际发生的情况与若没有该项目则可能发生的情况

进行对比,以衬托及度量项目的真实影响和作用。对比的重点在于分清项目作用的影响与项目外的作用影响。这种对比主要用于项目的效益评价和影响评价中。

有无对比中的"有"和"无"是指评价的对象,即项目。评价是通过项目的实施所付出的资源代价与项目实施后产生的效果进行对比以得出项目业绩是好还是坏的结论。比较的关键是要求投入的代价与产出的效果口径一致,也就是说,所度量的效果要真正归因于所评价的项目,排除其他因素的影响。按照有无项目情况的不同假定,可以划分为以下四种对比方法:

(1) 项目实施前与实施后数据对比。项目实施前与实施后数据对比只是将项目实施前的情况与项目实施一段时间之后的情况加以对比。这样做有一个隐含的假设,即在没有项目的情况下,项目实施之前的情况将保持不变并一直持续下去。而事实上,由于项目本身的发展趋势和其他项目的影响,即使没有项目,评价对象也可能变好或变差。该方法适用于实施前就有后评价计划的项目,因为这样可以收集特殊数据来提供足够的评价依据。这种前后数据比较简单易行,成本低。不足之处是很有可能高估或低估项目的作用,准确性较差。所以,该方法适用于在实践中时间和人力都受限制的情形。

(2) 项目实施前的时间序列数据的预测结果与项目实施后的结果对比。这种方法根据评价标准将项目实施后的实际数据与根据项目实施前的时间序列数据进行的预测结果进行比较。这种方法适用于历史数据充足,预计无项目并且数据具有并保持较明显的趋势(上升或下降)的情况。如果实施的数据不稳定,那么预测结果的意义便不明显,同时,如果有充分的理由相信实施前几年的数据发生了变化,则再早的历史数据就不能再使用。

(3) 准随机实验设计。准随机实验设计是将受项目直接影响的地区数据与其他地区的数据进行对比,具体包括以下内容:① 受项目影响的地区与一个类似的地区或没有项目影响的一些地区进行同类指标比较。② 受项目影响区域内受益于项目的人群与没有受益的人群进行对比。

由于很难确定一个可比较的类似对象,因而在确定比较对象和解释对比结果时需十分谨慎。同样,由于没有进行随机抽样,对象群可能不平均,这也是这种方法的最大缺陷。这种方法在可以找到一个与项目对象具有可比性的比较对象时适用。当随机对照实验设计方法不可行时,可考虑采用这种方法。另外,尽管本方法有助于控制一些较重要的外邻因素,但由于上述局限,它不能作为项目结果评价的一种完全可靠的方法,最好与其他方法一起使用。

(4) 随机对照实验设计。随机对照实验设计是最有效的，同时也是最困难和成本最高的方法。它事先选好两组对象，其中一组受益于被评价项目，而另外一组没有从中受益。最关键的是比较对象是科学地随机抽取的，除了受项目影响这一点外，两组对象之间尽可能地相似。这种方法也可用来评价项目的某个变量变化时所引起的整体上的变化，可据此确定哪些变量最有效。这种比较方法也较适用于衡量政策（如扶贫政策）、计划等的实施效果。它能准确地衡量项目效果，但成本也相对其他方法较高。

选择哪种评价方法主要取决于评价开始的时间、可获得的及所期望的精确度。这些方法并不一定单独使用，前几种方法中的一种或几种通常一起使用。在实际应用时尽量使用最精确的评价方法，如果是衡量使个人受益的项目，最好采用方法（4）。当不能使用方法（4）时，应结合前三种方法一起使用，即评价应比较指标的前后值，根据项目实施之前的时间序列数据做出预测，寻找没有从实施该项目中受益的对象。综合三种方法的结果可以得出比较完备的结论。另外，尽量避免单独使用方法（1），因为评价方法（1）不是一个有效的工具。但无论最开始时选择哪种方法，若以后的情况证明有更好的方法时都应及时修正。

12.3.3 逻辑框架法

逻辑框架法是通过投入、产出、直接目的、宏观目标四个层面对项目进行分析和总结的综合评价方法。1970 年，美国国际开发署（USAID）开发并使用一种设计、计划和评价工具，即逻辑框架法（Logical Framework Approach，LFA）。目前已有 2/3 的国际组织把逻辑框架法作为援助项目的计划管理和后评价的主要方法。它可以对关键因素进行系统的选择和分析。逻辑框架法可以用来总结一个项目的诸多因素（包括投入、产出、目的和宏观目标）之间的因果关系（如资源、活动、产出），同时可以评价项目的发展方向（如目的、宏观目标）。该方法有助于评价者"思考和策划"，侧重于分析项目的运作，如项目的对象、目的、进行时间和方式等。

1. 逻辑框架法的含义

逻辑框架法不是数据模型化的方法，而是以概念模式化的分析方法，即用一张简单的思维框图来清晰地分析一个复杂项目的内涵和要素关系，以达到便于理解项目从微观向宏观发展的目的。逻辑框架法为项目计划者和评价者提供了一种分析框架，用以确定评价工作的范围和任务，并对项目目标和达到目标所需要的手段进行逻辑关系的分析，从而实现从概念层面到项目层面的层层分解与关联分析。

2. 逻辑框架法的模式

逻辑框架法的模式由 4×4 的矩阵组成，横行代表项目目标的层次（垂直逻辑），竖行代表如何验证这些目标是否达到（水平逻辑）。

（1）垂直逻辑。垂直逻辑用于分析项目计划做什么，弄清项目手段与结果之间的关系，确定项目本身和项目所在地的社会、物质、政治环境中的不确定因素。垂直逻辑关系划分为四个层次。

① 目标（Goal）。目标通常是指高层次的目标，该目标可由数个项目来实现，如提高农业产出、扩大就业、改善老年人的生活状况、生态保护等。

② 目的（Object or Purpose）。确定"为什么"要实施这个项目，也就是说，确定项目将为受益目标带来什么。例如，某项目的实施可以使某一地区的就业率提高百分之多少等。

③ 产出（Output）。通常用产出描述项目"要取得什么"，即项目提供可计量的直接结果。例如，水利灌溉项目的产出是建立供水和灌溉网络。项目的产出并不直接实现上一层次的目标（增加稻米产出），它只是提供实现目标的手段和条件。

④ 投入与活动（Input and Activities）。投入与活动描述项目是"怎样"被执行的，包括资源投入的量和时间。

以上四个层次由自下至上的三个逻辑关系相连接。第一级是如果保证一定的资源投入，并加以很好管理，则预计有怎样的产出；第二级是项目的产出与社会或经济变化之间的关系；第三级是项目的目的对整个地区甚至整个国家更高层次目标的贡献的关联性。上述这种关系在逻辑框架方法中称为垂直逻辑关系，其逻辑关系的方向自下而上。垂直逻辑关系能体现一个项目的活动在什么条件下可以达到项目的直接目的，达到这一目的后在什么条件下可以达到项目的宏观目标。

（2）水平逻辑。每个层次的目标应该有客观验证指标、验证方法和重要假设条件，这些构成水平方向的逻辑关系。

① 客观验证指标。客观验证指标用来界定达到目标的程度。各层次目标应尽可能地有客观的可度量的验证指标，包括数量、质量、实现（或提供）的时间及负责实施的人员。

② 验证方法。验证方法是指用什么方法检查项目是否达到目标。如农业项目达到增加农民收入的目标，需要收集当地农民收入变化的数据，需要从

当地统计部门收集所需材料,或通过抽样调查获得数据。是否达到增加农业部门的收入的宏观目标,则要从国家统计部门收集资料。一般验证方法中要包括资料的来源渠道和数据资料的采集方法。

③ 重要假设条件。重要假设条件是指可能对项目的进展或结果产生影响,而项目管理者又无法控制的那些条件,即这些外部假设条件一旦成熟,会产生什么结果。这种失控的发生有多方面的原因,首要的原因是项目所在地的特定自然环境及自然变化。其次,政府在政策、计划、发展战略方面的失误或变化也会产生不良影响。最后,管理部门体制发生变化,使项目的投入、产出与目的、目标分割开来。水平逻辑的目的是衡量项目的资源和结果,确立客观的验证指标及其指标的验证方法来进行分析。水平逻辑要求对垂直逻辑四个层次上的结果做出详细说明,其基本模式如表12-2所示。

表12-2 逻辑框架法的模式

层次描述	客观验证指标	验证方法	重要外部条件
目标	目标指标	监测和监督手段及方法	实现目标的主要条件
目的	目的指标	监测和监督手段及方法	实现目的的主要条件
产出	产出物定量指标	监测和监督手段及方法	实现产出的主要条件
投入	投入物定量指标	监测和监督手段及方法	实现投入的主要条件

3. 项目后评价的逻辑框架

项目后评价通过应用逻辑框架法来分析项目原定的预期目标、各种目标的层次、目标实现的程度和原因,用以评价其效果、作用和影响。表12-3是一个投资项目后评价的逻辑框架。

表12-3 项目后评价的逻辑框架

层次描述	预计目标	实际结果	原因分析	可持续条件
宏观目标				
项目目的				
项目产出				
项目投入				

12.3.4 成功度法

建设项目投产一段时间后(一般为竣工验收1~3年后),通常需要对项目进行项目后评价,成功度评价是建设项目后评价通常采用的综合评价方法。项目成功度法是依靠评价专家或专家组的经验,以逻辑框架法分析项目目标的实现程度和经济效益的结论为基础,以项目的目标和收益为核心,对建设项目进行全面系统的评价。项目成功度评价可以从全局角度系统地、客观地评价项目,分析发展趋势,总结经验教训,为后续改进和提升管理水平奠定坚实的基础。

1. 成功度的标准

一般来说,成功度可分为五个等级。各个等级的标准如下:

(1) 完全成功的。用 AA 来表示,表明项目的各项目标都已全部实现或超过原定目标;相对资源投入而言,项目取得了巨大的效益和影响。

(2) 成功的。用 A 来表示,表明项目的各项目标都已全部实现;相对资源投入而言,项目达到了预期的效益和影响。

(3) 部分成功的。用 B 来表示,表明项目实现了原定的部分目标;相对资源投入而言,项目取得了一定的效益和影响。

(4) 不成功的。用 C 来表示,表明项目实现的目标非常有限;相对资源投入而言,项目几乎没有取得什么效益和影响。

(5) 失败的。用 D 来表示,表明项目的目标是不现实的,根本无法实现;相对资源投入而言,项目完全失败。

常用项目成功度评价表如表 12-4 所示。

表 12-4 项目成功度评价表

序号	项目执行指标	相关重要度	成功度
1	宏观经济影响		
2	扩大或增加生产能力		
3	良好的管理		
4	对扶贫的影响		
5	教育		
6	卫生与健康		
7	对妇女儿童的影响		
8	环境影响		
9	社会影响		
10	对机构组织的影响		
11	技术的成功		
12	进度管理		
13	预算内费用管理		

续表

序号	项目执行指标	相关重要度	成功度
14	项目依托条件		
15	成本与效益		
16	财务内部收益率		
17	经济内部收益率		
18	财务持续性		
19	机构的持续性		
20	项目总持续能力		
21	项目总成功度		

2. 成功度评价的步骤和方法

（1）构建指标体系。评价指标体系的建立是项目后评价内容的基础和关键，直接影响评价结果的合理性。进行项目综合评价时，以项目后评价理论方法、规范、现有资料为基础，结合建设项目特点及专家组意见，科学地构建成功度评价指标体系。

（2）确定指标权重。在指标体系的基础上，结合项目的实际情况，采用定量与定性相结合的方法确定指标权重。常用的方法有主观经验赋权法、德尔菲法、两两对比法、环比评分法、层次分析法等。

（3）实施成功度评价。根据评定等级标准，结合实际执行情况对各项目逐一进行打分，分别用 A、B、C、D 表示或打上具体分数。通过综合指标重要性权重分析和单项成功度结论，可得到整个项目的成功度指标。该指标用 A、B、C、D 表示，填在表的最后一行（总成功度）的成功度栏内。同时编写后评价报告。

项目后评价成功度法简单易行，操作性强，结论明确，能使决策者较快较容易地掌握项目的整体评价结论。但成功度容易受到预定目标合理性以及项目实施过程中特殊情况的影响，因此在评价时要十分注意项目原定目的合理性、实际性以及环境条件变化带来的影响，以便根据实际情况评价项目的成功度。

12.4 项目后评价报告格式

项目后评价报告是对项目后评价工作进行的总结，是项目后评价的最终成果，是后评价成果的交付物。项目后评价要求做到公正、客观、全面系统，以实现后评价的目标。后评价的内容与格式不相同，主要取决于项目的类型与规模。这里主要介绍世界银行和我国有关机构关于一般工业项目后评价的编写格式。

12.4.1 世界银行项目后评价报告格式

世界银行项目后评价报告主要包括"项目完成报告书"和"项目执行情况审核备忘录"，均有较为规范的格式，当然，具体内容也要根据项目的具体情况加以适当调整。

1. 项目完成报告书的编写格式

世界银行编制的项目完成报告书一般包括如下几个方面的内容：

（1）项目背景。项目背景主要包括项目提出、准备和实施的依据，项目目标，项目建设内容等。

（2）项目管理机构。项目管理机构主要包括项目管理机构的设置、管理措施、管理人员实绩、管理过程中的经验和教训等。

（3）项目物资与财务管理。项目物资与财务管理主要包括采购、供应商和承包商的表现，物资与财务管理中出现的问题及其原因，存在的问题及所造成的影响，为解决问题所采取的措施及其实际效果等。

（4）项目贷款中的异常情况。项目贷款中的异常情况主要是对项目贷款中的异常情况与贷款条件、贷款协议、贷款程序等方面相互关系的分析。

（5）项目重大修改。项目重大修改主要集中在对项目重大修改原因的分析。

（6）人员培训。人员培训主要对世界银行及贷款者双方在工作人员培训方面的经验和教训进行分析。

（7）项目违约事件。项目违约事件主要对违约事件的发生及采取的相应措施进行分析，如未采取任何措施，则要分析其原因。

（8）项目财务评价。计算相关的财务评价指标，分析其财务盈利能力与贷款偿还能力。

（9）项目国民经济评价。计算国民经济评价指标，分析其对国民经济的贡献程度。

（10）项目社会评价。计算相关的社会评价指标，分析其对社会的贡献程度。

（11）结论。总结项目的经验教训，提出结论性意见及建议。

2. 项目执行情况审核备忘录的编写格式

世界银行编制的项目执行情况审核备忘录主要包括以下几个方面的内容：

(1) 对项目建设的背景、目的目标、实施过程和结果进行概述。

(2) 分析评价项目完成情况，并检验其是否达到预期目标。

(3) 分析检验项目选定情况以及准备阶段预计的不利因素是否已消除。

(4) 得出评价结论、经验教训以及其他有特殊意义的问题。

(5) 指出与项目完成报告的相同处及分歧点。

(6) 重点阐述项目完成报告中未涉及的问题或者阐述不清的问题。

12.4.2 我国项目后评价报告格式

项目后评价是对工程项目取得的经济效益、社会效益和环境效益进行综合评价；项目财务后评价要编制有关财务后评价表格，计算有关财务评价指标；项目国民经济后评价应该编制有关经济后评价表格，计算有关国民经济指标。

1. 总论

报告总论主要内容包括：项目后评价的目的；后评价工作的组织管理；后评价报告的编制单位；后评价报告的编写依据；后评价方法；项目基本情况；项目设计单位；项目可行性研究报告及评价报告的编写单位等。

2. 项目前期工作后评价

项目前期工作后评价主要包括以下内容：项目筹备工作评价；项目筹建单位及其工作效率；项目决策工作评价；项目厂址选择的科学性；项目征地拆迁工作评价；项目委托设计和施工工作评价；项目配套工作；项目物资与资金落实状况等。

3. 项目建设后评价

项目建设后评价主要包括以下内容：项目开工手续情况；开工时间是否与计划时间一致，若不一致，则要分析原因以及对项目总体效益产生的影响；项目设计是否发生变更，若发生变更，则对建设期及总体效益有何影响；筹资方案是否符合国家有关规定；工程项目额是否超支；资金供应是否及时；工程项目质量是否与计划要求一致，若不一致，则其对生产期及运营状况有何影响；项目建设期是否与计划期相一致，若不一致，则其对项目总体效益有何影响；项目竣工验收程序是否符合国家有关规定等。

4. 项目运营后评价

项目运营后评价主要包括以下内容：项目投产后的产品方案评价；项目投产后的经营管理水平评价；项目投产后实际达到的技术水平评价；项目投产期是否与预期值一致，若不一致，则要分析其原因，并提出积极建议等。理论上讲，财务评价和国民经济评价应包括在项目运营后评价之中，但由于其内容较多，大多数项目后评价报告将其单独列出。

5. 项目财务后评价

根据实际资料得出的预测数据及现行的财税制度或项目运行的实际数据，编制相关的财务后评价表格，并计算相关的财务评价指标。

6. 项目国民经济后评价

根据实际资料得出的预测数据及国家有关部门公布的有关参数或项目运行的实际数据，编制相关的经济后评价表格，并计算相关的国民经济评价指标。

7. 综合结论和建议

综合结论和建议主要包括以下内容：总结项目决策、准备、实施和营运各阶段的主要成果和不足；预测项目未来发展前景；总结经验和教训；提出改进和完善措施；提出项目提高经济效益的途径和可持续发展的战略。

【案例】 某自来水 B 厂 BOT 项目后评价

1　B 厂 BOT 项目概况

1.1　项目背景(发起、审批、建设)

1.2　项目内容(范围:取水工程、净水厂、排水渠、主输水管道)

1.3　项目企业(成都自来水公司、法通水务、丸红供水)

1.4　后评价意义(信息反馈、改善投资、提高对策效益、服务后续建设)

2　B 厂 BOT 项目后评价依据

2.1　后评价方法(对比分析法、逻辑框架法、因素分析法、层次分析法)

2.2　后评价依据(建设项目经济评价方法与参数、给排水工程概算与经济评价手册)

3　B 厂 BOT 项目实施过程评价

3.1　项目决策工作评价

3.1.1　可行性研究后评价(建设、市场、生产)

3.1.2　决策效率后评价(批准建设机会)

3.2　前期工作评价

3.2.1　项目组织机构评价(聘请专门咨询机构)

3.2.2　项目开发周期及评价(资格预审、投标、评标、审批融资)

3.2.3　政策保证(供水价格、供水量、风险分担)

3.2.4　特许权协议的分析与评价(合同)

3.2.5　风险评价(政治、政策法规、招投标、信用、经济、建设、运营、不可抗力、安全与环境)

3.2.6　厂址选择后评价

3.2.7　勘测设计后评价(国家标准)

3.2.8　施工单位资质后评价(多个一级资质单位)

3.3　前期工作总评(见表12-5)

表12-5　因素矩阵法

序号	验证指标	评分					平均分值	权重值/%	加权评分值
		最差		一般		最好			
1	BOT融资模式	1	2	3	4	5	2.9	3	0.087
2	厂址选择	1	2	3	4	5	5	4	0.2
3	勘测设计	1	2	3	4	5	4.6	5	0.23
4	项目可行性研究	1	2	3	4	5	2.4	5	0.12
5	项目决策	1	2	3	4	5	3.8	10	0.38
6	项目公司选择	1	2	3	4	5	4.7	10	0.47
7	项目公司	1	2	3	4	5	4.6	10	0.46
8	特训协议	1	2	3	4	5	3.9	25	0.98
9	投资回报率	1	2	3	4	5	3.9	10	0.39
10	风险	1	2	3	4	5	3.1	10	0.31
11	施工单位资质	1	2	3	4	5	4.3	5	0.22
12	征地拆迁	1	2	3	4	5	2.9	3	0.087
项目前期工作后评价最终加权分 = 3.93									

3.4　项目实施建设的管理评价(合同、PDCA)

3.4.1　组织结构及关系

3.4.2　LFA评价管理工作

3.4.3　不足之处

3.5　项目验收评价(时间、质量)

3.5.1　项目总体完成情况

3.5.2　净水厂建设完成情况

3.5.3　输水管道建设完成情况

3.5.4 工程验收及评价

3.6 项目运营及效益现状

3.6.1 项目运营情况

3.6.2 项目运营效益(水量、水价、收益)

4 B厂BOT项目的经济效益评价

4.1 特许经营期的财务效益评价

4.1.1 资金投入和运营情况

4.1.2 贷款利率(浮动)

4.1.3 供水成本分析(总成本费用)

4.1.4 供水价格和销售税金分析(汇率)

4.1.5 利润与税金分析

4.1.6 财务盈利能力分析(投资收益率)

4.1.7 贷款偿还能力分析(借款偿还期)

4.1.8 财务效益总评

4.2 政府建设BOT项目的财务效益分析

4.2.1 财务效益分析

4.2.2 直接贷款与BOT方式的投资成本比较

4.3 国民经济效益后评价

4.3.1 供水效益分析

4.3.2 其他效益分析

4.3.3 直接贷款与BOT的经济费用

4.3.4 BOT方式经济效益评价

4.3.5 直接贷款与BOT方式的经济指标比较

5 B厂BOT项目的影响与可持续评价

5.1 经济影响评价(区域经济、产业结构)

5.2 环境影响评价(自然、生态、社会)

5.3 社会影响评价(就业环境、利益群体、居民生活、基础设施、资源利用)

5.4 项目可持续性分析

5.4.1 经济可持续分析

5.4.2 社会发展对项目可持续影响

5.4.3 科技发展对项目可持续影响

5.4.4 资源对项目可持续影响

5.4.5 项目可持续性总评(因素矩阵法)

6 B厂BOT项目的目标评价

6.1 宏观目标实现评价

6.2 具体目标实现评价

6.3 附属目标实现评价

6.3.1 技术水平评价

6.3.2 管理水平评价

6.4 项目目标总评(LFA)(见表12-6)

表12-6 项目目标总评

维度	原定指标	实际结果	原因分析	可持续条件
宏观目标	研究和探索BOT项目投融资模式	为税务融资提供了经验,为城市设施所有权与经营权分离提供基础	BOT成本高于其他融资方式,对BOT认识不足	聘请专业咨询、提高成功度
项目目的	建设新水厂	出现供需偏差	需求预测偏高	维护协议
项目产出	日供水能力40万立方米及其输水管道	已经移交	已签订协议	维护协议
项目投入	政府放弃特许经营期内的净水收益33.95亿元(15.5年),项目公司总投资12亿元,建设期两年半	市政府投入净水收益31.27亿元,项目公司投资8.8亿元,建设2年零3个月,政府用财政补贴价格差	采用高技术降低了成本,BOT水价高于公益性水价	采用公开招标,加快城市水价改革

本章小结

项目后评价是工程在建设完成后,运营到一定阶段而开展的项目评价活动,包括项目的事中、事后评价,重点回答项目做得如何、怎么做得更好的问题,同时也为后续项目管理提供依据。不同于前评价,后评价的方法比较综合,角度丰富,包括管理、经济、组织、生态等多个方面。

后评价的方法主要有有无对比法、前后对比法、逻辑框架法、成功度法等。根据项目后评价内容及需要选择确定。项目后评价没有绝对固定的格式，可根据行业习惯来给出后评价格式编写后评价报告，或根据业主需求进行个性化服务，以客观评价项目建设运营的关键效果为根本目标。随着信息化管理的要求提高，后评价是积累项目数据的最佳手段之一，应不断积累后评价中的相关数据并与其他信息平台互动后形成后评价工作的效用最大化。当然，这一目标的实现需要新的数据分析方法、新的后评价方法来辅助实现。

思考题

1. 项目后评价的概念是什么？
2. 收集项目后评价的相关案例，分析其采用的方法内容和评价过程。
3. 项目后评价有什么特点？
4. 项目前评价与后评价有什么区别？
5. 项目后评价的重要作用是什么？
6. 项目后评价的基本程序包括哪几个步骤？

即测即评

请扫描二维码，测试本章学习效果。

附录一 Excel 函数

1. 统计计算

$ABS(value)$

返回参数的绝对值。

$AVERAGE(range)$

返回一组数值的平均值。

$MAX(range)$

返回一组数值的最大值。

$MIN(range)$

返回一组数值的最小值。

$SUM(range)$

返回一组数值的和。

$STDEV(value)$

返回一组数值的标准差。

2. 等值计算

$FV(i, N, A, P, type)$

返回计算期 n 末的将来值,用于年值 A 的将来值计算时,函数为 $FV(i, N, A)$;用于现值的将来值计算时,函数为 $FV(i, N, , P)$。

$PV(i, N, A, F, type)$

返回计算期 N 初的现值,用于年值 A 的现值计算时,函数为 $PV(i, N, A)$;用于将来值的现值计算时,函数为 $PV(i, N, , F)$。

$PMT(i, N, P, F, type)$

返回计算期 N 的年等值,用于现值 P 的年等值计算时,函数为 $PMT(i, N, P)$;用于将来值的年等值计算时,函数为 $PMT(i, N, , F)$。

3. 指标计算

$NPV(i, value)$

在给定利率 i 时,计算某范围内现金流的现值。

$IRR(value)$

计算某范围内现金流的内部收益率。

$SLN(cost, salvage, life)$

返回折旧年限为 n 时的年直线折旧额。语法：（固定资产原值，期末残值，折旧年限）

$VDB(cost, salvage, life, start\_period, edn\_period, [factors],) no\_switch])$

计算固定资产按余额递减法的折旧额。语法：（固定资产原值，期末残值，折旧年限，开始年限，结束年限，余额递减率）。当余额递减率为 2 时，表示双倍余额递减折旧。

$SYD(cost, salvage, life, period)$

计算固定资产按年数总和法的某期次折旧额。语法：（固定资产原值，残值，折旧年限，期次）。

4. 模拟计算

$RAND( )$

返回一个随机数。

$NORMINV(probability, mean, stand\_dev)$

返回某一均值及方差下的正态分布区间值。语法（累计概率，均值，标准差）。

$NORM.DIST(x, mean, stand\_dev, cumulative)$

返回某一均值及方差的正态分布下某变量值的累计概率。语法（变量，均值，标准差，$true$）。

附录二 复利系数

复利计算公式:

$(F/P, i, n) = (1+i)^n$

$(P/F, i, n) = (1+i)^{-n}$

$(F/A, i, n) = \dfrac{[(1+i)^n - 1]}{i}$

$(P/A, i, n) = [(1+i)^n - 1]/i(1+i)^n$

$(A/P, i, n) = i(1+i)^n / [(1+i)^n - 1]$

$(A/F, i, n) = \dfrac{i}{(1+i)^n - 1}$

有效利率 $i = 1\% \sim 30\%$,计算期 $n = 1 \sim 50$ 的复利系数如下。

$i = 1\%$ 复利系数

	一次支付		等额多次支付				
N	F/P	P/F	F/A	P/A	A/F	A/P	N
1	1.010 0	0.990 1	1.000 0	0.990 1	1.000 0	1.010 0	1
2	1.020 1	0.980 3	2.010 0	1.970 4	0.497 5	0.507 5	2
3	1.030 3	0.970 6	3.030 1	2.941 0	0.330 0	0.340 0	3
4	1.040 6	0.961 0	4.060 4	3.902 0	0.246 3	0.256 3	4
5	1.051 0	0.951 5	5.101 0	4.853 4	0.196 0	0.206 0	5
6	1.061 5	0.942 0	6.152 0	5.795 5	0.162 5	0.172 5	6
7	1.072 1	0.932 7	7.213 5	6.728 2	0.138 6	0.148 6	7
8	1.082 9	0.923 5	8.285 7	7.651 7	0.120 7	0.130 7	8
9	1.093 7	0.914 3	9.368 5	8.566 0	0.106 7	0.116 7	9
10	1.104 6	0.905 3	10.462 2	9.471 3	0.095 6	0.105 6	10
11	1.115 7	0.896 3	11.566 8	10.367 6	0.086 5	0.096 5	11
12	1.126 8	0.887 4	12.682 5	11.255 1	0.078 8	0.088 8	12
13	1.138 1	0.878 7	13.809 3	12.133 7	0.072 4	0.082 4	13
14	1.149 5	0.870 0	14.947 4	13.003 7	0.066 9	0.076 9	14
15	1.161 0	0.861 3	16.096 9	13.865 1	0.062 1	0.072 1	15
16	1.172 6	0.852 8	17.257 9	14.717 9	0.057 9	0.067 9	16
17	1.184 3	0.844 4	18.430 4	15.562 3	0.054 3	0.064 3	17

续表

	一次支付		等额多次支付				
N	F/P	P/F	F/A	P/A	A/F	A/P	N
18	1.196 1	0.836 0	19.614 7	16.398 3	0.051 0	0.061 0	18
19	1.208 1	0.827 7	20.810 9	17.226 0	0.048 1	0.058 1	19
20	1.220 2	0.819 5	22.019 0	18.045 6	0.045 4	0.055 4	20
21	1.232 4	0.811 4	23.239 2	18.857 0	0.043 0	0.053 0	21
22	1.244 7	0.803 4	24.471 6	19.660 4	0.040 9	0.050 9	22
23	1.257 2	0.795 4	25.716 3	20.455 8	0.038 9	0.048 9	23
24	1.269 7	0.787 6	26.973 5	21.243 4	0.037 1	0.047 1	24
25	1.282 4	0.779 8	28.243 2	22.023 2	0.035 4	0.045 4	25
26	1.295 3	0.772 0	29.525 6	22.795 2	0.033 9	0.043 9	26
27	1.308 2	0.764 4	30.820 9	23.559 6	0.032 4	0.042 4	27
28	1.321 3	0.756 8	32.129 1	24.316 4	0.031 1	0.041 1	28
29	1.334 5	0.749 3	33.450 4	25.065 8	0.029 9	0.039 9	29
30	1.347 8	0.741 9	34.784 9	25.807 7	0.028 7	0.038 7	30
31	1.361 3	0.734 6	36.132 7	26.542 3	0.027 7	0.037 7	31
32	1.374 9	0.727 3	37.494 1	27.269 6	0.026 7	0.036 7	32
33	1.388 7	0.720 1	38.869 0	27.989 7	0.025 7	0.035 7	33
34	1.402 6	0.713 0	40.257 7	28.702 7	0.024 8	0.034 8	34
35	1.416 6	0.705 9	41.660 3	29.408 6	0.024 0	0.034 0	35
36	1.430 8	0.698 9	43.076 9	30.107 5	0.023 2	0.033 2	36
37	1.445 1	0.692 0	44.507 6	30.799 5	0.022 5	0.032 5	37
38	1.459 5	0.685 2	45.952 7	31.484 7	0.021 8	0.031 8	38
39	1.474 1	0.678 4	47.412 3	32.163 0	0.021 1	0.031 1	39
40	1.488 9	0.671 7	48.886 4	32.834 7	0.020 5	0.030 5	40
41	1.503 8	0.665 0	50.375 2	33.499 7	0.019 9	0.029 9	41
42	1.518 8	0.658 4	51.879 0	34.158 1	0.019 3	0.029 3	42
43	1.534 0	0.651 9	53.397 8	34.810 0	0.018 7	0.028 7	43
44	1.549 3	0.645 4	54.931 8	35.455 5	0.018 2	0.028 2	44
45	1.564 8	0.639 1	56.481 1	36.094 5	0.017 7	0.027 7	45
46	1.580 5	0.632 7	58.045 9	36.727 2	0.017 2	0.027 2	46
47	1.596 3	0.626 5	59.626 3	37.353 7	0.016 8	0.026 8	47
48	1.612 2	0.620 3	61.222 6	37.974 0	0.016 3	0.026 3	48
49	1.628 3	0.614 1	62.834 8	38.588 1	0.015 9	0.025 9	49
50	1.644 6	0.608 0	64.463 2	39.196 1	0.015 5	0.025 5	50

$i=2\%$ 复利系数

	一次支付		等额多次支付				
N	F/P	P/F	F/A	P/A	A/F	A/P	N
1	1.020 0	0.980 4	1.000 0	0.980 4	1.000 0	1.020 0	1
2	1.040 4	0.961 2	2.020 0	1.941 6	0.495 0	0.515 0	2
3	1.061 2	0.942 3	3.060 4	2.883 9	0.326 8	0.346 8	3
4	1.082 4	0.923 8	4.121 6	3.807 7	0.242 6	0.262 6	4
5	1.104 1	0.905 7	5.204 0	4.713 5	0.192 2	0.212 2	5
6	1.126 2	0.888 0	6.308 1	5.601 4	0.158 5	0.178 5	6
7	1.148 7	0.870 6	7.434 3	6.472 0	0.134 5	0.154 5	7
8	1.171 7	0.853 5	8.583 0	7.325 5	0.116 5	0.136 5	8
9	1.195 1	0.836 8	9.754 6	8.162 2	0.102 5	0.122 5	9
10	1.219 0	0.820 3	10.949 7	8.982 6	0.091 3	0.111 3	10
11	1.243 4	0.804 3	12.168 7	9.786 8	0.082 2	0.102 2	11
12	1.268 2	0.788 5	13.412 1	10.575 3	0.074 6	0.094 6	12
13	1.293 6	0.773 0	14.680 3	11.348 4	0.068 1	0.088 1	13
14	1.319 5	0.757 9	15.973 9	12.106 2	0.062 6	0.082 6	14
15	1.345 9	0.743 0	17.293 4	12.849 3	0.057 8	0.077 8	15
16	1.372 8	0.728 4	18.639 3	13.577 7	0.053 7	0.073 7	16
17	1.400 2	0.714 2	20.012 1	14.291 9	0.050 0	0.070 0	17
18	1.428 2	0.700 2	21.412 3	14.992 0	0.046 7	0.066 7	18
19	1.456 8	0.686 4	22.840 6	15.678 5	0.043 8	0.063 8	19
20	1.485 9	0.673 0	24.297 4	16.351 4	0.041 2	0.061 2	20
21	1.515 7	0.659 8	25.783 3	17.011 2	0.038 8	0.058 8	21
22	1.546 0	0.646 8	27.299 0	17.658 0	0.036 6	0.056 6	22
23	1.576 9	0.634 2	28.845 0	18.292 2	0.034 7	0.054 7	23
24	1.608 4	0.621 7	30.421 9	18.913 9	0.032 9	0.052 9	24
25	1.640 6	0.609 5	32.030 3	19.523 5	0.031 2	0.051 2	25
26	1.673 4	0.597 6	33.670 9	20.121 0	0.029 7	0.049 7	26
27	1.706 9	0.585 9	35.344 3	20.706 9	0.028 3	0.048 3	27
28	1.741 0	0.574 4	37.051 2	21.281 3	0.027 0	0.047 0	28
29	1.775 8	0.563 1	38.792 2	21.844 4	0.025 8	0.045 8	29
30	1.811 4	0.552 1	40.568 1	22.396 5	0.024 6	0.044 6	30
31	1.847 6	0.541 2	42.379 4	22.937 7	0.023 6	0.043 6	31
32	1.884 5	0.530 6	44.227 0	23.468 3	0.022 6	0.042 6	32
33	1.922 2	0.520 2	46.111 6	23.988 6	0.021 7	0.041 7	33
34	1.960 7	0.510 0	48.033 8	24.498 6	0.020 8	0.040 8	34

续表

	一次支付		等额多次支付				
N	F/P	P/F	F/A	P/A	A/F	A/P	N
35	1.999 9	0.500 0	49.994 5	24.998 6	0.020 0	0.040 0	35
36	2.039 9	0.490 2	51.994 4	25.488 8	0.019 2	0.039 2	36
37	2.080 7	0.480 6	54.034 3	25.969 5	0.018 5	0.038 5	37
38	2.122 3	0.471 2	56.114 9	26.440 6	0.017 8	0.037 8	38
39	2.164 7	0.461 9	58.237 2	26.902 6	0.017 2	0.037 2	39
40	2.208 0	0.452 9	60.402 0	27.355 5	0.016 6	0.036 6	40
41	2.252 2	0.444 0	62.610 0	27.799 5	0.016 0	0.036 0	41
42	2.297 2	0.435 3	64.862 2	28.234 8	0.015 4	0.035 4	42
43	2.343 2	0.426 8	67.159 5	28.661 6	0.014 9	0.034 9	43
44	2.390 1	0.418 4	69.502 7	29.080 0	0.014 4	0.034 4	44
45	2.437 9	0.410 2	71.892 7	29.490 2	0.013 9	0.033 9	45
46	2.486 6	0.402 2	74.330 6	29.892 3	0.013 5	0.033 5	46
47	2.536 3	0.394 3	76.817 2	30.286 6	0.013 0	0.033 0	47
48	2.587 1	0.386 5	79.353 5	30.673 1	0.012 6	0.032 6	48
49	2.638 8	0.379 0	81.940 6	31.052 1	0.012 2	0.032 2	49
50	2.691 6	0.371 5	84.579 4	31.423 6	0.011 8	0.031 8	50

$i=3\%$ 复利系数

	一次支付		等额多次支付				
N	F/P	P/F	F/A	P/A	A/F	A/P	N
1	1.030 0	0.970 9	1.000 0	0.970 9	1.000 0	1.030 0	1
2	1.060 9	0.942 6	2.030 0	1.913 5	0.492 6	0.522 6	2
3	1.092 7	0.915 1	3.090 9	2.828 6	0.323 5	0.353 5	3
4	1.125 5	0.888 5	4.183 6	3.717 1	0.239 0	0.269 0	4
5	1.159 3	0.862 6	5.309 1	4.579 7	0.188 4	0.218 4	5
6	1.194 1	0.837 5	6.468 4	5.417 2	0.154 6	0.184 6	6
7	1.229 9	0.813 1	7.662 5	6.230 3	0.130 5	0.160 5	7
8	1.266 8	0.789 4	8.892 3	7.019 7	0.112 5	0.142 5	8
9	1.304 8	0.766 4	10.159 1	7.786 1	0.098 4	0.128 4	9
10	1.343 9	0.744 1	11.463 9	8.530 2	0.087 2	0.117 2	10
11	1.384 2	0.722 4	12.807 8	9.252 6	0.078 1	0.108 1	11
12	1.425 8	0.701 4	14.192 0	9.954 0	0.070 5	0.100 5	12
13	1.468 5	0.681 0	15.617 8	10.635 0	0.064 0	0.094 0	13
14	1.512 6	0.661 1	17.086 3	11.296 1	0.058 5	0.088 5	14
15	1.558 0	0.641 9	18.598 9	11.937 9	0.053 8	0.083 8	15

续表

	一次支付			等额多次支付			
N	F/P	P/F	F/A	P/A	A/F	A/P	N
16	1.604 7	0.623 2	20.156 9	12.561 1	0.049 6	0.079 6	16
17	1.652 8	0.605 0	21.761 6	13.166 1	0.046 0	0.076 0	17
18	1.702 4	0.587 4	23.414 4	13.753 5	0.042 7	0.072 7	18
19	1.753 5	0.570 3	25.116 9	14.323 8	0.039 8	0.069 8	19
20	1.806 1	0.553 7	26.870 4	14.877 5	0.037 2	0.067 2	20
21	1.860 3	0.537 5	28.676 5	15.415 0	0.034 9	0.064 9	21
22	1.916 1	0.521 9	30.536 8	15.936 9	0.032 7	0.062 7	22
23	1.973 6	0.506 7	32.452 9	16.443 6	0.030 8	0.060 8	23
24	2.032 8	0.491 9	34.426 5	16.935 5	0.029 0	0.059 0	24
25	2.093 8	0.477 6	36.459 3	17.413 1	0.027 4	0.057 4	25
26	2.156 6	0.463 7	38.553 0	17.876 8	0.025 9	0.055 9	26
27	2.221 3	0.450 2	40.709 6	18.327 0	0.024 6	0.054 6	27
28	2.287 9	0.437 1	42.930 9	18.764 1	0.023 3	0.053 3	28
29	2.356 6	0.424 3	45.218 9	19.188 5	0.022 1	0.052 1	29
30	2.427 3	0.412 0	47.575 4	19.600 4	0.021 0	0.051 0	30
31	2.500 1	0.400 0	50.002 7	20.000 4	0.020 0	0.050 0	31
32	2.575 1	0.388 3	52.502 8	20.388 8	0.019 0	0.049 0	32
33	2.652 3	0.377 0	55.077 8	20.765 8	0.018 2	0.048 2	33
34	2.731 9	0.366 0	57.730 2	21.131 8	0.017 3	0.047 3	34
35	2.813 9	0.355 4	60.462 1	21.487 2	0.016 5	0.046 5	35
36	2.898 3	0.345 0	63.275 9	21.832 3	0.015 8	0.045 8	36
37	2.985 2	0.335 0	66.174 2	22.167 2	0.015 1	0.045 1	37
38	3.074 8	0.325 2	69.159 4	22.492 5	0.014 5	0.044 5	38
39	3.167 0	0.315 8	72.234 2	22.808 2	0.013 8	0.043 8	39
40	3.262 0	0.306 6	75.401 3	23.114 8	0.013 3	0.043 3	40
41	3.359 9	0.297 6	78.663 3	23.412 4	0.012 7	0.042 7	41
42	3.460 7	0.289 0	82.023 2	23.701 2	0.012 2	0.042 2	42
43	3.564 5	0.280 5	85.483 9	23.981 9	0.011 7	0.041 7	43
44	3.671 5	0.272 4	89.048 4	24.254 3	0.011 2	0.041 2	44
45	3.781 6	0.264 4	92.719 9	24.518 7	0.010 8	0.040 8	45
46	3.895 0	0.256 7	96.501 5	24.775 4	0.010 4	0.040 4	46
47	4.011 9	0.249 3	100.396 5	25.024 7	0.010 0	0.040 0	47
48	4.132 3	0.242 0	104.408 4	25.266 7	0.009 6	0.039 6	48
49	4.256 2	0.235 0	108.540 6	25.501 7	0.009 2	0.039 2	49
50	4.383 9	0.228 1	112.796 9	25.729 8	0.008 9	0.038 9	50

$i=5\%$ 复利系数

	一次支付		等额多次支付				
N	F/P	P/F	F/A	P/A	A/F	A/P	N
1	1.050 0	0.952 4	1.000 0	0.952 4	1.000 0	1.050 0	1
2	1.102 5	0.907 0	2.050 0	1.859 4	0.487 8	0.537 8	2
3	1.157 6	0.863 8	3.152 5	2.723 2	0.317 2	0.367 2	3
4	1.215 5	0.822 7	4.310 1	3.546 0	0.232 0	0.282 0	4
5	1.276 3	0.783 5	5.525 6	4.329 5	0.181 0	0.231 0	5
6	1.340 1	0.746 2	6.801 9	5.075 7	0.147 0	0.197 0	6
7	1.407 1	0.710 7	8.142 0	5.786 4	0.122 8	0.172 8	7
8	1.477 5	0.676 8	9.549 1	6.463 2	0.104 7	0.154 7	8
9	1.551 3	0.644 6	11.026 6	7.107 8	0.090 7	0.140 7	9
10	1.628 9	0.613 9	12.577 9	7.721 7	0.079 5	0.129 5	10
11	1.710 3	0.584 7	14.206 8	8.306 4	0.070 4	0.120 4	11
12	1.795 9	0.556 8	15.917 1	8.863 3	0.062 8	0.112 8	12
13	1.885 6	0.530 3	17.713 0	9.393 6	0.056 5	0.106 5	13
14	1.979 9	0.505 1	19.598 6	9.898 6	0.051 0	0.101 0	14
15	2.078 9	0.481 0	21.578 6	10.379 7	0.046 3	0.096 3	15
16	2.182 9	0.458 1	23.657 5	10.837 8	0.042 3	0.092 3	16
17	2.292 0	0.436 3	25.840 4	11.274 1	0.038 7	0.088 7	17
18	2.406 6	0.415 5	28.132 4	11.689 6	0.035 5	0.085 5	18
19	2.527 0	0.395 7	30.539 0	12.085 3	0.032 7	0.082 7	19
20	2.653 3	0.376 9	33.066 0	12.462 2	0.030 2	0.080 2	20
21	2.786 0	0.358 9	35.719 3	12.821 2	0.028 0	0.078 0	21
22	2.925 3	0.341 8	38.505 2	13.163 0	0.026 0	0.076 0	22
23	3.071 5	0.325 6	41.430 5	13.488 6	0.024 1	0.074 1	23
24	3.225 1	0.310 1	44.502 0	13.798 6	0.022 5	0.072 5	24
25	3.386 4	0.295 3	47.727 1	14.093 9	0.021 0	0.071 0	25
26	3.555 7	0.281 2	51.113 5	14.375 2	0.019 6	0.069 6	26
27	3.733 5	0.267 8	54.669 1	14.643 0	0.018 3	0.068 3	27
28	3.920 1	0.255 1	58.402 6	14.898 1	0.017 1	0.067 1	28
29	4.116 1	0.242 9	62.322 7	15.141 1	0.016 0	0.066 0	29
30	4.321 9	0.231 4	66.438 8	15.372 5	0.015 1	0.065 1	30
31	4.538 0	0.220 4	70.760 8	15.592 8	0.014 1	0.064 1	31
32	4.764 9	0.209 9	75.298 8	15.802 7	0.013 3	0.063 3	32
33	5.003 2	0.199 9	80.063 8	16.002 5	0.012 5	0.062 5	33
34	5.253 3	0.190 4	85.067 0	16.192 9	0.011 8	0.061 8	34

	一次支付		等额多次支付				
N	F/P	P/F	F/A	P/A	A/F	A/P	N
35	5.516 0	0.181 3	90.320 3	16.374 2	0.011 1	0.061 1	35
36	5.791 8	0.172 7	95.836 3	16.546 9	0.010 4	0.060 4	36
37	6.081 4	0.164 4	101.628 1	16.711 3	0.009 8	0.059 8	37
38	6.385 5	0.156 6	107.709 5	16.867 9	0.009 3	0.059 3	38
39	6.704 8	0.149 1	114.095 0	17.017 0	0.008 8	0.058 8	39
40	7.040 0	0.142 0	120.799 8	17.159 1	0.008 3	0.058 3	40
41	7.392 0	0.135 3	127.839 8	17.294 4	0.007 8	0.057 8	41
42	7.761 6	0.128 8	135.231 8	17.423 2	0.007 4	0.057 4	42
43	8.149 7	0.122 7	142.993 3	17.545 9	0.007 0	0.057 0	43
44	8.557 2	0.116 9	151.143 0	17.662 8	0.006 6	0.056 6	44
45	8.985 0	0.111 3	159.700 2	17.774 1	0.006 3	0.056 3	45
46	9.434 3	0.106 0	168.685 2	17.880 1	0.005 9	0.055 9	46
47	9.906 0	0.100 9	178.119 4	17.981 0	0.005 6	0.055 6	47
48	10.401 3	0.096 1	188.025 4	18.077 2	0.005 3	0.055 3	48
49	10.921 3	0.091 6	198.426 7	18.168 7	0.005 0	0.055 0	49
50	11.467 4	0.087 2	209.348 0	18.255 9	0.004 8	0.054 8	50

$i=6\%$ 复利系数

	一次支付		等额多次支付				
N	F/P	P/F	F/A	P/A	A/F	A/P	N
1	1.060 0	0.943 4	1.000 0	0.943 4	1.000 0	1.060 0	1
2	1.123 6	0.890 0	2.060 0	1.833 4	0.485 4	0.545 4	2
3	1.191 0	0.839 6	3.183 6	2.673 0	0.314 1	0.374 1	3
4	1.262 5	0.792 1	4.374 6	3.465 1	0.228 6	0.288 6	4
5	1.338 2	0.747 3	5.637 1	4.212 4	0.177 4	0.237 4	5
6	1.418 5	0.705 0	6.975 3	4.917 3	0.143 4	0.203 4	6
7	1.503 6	0.665 1	8.393 8	5.582 4	0.119 1	0.179 1	7
8	1.593 8	0.627 4	9.897 5	6.209 8	0.101 0	0.161 0	8
9	1.689 5	0.591 9	11.491 3	6.801 7	0.087 0	0.147 0	9
10	1.790 8	0.558 4	13.180 8	7.360 1	0.075 9	0.135 9	10
11	1.898 3	0.526 8	14.971 6	7.886 9	0.066 8	0.126 8	11
12	2.012 2	0.497 0	16.869 9	8.383 8	0.059 3	0.119 3	12
13	2.132 9	0.468 8	18.882 1	8.852 7	0.053 0	0.113 0	13
14	2.260 9	0.442 3	21.015 1	9.295 0	0.047 6	0.107 6	14
15	2.396 6	0.417 3	23.276 0	9.712 2	0.043 0	0.103 0	15

续表

	一次支付		等额多次支付				
N	F/P	P/F	F/A	P/A	A/F	A/P	N
16	2.540 4	0.393 6	25.672 5	10.105 9	0.039 0	0.099 0	16
17	2.692 8	0.371 4	28.212 9	10.477 3	0.035 4	0.095 4	17
18	2.854 3	0.350 3	30.905 7	10.827 6	0.032 4	0.092 4	18
19	3.025 6	0.330 5	33.760 0	11.158 1	0.029 6	0.089 6	19
20	3.207 1	0.311 8	36.785 6	11.469 9	0.027 2	0.087 2	20
21	3.399 6	0.294 2	39.992 7	11.764 1	0.025 0	0.085 0	21
22	3.603 5	0.277 5	43.392 3	12.041 6	0.023 0	0.083 0	22
23	3.819 7	0.261 8	46.995 8	12.303 4	0.021 3	0.081 3	23
24	4.048 9	0.247 0	50.815 6	12.550 4	0.019 7	0.079 7	24
25	4.291 9	0.233 0	54.864 5	12.783 4	0.018 2	0.078 2	25
26	4.549 4	0.219 8	59.156 4	13.003 2	0.016 9	0.076 9	26
27	4.822 3	0.207 4	63.705 8	13.210 5	0.015 7	0.075 7	27
28	5.111 7	0.195 6	68.528 1	13.406 2	0.014 6	0.074 6	28
29	5.418 4	0.184 6	73.639 8	13.590 7	0.013 6	0.073 6	29
30	5.743 5	0.174 1	79.058 2	13.764 8	0.012 6	0.072 6	30
31	6.088 1	0.164 3	84.801 7	13.929 1	0.011 8	0.071 8	31
32	6.453 4	0.155 0	90.889 8	14.084 0	0.011 0	0.071 0	32
33	6.840 6	0.146 2	97.343 2	14.230 2	0.010 3	0.070 3	33
34	7.251 0	0.137 9	104.183 8	14.368 1	0.009 6	0.069 6	34
35	7.686 1	0.130 1	111.434 8	14.498 2	0.009 0	0.069 0	35
36	8.147 3	0.122 7	119.120 9	14.621 0	0.008 4	0.068 4	36
37	8.636 1	0.115 8	127.268 1	14.736 8	0.007 9	0.067 9	37
38	9.154 3	0.109 2	135.904 2	14.846 0	0.007 4	0.067 4	38
39	9.703 5	0.103 1	145.058 5	14.949 1	0.006 9	0.066 9	39
40	10.285 7	0.097 2	154.762 0	15.046 3	0.006 5	0.066 5	40
41	10.902 9	0.091 7	165.047 7	15.138 0	0.006 1	0.066 1	41
42	11.557 0	0.086 5	175.950 5	15.224 5	0.005 7	0.065 7	42
43	12.250 5	0.081 6	187.507 6	15.306 2	0.005 3	0.065 3	43
44	12.985 5	0.077 0	199.758 0	15.383 2	0.005 0	0.065 0	44
45	13.764 6	0.072 7	212.743 5	15.455 8	0.004 7	0.064 7	45
46	14.590 5	0.068 5	226.508 1	15.524 4	0.004 4	0.064 4	46
47	15.465 9	0.064 7	241.098 6	15.589 0	0.004 1	0.064 1	47
48	16.393 9	0.061 0	256.564 5	15.650 0	0.003 9	0.063 9	48
49	17.377 5	0.057 5	272.958 4	15.707 6	0.003 7	0.063 7	49
50	18.420 2	0.054 3	290.335 9	15.761 9	0.003 4	0.063 4	50

$i=8\%$ 复利系数

	一次支付		等额多次支付				
N	F/P	P/F	F/A	P/A	A/F	A/P	N
1	1.080 0	0.925 9	1.000 0	0.925 9	1.000 0	1.080 0	1
2	1.166 4	0.857 3	2.080 0	1.783 3	0.480 8	0.560 8	2
3	1.259 7	0.793 8	3.246 4	2.577 1	0.308 0	0.388 0	3
4	1.360 5	0.735 0	4.506 1	3.312 1	0.221 9	0.301 9	4
5	1.469 3	0.680 6	5.866 6	3.992 7	0.170 5	0.250 5	5
6	1.586 9	0.630 2	7.335 9	4.622 9	0.136 3	0.216 3	6
7	1.713 8	0.583 5	8.922 8	5.206 4	0.112 1	0.192 1	7
8	1.850 9	0.540 3	10.636 6	5.746 6	0.094 0	0.174 0	8
9	1.999 0	0.500 2	12.487 6	6.246 9	0.080 1	0.160 1	9
10	2.158 9	0.463 2	14.486 6	6.710 1	0.069 0	0.149 0	10
11	2.331 6	0.428 9	16.645 5	7.139 0	0.060 1	0.140 1	11
12	2.518 2	0.397 1	18.977 1	7.536 1	0.052 7	0.132 7	12
13	2.719 6	0.367 7	21.495 3	7.903 8	0.046 5	0.126 5	13
14	2.937 2	0.340 5	24.214 9	8.244 2	0.041 3	0.121 3	14
15	3.172 2	0.315 2	27.152 1	8.559 5	0.036 8	0.116 8	15
16	3.425 9	0.291 9	30.324 3	8.851 4	0.033 0	0.113 0	16
17	3.700 0	0.270 3	33.750 2	9.121 6	0.029 6	0.109 6	17
18	3.996 0	0.250 2	37.450 2	9.371 9	0.026 7	0.106 7	18
19	4.315 7	0.231 7	41.446 3	9.603 6	0.024 1	0.104 1	19
20	4.661 0	0.214 5	45.762 0	9.818 1	0.021 9	0.101 9	20
21	5.033 8	0.198 7	50.422 9	10.016 8	0.019 8	0.099 8	21
22	5.436 5	0.183 9	55.456 8	10.200 7	0.018 0	0.098 0	22
23	5.871 5	0.170 3	60.893 3	10.371 1	0.016 4	0.096 4	23
24	6.341 2	0.157 7	66.764 8	10.528 8	0.015 0	0.095 0	24
25	6.848 5	0.146 0	73.105 9	10.674 8	0.013 7	0.093 7	25
26	7.396 4	0.135 2	79.954 4	10.810 0	0.012 5	0.092 5	26
27	7.988 1	0.125 2	87.350 8	10.935 2	0.011 4	0.091 4	27
28	8.627 1	0.115 9	95.338 8	11.051 1	0.010 5	0.090 5	28
29	9.317 3	0.107 3	103.965 9	11.158 4	0.009 6	0.089 6	29
30	10.062 7	0.099 4	113.283 2	11.257 8	0.008 8	0.088 8	30
31	10.867 7	0.092 0	123.345 9	11.349 8	0.008 1	0.088 1	31
32	11.737 1	0.085 2	134.213 5	11.435 0	0.007 5	0.087 5	32
33	12.676 0	0.078 9	145.950 6	11.513 9	0.006 9	0.086 9	33
34	13.690 1	0.073 0	158.626 7	11.586 9	0.006 3	0.086 3	34

续表

	一次支付		等额多次支付				
N	F/P	P/F	F/A	P/A	A/F	A/P	N
35	14.785 3	0.067 6	172.316 8	11.654 6	0.005 8	0.085 8	35
36	15.968 2	0.062 6	187.102 1	11.717 2	0.005 3	0.085 3	36
37	17.245 6	0.058 0	203.070 3	11.775 2	0.004 9	0.084 9	37
38	18.625 3	0.053 7	220.315 9	11.828 9	0.004 5	0.084 5	38
39	20.115 3	0.049 7	238.941 2	11.878 6	0.004 2	0.084 2	39
40	21.724 5	0.046 0	259.056 5	11.924 6	0.003 9	0.083 9	40
41	23.462 5	0.042 6	280.781 0	11.967 2	0.003 6	0.083 6	41
42	25.339 5	0.039 5	304.243 5	12.006 7	0.003 3	0.083 3	42
43	27.366 6	0.036 5	329.583 0	12.043 2	0.003 0	0.083 0	43
44	29.556 0	0.033 8	356.949 6	12.077 1	0.002 8	0.082 8	44
45	31.920 4	0.031 3	386.505 6	12.108 4	0.002 6	0.082 6	45
46	34.474 1	0.029 0	418.426 1	12.137 4	0.002 4	0.082 4	46
47	37.232 0	0.026 9	452.900 2	12.164 3	0.002 2	0.082 2	47
48	40.210 6	0.024 9	490.132 2	12.189 1	0.002 0	0.082 0	48
49	43.427 4	0.023 0	530.342 7	12.212 2	0.001 9	0.081 9	49
50	46.901 6	0.021 3	573.770 2	12.233 5	0.001 7	0.081 7	50

$i=10\%$ 复利系数

	一次支付		等额多次支付				
N	F/P	P/F	F/A	P/A	A/F	A/P	N
1	1.100 0	0.909 1	1.000 0	0.909 1	1.000 0	1.100 0	1
2	1.210 0	0.826 4	2.100 0	1.735 5	0.476 2	0.576 2	2
3	1.331 0	0.751 3	3.310 0	2.486 9	0.302 1	0.402 1	3
4	1.464 1	0.683 0	4.641 0	3.169 9	0.215 5	0.315 5	4
5	1.610 5	0.620 9	6.105 1	3.790 8	0.163 8	0.263 8	5
6	1.771 6	0.564 5	7.715 6	4.355 3	0.129 6	0.229 6	6
7	1.948 7	0.513 2	9.487 2	4.868 4	0.105 4	0.205 4	7
8	2.143 6	0.466 5	11.435 9	5.334 9	0.087 4	0.187 4	8
9	2.357 9	0.424 1	13.579 5	5.759 0	0.073 6	0.173 6	9
10	2.593 7	0.385 5	15.937 4	6.144 6	0.062 7	0.162 7	10
11	2.853 1	0.350 5	18.531 2	6.495 1	0.054 0	0.154 0	11
12	3.138 4	0.318 6	21.384 3	6.813 7	0.046 8	0.146 8	12
13	3.452 3	0.289 7	24.522 7	7.103 4	0.040 8	0.140 8	13
14	3.797 5	0.263 3	27.975 0	7.366 7	0.035 7	0.135 7	14
15	4.177 2	0.239 4	31.772 5	7.606 1	0.031 5	0.131 5	15

续表

	一次支付		等额多次支付				
N	F/P	P/F	F/A	P/A	A/F	A/P	N
16	4.595 0	0.217 6	35.949 7	7.823 7	0.027 8	0.127 8	16
17	5.054 5	0.197 8	40.544 7	8.021 6	0.024 7	0.124 7	17
18	5.559 9	0.179 9	45.599 2	8.201 4	0.021 9	0.121 9	18
19	6.115 9	0.163 5	51.159 1	8.364 9	0.019 5	0.119 5	19
20	6.727 5	0.148 6	57.275 0	8.513 6	0.017 5	0.117 5	20
21	7.400 2	0.135 1	64.002 5	8.648 7	0.015 6	0.115 6	21
22	8.140 3	0.122 8	71.402 7	8.771 5	0.014 0	0.114 0	22
23	8.954 3	0.111 7	79.543 0	8.883 2	0.012 6	0.112 6	23
24	9.849 7	0.101 5	88.497 3	8.984 7	0.011 3	0.111 3	24
25	10.834 7	0.092 3	98.347 1	9.077 0	0.010 2	0.110 2	25
26	11.918 2	0.083 9	109.181 8	9.160 9	0.009 2	0.109 2	26
27	13.110 0	0.076 3	121.099 9	9.237 2	0.008 3	0.108 3	27
28	14.421 0	0.069 3	134.209 9	9.306 6	0.007 5	0.107 5	28
29	15.863 1	0.063 0	148.630 9	9.369 6	0.006 7	0.106 7	29
30	17.449 4	0.057 3	164.494 0	9.426 9	0.006 1	0.106 1	30
31	19.194 3	0.052 1	181.943 4	9.479 0	0.005 5	0.105 5	31
32	21.113 8	0.047 4	201.137 8	9.526 4	0.005 0	0.105 0	32
33	23.225 2	0.043 1	222.251 5	9.569 4	0.004 5	0.104 5	33
34	25.547 7	0.039 1	245.476 7	9.608 6	0.004 1	0.104 1	34
35	28.102 4	0.035 6	271.024 4	9.644 2	0.003 7	0.103 7	35
36	30.912 7	0.032 3	299.126 8	9.676 5	0.003 3	0.103 3	36
37	34.003 9	0.029 4	330.039 5	9.705 9	0.003 0	0.103 0	37
38	37.404 3	0.026 7	364.043 4	9.732 7	0.002 7	0.102 7	38
39	41.144 8	0.024 3	401.447 8	9.757 0	0.002 5	0.102 5	39
40	45.259 3	0.022 1	442.592 6	9.779 1	0.002 3	0.102 3	40
41	49.785 2	0.020 1	487.851 8	9.799 1	0.002 0	0.102 0	41
42	54.763 7	0.018 3	537.637 0	9.817 4	0.001 9	0.101 9	42
43	60.240 1	0.016 6	592.400 7	9.834 0	0.001 7	0.101 7	43
44	66.264 1	0.015 1	652.640 8	9.849 1	0.001 5	0.101 5	44
45	72.890 5	0.013 7	718.904 8	9.862 8	0.001 4	0.101 4	45
46	80.179 5	0.012 5	791.795 3	9.875 3	0.001 3	0.101 3	46
47	88.197 5	0.011 3	871.974 9	9.886 6	0.001 1	0.101 1	47
48	97.017 2	0.010 3	960.172 3	9.896 9	0.001 0	0.101 0	48
49	106.719 0	0.009 4	1 057.189 6	9.906 3	0.000 9	0.100 9	49
50	117.390 9	0.008 5	1 163.908 5	9.914 8	0.000 9	0.100 9	50

$i=12\%$ 复利系数

	一次支付		等额多次支付				
N	F/P	P/F	F/A	P/A	A/F	A/P	N
1	1.120 0	0.892 9	1.000 0	0.892 9	1.000 0	1.120 0	1
2	1.254 4	0.797 2	2.120 0	1.690 1	0.471 7	0.591 7	2
3	1.404 9	0.711 8	3.374 4	2.401 8	0.296 3	0.416 3	3
4	1.573 5	0.635 5	4.779 3	3.037 3	0.209 2	0.329 2	4
5	1.762 3	0.567 4	6.352 8	3.604 8	0.157 4	0.277 4	5
6	1.973 8	0.506 6	8.115 2	4.111 4	0.123 2	0.243 2	6
7	2.210 7	0.452 3	10.089 0	4.563 8	0.099 1	0.219 1	7
8	2.476 0	0.403 9	12.299 7	4.967 6	0.081 3	0.201 3	8
9	2.773 1	0.360 6	14.775 7	5.328 2	0.067 7	0.187 7	9
10	3.105 8	0.322 0	17.548 7	5.650 2	0.057 0	0.177 0	10
11	3.478 5	0.287 5	20.654 6	5.937 7	0.048 4	0.168 4	11
12	3.896 0	0.256 7	24.133 1	6.194 4	0.041 4	0.161 4	12
13	4.363 5	0.229 2	28.029 1	6.423 5	0.035 7	0.155 7	13
14	4.887 1	0.204 6	32.392 6	6.628 2	0.030 9	0.150 9	14
15	5.473 6	0.182 7	37.279 7	6.810 9	0.026 8	0.146 8	15
16	6.130 4	0.163 1	42.753 3	6.974 0	0.023 4	0.143 4	16
17	6.866 0	0.145 6	48.883 7	7.119 6	0.020 5	0.140 5	17
18	7.690 0	0.130 0	55.749 7	7.249 7	0.017 9	0.137 9	18
19	8.612 8	0.116 1	63.439 7	7.365 8	0.015 8	0.135 8	19
20	9.646 3	0.103 7	72.052 4	7.469 4	0.013 9	0.133 9	20
21	10.803 8	0.092 6	81.698 7	7.562 0	0.012 2	0.132 2	21
22	12.100 3	0.082 6	92.502 6	7.644 6	0.010 8	0.130 8	22
23	13.552 3	0.073 8	104.602 9	7.718 4	0.009 6	0.129 6	23
24	15.178 6	0.065 9	118.155 2	7.784 3	0.008 5	0.128 5	24
25	17.000 1	0.058 8	133.333 9	7.843 1	0.007 5	0.127 5	25
26	19.040 1	0.052 5	150.333 9	7.895 7	0.006 7	0.126 7	26
27	21.324 9	0.046 9	169.374 0	7.942 6	0.005 9	0.125 9	27
28	23.883 9	0.041 9	190.698 9	7.984 4	0.005 2	0.125 2	28
29	26.749 9	0.037 4	214.582 8	8.021 8	0.004 7	0.124 7	29
30	29.959 9	0.033 4	241.332 7	8.055 2	0.004 1	0.124 1	30
31	33.555 1	0.029 8	271.292 6	8.085 0	0.003 7	0.123 7	31
32	37.581 7	0.026 6	304.847 7	8.111 6	0.003 3	0.123 3	32
33	42.091 5	0.023 8	342.429 4	8.135 4	0.002 9	0.122 9	33
34	47.142 5	0.021 2	384.521 0	8.156 6	0.002 6	0.122 6	34

续表

	一次支付		等额多次支付				
N	F/P	P/F	F/A	P/A	A/F	A/P	N
35	52.799 6	0.018 9	431.663 5	8.175 5	0.002 3	0.122 3	35
36	59.135 6	0.016 9	484.463 1	8.192 4	0.002 1	0.122 1	36
37	66.231 8	0.015 1	543.598 7	8.207 5	0.001 8	0.121 8	37
38	74.179 7	0.013 5	609.830 5	8.221 0	0.001 6	0.121 6	38
39	83.081 2	0.012 0	684.010 2	8.233 0	0.001 5	0.121 5	39
40	93.051 0	0.010 7	767.091 4	8.243 8	0.001 3	0.121 3	40
41	104.217 1	0.009 6	860.142 4	8.253 4	0.001 2	0.121 2	41
42	116.723 1	0.008 6	964.359 5	8.261 9	0.001 0	0.121 0	42
43	130.729 9	0.007 6	1 081.082 6	8.269 6	0.000 9	0.120 9	43
44	146.417 5	0.006 8	1 211.812 5	8.276 4	0.000 8	0.120 8	44
45	163.987 6	0.006 1	1 358.230 0	8.282 5	0.000 7	0.120 7	45
46	183.666 1	0.005 4	1 522.217 6	8.288 0	0.000 7	0.120 7	46
47	205.706 1	0.004 9	1 705.883 8	8.292 8	0.000 6	0.120 6	47
48	230.390 8	0.004 3	1 911.589 8	8.297 2	0.000 5	0.120 5	48
49	258.037 7	0.003 9	2 141.980 6	8.301 0	0.000 5	0.120 5	49
50	289.002 2	0.003 5	2 400.018 2	8.304 5	0.000 4	0.120 4	50

$i=15\%$ 复利系数

	一次支付		等额多次支付				
N	F/P	P/F	F/A	P/A	A/F	A/P	N
1	1.150 0	0.869 6	1.000 0	0.869 6	1.000 0	1.150 0	1
2	1.322 5	0.756 1	2.150 0	1.625 7	0.465 1	0.615 1	2
3	1.520 9	0.657 5	3.472 5	2.283 2	0.288 0	0.438 0	3
4	1.749 0	0.571 8	4.993 4	2.855 0	0.200 3	0.350 3	4
5	2.011 4	0.497 2	6.742 4	3.352 2	0.148 3	0.298 3	5
6	2.313 1	0.432 3	8.753 7	3.784 5	0.114 2	0.264 2	6
7	2.660 0	0.375 9	11.066 8	4.160 4	0.090 4	0.240 4	7
8	3.059 0	0.326 9	13.726 8	4.487 3	0.072 9	0.222 9	8
9	3.517 9	0.284 3	16.785 8	4.771 6	0.059 6	0.209 6	9
10	4.045 6	0.247 2	20.303 7	5.018 8	0.049 3	0.199 3	10
11	4.652 4	0.214 9	24.349 3	5.233 7	0.041 1	0.191 1	11
12	5.350 3	0.186 9	29.001 7	5.420 6	0.034 5	0.184 5	12
13	6.152 8	0.162 5	34.351 9	5.583 1	0.029 1	0.179 1	13
14	7.075 7	0.141 3	40.504 7	5.724 5	0.024 7	0.174 7	14
15	8.137 1	0.122 9	47.580 4	5.847 4	0.021 0	0.171 0	15

续表

	一次支付		等额多次支付				
N	F/P	P/F	F/A	P/A	A/F	A/P	N
16	9.357 6	0.106 9	55.717 5	5.954 2	0.017 9	0.167 9	16
17	10.761 3	0.092 9	65.075 1	6.047 2	0.015 4	0.165 4	17
18	12.375 5	0.080 8	75.836 4	6.128 0	0.013 2	0.163 2	18
19	14.231 8	0.070 3	88.211 8	6.198 2	0.011 3	0.161 3	19
20	16.366 5	0.061 1	102.443 6	6.259 3	0.009 8	0.159 8	20
21	18.821 5	0.053 1	118.810 1	6.312 5	0.008 4	0.158 4	21
22	21.644 7	0.046 2	137.631 6	6.358 7	0.007 3	0.157 3	22
23	24.891 5	0.040 2	159.276 4	6.398 8	0.006 3	0.156 3	23
24	28.625 2	0.034 9	184.167 8	6.433 8	0.005 4	0.155 4	24
25	32.919 0	0.030 4	212.793 0	6.464 1	0.004 7	0.154 7	25
26	37.856 8	0.026 4	245.712 0	6.490 6	0.004 1	0.154 1	26
27	43.535 3	0.023 0	283.568 8	6.513 5	0.003 5	0.153 5	27
28	50.065 6	0.020 0	327.104 1	6.533 5	0.003 1	0.153 1	28
29	57.575 5	0.017 4	377.169 7	6.550 9	0.002 7	0.152 7	29
30	66.211 8	0.015 1	434.745 1	6.566 0	0.002 3	0.152 3	30
31	76.143 5	0.013 1	500.956 9	6.579 1	0.002 0	0.152 0	31
32	87.565 1	0.011 4	577.100 5	6.590 5	0.001 7	0.151 7	32
33	100.699 8	0.009 9	664.665 5	6.600 5	0.001 5	0.151 5	33
34	115.804 8	0.008 6	765.365 4	6.609 1	0.001 3	0.151 3	34
35	133.175 5	0.007 5	881.170 2	6.616 6	0.001 1	0.151 1	35
36	153.151 9	0.006 5	1 014.345 7	6.623 1	0.001 0	0.151 0	36
37	176.124 6	0.005 7	1 167.497 5	6.628 8	0.000 9	0.150 9	37
38	202.543 3	0.004 9	1 343.622 2	6.633 8	0.000 7	0.150 7	38
39	232.924 8	0.004 3	1 546.165 5	6.638 0	0.000 6	0.150 6	39
40	267.863 5	0.003 7	1 779.090 3	6.641 8	0.000 6	0.150 6	40
41	308.043 1	0.003 2	2 046.953 9	6.645 0	0.000 5	0.150 5	41
42	354.249 5	0.002 8	2 354.996 9	6.647 8	0.000 4	0.150 4	42
43	407.387 0	0.002 5	2 709.246 5	6.650 3	0.000 4	0.150 4	43
44	468.495 0	0.002 1	3 116.633 4	6.652 4	0.000 3	0.150 3	44
45	538.769 3	0.001 9	3 585.128 5	6.654 3	0.000 3	0.150 3	45
46	619.584 7	0.001 6	4 123.897 7	6.655 9	0.000 2	0.150 2	46
47	712.522 4	0.001 4	4 743.482 4	6.657 3	0.000 2	0.150 2	47
48	819.400 7	0.001 2	5 456.004 7	6.658 5	0.000 2	0.150 2	48
49	942.310 8	0.001 1	6 275.405 5	6.659 6	0.000 2	0.150 2	49
50	1 083.657 4	0.000 9	7 217.716 3	6.660 5	0.000 1	0.150 1	50

$i=20\%$ 复利系数

	一次支付		等额多次支付				
N	F/P	P/F	F/A	P/A	A/F	A/P	N
1	1.200 0	0.833 3	1.000 0	0.833 3	1.000 0	1.200 0	1
2	1.440 0	0.694 4	2.200 0	1.527 8	0.454 5	0.654 5	2
3	1.728 0	0.578 7	3.640 0	2.106 5	0.274 7	0.474 7	3
4	2.073 6	0.482 3	5.368 0	2.588 7	0.186 3	0.386 3	4
5	2.488 3	0.401 9	7.441 6	2.990 6	0.134 4	0.334 4	5
6	2.986 0	0.334 9	9.929 9	3.325 5	0.100 7	0.300 7	6
7	3.583 2	0.279 1	12.915 9	3.604 6	0.077 4	0.277 4	7
8	4.299 8	0.232 6	16.499 1	3.837 2	0.060 6	0.260 6	8
9	5.159 8	0.193 8	20.798 9	4.031 0	0.048 1	0.248 1	9
10	6.191 7	0.161 5	25.958 7	4.192 5	0.038 5	0.238 5	10
11	7.430 1	0.134 6	32.150 4	4.327 1	0.031 1	0.231 1	11
12	8.916 1	0.112 2	39.580 5	4.439 2	0.025 3	0.225 3	12
13	10.699 3	0.093 5	48.496 6	4.532 7	0.020 6	0.220 6	13
14	12.839 2	0.077 9	59.195 9	4.610 6	0.016 9	0.216 9	14
15	15.407 0	0.064 9	72.035 1	4.675 5	0.013 9	0.213 9	15
16	18.488 4	0.054 1	87.442 1	4.729 6	0.011 4	0.211 4	16
17	22.186 1	0.045 1	105.930 6	4.774 6	0.009 4	0.209 4	17
18	26.623 3	0.037 6	128.116 7	4.812 2	0.007 8	0.207 8	18
19	31.948 0	0.031 3	154.740 0	4.843 5	0.006 5	0.206 5	19
20	38.337 6	0.026 1	186.688 0	4.869 6	0.005 4	0.205 4	20
21	46.005 1	0.021 7	225.025 6	4.891 3	0.004 4	0.204 4	21
22	55.206 1	0.018 1	271.030 7	4.909 4	0.003 7	0.203 7	22
23	66.247 4	0.015 1	326.236 9	4.924 5	0.003 1	0.203 1	23
24	79.496 8	0.012 6	392.484 2	4.937 1	0.002 5	0.202 5	24
25	95.396 2	0.010 5	471.981 1	4.947 6	0.002 1	0.202 1	25
26	114.475 5	0.008 7	567.377 3	4.956 3	0.001 8	0.201 8	26
27	137.370 6	0.007 3	681.852 8	4.963 6	0.001 5	0.201 5	27
28	164.844 7	0.006 1	819.223 3	4.969 7	0.001 2	0.201 2	28
29	197.813 6	0.005 1	984.068 0	4.974 7	0.001 0	0.201 0	29
30	237.376 3	0.004 2	1 181.881 6	4.978 9	0.000 8	0.200 8	30
31	284.851 6	0.003 5	1 419.257 9	4.982 4	0.000 7	0.200 7	31
32	341.821 9	0.002 9	1 704.109 5	4.985 4	0.000 6	0.200 6	32
33	410.186 3	0.002 4	2 045.931 4	4.987 8	0.000 5	0.200 5	33
34	492.223 5	0.002 0	2 456.117 6	4.989 8	0.000 4	0.200 4	34

续表

	一次支付		等额多次支付				
N	F/P	P/F	F/A	P/A	A/F	A/P	N
35	590.668 2	0.001 7	2 948.341 1	4.991 5	0.000 3	0.200 3	35
36	708.801 9	0.001 4	3 539.009 4	4.992 9	0.000 3	0.200 3	36
37	850.562 2	0.001 2	4 247.811 2	4.994 1	0.000 2	0.200 2	37
38	1 020.674 7	0.001 0	5 098.373 5	4.995 1	0.000 2	0.200 2	38
39	1 224.809 6	0.000 8	6 119.048 2	4.995 9	0.000 2	0.200 2	39
40	1 469.771 6	0.000 7	7 343.857 8	4.996 6	0.000 1	0.200 1	40
41	1 763.725 9	0.000 6	8 813.629 4	4.997 2	0.000 1	0.200 1	41
42	2 116.471 1	0.000 5	10 577.355 3	4.997 6	0.000 1	0.200 1	42
43	2 539.765 3	0.000 4	12 693.826 3	4.998 0	0.000 1	0.200 1	43
44	3 047.718 3	0.000 3	15 233.591 6	4.998 4	0.000 1	0.200 1	44
45	3 657.262 0	0.000 3	18 281.309 9	4.998 6	0.000 1	0.200 1	45
46	4 388.714 4	0.000 2	21 938.571 9	4.998 9	0.000 0	0.200 0	46
47	5 266.457 3	0.000 2	26 327.286 3	4.999 1	0.000 0	0.200 0	47
48	6 319.748 7	0.000 2	31 593.743 6	4.999 2	0.000 0	0.200 0	48
49	7 583.698 5	0.000 1	37 913.492 3	4.999 3	0.000 0	0.200 0	49
50	9 100.438 2	0.000 1	45 497.190 8	4.999 5	0.000 0	0.200 0	50

$i=25\%$ 复利系数

	一次支付		等额多次支付				
N	F/P	P/F	F/A	P/A	A/F	A/P	N
1	1.250 0	0.800 0	1.000 0	0.800 0	1.000 0	1.250 0	1
2	1.562 5	0.640 0	2.250 0	1.440 0	0.444 4	0.694 4	2
3	1.953 1	0.512 0	3.812 5	1.952 0	0.262 3	0.512 3	3
4	2.441 4	0.409 6	5.765 6	2.361 6	0.173 4	0.423 4	4
5	3.051 8	0.327 7	8.207 0	2.689 3	0.121 8	0.371 8	5
6	3.814 7	0.262 1	11.258 8	2.951 4	0.088 8	0.338 8	6
7	4.768 4	0.209 7	15.073 5	3.161 1	0.066 3	0.316 3	7
8	5.960 5	0.167 8	19.841 9	3.328 9	0.050 4	0.300 4	8
9	7.450 6	0.134 2	25.802 3	3.463 1	0.038 8	0.288 8	9
10	9.313 2	0.107 4	33.252 9	3.570 5	0.030 1	0.280 1	10
11	11.641 5	0.085 9	42.566 1	3.656 4	0.023 5	0.273 5	11
12	14.551 9	0.068 7	54.207 7	3.725 1	0.018 4	0.268 4	12
13	18.189 9	0.055 0	68.759 6	3.780 1	0.014 5	0.264 5	13
14	22.737 4	0.044 0	86.949 5	3.824 1	0.011 5	0.261 5	14
15	28.421 7	0.035 2	109.686 8	3.859 3	0.009 1	0.259 1	15

续表

	一次支付		等额多次支付				
N	F/P	P/F	F/A	P/A	A/F	A/P	N
16	35.527 1	0.028 1	138.108 5	3.887 4	0.007 2	0.257 2	16
17	44.408 9	0.022 5	173.635 7	3.909 9	0.005 8	0.255 8	17
18	55.511 2	0.018 0	218.044 6	3.927 9	0.004 6	0.254 6	18
19	69.388 9	0.014 4	273.555 8	3.942 4	0.003 7	0.253 7	19
20	86.736 2	0.011 5	342.944 7	3.953 9	0.002 9	0.252 9	20
21	108.420 2	0.009 2	429.680 9	3.963 1	0.002 3	0.252 3	21
22	135.525 3	0.007 4	538.101 1	3.970 5	0.001 9	0.251 9	22
23	169.406 6	0.005 9	673.626 4	3.976 4	0.001 5	0.251 5	23
24	211.758 2	0.004 7	843.032 9	3.981 1	0.001 2	0.251 2	24
25	264.697 8	0.003 8	1 054.791 2	3.984 9	0.000 9	0.250 9	25
26	330.872 2	0.003 0	1 319.489 0	3.987 9	0.000 8	0.250 8	26
27	413.590 3	0.002 4	1 650.361 2	3.990 3	0.000 6	0.250 6	27
28	516.987 9	0.001 9	2 063.951 5	3.992 3	0.000 5	0.250 5	28
29	646.234 9	0.001 5	2 580.939 4	3.993 8	0.000 4	0.250 4	29
30	807.793 6	0.001 2	3 227.174 3	3.995 0	0.000 3	0.250 3	30
31	1 009.742 0	0.001 0	4 034.967 8	3.996 0	0.000 2	0.250 2	31
32	1 262.177 4	0.000 8	5 044.709 8	3.996 8	0.000 2	0.250 2	32
33	1 577.721 8	0.000 6	6 306.887 2	3.997 5	0.000 2	0.250 2	33
34	1 972.152 3	0.000 5	7 884.609 1	3.998 0	0.000 1	0.250 1	34
35	2 465.190 3	0.000 4	9 856.761 3	3.998 4	0.000 1	0.250 1	35
36	3 081.487 9	0.000 3	12 321.951 6	3.998 7	0.000 1	0.250 1	36
37	3 851.859 9	0.000 3	15 403.439 6	3.999 0	0.000 1	0.250 1	37
38	4 814.824 9	0.000 2	19 255.299 4	3.999 2	0.000 1	0.250 1	38
39	6 018.531 1	0.000 2	24 070.124 3	3.999 3	0.000 0	0.250 0	39
40	7 523.163 8	0.000 1	30 088.655 4	3.999 5	0.000 0	0.250 0	40
41	9 403.954 8	0.000 1	37 611.819 2	3.999 6	0.000 0	0.250 0	41
42	11 754.943 5	0.000 1	47 015.774 0	3.999 7	0.000 0	0.250 0	42
43	14 693.679 4	0.000 1	58 770.717 5	3.999 7	0.000 0	0.250 0	43
44	18 367.099 2	0.000 1	73 464.396 9	3.999 8	0.000 0	0.250 0	44
45	22 958.874 0	0.000 0	91 831.496 2	3.999 8	0.000 0	0.250 0	45
46	28 698.592 5	0.000 0	114 790.370 2	3.999 9	0.000 0	0.250 0	46
47	35 873.240 7	0.000 0	143 488.962 7	3.999 9	0.000 0	0.250 0	47
48	44 841.550 9	0.000 0	179 362.203 4	3.999 9	0.000 0	0.250 0	48
49	56 051.938 6	0.000 0	224 203.754 3	3.999 9	0.000 0	0.250 0	49
50	70 064.923 2	0.000 0	28 0255.692 9	3.999 9	0.000 0	0.250 0	50

$i=30\%$ 复利系数

	一次支付		等额多次支付				
N	F/P	P/F	F/A	P/A	A/F	A/P	N
1	1.300 0	0.769 2	1.000 0	0.769 2	1.000 0	1.300 0	1
2	1.690 0	0.591 7	2.300 0	1.360 9	0.434 8	0.734 8	2
3	2.197 0	0.455 2	3.990 0	1.816 1	0.250 6	0.550 6	3
4	2.856 1	0.350 1	6.187 0	2.166 2	0.161 6	0.461 6	4
5	3.712 9	0.269 3	9.043 1	2.435 6	0.110 6	0.410 6	5
6	4.826 8	0.207 2	12.756 0	2.642 7	0.078 4	0.378 4	6
7	6.274 9	0.159 4	17.582 8	2.802 1	0.056 9	0.356 9	7
8	8.157 3	0.122 6	23.857 7	2.924 7	0.041 9	0.341 9	8
9	10.604 5	0.094 3	32.015 0	3.019 0	0.031 2	0.331 2	9
10	13.785 8	0.072 5	42.619 5	3.091 5	0.023 5	0.323 5	10
11	17.921 6	0.055 8	56.405 3	3.147 3	0.017 7	0.317 7	11
12	23.298 1	0.042 9	74.327 0	3.190 3	0.013 5	0.313 5	12
13	30.287 5	0.033 0	97.625 0	3.223 3	0.010 2	0.310 2	13
14	39.373 8	0.025 4	127.912 5	3.248 7	0.007 8	0.307 8	14
15	51.185 9	0.019 5	167.286 3	3.268 2	0.006 0	0.306 0	15
16	66.541 7	0.015 0	218.472 2	3.283 2	0.004 6	0.304 6	16
17	86.504 2	0.011 6	285.013 9	3.294 8	0.003 5	0.303 5	17
18	112.455 4	0.008 9	371.518 0	3.303 7	0.002 7	0.302 7	18
19	146.192 0	0.006 8	483.973 4	3.310 5	0.002 1	0.302 1	19
20	190.049 6	0.005 3	630.165 5	3.315 8	0.001 6	0.301 6	20
21	247.064 5	0.004 0	820.215 1	3.319 8	0.001 2	0.301 2	21
22	321.183 9	0.003 1	1 067.279 6	3.323 0	0.000 9	0.300 9	22
23	417.539 1	0.002 4	1 388.463 5	3.325 4	0.000 7	0.300 7	23
24	542.800 8	0.001 8	1 806.002 6	3.327 2	0.000 6	0.300 6	24
25	705.641 0	0.001 4	2 348.803 3	3.328 6	0.000 4	0.300 4	25
26	917.333 3	0.001 1	3 054.444 3	3.329 7	0.000 3	0.300 3	26
27	1 192.533 3	0.000 8	3 971.777 6	3.330 5	0.000 3	0.300 3	27
28	1 550.293 3	0.000 6	5 164.310 9	3.331 2	0.000 2	0.300 2	28
29	2 015.381 3	0.000 5	6 714.604 2	3.331 7	0.000 1	0.300 1	29
30	2 619.995 6	0.000 4	8 729.985 5	3.332 1	0.000 1	0.300 1	30
31	3 405.994 3	0.000 3	11 349.981 1	3.332 4	0.000 1	0.300 1	31
32	4 427.792 6	0.000 2	14 755.975 5	3.332 6	0.000 1	0.300 1	32
33	5 756.130 4	0.000 2	19 183.768 1	3.332 8	0.000 1	0.300 1	33
34	7 482.969 6	0.000 1	24 939.898 5	3.332 9	0.000 0	0.300 0	34

续表

	一次支付			等额多次支付			
N	F/P	P/F	F/A	P/A	A/F	A/P	N
35	9 727.860 4	0.000 1	32 422.868 1	3.333 0	0.000 0	0.300 0	35
36	12 646.218 6	0.000 1	42 150.728 5	3.333 1	0.000 0	0.300 0	36
37	16 440.084 1	0.000 1	54 796.947 1	3.333 1	0.000 0	0.300 0	37
38	21 372.109 4	0.000 0	71 237.031 2	3.333 2	0.000 0	0.300 0	38
39	27 783.742 2	0.000 0	92 609.140 5	3.333 2	0.000 0	0.300 0	39
40	36 118.864 8	0.000 0	120 392.882 7	3.333 2	0.000 0	0.300 0	40
41	46 954.524 3	0.000 0	156 511.747 5	3.333 3	0.000 0	0.300 0	41
42	61 040.881 5	0.000 0	203 466.271 8	3.333 3	0.000 0	0.300 0	42
43	79 353.146 0	0.0000	264507.1533	3.333 3	0.000 0	0.300 0	43
44	103 159.089 8	0.000 0	343 860.299 3	3.333 3	0.000 0	0.300 0	44
45	134 106.816 7	0.000 0	447 019.389 0	3.333 3	0.000 0	0.300 0	45
46	174 338.861 7	0.000 0	581 126.205 8	3.333 3	0.000 0	0.300 0	46
47	226 640.520 2	0.000 0	755 465.067 5	3.333 3	0.000 0	0.300 0	47
48	294 632.676 3	0.000 0	982 105.587 7	3.333 3	0.000 0	0.300 0	48
49	383 022.479 2	0.000 0	1 276 738.264 0	3.333 3	0.000 0	0.300 0	49
50	497 929.223 0	0.000 0	1 659 760.743 3	3.333 3	0.000 0	0.300 0	50

附录三 随机数表

0.587 11	0.856 26	0.957 75	0.253 03	0.099 43	0.757 35	0.843 09	0.971 71	
0.742 30	0.728 67	0.774 90	0.718 84	0.818 73	0.697 40	0.833 74	0.334 03	
0.052 67	0.991 24	0.403 21	0.791 59	0.125 03	0.789 22	0.035 57	0.830 36	
0.989 39	0.872 44	0.781 35	0.084 83	0.271 92	0.155 67	0.409 37	0.238 32	
0.762 21	0.969 67	0.699 95	0.536 67	0.922 08	0.511 35	0.300 48	0.937 90	
0.947 93	0.665 36	0.227 19	0.204 42	0.762 36	0.970 13	0.918 26	0.766 77	
0.105 92	0.033 10	0.232 87	0.364 11	0.122 78	0.014 99	0.486 75	0.606 13	
0.564 78	0.997 65	0.938 97	0.261 56	0.704 82	0.039 96	0.183 68	0.669 41	
0.712 73	0.278 98	0.989 56	0.640 16	0.868 59	0.013 79	0.453 21	0.785 57	
0.028 15	0.273 91	0.523 41	0.053 83	0.892 96	0.351 64	0.569 10	0.192 44	
0.029 02	0.414 12	0.233 68	0.085 37	0.711 92	0.538 06	0.200 88	0.745 40	
0.166 91	0.271 60	0.254 62	0.984 34	0.367 60	0.700 76	0.654 87	0.611 74	
0.730 20	0.901 95	0.199 19	0.921 96	0.630 46	0.382 57	0.671 61	0.468 51	
0.303 81	0.562 19	0.073 41	0.892 29	0.518 14	0.497 61	0.307 93	0.560 08	
0.667 16	0.410 30	0.470 17	0.321 28	0.827 12	0.049 76	0.691 09	0.225 93	
0.115 44	0.265 05	0.246 80	0.248 96	0.172 00	0.714 87	0.338 52	0.252 62	
0.706 72	0.053 43	0.726 30	0.244 66	0.266 44	0.203 94	0.864 42	0.750 58	
0.234 12	0.200 85	0.101 56	0.879 49	0.684 09	0.541 50	0.089 74	0.682 19	
0.957 87	0.408 59	0.236 72	0.530 85	0.629 97	0.379 65	0.378 85	0.124 36	
0.339 04	0.168 39	0.389 36	0.102 42	0.861 28	0.754 24	0.430 82	0.541 13	
0.464 17	0.646 82	0.057 52	0.376 04	0.133 29	0.028 19	0.295 77	0.025 59	
0.932 29	0.897 97	0.131 64	0.396 83	0.110 88	0.820 91	0.542 73	0.257 45	
0.424 87	0.100 98	0.916 96	0.956 26	0.485 15	0.923 61	0.200 38	0.102 86	
0.385 24	0.200 49	0.808 84	0.335 71	0.583 06	0.612 88	0.559 98	0.866 62	
0.773 58	0.919 16	0.532 81	0.322 80	0.796 03	0.379 05	0.022 13	0.799 41	
0.742 60	0.123 35	0.447 86	0.743 05	0.345 63	0.366 71	0.523 92	0.439 34	
0.674 93	0.806 12	0.079 84	0.114 96	0.329 99	0.331 91	0.027 46	0.205 86	
0.050 51	0.976 04	0.716 86	0.577 23	0.303 62	0.622 08	0.859 49	0.243 04	
0.070 12	0.183 05	0.684 33	0.712 81	0.706 40	0.218 26	0.863 25	0.654 57	
0.468 96	0.019 07	0.068 84	0.715 49	0.045 20	0.039 19	0.444 54	0.952 55	
0.854 67	0.048 13	0.552 84	0.172 63	0.367 26	0.710 31	0.592 64	0.926 70	
0.578 75	0.956 26	0.787 03	0.865 42	0.606 69	0.888 74	0.998 23	0.976 26	

续表

0.787 82	0.335 39	0.238 70	0.848 72	0.814 86	0.013 95	0.526 99	0.109 96
0.117 75	0.891 50	0.807 93	0.031 07	0.050 38	0.656 51	0.441 87	0.681 37
0.965 91	0.511 11	0.746 46	0.694 96	0.558 06	0.712 95	0.006 72	0.093 21
0.733 52	0.561 02	0.973 56	0.937 18	0.133 88	0.264 20	0.800 73	0.827 41
0.765 75	0.657 54	0.585 65	0.457 74	0.451 40	0.674 27	0.248 44	0.835 66
0.869 58	0.214 58	0.818 51	0.002 15	0.811 91	0.216 82	0.890 78	0.787 77
0.307 93	0.699 86	0.139 97	0.939 75	0.127 35	0.708 78	0.942 50	0.438 90
0.968 28	0.094 81	0.648 36	0.449 27	0.824 60	0.260 10	0.397 02	0.626 72
0.503 24	0.744 47	0.508 99	0.250 42	0.971 70	0.532 19	0.201 69	0.284 18
0.174 27	0.634 97	0.012 87	0.865 65	0.834 38	0.449 54	0.328 89	0.980 66
0.699 46	0.394 64	0.145 85	0.099 58	0.274 01	0.300 58	0.147 04	0.559 09
0.270 37	0.194 38	0.126 23	0.428 91	0.670 23	0.972 55	0.505 09	0.504 36
0.361 65	0.027 73	0.664 76	0.834 24	0.373 08	0.455 71	0.658 19	0.616 30
0.387 06	0.528 36	0.319 28	0.329 35	0.476 49	0.299 16	0.039 11	0.460 26
0.136 06	0.743 59	0.228 98	0.804 79	0.439 01	0.027 15	0.745 46	0.938 38
0.871 58	0.626 55	0.043 49	0.259 91	0.893 80	0.209 78	0.973 37	0.216 63
0.860 47	0.433 24	0.806 21	0.400 36	0.863 68	0.265 86	0.767 96	0.888 57
0.446 23	0.341 26	0.314 75	0.140 88	0.775 46	0.442 98	0.087 97	0.339 10

附录四 标准正态分布表

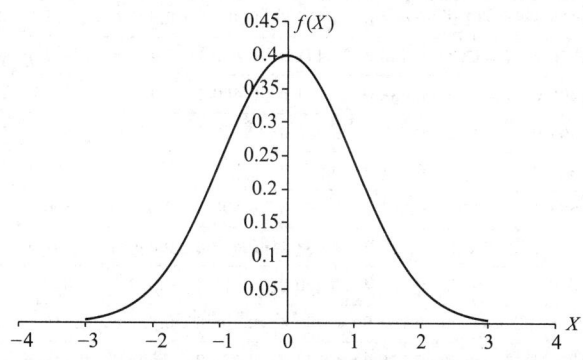

X	0	1	2	3	4	5	6	7	8	9
-3.0	0.001 3	0.001 3	0.001 3	0.001 2	0.001 2	0.001 1	0.001 1	0.001 1	0.001 0	0.001 0
-2.9	0.001 9	0.001 8	0.001 8	0.001 7	0.001 6	0.001 6	0.001 5	0.001 5	0.001 4	0.001 4
-2.8	0.002 6	0.002 5	0.002 4	0.002 3	0.002 3	0.002 2	0.002 1	0.002 1	0.002 0	0.001 9
-2.7	0.003 5	0.003 4	0.003 3	0.003 2	0.003 1	0.003 0	0.002 9	0.002 8	0.002 7	0.002 6
-2.6	0.004 7	0.004 5	0.004 4	0.004 3	0.004 1	0.004 0	0.003 9	0.003 8	0.003 7	0.003 6
-2.5	0.006 2	0.006 0	0.005 9	0.005 7	0.005 5	0.005 4	0.005 2	0.005 1	0.004 9	0.004 8
-2.4	0.008 2	0.008 0	0.007 8	0.007 5	0.007 3	0.007 1	0.006 9	0.006 8	0.006 6	0.006 4
-2.3	0.010 7	0.010 4	0.010 2	0.009 9	0.009 6	0.009 4	0.009 1	0.008 9	0.008 7	0.008 4
-2.2	0.013 9	0.013 6	0.013 2	0.012 9	0.012 5	0.012 2	0.011 9	0.011 6	0.011 3	0.011 0
-2.1	0.017 9	0.017 4	0.017 0	0.016 6	0.016 2	0.015 8	0.015 4	0.015 0	0.014 6	0.014 3
-2.0	0.022 8	0.022 2	0.021 7	0.021 2	0.020 7	0.020 2	0.019 7	0.019 2	0.018 8	0.018 3
-1.9	0.028 7	0.028 1	0.027 4	0.026 8	0.026 2	0.025 6	0.025 0	0.024 4	0.023 9	0.023 3
-1.8	0.035 9	0.035 1	0.034 4	0.033 6	0.032 9	0.032 2	0.031 4	0.030 7	0.030 1	0.029 4
-1.7	0.044 6	0.043 6	0.042 7	0.041 8	0.040 9	0.040 1	0.039 2	0.038 4	0.037 5	0.036 7
-1.6	0.054 8	0.053 7	0.052 6	0.051 6	0.050 5	0.049 5	0.048 5	0.047 5	0.046 5	0.045 5
-1.5	0.066 8	0.065 5	0.064 3	0.063 0	0.061 8	0.060 6	0.059 4	0.058 2	0.057 1	0.055 9
-1.4	0.080 8	0.079 3	0.077 8	0.076 4	0.074 9	0.073 5	0.072 1	0.070 8	0.069 4	0.068 1
-1.3	0.096 8	0.095 1	0.093 4	0.091 8	0.090 1	0.088 5	0.086 9	0.085 3	0.083 8	0.082 3
-1.2	0.115 1	0.113 1	0.111 2	0.109 3	0.107 5	0.105 6	0.103 8	0.102 0	0.100 3	0.098 5
-1.1	0.135 7	0.133 5	0.131 4	0.129 2	0.127 1	0.125 1	0.123 0	0.121 0	0.119 0	0.117 0
-1.0	0.158 7	0.156 2	0.153 9	0.151 5	0.149 2	0.146 9	0.144 6	0.142 3	0.140 1	0.137 9
-0.9	0.184 1	0.181 4	0.178 8	0.176 2	0.173 6	0.171 1	0.168 5	0.166 0	0.163 5	0.161 1
-0.8	0.211 9	0.209 0	0.206 1	0.203 3	0.200 5	0.197 7	0.194 9	0.192 2	0.189 4	0.186 7
-0.7	0.242 0	0.238 9	0.235 8	0.232 7	0.229 6	0.226 6	0.223 6	0.220 6	0.217 7	0.214 8
-0.6	0.274 3	0.270 9	0.267 6	0.264 3	0.261 1	0.257 8	0.254 6	0.251 4	0.248 3	0.245 1

续表

X	0	1	2	3	4	5	6	7	8	9
−0.5	0.308 5	0.305 0	0.301 5	0.298 1	0.294 6	0.291 2	0.287 7	0.284 3	0.281 0	0.277 6
−0.4	0.344 6	0.340 9	0.337 2	0.333 6	0.330 0	0.326 4	0.322 8	0.319 2	0.315 6	0.312 1
−0.3	0.382 1	0.378 3	0.374 5	0.370 7	0.366 9	0.363 2	0.359 4	0.355 7	0.352 0	0.348 3
−0.2	0.420 7	0.416 8	0.412 9	0.409 0	0.405 2	0.401 3	0.397 4	0.393 6	0.389 7	0.385 9
−0.1	0.460 2	0.456 2	0.452 2	0.448 3	0.444 3	0.440 4	0.436 4	0.432 5	0.428 6	0.424 7
−0.0	0.500 0	0.496 0	0.492 0	0.488 0	0.484 0	0.480 1	0.476 1	0.472 1	0.468 1	0.464 1
0.0	0.500 0	0.504 0	0.508 0	0.512 0	0.516 0	0.519 9	0.523 9	0.527 9	0.531 9	0.535 9
0.1	0.539 8	0.543 8	0.547 8	0.551 7	0.555 7	0.559 6	0.563 6	0.567 5	0.571 4	0.575 3
0.2	0.579 3	0.583 2	0.587 1	0.591 0	0.594 8	0.598 7	0.602 6	0.606 4	0.610 3	0.614 1
0.3	0.617 9	0.621 7	0.625 5	0.629 3	0.633 1	0.636 8	0.640 6	0.644 3	0.648 0	0.651 7
0.4	0.655 4	0.659 1	0.662 8	0.666 4	0.670 0	0.673 6	0.677 2	0.680 8	0.684 4	0.687 9
0.5	0.691 5	0.695 0	0.698 5	0.701 9	0.705 4	0.708 8	0.712 3	0.715 7	0.719 0	0.722 4
0.6	0.725 7	0.729 1	0.732 4	0.735 7	0.738 9	0.742 2	0.745 4	0.748 6	0.751 7	0.754 9
0.7	0.758 0	0.761 1	0.764 2	0.767 3	0.770 4	0.773 4	0.776 4	0.779 4	0.782 3	0.785 2
0.8	0.788 1	0.791 0	0.793 9	0.796 7	0.799 5	0.802 3	0.805 1	0.807 8	0.810 6	0.813 3
0.9	0.815 9	0.818 6	0.821 2	0.823 8	0.826 4	0.828 9	0.831 5	0.834 0	0.836 5	0.838 9
1.0	0.841 3	0.843 8	0.846 1	0.848 5	0.850 8	0.853 1	0.855 4	0.857 7	0.859 9	0.862 1
1.1	0.864 3	0.866 5	0.868 6	0.870 8	0.872 9	0.874 9	0.877 0	0.879 0	0.881 0	0.883 0
1.2	0.884 9	0.886 9	0.888 8	0.890 7	0.892 5	0.894 4	0.896 2	0.898 0	0.899 7	0.901 5
1.3	0.903 2	0.904 9	0.906 6	0.908 2	0.909 9	0.911 5	0.913 1	0.914 7	0.916 2	0.917 7
1.4	0.919 2	0.920 7	0.922 2	0.923 6	0.925 1	0.926 5	0.927 9	0.929 2	0.930 6	0.931 9
1.5	0.933 2	0.934 5	0.935 7	0.937 0	0.938 2	0.939 4	0.940 6	0.941 8	0.942 9	0.944 1
1.6	0.945 2	0.946 3	0.947 4	0.948 4	0.949 5	0.950 5	0.951 5	0.952 5	0.953 5	0.954 5
1.7	0.955 4	0.956 4	0.957 3	0.958 2	0.959 1	0.959 9	0.960 8	0.961 6	0.962 5	0.963 3
1.8	0.964 1	0.964 9	0.965 6	0.966 4	0.967 1	0.967 8	0.968 6	0.969 3	0.969 9	0.970 6
1.9	0.971 3	0.971 9	0.972 6	0.973 2	0.973 8	0.974 4	0.975 0	0.975 6	0.976 1	0.976 7
2.0	0.977 2	0.977 8	0.978 3	0.978 8	0.979 3	0.979 8	0.980 3	0.980 8	0.981 2	0.981 7
2.1	0.982 1	0.982 6	0.983 0	0.983 4	0.983 8	0.984 2	0.984 6	0.985 0	0.985 4	0.985 7
2.2	0.986 1	0.986 4	0.986 8	0.987 1	0.987 5	0.987 8	0.988 1	0.988 4	0.988 7	0.989 0
2.3	0.989 3	0.989 6	0.989 8	0.990 1	0.990 4	0.990 6	0.990 9	0.991 1	0.991 3	0.991 6
2.4	0.991 8	0.992 0	0.992 2	0.992 5	0.992 7	0.992 9	0.993 1	0.993 2	0.993 4	0.993 6
2.5	0.993 8	0.994 0	0.994 1	0.994 3	0.994 5	0.994 6	0.994 8	0.994 9	0.995 1	0.995 2
2.6	0.995 3	0.995 5	0.995 6	0.995 7	0.995 9	0.996 0	0.996 1	0.996 2	0.996 3	0.996 4
2.7	0.996 5	0.996 6	0.996 7	0.996 8	0.996 9	0.997 0	0.997 1	0.997 2	0.997 3	0.997 4
2.8	0.997 4	0.997 5	0.997 6	0.997 7	0.997 7	0.997 8	0.997 9	0.997 9	0.998 0	0.998 1
2.9	0.998 1	0.998 2	0.998 2	0.998 3	0.998 4	0.998 4	0.998 5	0.998 5	0.998 6	0.998 6
3.0	0.998 7	0.998 7	0.998 7	0.998 8	0.998 8	0.998 9	0.998 9	0.998 9	0.999 0	0.999 0

附录五 正态分布随机偏差

−1.062 8	−1.047 5	1.153 8	0.765 8	−0.634 2	1.781 8	2.252 1	−0.059 7
−1.426 2	0.436 2	−0.891 4	0.682 8	−0.905 0	0.664 2	0.831 7	0.755 8
−0.011 5	0.465 4	−0.621 3	0.315 1	1.320 2	0.495 3	0.751 1	−0.460 2
−1.895 0	1.732 2	−0.309 7	0.116 6	−1.175 9	1.407 2	0.281 0	0.471 0
1.206 6	−0.989 8	−0.361 3	−1.087 7	0.305 7	1.482 1	1.125 1	−0.698 7
1.132 8	0.444 0	−0.642 9	−0.695 9	−0.109 6	0.313 8	−0.899 0	0.655 0
1.476 5	−2.225 2	−1.074 2	0.947 7	0.220 6	1.483 4	0.708 1	1.145 2
−0.892 8	1.082 3	−0.442 2	1.100 5	−1.032 6	−1.008 8	0.244 7	0.823 9
−0.968 1	0.535 6	−0.845 4	0.128 7	0.936 3	−0.401 0	−0.744 5	−1.124 2
−0.703 5	−0.643 2	0.555 4	−1.318 3	0.878 2	−1.553 5	−0.193 4	1.082 6
−0.096 2	−0.864 2	−0.267 9	−0.412 0	0.202 0	−0.654 7	0.894 6	−1.475 5
−1.169 0	0.100 0	0.872 3	−0.479 0	0.023 5	−0.257 6	−0.423 8	0.344 1
0.834 5	0.002 8	−1.320 6	1.342 1	−0.049 9	0.127 1	1.216 0	0.187 6
0.339 3	1.371 8	1.385 3	−0.059 9	−0.184 6	0.225 4	0.508 7	0.029 7
1.107 4	−1.506 7	0.429 2	−1.807 0	−0.242 7	0.179 1	0.337 7	0.351 8
−0.483 2	0.317 5	−0.534 4	−0.662 7	−1.183 8	−1.451 1	1.421 0	−0.705 9
0.220 5	1.362 6	−0.161 5	0.077 3	−0.398 3	0.614 7	0.813 4	0.036 8
−0.340 6	−0.276 8	1.540 8	−1.100 7	1.247 6	2.003 6	−0.224 7	−0.491 5
0.644 7	0.059 3	−0.068 8	1.351 2	−1.737 0	−0.655 4	0.033 9	0.774 9
1.590 4	−1.195 6	0.367 4	−0.658 1	1.979 0	−0.661 2	0.174 9	−1.243 8
−0.459 9	0.972 8	0.799 3	−1.041 3	0.830 2	2.686 8	0.088 3	2.210 6
−0.403 2	−0.735 2	1.485 6	0.469 5	0.053 7	−0.476 3	−0.761 4	2.111 8
−0.035 6	0.754 4	−0.321 8	−0.716 5	0.362 1	1.308 1	−1.427 4	0.565 1
1.876 6	−0.092 2	−0.532 4	−0.648 1	0.699 3	1.103 8	−1.722 5	−0.848 4
−0.896 6	−1.518 4	−1.205 1	−0.681 3	0.924 4	0.507 5	0.062 3	−0.279 7
−0.374 7	2.096 8	−0.161 6	0.022 7	0.287 3	−0.633 6	0.070 8	−0.880 8
−0.493 3	0.182 2	−0.248 6	−0.919 4	0.489 4	−1.323 3	−0.534 2	−0.698 0
−0.563 6	−0.893 6	−0.896 2	−0.203 6	−0.757 1	−0.397 6	−0.605 4	−1.051 6
−0.970 1	1.726 5	2.092 9	0.643 5	−0.605 4	0.449 5	2.086 1	1.352 3
−1.214 1	−1.611 3	0.326 6	−0.008 6	−0.662 4	0.273 4	0.745 7	1.152 8
1.061 7	1.866 1	0.173 7	−2.168 6	−1.713 0	0.665 0	1.610 2	0.678 9
0.467 8	0.671 1	0.128 2	−0.283 0	−0.383 5	−0.445 6	−1.514 9	0.521 1

续表

1.161 4	0.516 8	0.582 8	0.006 8	0.032 3	−1.004 3	−0.167 5	−0.059 1
−0.420 2	−1.351 7	−0.879 0	0.498 3	1.110 4	0.116 2	−1.082 6	0.187 0
0.736 1	−1.629 1	2.209 5	2.115 1	0.992 5	−0.068 2	0.716 6	−0.756 2
−0.133 5	−1.116 1	1.423 0	−0.450 7	1.122 9	−1.961 9	0.183 4	1.037 2
−0.502 2	0.849 6	−0.858 1	−0.075 6	−0.589 8	0.397 0	−0.624 3	−0.802 0
0.217 6	0.640 2	−0.618 0	1.704 9	−1.484 6	−1.056 7	0.468 4	0.888 2
0.842 8	1.103 7	−1.593 4	0.515 8	0.099 6	−0.687 9	1.393 2	−0.156 8
−0.420 9	−0.729 8	−2.249 8	0.925 1	−0.367 1	0.096 4	−1.196 3	1.746 1
−1.177 9	2.024 8	−1.455 5	1.704 1	0.025 3	−0.191 1	−1.394 8	−0.355 5
−0.908 5	0.848 3	0.705 8	0.689 9	−0.832 5	0.632 4	1.196 2	1.136 7
0.638 6	0.473 5	−0.531 4	0.432 4	0.248 5	−0.263 9	0.321 9	−1.922 6
−1.686 7	−0.780 8	0.626 0	0.811 6	−0.706 5	−0.375 5	−0.085 7	−0.098 4
1.007 2	−0.924 7	0.690 0	2.277 2	−0.077 9	1.582 1	1.144 3	0.199 9
−0.875 0	0.777 8	−0.784 4	−0.618 8	0.135 8	−0.485 7	0.560 7	−1.572 9
0.970 6	0.913 1	0.645 8	−2.290 6	−1.495 4	−0.160 8	1.365 5	−0.399 6
0.757 1	0.781 2	−0.657 7	0.710 8	0.489 8	0.599 2	0.644 4	−0.140 5
0.275 4	−0.773 7	0.021 1	0.902 6	1.854 5	0.001 5	−1.784 9	−1.319 5
0.638 7	0.190 3	−0.016 6	−0.513 1	−0.807 3	0.009 3	0.094 7	0.404 4

参考文献

[1] 建设部标准定额研究所.建设项目评价方法与参数[M].北京:中国计划出版社,2006.

[2] 建设部标准定额研究所.建设项目经济评价案例[M].北京:中国计划出版社,2006.

[3] SULLIVAN W G,WICKS E M,KOELLING C P.工程经济学[M].14版.北京:清华大学出版社,2014.

[4] 刘晓君.工程经济学[M].北京:中国建筑工业出版社,2016.

[5] 宋伟.工程经济学[M].北京:人民邮电出版社,2018.

[6] 梁学栋,邓富民,李智,等.工程经济学[M].2版.北京:经济管理出版社,2018.

[7] 陈琳,谭建辉.房地产项目投资分析[M].北京:清华大学出版社,2018.

[8] ER.Yescombe.项目融资原理与实务[M].王锦成,译.北京:清华大学出版社,2016.

[9] 李斌.固定资产更新决策中年金成本法的应用[J].企业改革与管理,2018(10):146-147.

[10] 王炳荣.对固定资产更新决策中旧设备折旧问题的探讨[J].会计师,2012(7):31-32.

[11] 张建平.建筑工程计价[M].重庆:重庆大学出版社,2014.

[12] 陈荣昌,曾维华.城市河流综合整治工程方案多属性决策方法研究[J].环境科学与管理,2011,36(10):33-36.

[13] 仇春光,刘玉树.基于人工神经网络的多属性决策[J].北京理工大学学报,2000,20(1):65-68.

[14] 李锐,李远富.应用有无对比法对交通运输项目进行方案比选[J].四川建筑,2005,25(4):146-147.

[15] 李萌萌.我国页岩气勘探开发项目融资模式研究[D].成都:西南石油大学,2017.

[16] 辜穗,余晓钟,路国峰.基于产品支付的天然气利用项目融资模式研究[J].人力资源管理,2010(12):154-156.

[17] 伊力亚斯·加拉力丁.工程项目融资担保结构探析[J].中国经贸导刊,2013(2):33-34.

[18] 吴孝灵.基于博弈模型的BOT项目利益相关者利益协调机制研究[D].南京:南京大学,2011.

[19] 李佳升.工程项目管理[M].北京:人民交通出版社,2007.

[20] 蔡丹,李丹.BOT项目融资模式探析[J].科技管理研究,2005(9):270-272.

[21] 盛和太.PPP/BOT项目的资本结构选择研究[D].北京:清华大学,2013.

[22] 严杰,白思俊.基础设施ABS项目融资模式风险评价研究[J].项目管理技术,2012(4):33-37.

[23] 钟璐.BOT融资模式和ABS融资模式分析[J].科技与管理,2007(1):80-83.

[24] 孔祥清,闫道锦.ABS项目融资模式探析[J].当代经理人,2005(1):10-11.

[25] 张欣莉.投影寻踪及其在水资源中的应用研究[D].成都:四川大学,2000.

后 记

工程在人类文明发展中扮演着重要的角色。工程责任重大，其与经济、社会、自然与人文都有密切的关系。因此在学习本书知识的基础上，在对工程经济学的理论研究及应用方面仍需关注以下内容：

（1）尽管工程经济分析具有科学严密的逻辑，但仍然与现实存在差距，是存在假设的科学，因此对知识的应用应该密切联系现实、系统分析方能有效，切不可断章取义。

（2）随着信息化时代的发展，大数据已经为工程投资决策提供更多可选择的手段与方法，在本书内容的基础上，积累数据、创造新方法，创新投资决策的新体系是未来需长期开展的工作，为未来实现智能投资决策提供基础。

（3）尽管本书以经济分析为主，特别是采用一切货币化的手段来进行分析，但从人类文明发展的角度出发，经济只是我们的一个发展目标，而依赖工程文明走向更美好的共同发展才是根本目标，要赋予并鼓励工程更多的使命，为实现更广泛的目标效用给出工程决策的新思路。

（4）在传统成熟知识的基础上不断创新，以知识为主线，积累并传递人类工程建造及运营的智慧，为更理想的未来工程服务，以先进工程的经济运营方式，创造平等、共享与智慧的人类社会。

教学支持说明

　　建设立体化精品教材，向高校师生提供整体教学解决方案和教学资源，是高等教育出版社"服务教育"的重要方式。为支持相应课程教学，我们专门为本书研发了配套教学课件及相关教学资源，并向采用本书作为教材的教师免费提供。

　　为保证该课件及相关教学资源仅为教师获得，烦请授课教师清晰填写如下开课证明并拍照后，发送至邮箱：yangshj@hep.com.cn，也可能过 QQ：1735280813 进行索取。

　　欢迎加入管理科学与工程类专业教学服务 QQ 群：184315320，便于交流教学和索取课件。

　　编辑电话：010-58556042。

证　　明

　　兹证明_____大学_____学院/系第_____学年开设的_____课程，采用高等教育出版社出版的《_____》(_____主编)作为本课程教材，授课教师为_____，学生_____个班，共_____人。授课教师需要与本书配套的课件及相关资源用于教学使用。

　　授课教师联系电话：_____　E-mail：_____

学院/系主任：_____（签字）

（学院/系办公室盖章）

20____年____月____日

郑重声明

高等教育出版社依法对本书享有专有出版权。任何未经许可的复制、销售行为均违反《中华人民共和国著作权法》，其行为人将承担相应的民事责任和行政责任；构成犯罪的，将被依法追究刑事责任。为了维护市场秩序，保护读者的合法权益，避免读者误用盗版书造成不良后果，我社将配合行政执法部门和司法机关对违法犯罪的单位和个人进行严厉打击。社会各界人士如发现上述侵权行为，希望及时举报，我社将奖励举报有功人员。

反盗版举报电话　　(010)58581999　58582371
反盗版举报邮箱　　dd@hep.com.cn
通信地址　北京市西城区德外大街4号　高等教育出版社法律事务部
邮政编码　100120